나태주 깊이 읽기

나태주 깊이 읽기

홍용희 편

국학자료원

머리말

나태주는 우리 시대의 대표적인 국민 시인이다. 그의 시를 읽으면 귀가 순해지고 눈이 밝아지고 마음이 정화된다. 그의 시는 이해하기 전에 이미 우리를 순화시키는 힘을 지닌다. 그래서 그의 시 세계를 만나면 우리는 어느새 어린아이처럼 순정한 자신의 본모습으로 돌아가게 된다. 많은 사람들이 그의 시를 읽는 주된 배경이 여기에 있다. 삶이 힘들고 어려울수록 그의 시는 위안과 평화를 주는 치유의 기능을 한다. 그의 시 세계 전반을 가장 잘 함축하는 대표작이면서 이 땅에서 가장 많이 애송되는 시편 중의 하나를 다시 읽어보자.

> 자세히 보아야 예쁘다
> 오래 보아야 사랑스럽다
> 너도 그렇다
>
> ―「풀꽃」 전문

모든 존재는 "예쁘"고 "사랑스럽다"는 선언이다. 설령 "예쁘"지 않아 보일지라도 "자세히 보"면 "예쁘"다는 것을 알게 된다. 마찬가지로 "오래" 본다면 모두 "사랑스"러운 존재임을 발견하게 된다. 시적 화자는 이러한 사실에 대해 "너도 그렇다"고 강조한다. 이 시가 국민적 치유의 시가 될 수 있는 대목이 여기이다. 자신이 선망하던 예쁘고 사랑스러운 대상이 바로 자기 자신임을 문득 일깨워 주고 있다. 자기 위안과 구원이 초월적 대상에 의해서가 아니라 자신의 본모습에 대한 발견에서 성취되고 있다. 피해의식과 열등감에 주눅 든 현대인에게 자존감을 회복시켜주는 시편이다.

그의 시 세계는 독자들에게 행복을 추구하기 위한 방법론과 내용을 요구하지 않는다. 그에게 행복은 추구하는 것이 아니라 발견하고 자각하고 향유하는 것이다. 그에 따르면, 이미 우리는 위대하고 아름다운 우주와 자연의 시민이기 때문이다. 그래서 그의 시편들은 너무도 익숙하면서 낯설다. 너무도 익숙한 것은 가장 본래적인 자신의 삶을 반사시켜주기 때문이고, 낯선 것은 대부분의 시인들의 경우처럼 불안, 갈등, 절망을 시적 밑그림으로 사용하지 않는다는 것이다. 그의 시 세계는 대부분의 경우처럼 타인이 가진 것에서 자신의 결핍을 찾아내기보다 자신이 가진 것에서 절대적 기쁨을 찾아내기 때문이다.

자기 자신이 자세히 보고 오래 보면 예쁘고 사랑스러운 존재라는 인식은 세상을 또한 예쁘고 사랑스러운 시선으로 볼 수 있게 한다. 질투는 천 개의 눈으로도 하나도 제대로 보지 못하지만 사랑은 한 개의 눈으로 천 가지를 볼 수 있다고 하지 않았던가. 과연 그의 시 세계는 세상의 참모습을 다양하게 직시하고 깨워내는 언어를 우리에게 은총처럼 선사해 준다.

나태주는 1971년 서울신문 신춘문예로 등단한 이래 시집 『대숲 아래서』(1973), 『누님의 가을』(1977)을 비롯하여 『너와 함께라면 인생도 여행이다』(2020), 『네가 웃으니 세상도 웃고 지구도 웃겠다』(2021) 등에 이르기까지 무려 48권을 넘어서는 작품을 발표하였다. 그의 시 세계의 중심음은 일관되게 맑고 온유하고 행복하다. 그는 사람은 물론 자연의 섬세한 아름다움과 화음을 깊이 느끼고 교감하고 내밀하게 노래한다. 그가 이처럼 모든 대상과 깊이 교감할 수 있는 배경은 무엇일까? 그것은 겸허이다. 그는 근자에 이렇게 표백한다. "그래야만 꽃이 말을 걸어주고/풀들이 귀를 기울여주고/하늘 구름이며 바람이며 새들이/눈길을 줄 것이다/먼 곳에 있는 별들은/더욱 말할 것도 없다/이쪽에서 서럽고도/겸손하고도 따스한 마음을 가질 때" 그는 「시인의 마음」이란 "겸손하고도 따스한 마음"과 자세라고 전언한다. 실제로 그의 시적 삶은 일관되게 겸손한 특성을 보인다. 그는 자신을 낮추어서 자신을 제대로 높이면서 동시에 세상의 모든 존재들과 공명해내는 이치를 터득하여 실천하고 있었던 것이다. 그래서 그의 시 세계는 한결같이 독자들에게 쉽고 친숙하고 평명하게 다가간다.

여기에 수록한 나태주의 시 세계에 대한 논의들은 주로 이러한 그의 겸허와 행복의 시학을 집중적으로 다루고 있다. 크게 제1부에서는 시인론을 제2부에서는 작품론을 수록하였다. 주로 발표된 시기의 순서를 기본으로 하면서 내용적 특성과 대상을 부차적으로 고려하였다. 이 책은 앞으로 더욱 심화되고 확장될 그의 시 세계에 대한 연구의 중간 결과물이라고 할 것이다. 연륜을 거듭할수록 더욱 깊고 활발하게 전개되는 그의 시적 삶의 진경은 분명 앞으로도 생동감 있게 지속될 것으로 믿기 때문이다.

편저자
홍용희

목차

머리말　5

제1부 / 시인론

대숲으로부터 사랑의 등불 켜든 저자거리까지 / 서정학　15
자기동일성 회복의 꿈, 혹은 생명의 수사학
　　－나태주론 / 윤성희　37
한 자연주의자의 웃음과 울음
　　－나태주론 / 정한용　49
세기말 이후에도 서정시는 가능한가
　　－나태주의 삶과 시 / 이형권　63
필리아의 노래를 부르는 시인
　　－나태주의 사랑시편에 부쳐 / 이형권　81
나태주 시의 원형 비평적 고찰
　　－'외갓집' 혹은 '외할머니'를 중심으로 / 안현심　99
자연과 인생, 그리고 시인의 행복 / 김유중　121
나태주 시에 나타난 이미지와 상징체계 분석 / 송영호　143

인간적 서정과 아버지 됨을 통한 타자의 윤리학
　　　－나태주론 / 곽명숙　173
고향의 장소성과 공간 연구
　　　－이성선·나태주·송수권의 첫 시집을 중심으로 / 배한봉　185
꽃씨를 뿌리는 아이 / 이숭원　217
現實과 自然의 融和
　　　－시집 『막동리 소묘』의 세계 / 오세영　231
나의 아버지 시인 나태주 / 나민애　237
"심장의 황홀경" 또는 시의 존재 이유 앞에서
　　　－나태주 시인의 『황홀극치』가 우리에게 말해 주는 것 / 장경렬　249

제2부 / 작품론

서정과 그리움 / 박인기　273
시간의 의미, 또 다른 '나'의 발견
　　　－나태주론 / 김완하　281
자연, 사물, 사람에 대한 사랑의 힘 / 송기한　295

겸허와 발견의 언어 / 홍용희   311

하나님 다음가는 창조자 / 이숭원   319

삼세(三世)의 세계관과 행복을 향한 삶의 기록

　　－나태주 시집 『꽃 장엄』에 관하여 / 권온   331

자라나고 싶어지는 서정의 힘

　　－나태주 신작시 특집 해설 / 김효숙   349

너에게 기울어지다 나는 꽃이 되었네 / 정실비   363

시를 읽는 마음

　　－나태주 시인을 위하여 / 권영민   377

나태주 시의 은유 기반과 함의 / 박종덕   389

나태주(羅泰柱) / 문혜원   409

행복의 시학과 감응력

　　－나태주 시집, 『어리신 어머니』를 중심으로 / 홍용희   415

제1부

시인론

대숲으로부터 사랑의 등불 켜든 저자거리까지*

서정학
(시인, 두원대 교수)

1.

　　1971년 서울신문 신춘문예에 시 「대숲 아래서」가 당선되어 등단한 나태주 시인은 20여 년이 지난 오늘에 이르기까지 순수서정의 시세계를 일관되게 견지해온 70년대 출신 시인들 중 한 사람이다. 특히, 시대적 이념적 격변의 시기 80년대에도 이른바 전통적이고 순수한 서정의 세계를 고수해왔다는 점만으로는 먼저, 그를 바라볼 수 있는 두 가지 입장을 제공하고 있다.

　시와 사회, 현실이란 관계 속의 단순한 반영 내지는 모방론적 관점으로 본다면 그의 시적성취에 대한 부정적인 평가가 가능할 수도 있을 것이며 한국시의 본령을 이루었던 순연한 서정의 전통을 계승하고 확대해 나간 점에 대한 긍정적인 자리매김도 가능할 것이다.

---

* 충남시문학회, 『시·시론』, 1984.

자본화되고 산업화된 60년대 이후, 한국시사 속에서 '시대적 현실과는 유리된 개인정서의 표출 내지는 낡고 낡은 복고적 취향이 아니냐'란 전통 내지는 순수 서정시에 대한 비판이 제기되었고, 더 나아가 80년대의 정치적 상황 하에서 순수서정의 세계를 고수하던 몇몇 시인들은 그들에 대한 편파적인 비판까지도 감내해야만 했던 것이 사실이다.

외래적이고, 이념적 가치만이 중시되었던 지난 날의 맹목성에 대한 반성의 목소리가 새삼 제기되는 오늘이 시점에서 지난날의 지나친 효용 주의적 태도와 외래적인 것, 새로운 것에만 다대한 가치를 부여하는 몰주체주의를 지양하여 이제 한국적인 것, 우리의 것에 대한 새로운 가치 추구와 한국적인 시정신의 심화 확대가 이루어져야 할 것이다. 이와 같은 입장에서 한국적인 서정의 脈을 지속적으로 이어왔고 그것을 나름대로 자기화한 시인들에 대한 새로운 관심이 요구된다고 하겠다.

나태주의 시 세계를 언급하면서 이와 같이 장황한 언술들을 전제하는 것은 80년대의 이념과 운동 차원의 문학적 흐름 속에서 간과되었던 시인들 중 한 사람이 그라는 점이다. 아울러, 이른바, 후기 산업사회 속에서의 현대인의 삶, 도시적 감성으로써 그의 시를 견주어보려는 태도 역시, 전통적인 서정에 대한 반대급부로 작용할 수도 있을 것이다.

참여와 민중시, 해체와 포스트모던시 등, 이념과 외래적인 것의 아류 속에서 한국의 전통서정의 맥락을 고집해온 그의 작업도 이제 사반세기에 접어들었다. 이제 시인 스스로의 점검과 아울러 한국 현대시에서의 업에 대한 언급이 그의 활발한 활동에 비해 빈약하게 느껴지는 것은 무슨 탓일까?

필자는 이러한 원인을 먼저, 앞서 거론한 시대적, 문학사조적인 정황 외에도 지역적 한계라는 점에서 찾고자 한다. 그의 문화적 활동은 충남의 다른 시인들에 비해서는 비교적 활발한 편이라 느껴지지만 아무래도 지방문학권에 속해 있었다는 점이 한계로써 작용했다는 점을 생각지 않을 수 없다. 또 다른 상투적인 관점에서 생각할 수 있는 점은 그의 대한한 창작적 열정이다. 1973년 처녀시집『대숲 아래서』를 상재한 이후 그는 오늘에 이르기까지 대략 20권(동시집, 선시집 포함)의 시집을 발간하였다. 지금까지의 시적 궤적만을 따지더라도 그는 한국 시단에서 가장 활발하게 시집을 발간한 시인들 안에 손꼽힐 수 있다. 그의 연보를 일견 살펴보면 그는 거의 해마다 시집을 상재하였고 한해에 두 권의 시집을 발간한 경우도 여러 번 된다. 이와 같은 그의 왕성한 결실은 평자들을 주눅 들게 하기에 충분하다. 하지만 이러한 점은 결코 그의 약점이 아니라 한국현대시사 속에서 그의 위치를 다지는 또 다른 초석이라 할 것이다.

나태주 시인은 이제 충남문단뿐만 아니라 한국문단의 중견이라 할 수 있을 것이다. 또한 지금까지의 풍성한 결실 못지않게 앞으로 더더욱 원숙한 시세계를 가꾸어나갈 시인임은 자명한 것이다. 완료형이 아닌 진행형의 단계에서 총체적으로 그의 시세계와 시적변모를 더듬는 것은 아직 시기상조일 것이다. 따라서 아무래도 그의 초기(70년대) 및 80년대의 시적 성과를 중심으로 살펴보는 것이 타당할 것이라 생각된다. 또한 작품 외적인 요소보다는 작품 자체에 내재된 그의 시의 특성과 세계를 고구하고자 한다.

2.

나태주의 초기 시집인『대숲 아래서』와『누님의 가을』을 살펴보면 끊임없이 솟아나는 시에 대한 그의 열정의 샘물이 어디에서부터 비롯되는 것인가를 분명하게 깨달을 수 있게 한다. 그의 시적 발상은 자연물로부터 촉발된다. 특히 유년시절 체험한 향토적이고 토속적인 농촌의 정서와 함께 일련의 자연물들이 시적 의미망의 가장 중심부에 자리하고 있다.

> 오뉴월에 껴입은 옷들을 거의 벗어가는 그대여.
> 가자, 가자.
> 나도 거의 다 입은 옷 벗어가니
> 상수리나무 나뭇잎 떨어져 쌓인 상수리나무 숲으로
> 칡순같이 얽혀진 손을 서로 비비며.
> ―「상수리 나뭇잎 떨어진 숲으로」일부

> 세상에 그 흔한 눈물
> 세상에 그 많은 이별들을
> 내 모두 졸업하게 되는 날
> 산으로 다시 와
> 정정한 소나무 아래 터를 잡고
> 둥그런 무덤으로 누워
> 억새풀이나 기르며
> 솔바람 소리나 들으며 앉아 있으리.
> ―「다시 山에 와서」일부

> 숲속에 그 나무 아래
> 우리들의 나뭇잎은
> 떨어져 쌓여서 썩고 있을 것이다.
> 새싹을 틔우는 거름이 되고 있을 것이다.
> 아름다운 우리의 또다른 여름을
> 아름다운 우리의 또다른 가을을 꿈꾸며.
> 저 혼자서 꿈꾸며.
> ―「숲속에 그 나무 아래」일부

인용된 위 시들 중에서 먼저 첫 번째 작품의 경우에는, <상수리 나뭇잎 떨어진 숲으로 가자>는 시적화자 <나>의 발언이 시적 의미의 중심 뼈대다. 시적 화자인 내가 <칡순같이 얽혀진 손을 서로 비비며>, <이젠 뼈마디만 남은 / 열개 스무개 발가락들 서로 비비며> <천국의 샘물을 찾으러>, <뽑혀나간 머리카락들을 찾으러>, 가자는 <숲>은 어떤 상징적 의미를 지니고 있는 것인가?

이러한 질문에 대한 참고로서 인용된 두 편의 시를 살필 수 있다. 인용된 「다시 山에 와서」 및 「숲속에 그 나무 아래」를 보면 <숲> 내지는 <산>이란 자연의 공간은 이른바 회귀의 공간인 동시에 새로운 재생을 꿈꾸는 장소인 것이다. 첫 번째의 시 속에서 노래되는 <숲> 역시 이와 같은 맥락으로 해설될 수 있다. <옷>과 <머리카락>과 관계하고 있는 <나뭇잎>을 벗어버리고 앙상한 가지의 비유적 표현인 <뼈마디>를 서로 비비며 가자는 공간인 <상수리 나뭇잎 떨어진 숲>은 凋落과 消滅의 장소인 것이다. 또한 이와 같은 숲은 모든 인위적인 것들, 즉 세속적인 모든 것들을 버려야만 비로소 접어들 수 있는 성스런 장소이기도 하다. 그러나 이러한 자연적인 공간은 다만 죽음만을 의미하지는 않는다. 모든 기억들과 과거의 시간이 퇴적된 그러한 죽음의 공간, 회귀의 공간 속에서 詩的 自我 <나>는 <그대>와의 새로운 만남을 기원하고 새로운 탄생을 꿈꾸는 것이다.

시적자아는 이와 같은 자연의 공간 혹은 자연물 속에서 애니마(anima) <그대> 혹은 <당신>과 만나고 그가 사랑하던 주변의 인물들과 조우한다.

    나는 그대 마음 알지 못해
    망설이다 바람이 되고

그대 내 마음 짐작 못해
　　산골짝 숨어 흐르는 물소리 되다.
　　　　　　　　　　　　　　―「山」 일부

　　웃으면 가즈런한 옥니가 이쁘던 그대,
　　웃으면 볼 위에 새암도 생기던 그대,
　　　　　　　　　　　　　　―「겨울 달무리」 일부

　　서리무지개 서서
　　줄기줄기 무리져서
　　이승에선 다시 안 볼 사람 앞
　　매질하며 달려오는 그대.
　　고꾸라지며 맨발 벗고 내게 오시는 그대.
　　　　　　　　　　　　　　―「진눈깨비」 일부

　그는 자연물 혹은 자연의 공간 속에서 비로소 시적자아 <나>가 회구하는 그대와 만나고 그대와의 합일을 소망하게 된다. 그의 초기 시에 나타나는 이와 같은 자연표상들은 거의 다수가 애니마(anima) <그대>, <당신>과 관련을 맺게 된다. 즉 시적대상인 자연은 그대 혹은 당신의 顯現이며 사물에 대한 이와 같은 의인화, 활물화의 방식은 범신론적인 사유에까지 닿아가게 된다.

　　하느님은 이곳에
　　개심형으로 혹은 원추형으로
　　그이의 몸을 푸시고 나서
　　틈실한 머슴이 되어
　　커다란 전지가위를 들고 나와

늦가을날 한낮을 전지도 하시고
똥지게로 인분을 퍼다가
이른 봄 밑거름을 주기도 하신다.
　　　　　　　　　　—「新果園」 일부

가을 산길을 가노라면
가을 하느님,
당신의 옷자락이 보입니다.
…중략…
당신은 한 알의 익은 도토리알 속에도 계셨고
한 알의 상수리 열매 속에도 계셨습니다.
한 알의 개암 열매 속에도 숨어 계셨구요.
…중략…
수풀 사이로 포르릉 포르릉
날으는 멧새를 따라가며
걸음마 연습을 하고 계셨습니다.
　　　　　　　　　　—「가을 산길」 일부

싸락눈 하나에 가려진 산.
눈썹 하나에 갇혀진 영원.
입술 하나에 묻혀진 바다.
아, 그대 눈에 어리어 발을 씻는 머언 흰구름.
　　　　　　　　　　—「山居 3」 일부

　그의 시 속에 놓여있는 자연은 시인의 주관적이고 정감적인 접근 태도에 의해 생동감과 새로운 의미가 제시된다. 逆의 과정으로 보면 시인은 자연 속에서 그리운 사람, 그리운 기억들과 만나게 되고 (<대숲에 성근 싸락눈발은 / 먼 나라에 사시는 당신의 자취>—「初春」 일부—와 같은 발언을 참조 바람) 자연 속에서 만나게 되는 그대 혹은 기억들이 다시금 경외의 모습과 오묘한 섭리에 대한 시적인식과 결합될 때 위와 같은 범신론적인 사유에 도달케 되는 것이다.

그러나 이와 같은 범신론적 발상법에도 불구하고 자연을 바라보는 그의 시선은 경직되기보다는 늘 자유롭게 열려 있다. 타고르 및 靑馬의 언술을 연상시키는 위 시들의 경우 외에, 「山居」, 「處世」, 「솔바람 소리」 등을 보면 그의 시 속에서 자연은 문명과 대립되는 혹은 문명비판의 대안으로 제시되기보다는 실체 그 자체로서 자족한, 즉 인간의 현실적인 삶에서 부딪히는 모순과 갈등을 초월해서 존재하는 이상세계로서의 자연으로 드러나게 된다.

아울러 위에 제시된 「山居」와 같은 작품에서 엿볼 수 있듯 한 알의 모래에서 우주를 본다는 명제를 발견할 수도 있을 것이다. 즉 그의 시속에 구현되는 자연은 그것을 구성하는 요소, 요소에 의해 완벽해지는 구조물이 아니라 거기에 자리하고 있는 한갓 모든 미물, 작은 사물 자체까지도 자족하고 완전한 것으로 인식되고 있다. 부연하자면 자연을 구성하고 있는 모든 인자들은 하나의 구성요소로서 존재근거를 지니고 있는 것이 아니라 그 자체가 모든 것을 구유한 완전한 것으로 인식되는 것이다.

아울러 나태주 시인의 시선은 자연의 거대한 공간 속에서도 늘 작고 여린 것들에 머물러 있음을 지적할 수 있다. 가령 <찰랑찰랑 / 애기 손바닥을 흔드는 / 미루나무 속잎 속에 / 초집 한 채가 갇혔다.> <하이얀 탱자꽃 내음에 / 초집 한 채가 / 또 갇혔다.> (「오월에」 일부)라든가 「대숲 아래서」, 「가을 서한·1」, 「빈손의 노래」 등의 작품을 보면 시적자아는 늘 거대하고 광활한 개방적인 공간보다는 비소하고 좁은 폐쇄적 공간 속에 자리하고 있다. 그러나 이와 같이 닫힌 공간 속에 자리하는 시적자아를, 유폐 내지는 자폐적인 자아라고 해석하기 보다는, 생명의 본향에 대한 회귀를 꿈꾸는 무의식이 투사된, 안온하고 포근한 자연의 공간으로 회귀를 꿈꾸는 열망으로부터 비롯된 것이라고 간주하는 것이 타당할 것이다. 아울러 작고 가녀린 것들에 쏠리는 그의 시선 속에서 나태주 시인의 섬세하고 여린 시적기질과 취향도 유추해 볼 수 있을 것이다.

70년대에 발표된 그의 시들은 자연을 제재로 하면서 동시에 戀詩형태를 지니고 있다. 그의 시에서의 시적 화자 <나>가 그리워하는 <그대> 혹은 <당신>이 언술의 대상이 되기도 하고 노래되는 자연물의 내포적인 의미로써 제시되기도 하면서 이와 같은 연시풍의 시들은 줄곧 최근의 시에까지 지속되고 있다. 따라서 어떤 면에서 나태주 시인의 시들을 '사랑의 시'로써 간주할 수도 있을 것이며 그의 시세계를 사랑으로써 일관되게 예시해 보일 수도 있을 것이다.

그러나 초기 시의 경우에 그의 사랑의 노래는 <그대>에 대한 직설적인 언술이 아닌 시적 대상(주로 자연)에 대한 감정이입 내지는 투사의 형식을 통해 구체화된다. <그대>에 대한 그리움 혹은 쓸쓸함의 정서는 <새소리 끝에 묻어나는 숲의 살내음>이라든가 <오늘은 불타는 그대의 눈 / 그대의 눈썹>, <그대 분홍손톱에 숨겨진 / 아직도 하얀 낮달이 한 개> (이상 「언덕에서」)처럼 감각적이고 세련된 시어들로써 형상화되기도 한다. 특히 일련의 청각적 이미저리들은 그의 초기 시에서 가장 자주 등장하는 시적 모티브이기도 하다.

> 등 너머로 훔쳐 듣는 남의 집 대숲바람 소리 속에는
> 밤사이 내려와 놀던 초록별들의
> 퍼렇게 멍든 날갯죽지가 떨어져 있다.
> 어린 날 뒤울안에서
> 매맞고 혼자 숨어 울던 눈물의 찌꺼기가

비칠비칠 아직도 거기
남아 빛나고 있다.
                         ―「등 너머로 훔쳐 듣는 대숲바람 소리」일부

이제사 잠든
대숲바람 소리
그대의 눈썹.
                                    ―「언덕에서」일부

시래기밥 먹고
마당가에 나온 겨울저녁이면
일기 시작하는 솔바람 소리,
아아, 저절로 배부르구나.
                           ―「어린날에 들던 솔바람 소리」일부

 위에 인용된 청각적 이미저리 외에도 특히 그의 대표작 중의 하나이자 신춘문예 당선작인 「대숲 아래서」 그리고 「빈손의 노래」, 「솔바람 소리」 등의 그의 초기 시는 청각적 이미저리가 비교적 선명하게 부각되는 작품들이다. 이와 같은 시들 속에서 <대숲바람 소리> 혹은 <솔바람 소리>는 과거 유년의 기억을 일깨우는 소리들이며 대로는 어머니, 누이 등과 같은 그리운 사람들의 목소리로써 자리하기도 한다. 아울러 오랜 시간 동안 민족의 집단적 정서 속에 침윤되어 있었던 이와 같은 <대나무> 혹은 <소나무>, <대숲바람>, <솔바람 소리>에 유난히 집착하는 그의 일면에서 우리의 토착적인 것에 대한 그의 면면한 애정의 일단을 엿볼 수도 있을 것이다.

3.

　　자연과 토착적인 소재를 감각적이고 여성적인 시어로써 형상화하였던 70년대의 시들에서 80년대의 『幕洞里 素描』(1980), 『사랑이여 조그만 사랑이여』(1981), 『구름이여 꿈꾸는 구름이여』(1983), 『변방』(1983), 『굴뚝각시』(1985), 『그대 지키는 나의 등불』(1987), 『추억이 손짓하거든』 등에 이르면 그의 시적 공간과 대상의 전이 혹은 확산이 이루어진다. 자연에 대한 시선으로부터 인간의 세속적이고 현실적인 삶에 대한 관심과 애정으로 전이되는 것이다.

　유년의 기억, 그립고 쓸쓸한 주관적 정감의 표출이란 70년대의 주류적인 흐름으로부터 세속적인 삶에 대한 발언으로 이어지는 추이의 징후는 이미, 초기의 「어머니 치고 계신 행주치마는」, 「추수기」, 「비농가」, 「술 취해서 생각나는 서울 외숙의 시골」, 「성장지」 등의 작품에서 예견되던 것이었으나 80년대에 발표된 일련의 시들 속에서 이러한 특징은 보다 확실하게 부각되고 있다.

　그는 이러한 시들 속에서 서사적 요소를 도입하여 생명의 본향인 고향을 잃어버린 도시의 소시민적인 삶의 허구를 내보이기도 하였고 (「술취해서 생각나는 서울 외숙의 시골」) 피폐한 농촌의 현실을 노래한 바가 있다(「비농가」, 「추수기」, 「겨울 농부」). 그럼에도 불구하고 이와 같은 세속적 현실에 대한 발언이 심화되는 과정을 80년대 발표한 일련의 작품들에서 확인할 수 있다.

　　겨울이 오기 전에 유독 이곳만 먼저
　　추위가 와서
　　스린 어깨 퍼런 입술

채소 팔러 나온 사람들은
뿌리 다듬어진 푸른 잎 채소들보다도
더 풀기 없이 추워보였다.
　　　　　　　　　　　　―「변방 62」 일부

산이 사라지고
들이 사라지고
시내가 사라졌다
솔바람과 새소리 살던 산이요
곡식과 개망초꽃 달개비꽃 어깨 비비며
서 있던 들이요.
물방개 소금쟁이 피라미 올챙이
어울려 놀던 시내였다.
　　　　　　　　　―「뿌리―추억의 묶음 4」 일부

여기를 가도 쓰레기
저기를 가도 쓰레기
지구의 구석구석에
인간이 버린 쓰레기더미
도대체 어쩌자는 것인가
차라리 인간은
신이 버린 쓰레기.
　　　　　　　　　　　　―「쓰레기」 일부

　연작시 「변방」의 경우는 고향을 잃어버리고 도시의 변방에서 인간다운 삶을 영위하지 못하는 소시민들의 삶에 대한 발언들로 지속된다. 그와 같은 발언 속에는 위의 시에서 혹은 「변방 63」에서처럼 가진 것 없는 자들의 애환에 대한 이야기가 있기도 하고 문명에 의해 짓밟히는 환경과 자연에 대한 고발(「변방 42」)이 노래되기도 한다.

이와 같은 시세계는 시집 『추억이 손짓하거든』에서도 그대로 지속된다. <−추억의 묶음>이란 부제 아래 쓰인 일련의 작품들은 문명의 해악에 의해 파괴되어가는 자연, 그리고 고향에 대한 서정이 노래되고 있다. 위에 인용된 「뿌리」에서도 보이듯 현대인들의 본향(뿌리)인 자연이 훼손되는 것에 대한 고발을 노래하는 한편 「시장길 1, 2, 3」에서는 인간의 잔인함과 몰인정, 이기적인 작태에 대한 비판을 가하고 있다.

이와 같은 현실 내지는 세태비판의 시정신은 시집 『훔쳐보는 얼굴이 더 아름답다』의 제2부 <자유대한의 땅 위에서>에 게재된 「차례대로」, 「껴안는다」, 「쓰레기」, 「나라열전」, 「억지」, 「사표」 등의 작품에 이르면 보다 적극적인 발언으로 구체화된다. 그는 여기서 무법천지의 세태(「자유대한의 땅 위에서」), 비윤리적 풍조의 고발 및 풍자(「어린이날과 어버이날」), 그리고 환경오염에 대한 고발(위의 「쓰레기」 같은 작품) 등 보다 현실적이고 일상적인 삶에 대한 시적발언을 하고 있다. 이와 같은 작품 속에서는 전통적 정서를 근간으로 하는 섬세하고 여성적인 어조는 찾아볼 수 없으며 <술나라 / 똥나라 / 오 살기 좋은 우리나라 / 만세, / 만만세!>(「나라열전」 일부)에서 보이듯 풍자, 아이러니의 시어들은 물론이고 조소나 야유의 어법까지 사용되고 있다. 그는 현대사회의 반인간적이고 비윤리적 작태에 대해 적극 비판하면서 <하늘 아래 어디에 / 사람이 사람을 / 팔아먹는 나라가 있단 말인가 / 나는 이제 이 땅에서 / 시인으로서의 / 사표도 함께 내려고 한다>(「사표」 일부)하여 시인으로서의 책무와 윤리의식에 대한 그의 시적 자세를 표명해 보이기도 한다.

80년대에 이루어진 이와 같은 시작업들은 분명 70년대 초반의 나태주 시인의 면모와는 사뭇 다른 대조적인 것으로 일견 간주될 수도 있을 것이다. 초기 시들 속에서 보이던 폐쇄적이고 안온한 자연의 공간 속에서 그대와의 합일을 꿈꾸거나 지난 추억의 편린들을 언어로 포착해내던 그런 시적 자세와는 사뭇 다르기 때문에 어쩌면 가장 非나태주적인 모습들로 평가될 수도 있으리라. 그러나 선비의 기질과 정신을 흠모하던 그의 자세를 감안한다면 이와 같은 고발 및 비판의 목소리도 그다운 것으로 비약해서 논할 수도 있을 것이다. 이러한 고발 내지는 비판의 목소리는 70년대 초기의, 지조와 절개라는 민족적 정서가 습합되어 있는 <솔바람 소리>, <대숲 소리> 등의 상징적 이미저리 속에서 암시받을 수 있었던 것은 아닐까? 가령 그의 비교적 초기작에 속하는 아래의 작품 같은 경우와 80년대의 현실 내지는 세태 비판의 세계와는 전혀 다르게 보이지만 궁극적으로 작품의 원천이 되는 근간은 동일한 맥락에서 이해할 수 있다고 생각된다.

> 내 작은 뜨락에 한 그루 소나무를 심음은
> 이 작은 소나무 자라
> 그 솔잎끝에 엉켜올 하늘의 소리 듣고자
> 함이어니.
> 천년 전에 살았던 사람들의 목소리며 한숨소리
> 뜨거운 이마로 싸느란히
> 맞고자 함이어니.
>
> 내 비록 그것들을 다 듣지 못하고
> 그것들의 말하는 바를 다 깨치지 못하고
> 돌아간대손,
> 뒤에 올 사람
> 이 푸르디푸르게 날선 소리 듣고
> 조선선비의 푸른 비수의 기개와 정신
> 배우게 함이어니.

배워 오래오래 전승하게 함이어니.

비록 가난하게 살지언정 아부하거나
변절하지 말며
불의와 손잡지 말며
용궁을 탐내어 간을 내어 팔지 말라,
오로지 곧고 외진 지조
가르치고자 함이어니.

　　　　　　　－「소나무를 심으며」 전문

　이 작품은 나태주 시인의 70년대 작품들 중에서 비교적 이례적인 작품 중 하나다. 물론 <소나무>라는 자연물 및 전통적인 소재를 취하고 있다고 하더라도 여타 다른 작품들이 주로 개인의 서정을 노래하고 있음에 비하여 위 시는 의지적인 세계를 노래하고 있다는 점에서 주목될 수 있다는 것이다.
　위의 시에서는 시인이 지향하고자 하는 삶 혹은 그가 취하고자 하는 시적 자세를 여실히 보여준다. 먼저 1연이 보여주듯 민족에게 면면히 이어지는 민족정신을 계승코자 하는 의지를 볼 수 있으며 2연에서 이야기 되는 선비정신을 체득코자 하는 의지 역시 명료하게 표출하고 있다. 그리하여 3연에서 大義와 淸廉, 志操의 정신에 대한 의지가 남성적인 어조로써 노래된다.
　이와 같이 선비의 후예로서 그의 피 속에 면면히 흐르는 정신을 이어받아 節義 내지는 大義정신을 따르고 不義를 용서치 않겠다는 발언을 감안한다면 80년대에 쓰인 세태비판, 현실비판의 목소리들이 지니는 의외 내지는 당혹성에 대한 이해의 실마리를 제공받을 수 있을 것이다. 또한 나태주 시인의 이와 같은 목소리는 부패한 자유당 정권하의 청마 유치환, 일제의 탄압이 가혹했던 40년대 전반기의 영랑의 지사적인 목소리를 연상시키는 일면도 깃들어 있다.

  80년대 행하여진 현실, 세태 비판적인 발언에도 불구하고 나태주 시인의 지속적인 관심은 아무래도 순수 서정에 머물러 있었다고 보인다. 특히 81년 간행된 『사랑이여 조그만 사랑이여』, 83년 간행된 『구름이여 꿈꾸는 구름이여』, 그리고 『그대 지키는 나의 등불』(1987) 등에 이르면 '사랑'의 탐구가 그의 시세계의 전면에 부각된다.

> 뜨락의 꽃이 아무리 고와도
> 사랑의 마음을 지니지 않은 사람들에겐
> 꽃이 꽃으로 보이지 않는다.
> 내가 비로소 마음 속에
> 하느님과 외로움과 사랑을 지녔을 때에만
> 내 앞에 있는 너는 비로소
> 종소리가 되고 소쩍새 울음소리가 되고
> 꽃이 된다.
>   ─「사랑이여 조그만 사랑이여 15」 일부

> 나는 나 혼자 나일 수
> 없네, 결코
> 완전한 나일 수 없네.
> 하나의 까마득한 어둠,
> 하나의 일렁이는 소리,
> 하나의 떠다니는 바람.
>   ─「구름이여 꿈꾸는 구름이여 67」 일부

> 반짝이는 게 어디 별뿐이랴

그대 생각하는 내 마음도 반짝인다
마을의 불빛은 애닯다
애닯은 게 어디 마을의 불빛뿐이랴
그대 지키는 내 마음의 등불도 애닯다.
—「그대 지키는 나의 등불 12」일부

반짝이는 게 어디 별뿐이랴
그대 생각하는 내 마음도 반짝인다
마을의 불빛은 애닯다
애달픈 게 어디 마을의 불빛뿐이랴
그대 지키는 내 마음의 등불도 애닯다.
—「그대 지키는 나의 등불 12」일부

　작자의 序文 혹은 後記에서 이야기되듯 연작시「사랑이여 조그만 사랑이여」의 79편과「구름이여 꿈꾸는 구름이여」의 68편은 서로 연속적인 작품들로 간주할 수도 있다. 나태주 시인은 시집『구름이여 꿈꾸는 구름이여』의 後記인 <꼬리>라는 장에서 아래와 같이 스스로 밝히고 있다.

> 이 시집『구름이여 꿈꾸는 구름이여』는 앞서 나온 졸시집『사랑이여 조그만 사랑이여』에 이어지는 시집입니다.『사랑이여 조그만 사랑이여』가 봄과 여름의 시요, 사랑의 환희를 표현한 시요, 만남과 헤어짐의 예고와 그 전개를 말하는 시라면『구름이여 꿈꾸는 구름이여』는 가을의 시요, 사랑의 상실을 표현한 시요, 헤어짐과 헤어짐의 실현과 그 결말을 말하는 시라고 할 수 있을 것입니다.

　작가의 언급을 그대로 받아들인다면 2년의 간격을 지니고 있는 이 두

권의 시집, 이 두 편의 연작시들은 한 편의 전작 연작시로서 간주될 수 있다. 2년의 격차와 두 권의, 제목을 달리하는 연작시들이라는 점만을 제외하면 이 작품들은 분명 하나의 연작시로 간주되는 것이 타당하다. 왜냐하면 이 두 연작시들은 시인 스스로의 언급 외에도 시적발상이나 주제, 형태적인 면에서 거의 비슷한 체제를 지니고 있다. 시인 스스로의 이야기처럼 이들 작품은 <사랑>에 대한 탐구 내지는 사랑의 눈으로써 바라보는 사물 내지는 존재의 의미에 대한 천착들이다.『사랑이여 조그만 사랑이여』에서는 <너> 혹은 <아씨>로 지칭되는 사랑의 대상에 대한 그리움, 합일에의 소망과 아울러 그대와 나와의 거리감에서 비롯되는 상대적인 외로움, 슬픔 등의 정서가 노래된다. 각 개의 연작들은 <꽃>, <산>, <나무>, <신록> 등과 같은 소재를 통해 노래되지만 그것은 결국 하나, 즉 사랑이란 주제에 의한 변주로서 간주될 수도 있다. 또한『구름이여 꿈꾸는 구름이여』의 경우는 앞서 시인 자신이 토로한 바처럼 사랑의 상실, 이별과 외로움의 정한이 노래되고 있다는 점에서 전자의 경우와 비교될 수 있을 뿐이다.

이와 같은 작품 속에서 시적화자는 불완전한 존재인 <나>에 대한 인식을 통해 사랑의 대상 <너>에게로 나아가고자 하며, 궁극적으로 <나>와 <너>가 합일되는 사랑의 황홀경에 대한 동경을 노래한다. 따라서 전자『사랑이여 조그만 사랑이여』는 일종의 사랑의 讚歌라고 간주될 수 있을 것이며『구름이여 꿈꾸는 구름이여』는 사랑의 悲歌라고 여겨질 수 있을 것이다.

대체적으로 이 두 연작시들은 기도체 내지는 자기 고백적인 어조로써 기술되고 있고 직설적인 진술에 의해 시의 언술이 이루어진다. 따라서 이 작품들은 70년대의 감각적 이미저리에 의한 시적 형상화란 점과 비교해보면 대체적으로 시적 긴장감이나 형상화란 점에서는 뒤떨어져 있다고 생각된다. 70년대의 시에 비할 때 드러나는 이와 같은 긴장감이나 탄력성의 해이는 시인의 관념을 직설적으로 토로함에 의하여 그리움, 애상과 같은 감정이 표면에서 그대로 진술되는 것에서 기인된다. 즉 시적 화자(퍼스나)의 가면을 벗어버리고 맨얼굴을 드러내 보이는듯한 직설적이고 자기고백적인 언술에 의해 빚어지는 것이다.

자신의 관념을 독자에게 명료하게 전달코자 하는 이러한 태도, 즉 언어의 지시적 기능에 경도될 때, 결국 시어의 내포적이고 함축적인 의미들은 배제될 수밖에 없다. 초기시의 섬세하고 치밀한 구성에서 다분히 서술적이고 산문적인 문체로 전환할 수밖에 없었던 나름대로의 내적필연성이 존재했었던가? 아니면 작품의 완성도란 입장보다는 쓰는 행위 그 자체, 혹은 의미의 전달을 통한 시의 효용성에 다대한 의미를 부여했던가? 하는 필자의 소박한 질문들은 보다 더 심층적으로 그의 텍스트를 분석하고 보다 더 그의 작업을 지켜볼 때 해답이 나올 것으로 믿어지나 이른바 난해성에 대비되는 '쉬운 시'에 대한 지속적인 실천을 전개하고 있음은 확인할 수 있다.

끝으로 80년대의 나태주의 시집들을 살펴볼 때 눈에 띄는 또 다른 특징은 간결성 내지는 단순성의 추구다.

> 개울가에 난 호박잎이 우산만하니
> 호박잎을 따서 머리만 가리고 아가야
> 소를 만나면 소 타고 놀고
> 바람 만나면 바람 타고 놀아라.
>
> —『굴뚝각시』,「호박잎」전문

> 흐려진 얼굴
> 흐려진 생각

> 그러나 가슴 아프다.
> ―『그대 지키는 나의 등불』,「안개」전문

> 좋은 책을 많이 읽는 날은
> 밥을 먹지 않아도 배가 부릅니다.
> ―『훔쳐보는 얼굴이 더 아름답다』,「좋은 책」전문

> 오늘도 열심히 죽어서 잘 살았습니다.
> ―『훔쳐보는 얼굴이 더 아름답다』,「퇴근」전문

이와 같은 시형의 작품들을 80년대에 간행된 그의 시집에서 찾아보기란 어려운 것이 아니다. 특히 80년대 중반 이후의 이와 같은 극도의 간결성 내지는 단순화의 산물들은 일련의 연작들과 대비되어 보다 쉽게 눈에 띈다. 이와 같은 시형들의 징후는 이미 80년대 이전에도 찾아질 수 있을 것이나, 80년대 중반에 발표된 4행시들이 단순한 시형의 직접적인 출발점이라 생각된다.

주지하다시피 漢詩의 絶句와 같은 기승전결 혹은 대구의 형태를 지니고 있는 이와 같은 4행시는 이미 영랑이나 청마 외에도 강우식 같은 몇몇 시인들에 의해 시도된 바 있다. 그럼에도 불구하고 나태주 시인이 다시금 4행시의 형태 속에 자신의 정서를 담아내려는 시도 및 발상이 어떤 계기에서 이루어졌는지는 필자는 모르나, 다만 4행시들 속에서는 암시나 함축, 대구 등에 의해 전통적인 서정 혹은 주관적인 정감이 비교적 효과적으로 형상화되고 있음을 찾아볼 수 있다. 그러나 그 이후에 시도되는 2-3행의 순간적인 상념의 포착이나 시적 메모와 같은 작품들은 시라는 형식적인 틀과 구체화 내지는 형상화라는 일반적인 시작 과정을 더 거쳐야 할 것으로 생각된다. 가령 <요즘은 슬픔도 죄가 되고 / 외로움도

벌이 된다 / 더더구나 연민은 금기다.>(「요즘은 2」 전문) 혹은 <으째 나도 좀 / 의젓해 보이지 않습니까>(「안경」 전문)과 같은 발언들은 발상에서는 시적일 수는 있겠으나 이러한 발언 속에서 정보나 의미 전달의 도구로써의 언어가 아닌 아름다움과 감동의 정서를 내포한 시적언어 및 형식 같은 것은 기대될 수 없다.

 시가 예술에 속해 있는 만큼 시인의 의도가 일정한 형식과 언어구조를 통해서 비로소 예술성, 심미성을 획득할 수 있다는 점은 이미 시인 자신이 더 잘 알고 있는 사항일 터이고, 시인이 행하는 모든 발언, 모든 생각 그 자체가 시가 아니라는 점도 보다 잘 알고 있을 것이다. 그럼에도 불구하고 이와 같은 파격이 어떤 이유에서 필요했는가? 어떤 의도에서 이루어졌는가? 하는 자성과 점검은 앞으로의 시적 성과를 위해서도 필요할 것이라고 여겨진다. 아울러 이와 같은 파격적인 단순시형의 가치 평가 및 시적 성취도의 문제도 그의 작업이 완결된 연후에 다시금 총체적으로 검증되어야 할 성질의 것이다.

 필자가 바라보는 이와 같은 회의적인 관점에도 불구하고 극단적인 형태를 띠고 있는, 이른바 隨想 내지는 斷想을 연상시키는 작품들은 전체 작품에 비할 때 비교적 소수라고 간주할 수 있다. 아울러 그가 추구하는 극도의 배제의 원리에 의한 단순시형의 작품들은 전반적인 입장에서 유추해본다면 그가 지속적으로 행해왔던 연작시형들과의 균형과 조화를 이루기 위한 배려에 기인하고 있지 않나 생각되기도 한다. 즉 변주에 의한 주제의 지속적인 탐구와 병행하여 단일한 정서를 단순한 시어로 포착하는 시도가 동시에 시도되고 있다는 것이다. 또한 이와 같은 극도로 간결한 형식, 단순화의 추구는 童詩에 대한 그의 관심과도 무관하지 않다고 보인다.

 나태주 시인의 시 세계에 대한 필자의 지금까지의 언급들은, 어쩌면

20여 년 동안 그가 이룩한 도합 20여 권의 시집, 선집, 동시집, 산문집 등 그의 열정적인 궤적에 대한 주마간산격의 해명에 지나지 않을 것이며, 앞으로도 계속 지속될 그의 문학적 성취에 대한 試論的인 글에 불과할 것이다. 그의 시세계 및 시사적 위상에 대한 고찰은 다양한 접근 방식에 의거한 총체적인 점검이 이루어질 때 가능할 것이며 또한 그의 열정적인 산물들 속에는 그와 같은 필요 충분한 요소들이 내재되어 있다고 믿는다.

나태주 시인은 여타 다른 시인들에 비하여 많은 고정적인 독자를 지니고 있다. 이것은 그가 구사하는 섬세하면서도 진솔한 서정의 시들, 간결하고 쉬운 어법, 순수하고 솔직한 그의 시적 태도 등에 대한 독자들의 호응이라 생각된다. 시의 위기론이 대두되고 현대시의 난해성 및 고답성의 문제가 거론되는 작금에 이와 같은 그의 성과도 현대시의 역할과 전망을 위해서 고구해볼 요건일 것이다.

끝으로 그의 초기시에서부터 계속된 자연에 대한 탐구, 전통서정시의 계승과 심화, 사랑에 대한 실천과 탐구에 이르는 그의 시의 흐름은 계속될 것이고 보다 원숙하고 심원한 세계로 나아갈 것이란 점을 믿어 의심치 않는다. 아울러 소월, 만해, 지용, 영랑, 목월 그리고 박용래, 박재삼, 송수권, 이성선 등으로 이어지는 전통서정시의 맥락 속에서의 자리매김도 필요할 것이라 본다.

자기동일성 회복의 꿈, 혹은 생명의 수사학*
— 나태주론

윤성희
(문학평론가)

    70년대의 나태주에게 자연은 시 쓰기의 위대한 자궁이었다. 그 자궁 속에서 시의 생명이 잉태되고 시인의 잃어버린 시간이 호흡한다. 그에게 자연은, 특히 고향의 자연은 시적 체험의 원 공간이자, 회귀적 욕망의 발원지로서 그의 모든 시적 상상을 견인하고 간섭한다. 산, 꽃, 대숲, 소나무, 상수리 나뭇잎, 청보리, 풀잎, 구름 등 일일이 예거하기에도 바쁜 자연 존재물들이 의식의 자궁을 꽉 채우고 있어서 그의 시들은 거의 언제나 그곳에서 상상의 영양을 공급받는다. 그런 까닭에 그의 시에 대한 평가조차도 '전통적 향토서정'과 '자연적 자연'의 외연에 갇혀 있는 경우가 허다했다. 물론, 지금까지 여러 평자들이 지적한바 그것은 의심할 나위 없는 나태주의 시의 고유성임에 틀림없기는 하다.
    그럼에도 나태주의 좋은 시들은 전통적 자연 서정의 문맥 위에서 또

---

* 『현대시』, 1995. 5.

다른 의미의 스펙트럼을 가지고 빛을 발산한다. 빛의 파장들은 단순 자연공간이 만들어내는 지시적 의미의 좁은 경계를 깊고 넓게 확장한다. 그리하여 자연공간은 외연의 벽을 허물어뜨리고 보다 넓은 상상의 세계로 열리게 되는데, 바로 그 자연의 상상세계 속에서 자기동일성으로 회귀하고자 욕망하는 바람의 시학이 탄생한다. 동적 감상으로써의 바람은 꿈틀거리며 시원으로 돌아가고자 하는 욕망의 등가물이다. 바람의 대숲과 소나무, 혹은 풀잎과 같이 정지된 식물성 이미지들의 틈새로 스며든다. 바람은 나무뿐만 아니라 그 밖의 모든 정지된 것들을 흔들어댄다. 정지된 시간인 과거도 흔들린다. <바람없는 날에도 대숲엔 작은 바람이 일고 댓잎은 구천 수만의 댓잎배가 되어 우리를 어딘지 모르지만 우리가 숨겨둔 나라로, 우리가 잃어버린 나라로 끝없이 데리고 간다>(변방56). 이렇게 바람은 과거와 현재의 사이, 동일성의 세계와 타락하고 분열된 세계 사이를 넘나들면서 시인의 의식을 근원적인 세계로 회귀시킨다. 속악한 일상의 현실을 자궁 안으로 실어 나르는 바람은 초시간성, 자유자재성이라는 자신의 속성을 토대로 잃어버린 시간을 복원하는 것이다.

> 등 너머로 훔쳐 듣는
> 남의 집 대숲바람 소리 속에는
> 내 어린 날 여름 냇가에서
> 손바닥 벌려 잡다 놓쳐버린
> 발가벗은 햇살의 그 반쪽이
> 앞질러 달려와서 기다리며
> 저 혼자 심심해 반짝이고 있다.
> 저 혼자 심심해 물구나무 서보이고 있다.
> 　　　　　―「등 너머로 훔쳐 듣는 대숲바람 소리」 일부

시인의 잃어버린 유년은 대숲을 흔드는 바람 소리 속에 선명하게 실려 떠오르고 있다. 유년에는 비록 혼자이기는 할망정 자연과 더불어 친교를 이루는 훼손되지 않은 순수가 있고 그 자체로서의 자족적인 환희가 있다. 자연은 유년의 화자에게 가장 행복스럽게 추억되는 친근한 타자이기 때문이다. 이제 성인이 된 시인은 평화로웠던 유년을 호출하여 행복의 상상세계로 손잡고 함께 걸어 들어간다. <섭섭아, 손잡고 숲 속의 오솔길에 서면 아직도 우리는 볼이 붉어 갈래머리 기집애 까까머리 머스매. 소나무 아래 불던 푸르른 솔바람 소리 여전하니 너는 얼른 제비꽃 따서 머리에 꽂고 귀밑머리 바람에 말리고, 나는 햇살을 물고 나르는 개똥지빠귀 곤줄박이 우리들이 쫓다 놓쳐버린 산새들이나 따라가자.>(숲)고 말할 때, <푸르른 솔바람 소리>에 견인되어 추억되는 것들은 모두 다 행복하고 아름답다. 화자의 성장기에는 비록 가난과 남루로 인한 눈물의 흔적이 잔잔히 묻어 있음에도 결코 추억의 아늑함을 훼손하지 못할 만큼 그것들은 동화적 세계의 천진성으로 정화되고 있다. <내 예닐곱살 무렵 책보퉁이 둘러메고 / 학교길 오고 가며 / 소나무 아래 와서 듣던 / 그 소나무 솔잎에 / 부서지던 솔바람 소리>(솔바람 소리 1)는 순결한 영혼에게만 섬세하게 스며들어오는 시원의 언어이기 때문이다.

바람이 성년의 화자를 유년의 고향으로 실어 나를 때 화자가 만나는 것은 비단 자연만이 아니다. 시인의 상상세계는 유년의 고향을 지키는 어머니에 대한 따뜻한 추억으로 촘촘하게 채워진다. 자연과 더불어 또 하나의 친근한 타자인 어머니야말로 고향을 구성하는 가장 보편적인 무의식의 까닭이다. 어머니는 인간의 무의식 안에서 언제나 오염되지 않은 삶의 상징으로 추억되는 존재이다. 그런 점에서 어머니는 자연과 가장 친근한 얼굴로, 더 적극적으로 말한다면 광범한 자연을 축약한 존재의 시원으로써의 이미지를 얻는다. 그리하여 시인에게 고향의 추억을 불러

오는 자연의 이미지는 존재를 충만하게 하는 어머니의 이미지로 변주되는 것이다. 현실의 화자가 성장기의 추억 속으로 깊숙이 잠행할 때마다 어머니는 바람을 타고 다가와 화자를 따스한 해조처럼 감싼다.

> 눈 녹은 마당에서
> 듣는
> 솔바람 소리.
>
> 부엌에서 뒤란에서
> 저녁 늦게 들려오는
> 어머니 목소리.
> ―「내 고향은」 일부

> 어린날의 내 어머니
> 아스므레한 젖그늘의
> 지금은 비워둔 술병
> 그 항아리 배에 덩그런히 스미는 소리.
> ―「솔바람 소리 2」 일부

> 언제나 후줄근히 땀에 젖어
> 돌아오기 마련인 나의 등 뒤에서
> 고향의 언덕 위에서
> 솔바람 소리는 또 그렇게 자애로우신
> 우리의 어머니
> 어머니의 어머니의 어머니,
> ―「솔바람 소리 6」 일부

어머니의 젖그늘이란 어린아이에게 얼마나 포근하고 행복한 안식의 공간이었던가. 아슴한 부엌에서, 혹은 뒤란에서 잘그락거리며 들려오던 어머니의 목소리만 얼마나 깊은 울림을 남기던 몽상의 소리였던가. 후줄근한 땀방울을 식혀주던 어머니의 손길이란 또 얼마나 넉넉하고 곡진한 사랑을 솟아나게 하던 촉감이었던가. 어머니는 감싸주고 꿈꾸게 하는 자연과의 이형동질에 다름 아니다. 고향의 솔바람 소리는 그래서 항상 어머니의 이미지와 결합되어 있다. 솔바람 소리와 어머니는 서로를 끌어당기고 뒤섞이면서 존재를 가득하게 채워준다. <솔바람 소리 듣고 싶거든 幕洞里로 오시오. / 대숲바람 소리 듣고 싶거든 幕洞里로 오시오.>(「幕洞里 素描 17」)라고 권유하거나, <부드럽고 향그럽게 숨쉬는 한 떼의 대숲바람 되어 그대 옷깃에 스미>(「邊方 52」)겠다고 고백하거나 간에 그것들은 은밀하고 부드럽게 존재 안으로 몰려 들어오는 것이다. 결핍이 없는, 아니 그보다는 결핍을 느끼지 못하는 존재자는 얼마나 순결한가. 화자가 그의 현실 시간을 소멸시키면서까지 유년의 뜨락을 찾아가는 이유를 이제야 알 것 같다. 그것은 순결한 영혼 찾기의 시간 여행이었던 것이다. 그 순결하고 부드러운 영혼의 원초적 통일성이 자연(고향)이라는 시적 자궁 안에 회임되고 있는 것이다. 그러나, 불행하게도 그것은 단절된 시간을 넘어서 과거로 소급할 때만 가능할 뿐이다.

그렇다면 시인의 현실은? 시인의 현재에 대한 태도는 과거에 대한 태도에 의해서 반사적으로 파악될 수밖에 없다. 말하자면 유년의 충만함에 대한 화자의 그리움은 역설적으로 현실의 결핍을 환기하는 것이다. 시인은 아주 자주 과거에 침잠하거나 과거를 그리워하며 그것을 복원시키려 한다. 때로는 정신의 조화와 정감의 풍요를 상기시키는 자연의 깊이를 몽상하기도 한다. 그러나, 그럴수록 현실은 그만큼 더렵혀져 있기 십상이고, 순결한 영혼은 상처를 받아 막막한 불안감으로 시달리지 않으면

안 된다. 그의 시에 수없이 편재하는 '그대를 향한 그리움' 혹은 '그대의 부재'라는 시적 상상은 문면으로 보면 그대의 상실이지만, 그래서 연가풍의 실루엣으로 비쳐지기도 하지만, 그 울림의 안쪽에는 자기동일성의 상실에 대한 도저한 안타까움이 자리 잡고 있는 것이다. <지금도 나는 네게로 가고 있다 / 마른 갈꽃송이 꺾어 한아름 가슴에 안고 / 처마 밑에 정갈히 내건 한 초롱 / 네 처녀의 등불을 찾아서>(「배회」) 목마름으로 가는 길은 현실세계의 찢긴 삶을 드러내는 은유적인 방식이다. <거먹딸갱이가 있어서 / 정답고 정답던 돌담길 / 그런데 오늘 아침 보니 / 그 거먹딸갱이나무 뿌리 뽑히고 / 자취도 찾아볼 수 없었다 / 나에겐 소중하게 여겨지던 그 푸나무가 / 어느 누구엔가는 잡초로 보였음인가!>(「邊方 3」)라는 탄식이 껴안는 것도 과거와 현실의 격절감이다. 거먹딸갱이나무의 뿌리 뽑힘 (시집 『변방』에 주로 나타나는 정서적 태도의 핵심 또한 뿌리 뽑힘의 의식이거나 변방 의식이라고 불러야 옳을 것이다.)이란 기실 시원적 가치의 유실과 오염, 혹은 자기동일성 상실의 다른 이름이다. 이제 현실의 삶은 생동감을 잃은 채 메말라 가고 있으며, 자꾸만 혼몽 속으로 기어들어간다. 시인 자신조차도 욕망의 통로 안에 갇혀 뒤뚱거리고만 있을 뿐이다. 자기 존재를 자연의 친속처럼 여기던 깊고 아름다운 이미지들은 <이 더러운 피 / 사람의 숨결 / 땀과 때에 절은 몸>(「邊方 4」)의 현실 이미지와 맞부딪친다.

이렇게 시인의 사유 안에서는 적어도 유년·성년, 과거·현재라는 선명한 이분법이 존재한다. 이는 순결·속악, 영혼·육신, 조화·소외, 충일·결핍의 대비법이기도 하다. 이때 타락한 현실에서 자기소외를 견디는 두 가지 방법이 있을 수 있다. 그 하나가 속악한 일상에 더럽혀진 자신을 갱신하는, 말하자면 자기 비우기의 노력이다.

가을에는 빈 뜨락을
거닐게 하소서.

맨발 벗은 구름 아래
괴 벗은 마음으로
주머니에 손을 찌르고 들길을 돌아와
끝내 빈 손이게 하소서.
                    ―「빈 손의 노래」 일부

초가집 이엉 위에 드러누워 빨가벗은
박덩이의 배꼽이나 들여다보며
웅얼대는 창자 속 핏덩일랑
아예 말간 이슬로 쓸어버리고
                    ―「들국화」 일부

    초기 시에서부터 최근작에 이르기까지 나태주 시가 일관되게 추구하는 이 비움, 혹은 벗음의 주제는 노장적 세계관에 젖줄을 대고 있는 것처럼 보인다. 맑고 깨끗하게 텅 비우기, 일체 무위 무욕의 경지에 도달하기, 즉 절대 虛心의 세계는 노장적 형이상학의 핵심이다. 부패한 세속의 꿈틀대는 욕망을 다스리기 위해서는 이슬과 같은 투명한 정신으로의 자기해방을 얻어야 한다는 것이다. 스스로를 소멸시켜 허심에 이르는 행위로서의 졸업하다·헹구다·벗다·비우다 등과 같은 행위 동사들이 그 직접성의 위험을 무릅쓰고 빈번하게 등장하는 것을 보면 시인이 얼마나 조화 속에서 청정한 허심을 구하는지 자명하게 알려 준다. <마지막 남은 옷들을 벗기 위하여 / 상수리 나뭇잎 떨어진 상수리나무 숲으로>(「상수리 나뭇잎 떨어진 숲으로」) 가자고 하는 것은 비움의 완성, 비움의 절대화에 대한 열망의 강도를 시사한다. 그 완전한 비움에의 열망은 <내 가

숨 속에 쭈그리고 앉아 있는 산 하나 / 꿈틀대는 들판 하나 / 지줄대는 시냇물과 / 붉은 꽃 한 송이까지 // 나가지 않으려면 몽둥이로라도 / 내쫓겠다는 다짐으로(「상처」) 나아가서 <빈 언덕 위에 / 키 큰 상수리 나무 하나를 둘 것 // 그 아래 방 한 칸짜리 / 오두막집을 둘 것 // 그리고 하늘엔 / 노을 한 자락도 걸어둘 것>(「꿈」)이라는 단호한 무소유의 의지에까지 이른다. 이처럼 완전한 비움에 이를 때에야 찢겨졌던 삶과 의식은 다시금 한 몸을 이루면서 시원의 동굴로 돌아갈 수 있게 된다. 과거에로의 시간여행 없이도 현재의 삶을 균형 잡아 줄 수 있는 자연과 만나게 되는 것이다. 그러나 이와 같은 방법은 자족적이고 사사로운 결단의 문제일 수밖에 없다. 그것이 자족적인 초월인 한에 있어서는 자연과의 교감은 있을 수 있어도 존재와 존재 사이의 소통은 꿈꿀 수 없는 것이다. 더구나 아픔과 고뇌의 과정을 거치지 않는 초월이란 얼마나 손쉽고 또 얼마나 상투적이며 세속적인 방법인가. 그러기에 욕망의 끈을 끊는 아픔이 이뤄지는 초월은 언제든지 풍류와 지적 노쇠라는 혐의에 대해 싸울 준비까지 되어 있어야 하는 것이다.

현재적 결핍을 내적 충일로 고양시키고, 고립된 존재를 확장하여 자연질서에 귀속시킴으로써 자기동일성을 회복하는 또 하나의 방법이 있을 수 있다. 그것은 자연이 들려주는 잠언에 귀 기울이며 그 자연의 순환음을 읽는 일이다. 거기서만 생명의 숨소리가 들리고 생명의 눈부심이 보인다. <꽃 속의 호수라도 한 채 / 찾아내는>(「夏日吟」) 열린 눈이 있고, <새소리 끝에 묻어나는 숲의 살내음>(「언덕에서」)을 느끼는 살아있는 감각이 있다면 세계는 사막처럼 황폐해지지 않는다.

    숲속에 그 나무 아래
    우리들의 나뭇잎은

떨어져 쌓여서 썩고 있을 것이다.
새싹을 틔우는 거름이 되고 있을 것이다.
　　　　　　　　　　　－「숲 속에 그 나무 아래」일부

　썩음은 불모의 시대를 표류하는 메마른 죽음이 더 이상 아니다. 시인은 죽음에 결코 동의할 수 없다. 그리하여 건조한 일상의 삶을 거절하고 썩음을 통하여 생명의 방수로를 개설한다. 삶이 텅 빈 공동에 진정한 자기 갱신의 새로운 생명 질서를 스미게 한다. 썩는 나뭇잎 거름은 생명에 대한 경의를 품고 잠자는 또 다른 생명이다. 그것은 썩음으로써 확실한 생명을 약속해 주고 새로운 희망에 참여한다. 그래서 자연은 벗고 비워서 홀로 초월하는 단수가 아니라 지상 위에 썩어서 생명을 창조하는 자연이고 창조를 성찰하게 하는 복수의 자연이다.
　다음의 시도 그런 의미에서 생명질서에 대한 곡진한 열망의 표현으로 읽힌다. 그 열망은 한겨울의 죽음의 잠재성을 견뎌낸 끝에,

　　　까무라쳐 버릴까 말까
　　　망설이다가
　　　한 번만 더, 한 번만 더
　　　봐주자고 큰맘 먹고
　　　깊은 숨을 내쉬며
　　　나무들이 풀들이
　　　싹을 내민다
　　　숨죽였던 새들도
　　　참았던 노래를
　　　시작한다
　　　－내룽내룽 내리룽.
　　　　　　　　　　　　　　　　－「發芽」전문

이라는 생명의 수사학을 낳게 한다. 나무와 풀들이 절망적인 죽음의 껍질을 벗고 생명의 새 옷으로 갈아입을 때, 마침내 그 생명은 우주적으로 팽창함으로써 숨죽였던 새들까지 참았던 노래를 터트리게 된다. 물론 이때의 호흡은 짧고 역동적이다. 생명의 건강한 출분을 드러내기 위해서이다. 말하자면 죽음 속에 갇혀 있던 생명의 순결한 속살이 짧고 경쾌한 리듬을 만나는 순간 세계와의 通典的인 일치를 이루게 되고, 따라서 그들은 드디어 서로의 희망에 참여할 수 있게 되는 것이다.

시인은 이렇게 일상적인 의식의 관성을 거부하고 새로운 정서의 구축을 위하여 사유하는 존재이다. 시인은 언제나 세계의 죽음 속에 있으면서 죽음 밖을 꿈꾼다. 현실을 통해 끊임없이 현실을 부정하고 싶어 한다. 그와 같은 태도에서 우리는 상투화된 삶의 어떤 틀에도 결코 갇히지 않겠다는 시인의 열린 상상력을 읽으며, 그의 영혼을 억압하고자 하는 모든 힘에 대한 치열한 拮抗力을 본다.

같은 시집에 실린 「염소」에서 그는, 시적 자존심의 칼끝을 꼿꼿하게 세우지 않고서는 세계의 도저한 죽음을 견뎌낼 수 없다는, 소박하지만 구체적인 알레고리의 옷을 입고 나타난 시인의 완강한 자존심을 보여준다. 그 자존심이 바로 이 시인으로서의 자기동일성을 지켜주는 정신적인 버팀목이었을 터이다. <앞에서 끌면 대번에 / 목울대에 힘을 주고 / 앞다리 뒷다리 앙바투어> 멈춰서는 검정염소의 턱없이 높은 자존심 하나는 그래서 단순하게 읽혀지지 않는다. 그 자존심이야말로 우리의 예속적 삶에 충격을 가하는 반역의 상상력이기도 한 때문이다.

그러므로 어떤 의미에서 시인은 언제나 반역을 도모하는 존재이다. 죽음의 불감증에 반역하며, 정신의 노예적 속박에 대항하고, 타락한 의식에 맞서 싸우는 자가 시인이다. 그리하여 시인의 반역의 상상력은 우리의 상투화된 인식의 해방을 선언한다. 그 반역의 자리에 한겨울을 참았던 나무들의 신선한 호흡이 있고 눈부신 생명의 약동이 있다. 숨죽였던 새들의 <내룽내룽 내리룽>으로 울려 퍼지는 생명의 레토릭이 탄생한다. 우리가 나태주의 시를 읽는 것도 사실은 모든 죽음의 이미지와 싸우는 그러한 반역의 힘을 신뢰하기 때문이다. 메마른 사회적 기능만이 거미줄처럼 뻗어 있는, 70년대 이후 도래하기 시작한 현대 산업사회의 삶 속에서 우리는 더 이상 꿈꿀 자리를 얻지 못하고, 최소한의 인간적인 거점마저 상실한 채, 다만 저 막막한 사막의 길을 끝없이 걸어 나가야 한다. 그럴 때 나태주의 순정한 자연 생명이 베풀어주는 청량한 호흡은 우리에게 얼마나 아름다운 생기를 불어넣어 주겠는가?

한 자연주의자의 웃음과 울음*
— 나태주론

정한용
(시인, 문학평론가)

1.

나태주 시인만큼 한자리를 오래 지켜온 시인이 있을까? 1971년에 신춘문예로 등단했으니 30년 가까이 시를 써온 셈인데, 그 수상하고 구불구불한 세월 동안 오로지 한 가지 세계에만 매달려 왔고, 지금도 그러하다는 것이 내겐 경이롭기까지 하다. 나는 그 변치 않는 세계를 요약할 한마디를 고르기 위해 여러 날을 망설임과 고민 속에서 보냈다. '고향'이나 '변방'의 이미지도 많이 나오고, '사랑'이나 '등불'이라는 이름으로 불러도 좋을 여러 작품이 있다. 그럼에도 불구하고, 나는 근래의 시집 『풀잎 속 작은 길』이 보여주는 자연친화적 관점이 그의 세계의 정점이며 집약이라고 판단하여 과감히 그를 '자연주의자'라고 부르기로 했다. 물론 이 말은 문예사조에서 이

---

* 『불교문예』, 1997, 여름호.

르는 '자연주의(Naturalism)'나 노벨상 수상시인 S. 히이니의 시집 제목 『자연주의자의 죽음』을 연상케 하여 그리 달가운 것은 아니다. 나태주의 세계가, 리얼리즘에 뒤이은 자연주의나 히이니의 자연관과 전혀 관계 없다고 할 수는 없겠지만, 근본적인 면에서 이들은 다르다. 잘 알려진 바와 같이 자연주의는 19세기 후반 자연과학의 발달과 함께, 삶의 구체적인 모습을 정교하게 묘사하고 모든 대상을 자연과학적인 분석의 대상으로 삼을 수 있겠다고 믿은 글쓰기의 태도를 일컫는 말이다.[1] E. 졸라나 S. 크레인 등이 대표적인 작가이다.

여기에서의 자연관은 자연을 인간의 의지로 지배할 수 있다고 여기는 인간중심주의, 합리적 / 근대적 사고의 전형을 드러낸다. 나태주에게 있어 자연관은 이것과는 전혀 반대이다. 그에게 자연은 인간의 종속물이 아니라, 인간을 그 속에 내포하는, 보다 폭넓은 생성의 힘을 가진 존재로 드러난다. 또한 히이니에게 있어 '자연'은 북아일랜드의 정치적 상황을 아우라로 가지면서 그 속에서 살아가는 사람들의 공동체적 운명을 상징하는 용어로 사용된다.[2] 따라서 이것도 나태주의 세계와는 전혀 다르다. 나태주의 것은 히이니가 갖고 있는 정치적 층위로서의 자연이 아니라, 시인 곁에 스스로 '있는' 존재적 층위로서의 자연이다.

나태주에게 있어 자연은 '나-대상'의 관계가 서로 구속되지 않는 관계이면서도, 그 어느 것보다 그 본질에 닿기를 요구한다. 손 내밀면 손끝에 자연이 닿는다. 엄격히 말하자면 구체적인 것들, 꽃이나 나무, 벌레나 개구리, 바람이나 구름 등이 거기에 있다. 가까운 곳에 있으므로 새삼스러울 것도 신기할 것도 없다. 그러나 그것들은 본래 거기에 있음으로써

---

1) M. H. Abrams, A Glossary of Literary Terms (3th. ed., Holt, Rinehart and Winston Inc., 1957), pp.141-142 참조.
2) 노저용, 「북아일랜드의 현대시」, <시와 반시>(96. 여름), pp.170-172 참조.

당연하게만 받아들여졌던 것, 그래서 시인의 손끝이 닿으면서 새롭게 환기된 새로운 존재들로 그 정체를 드러낸다. 그에게 있어 자연은 이렇게 당연하면서도 새롭게 다가온다. 그렇다고 해서 시인이 자연대상을 만들어 내거나 조절할 수 있는 위치에 있는 것은 아니다. 오히려 자연의 중심으로 난 '작은 길'을 찾아내 그가 조심조심 걸어 들어갈 뿐이다. 자연으로 들어가 온전한 하나가 되기를 희망하는 세계, 그래서 스스로 완전한 '자연인'이 되기를 염원하는 세계가 바로 나태주의 시 세계이다. 희망이나 염원은 '지향성'을 뜻하는 것이 되므로, 다소 거슬리기는 해도 그에게 '자연주의자'라는 이름을 붙여 지나친 과장은 아니 될 것이다.

우리 근래 시단에 '환경' '생명시' 혹은 '생태시' 바람이 불고 있다. 이들은 이름은 다르지만 사실 내용은 서로 다른 것이 아니다. 생태학적 관점에서 인간과 자연의 관계를 새롭게 정립할 것을 요구한다는 점에서 같다. 환경시는 보다 구체적으로 공해에 찌들어 위협받고 있는 인간 존재의 위기감을 표현하고, 생명시는 인간 / 자연에 있어 생명의 근원과 조건을 파헤치려는 노력을 보여준다. 생태시는 환경시나 생명시와 마찬가지로 '생태학(ecology)'의 중요성이 부각되면서 가깝게 다가온 것인데, 생태계의 파괴가 인간 영역 밖에 있는 동·식물뿐만 아니라 인간 자신에게도 존립의 위협이 된다는 것에 주안점을 둔다. 거의 같은 범주로 묶일 수 있을 것이므로, 통괄하여 '생태시'로 이름 붙인다면, 다소 소박한 차원이긴 하지만 그 생태시들이 인간중심의 합리적 사고방식에서 자연중심, 혹은 생태계 중심의 비선형적 사고로의 전환을 요구한다는 점에서 우리에게 매우 소중한 패러다임이 된다.

'생태계 중심'이라는 것은 말을 바꾸면 '자연중심'이라는 것과 같다. 생태학이란 본래 생명 자체를 다루는 학문이 아니라 생명의 조건을 다루는 학문이다. 따라서 생태학은 생태계가 올바르게 균형 잡을 수 있는 자연의 조건들—기온, 습도, 영양상태, 먹이사슬, 생식, 에너지의 이동 추이 등을 연구한다. 널리 알려진 바와 같이 자연의 에너지는 항상 균형을 이룬다. 에너지의 형태가 변화되고 이동될 수는 있으나 그 총량은 변하지 않으며 각각의 위치에서 균형 상태를 이룬다. 이것이 정상적으로 순환하는 생태계의 현상이다. 그러나 경우에 따라서는 그 에너지가 불균형을 이루어 과잉되거나 결핍되는 곳이 생기게 되는데, 이것이 곧 오염을 낳는 원인이 된다.3) 이산화탄소로 변이된 에너지가 산성비나 온실효과 등을 낳는 것이 그 대표적인 예이다.

그러나 보다 근본적인 환경오염의 원인은 바로 '엔트로피(entrophy)' 때문이다. 에너지가 전환되는 과정에서 에너지의 총량에는 변함이 없다 해도, 문제는 그 에너지가 사용 가능한 에너지에서 쓸모없는 에너지로 점차 확산되어 간다는 사실이 문제인 것이다. 하나의 생명 개체가 평형을 유지하기 위하여 더 많은 불균형을 낳을 수밖에 없다는 사실 앞에서 우리는 그저 막막해진다. 조금 단순화시킨 비교이지만 다음의 예를 보자.

> 밀러의 계산에 의하면, 먹이를 획득하는 과정에서 '80-90퍼센트의 에너지는 그저 낭비되어 열의 형태로 주위 환경에 버려진다.' 얻은 에너지의 10퍼센트로부터 20퍼센트 정도만이 먹이사슬의 다음 단계로 이전된다. 다음 단계의 생물이 최대 엔트로피 상태에서 죽지 않기 위하여 필요한 각 종의 숫자를 생각해 보자. '한 명의 사람이 일 년을 살기 위해서는 3백 마리의 송어가 필요하다. 그리고 3백 마리의 송어는 9만 마리의 개구리를 필요로 하고, 그들 개구리는 2천 7백만 마리의 메뚜기를, 그리고 이들 메뚜기는 자그마치 1천 톤의 풀을 먹어야 한다.'4)

---

3) Microsoft Encarta '95, 'ecology' 항목 참조.
4) J. 리프킨, 『엔트로피』(김명자 역, 동아출판사, 1992), pp.71-72.

한 사람이 균형된 생명을 유지하기 위하여 얼마나 많은 다른 생태계를 파괴하여야 하는지 짐작이 간다. 엔트로피는 순환과정에서 점차 극대화되며, 역설적으로 그것을 줄이려고 노력하면 할수록 더욱 증가한다. 결국, 자연은 인간의 손길이 미치는 한 엔트로피의 감소를 기대할 수 없다는 뜻이다. 자연은 자연의 순환 법칙에 의하여 평형상태를 이루어 왔는데, 인간이 자연을 조절하고 통제하려는 순간 증폭된 엔트로피를 통하여 인간에게 보복을 가하고 있다. 우리가 근대화·산업화라는 이름으로 자연을 에너지원으로 사용해온 것에 대해, 자연은 눈에 보이지는 않지만, 가장 비싼 값으로 대가를 요구하고 있다.

우리 주변에서 이미 벌어지고 있는 참상을 보자. 멀리 갈 것도 없이 문을 열고 밖을 한 번 둘러보는 것으로 충분하다. 수돗물은 그냥 마실 수 없고, 공기는 텁텁하다. 골목에 쌓인 쓰레기에서는 악취가 풍기고 도시 거리에는 나무 한 그루, 풀 한 포기 찾아보기 힘들다. 여기에서 끝나는 것이 아니다. 조금만 더 멀리 시선을 돌리면, 강에서는 물고기들이 허옇게 죽어 떠오르고, 식수원이라고 부르는 물줄기는 누렇거나 검은색으로 혼탁하다. 비만 오면 공장폐수가 버려지고, 가뭄이 들면 적조현상으로 물감 풀어놓은 것 같다. 골목을 떠난 쓰레기는 더욱 거대한 쓰레기산을 만들며 다시 김포매립지에 쌓인다. 사람 발길이 닿는 곳이면 어디에나, 계곡이든 해변이든 산꼭대기든 쓰레기가 넘쳐난다. 이것들은 어떻게 처리할 수 없어 그대로 썩어가고 있는 중이다. 공장 굴뚝에서 나오는 연기, 바다 건너 중국 땅에서 황사와 함께 불어오는 매캐한 연기, 숨쉬기조차 불편하게 거리를 꽉 채운 자동차 매연…

이러한 공해들이 사실은 우리 인간들이 조금 더 편하게 잘 살아보자고 애쓰면서 생겨난 부산물이라는 데 문제의 심각성이 있다. '사람답게 살아보자'는 구호 속에는 우리가 미처 깨닫지 못했던 위험이 숨어 있던 것이다. 우리 인간이 자연의 주인인 것처럼 착각하면서, 우리에겐 엄청난 재난이 서서히 밀려오기 시작했다. 이 시점에서 우리는 자연을 바라보는 근본적인 마음가짐을 바꾸어야 할 때에 이르렀다. 만약 이러한 논리가 이 시대의 커다란 패러다임으로 부각되었고 그것을 문학에서 반영한다면, '생태시'를 논의하는 관점에서도 새로운 척도가 요구된다고 할 것이다. 나는 이것을 다음의 세 가지로 요약하고 싶다.

첫 번째는 소위 말하는 '인간중심주의'의 사고를 전환해야 한다. 이 지구상에서 진정한 주인은 인간이 아니다. 공룡이 지구의 주인공이 아니었듯이, 인간 역시 자연을 지배하거나 조작할 수 없다는 사실을 깨달아야 한다. 그렇다면 자연을 올바르게 균형 잡고 제어하는 힘은 어디에 있어야 하는 것일까. 내 생각으로는, 어느 특정 개체나 종이 자연을 지배할 수는 없으리라고 본다. 왜냐하면 모든 종은 다른 종과의 '특정한 관계' 속에서만 존재가치를 인정받고 생명을 유지시킬 수 있기 때문이다. 따라서 종과 종 사이의 역학관계, 즉 '생태계(ecosystem)'라는 추상적인 힘의 장력이 진정한 자연의 중심이 되어야 한다고 믿는다. 이 계를 위협하는, 그것도 국지적으로가 아니라 전면적으로, 어떠한 개체도 자연을 파괴하는 세력일 수밖에 없다. 유감이지만 인간도 여기에서 예외가 아니다.

두 번째는 소위 말하는 '합리적 이성'이라는 허상을 버려야 한다. 데카르트 이래 서구 근대 사회를 이끈 이성에 대한 맹목적인 신뢰는 이성의 완벽함이라는 신화를 낳았다. 그러나 이성을 가진 존재가 바로 인간 외에 있을 수 없다는 생각으로 발전하여, 인간의 이성은 근대성의 합리화라는 탈을 뒤집어쓴 채 사실은 광기에 탐닉했던 것이다. 합리적 이성이라는 것은 가능하지 않다. 포스트모더니즘 담론들이 매우 위험한 도그마를 갖고 있음에도 불구하고, 이성에 대한 무차별 공격을 통해 이성 중심의 근대적 한계를 잘 드러내주었다고 생각한다.[5] 자연은 우리의 이성으로 속단할 수 없는 영역 저편에 있으며 우리의 간섭 없이도 스스로 문제를 조절하고 있다. 오히려 그 조절의 범주 속에 우리가 속해 있다.

세 번째는 자연 현상을 바라보는 분석적 태도를 버려야 한다. 모든 물질은 홀로 존재하는 것이 아니라, '관계' 속에 존재한다. 즉 모든 물질은 서로에게 영향력을 미침으로써 자신의 존재를 드러낸다는 것이다. 따라서 분석을 통하여 우리가 얻는 결론은 편협적이거나 부분적일 수밖에 없으며 본질을 잘 드러낼 수 없게 된다. 이럴 때 필요한 것이 '전체적 / 통합적(holistic)' 관점에서의 우주관이다.6) 자연의 모든 물질들은 생명 형성에 긴 세월 동안 직·간접으로 간섭하고 영향을 미쳤다. 이 연결고리 속에서만 생명은 가능하며, 고리의 매듭이 전체적으로 이해되지 않는 한 생명현상을 설명할 수 없고 이해할 수도 없다. 따라서 인간은 자연을 '문화적으로' 바라보고 이해하는 유일한 존재일지는 모르지만, 그렇다고 물질을 무시한 채 살아갈 수 있는 존재는 아니다. 우리 인간은 자연 앞에서 왜소한 작은 존재, 고리의 끝에 매달린 보잘 것 없는 존재일지 모른다. 우리는 겸손해지지 않으면 안 된다.

이제 우리는 자연을 바라보는 시선을 수정하지 않으면 안 된다. 우리가 살아남을 수 있는 유일한 길은 자연과의 공생이라는 차원에서 한 걸음 더 밀고 나아가, 우리가 자연의 한 작은 부분으로 물러서는 것뿐이다. 우리 인간의 탐욕이 그것을 허용할지 모르지만, 나태주 시인의 작품을

---

5) 여기에 대한 논의는 매우 폭넓게, 어쩌면 지나치게 앞질러 전개되었다. 포스트모더니즘이 많은 문제점을 남겨주기도 했지만, 분명한 한가지 공덕은 이성중심주의가 더 이상 우리의 삶을 이끌어 가는데 효율적이지 않다는 사실을 밝혔다는 점이다. 좀더 상세한 설명이 필요하지만, 이 원고의 범위를 넘어선다.
6) 프리고진의 열역학 이론, 보행의 우주론, 셀드레이크의 생물학 등이 그 대표적 케이스이다. 소위 '신과학(new science)'이라고 불리는 것인데, 여기에 대한 개론적 이해는 김재희, 『신과학산책』(김영사, 1994)에서 얻을 수 있다. 좀더 자세한 것은 각 이론가의 저술이나, 장회익, 『과학과 메타과학』(지식산업사, 1990) 참조.

읽으며, 나는 기쁘고도 우울하다. 그의 자연주의자로서의 다감한 손길이 아름답고, 시인의 목소리 밖에서 시끄럽게 흘러가는 저 세상이 안타깝기 때문이다. 이제 한 시인의 작품세계를 좀 더 세밀히 읽으며 희망의 단서가 한줌이라도 잡히기를 간절히 바란다.

2.

나태주 시인은 첫 시집 『대숲 아래서』 이후 『풀잎 속 작은 길』에 이른 20여 권의 시집을 냈는데, 80년대 순수 서정시가 푸대접 받던 시절 그 절반 이상의 시집을 냈으니, 그가 시를 쓰며 얼마나 외로웠는지, 그러면서도 얼마나 고집스럽게 자신의 색채를 지켜왔는지 짐작이 간다. 그를 떠받들고 있는 기본 정조는 물론 자연이다. 풀과 나무들 곁에서 그것을 바라보며 그들과 뒹굴고 그들과 살아간다. 물론 초기의 시부터 지금에 이른 작품이 완전히 같은 것은 아니지만, 예컨대 80년대 쓰인 작품들은 시인의 개인적 생활과 내면의식을 그리는 데로 많이 흘러가지만, 그 아래에는 언제나 자연을 순수하게 바라보고자 하는 의식이 깔려 있다. 즉 물질적 이미지가 등장할 때에도 정치적 혹은 경제적 차원에서 물질이 다루어지는 것이 아니라, 욕망이 제거된 채 스스로 존재하는 대상으로 그려진다.

우리집 좁은 뜨락 한 귀퉁이 한 뼘 흙을 헤쳐
아내가 심은 몇 포기 애기호박
아침마다 우리집 네 식구가
밤 사이에 눈 요강 속의 오줌 받아 먹고
잘도 자라 칙간채를 기어올라가

구름덩이 같은 이파리를 피우더니만
주렁주렁 애기호박을 잘도 매달게 되었다
우리가 먹고 남을 만큼
애기호박이 많이 열리자 아내는
애기호박들을 따서 평소 마음 빚진
이웃아낙들에게 돌린다
허참, 그것도 적덕은 적덕이요
빚갚음은 빚갚음이렷다!

—「애기호박」 전문7)

 지금 도시에서는 보기 힘든 것이 되었지만, 시골 옛집에는 사랑채 건너로 칙간이라 불리는 작은 화장실 건물이 있었고 그 뒤편에는 의례껏 호박을 심어 덩굴을 지붕으로 올리곤 했다. 이 시의 배경도 그러한데, 덩굴이 실하게 오르고 애기호박이 많이 매달리자 그것을 따서 화자의 아내가 이웃에 돌린다는 이야기이다. 그것도 덕을 쌓는 일이 아니겠냐고 절반은 농담조로 훈훈한 웃음을 흘리며 시가 끝난다. 시인의 소박한 마음씨가 시골의 훈훈한 정과 함께 섞여 정겨운 맛을 자아낸다.
 그런데, 나는 스토리의 일차적 의미 너머에 시인이 믿고 기대는 속마음에 주목하고자 한다. 그것은 '애기호박'이 자라나는 장면의 묘사와 애기호박을 삶의 단편으로 수용하는 시인의 자세에서 읽을 수 있는 바이다. 호박이 자라는데 영양분으로 삼은 것은 <아침마다 우리집 네 식구가 / 밤 사이에 눈 요강 속의 오줌>이다. 호박은 사람으로부터 나온 자양분을 먹고, 사람은 다시 호박이 맺은 열매를 따먹는다. 호박이 <구름덩이 같은 이파리를 피우더니만 / 주렁주렁 애기호박을 잘도 매달게 되었다>는 표현에서 우리는 화자가 자연을 대하며 얻는 가치가 넓고 너그러

---

7) 『그대 지키는 나의 등불』(고려원, 1987), p.92.

우며 풍요롭다는 것을 느낀다. <잘도 매달았>다는 말에서 그러한 흐뭇함이 배어 나온다. 나아가 이 작품은 시골의 한적하면서도 다감한 풍경들, 가까이 산자락이 걸려 있고, 지붕 너머로 이웃집 처마가 둥글게 휘어지고, 들판 멀리서 개구리들이 뛰어 노는 풍경들까지 이끌어온다. 그런 것들이 모두, 호박이 그러하듯 제자리를 지키며 존재의 의미조차 숨긴 채 풍경의 일부로 녹아든다. 나태주 시인에게서 생활의 욕망이라는 것은 바로 호박을 이웃에게 돌리는 것 정도이다.

그의 초기 시에는 이러한 자연관이 보다 직접적으로 나타난다.

> 그 세상에 흔한 이별이며 눈물,
> 그리고 밤마다 오는 불면들을
> 내 모두 졸업하게 되는 날,
> 산에 다시 와서
> 싱그런 나무들 옆에
> 또 한 그루 나무로 서서
> 하늘의 천둥이며 번개들을 이웃하여
> 떼강물로 울음 우는 벌레들의 밤을 싫다하지 않으리.
> 푸르디푸른 솔바람 소리나 외우고 있으리.
> ―「다시 山에 와서」일부8)

조금 긴 작품의 끝부분이다. <눈물>이나 <불면>은 사람들과 부딪히며 살아가는 일상의 욕망이 만들어 내는 괴로움들이다. 시인이 젊은 나이에 쓴 작품인데, 현실의 삶과 정면으로 대결하겠다는 의지는 보이지 않고, 오히려 삶을 초월한 저쪽의 세계, 즉 <싱그런 나무>로 상징되는 자연으로 귀의해 들어가겠다고 했으니, 예사로운 일이 아니다. 산에 와

---

8) 『추억의 묶음』(미래사, 1991), p.15.

서 나무가 되어 <하늘의 천둥이며 번개들 / 떼강물로 울음 우는 벌레들 / 푸르디푸른 솔바람 소리>와 어울리며 살겠다는 의지이다.

　세상의 속정을 떼어낸다는 것이 우리 같은 범인들에겐 결코 쉬운 일이 아니다. 그의 시선집 중에는 『빈손의 노래』라는 것이 있는데, 표제시가 된 작품도 역시 그의 초기 시에 해당하는 것으로, 위 인용 작품과 맥을 같이 한다. 일부만 보면 다음과 같다.

　　허나, 더 늦기 전에
　　나도 들로 내려
　　드디어 낭자히 풀벌레 소리 강물 된 옆에
　　실개천 물소리 되어 따라 흐르다가
　　허리 부러진 햇살이나
　　주머니에 가득 담아 가지고
　　한나절 흥얼흥얼 돌아올거나.
　　　　　　　　　　　　　　―「빈손의 노래」 일부9)

　40행이 넘는 긴 작품의 끝 부분이다. 인용 바로 앞에는 <애당초 아무 것도 / 바라지 말았어야 했던 걸 모르고 / 너무 많은 걸 꿈꾸다가 / 너무 많은 걸 찾아다니다가 / 아무 것도 찾지 못하고 만 / 이제 또 가을>이라는 구절이 있다. 삶의 과정 하나하나가 모두 허위를 쌓는 고통이라는, 그러면서 얻는 것이라곤 아무 것도 없다는 인식이 시인을 들로 이끌어간다. 앞에서 산으로 가 나무가 되겠다는 발상과 다를 것이 없다. 들에 가서 <물소리 / 허리 부러진 햇살>을 주워 가지고 오는 것이나 나무가 되어 <솔바람 소리나 외우는 것>에는 차이가 없다. 모두 자연만이 화자를 진정으로 풍요롭게 만들 수 있다는 깨달음으로 닿는다.

---

9) 『빈손의 노래』(문학사상사, 1988), p.29.

자연 속의 일부가 되겠다는 의지가 오늘날과 같은 자본주의 사회에선 공허한 욕심이거나 현실도피처럼 느껴지는 것도 사실이다. 허무주의라는 오해를 받을 여지도 있다. 그러나 그의 의지 표명이 헛말이 아님은 이후 그의 글쓰기를 통해 입증되었다. 특히 근래 시집 『풀잎 속 작은 길』은 시인의 의지 / 욕심까지를 무화시킨 한 극치를 보여준다. 초기 시에서는 시인이 자연이 되겠다고 염원하는 차원이었다면, 지금은 이미 자연과 별개로 구별되지 않는 절정에 서 있다고 할 수 있다. 멀리 산이나 강을 찾아 나설 것도 없이, 이미 시인의 언저리에 그것은 와 있다.

>한밤중에
>까닭없이
>잠이 깨었다
>
>우연히 방안의
>화분에 눈길이 갔다
>
>바짝 말라 있는 화분
>
>어, 너였구나
>네가 목이 말라 나를
>깨웠구나.
>
>―「한밤중에」 전문10)

예전의 시에 비하여 호흡은 간결해지고 언어는 아꼈는데, 그 의미는 훨씬 폭넓다. 한밤중에 잠이 깨어 마른 화분을 보았다는 극적인 상황 한

---

10) 『풀잎 속 작은 길』(고려원, 1996), p.14.

조각을 제시하는 것으로 시는 끝난다. 그러나 이 작품을 통하여 나는 화분 속의 식물, 그 축소된 자연과 시인이 이미 한 몸이 되어 있음을 느낀다. 화분이 잠자고 있는 화자를 깨웠다는 것은 논리나 이성의 판단으로 이해할 것이 아니다. 또 화자의 물활론적 상상력이 화분으로 하여금 교감을 갖게 만들었다고 판단할 것도 아니다. 그는 방안에 있는 화분을 오랫동안 날마다 보아왔을 터이다. 그런데 수많은 스침을 통해 화분은 화자와 무의식적으로 일체화되어 있던 것이요, 잠에서 깬 그날 밤에 비로소 그 일체화를 확인했다고 이해해야 한다. 이 작품에서는 시인이 자연을 향하여 나아가려고 노력하지도 않고 욕심을 부리지도 않지만, 이미 자연대상과 그는 하나가 되어 있다.

이 시집에는 여러 가지 <꽃> <나무> <풀>들이 나온다. 우리가 흔히 '혼잡한 도시를 떠나 자연으로 간다'고 할 때의 자연은 대개 풀과 나무가 우거진 곳, 아니면 깨끗한 물이 흐르는 곳을 연상한다. 식물이 쇠붙이나 동물에 비하여 자연에 걸맞은 이미지인 것은 식물이 모든 먹이사슬의 종착역이기 때문은 아닐까. 하여튼 부드러운 생명의 발생지를 향하여가는 셈이다. 나태주 시인에게 있어 자연은 단순히 산과 들에 머물러 있는 존재가 아니라 '경배의 대상'이 되기까지 한다.

    일요일 오전
    11시에서 12시 사이
    그 한 시간은
    나도 경배하러 가는 시간
    풀벌레와 물고기들에게
    무엇보다 씨앗과 열매를 남기고 죽어가는
    나무들에게 풀들에게
                              —「경배의 시간」 일부11)

시의 내용은 일요일에 시인의 아내와 딸이 교회를 가는 시간에 그는 <개울길 / 오솔길 따라> 자연을 만나러 간다는 것이다. 거기에서 그는 풀벌레도 보고 물고기도 보고, 나무와 풀도 본다. 그런 것들이 그에게 외경으로 다가온다. 모두가 다른 모습으로 생명을 유지하며 살아간다. 생명을 이루며 살아가는 그 모습에서 그는 숭고함과 아름다움을 느끼고, 그 시간을 경배 / 경건함으로 돌아다닌다. 풀에 매달린 열매와 씨앗, 후회 없이 사그라지는 풀줄기들, 살 오른 물고기와 그 생활의 내력, 이런 것들이 모두 합쳐져 빛나는 광휘가 된다. 화자는 거기에 압도되는 것이다. 자연 앞에서 자신이 얼마나 왜소한 존재인가를 깨닫고 배운다.

나태주 시인의 세계를 여러 가지 안목에서 이해하고 해석할 수 있겠지만, 나는 그의 자연에 대한 외경심을 젖혀놓는다면 가장 중요한 것을 빼먹는 것이라고 확신한다. 이 글의 머리에서 나는 우리의 현실이 너무나 메마르다는 것을 말했다. 생명에 대한 경건함이 없이는 우리는 우리들 자신의 무게로 인하여 파멸할 것이다. 자연 앞에서 인간 우월주의 사고방식을 버려야 한다. 그런 의미에서도 나태주는 이 시대 우리에게 가장 중요한 패러다임을 쉽고도 설득력 있는 언어로 환기시켜주는 시인이다. '자연주의자'로서의 시인, 그는 작품 속에서는 적어도 즐겁고 충만한 삶을 산다. 진정한 가치로써의 삶을 누리고 있다. 그러나 나는 그의 웃음이 울음과 동질의 것이라고 믿는다. 자연을 바라보며 웃을 수 있는 그런 여유도 쉽게 주어지지 않거니와, 어디를 둘러보아도 그런 희망이 보이지 않기 때문이다. 우리에겐 자연에 관한 한 선택권이 없다. 자연이 우리를 선택하도록 우리가 노력할 뿐이다.

---

11) 앞 책, p.69.

세기말 이후에도 서정시는 가능한가*
— 나태주의 삶과 시

이형권
(문학평론가, 충남대 교수)

1. '풀잎 속 작은 길'을 따라서

나는 지금 모차르트의 아기자기한 선율을 들으며 차를 몰고 간다. 내 곁에는『풀잎 속 작은 길』(고려원, 1996)이라는 나태주 시인의 시집과 작은 서류 봉투가 하나 놓여 있다. 어젯밤 늦은 시간에 읽었던 시집에 관한 기억을 되살리며 풀잎 사이로 난 작은 길을 달려간다. 시에 의하면 나는 지금 <풀잎 속엔 가느다란 길이 있어 / 그 길을 따라서 가면 오두막집 / 오두막집은 황금빛 / 노을이 빛부신 서양받이 / 차마 굴뚝도 세우지 못한> 곳을 향한다.

행선지는 시인이 교감선생님으로 근무하는 충청남도 논산의 작은 시골 학교인 호암초등학교이다. 팔월 초순의 따가운 햇살에 차창을 꼭꼭 걸어 잠그고 에어컨 바람을 쐬며 가다가 이내 마음을 바꾼다. 차창을 스치는 이름 모를 풀들이며 야생화들이 갸웃갸웃 고개를 흔들어 주었기 때

―――――
*『현대시』, 1999. 9, 카버스토리.

문이다. 이 아름다운 자연의 숨결을 외면하고 인공의 에어컨 바람을 쐬는 것이 당치 않은 일이란 생각이 든다.

연이어 펼쳐지는 아담한 산과 구릉, 훌쩍 자란 벼가 살랑거리는 들판. 그 푸르름이 내 피부마저 파랗게 물들이는 듯하다. 도시에서의 복잡하고 헝클어진 내 삶이 푸른 녹음의 거대한 물결에 잠긴다. 들길을 따라 50여 리를 달려 목적지에 다다르는 동안 만난 사람은 불과 서넛, 뒤따르거나 교행하는 차 또한 서넛을 넘지 않았다. 운전을 하면서도 많은 생각과 느낌을 가질 수 있어 더없이 즐거웠다. 도심에서는 도저히 불가능한 일이었다. 이 느림과 한적함의 황홀경이라니.

호암초등학교는 전형적인 시골 학교이다. 교문 안으로 작은 교사가 한 채. 그리고 그 앞에 다복솔 한 그루가 오똑 서 있다. 키는 작지만 다복다복한 나태주 시인처럼. 거뭇한 나무 복도를 들어서는 순간 나는 오래 전 스승과의 만남을 목전에 둔 듯 마음이 설렌다. 교무실에 들어서니 방학인데도 불구하고 몇몇 선생님이 계셨고, 그들은 나태주 시인이 있는 양호실을 알려 주었다. 그곳에 들어서자 특유의 천진스런 미소로 반가이 맞아주는데, 옆에는 인근 공주에서 왔다는 향토 시인 한 사람이 앉아 있었다. 창작 지도를 하고 있었나보다. 이것저것 안부를 물은 뒤, 수명을 다했으나 버리기 아까워 남겨두고 있다는 설명과 함께 시인은 양호실 한 쪽 구석에 놓인 낡은 풍금을 켠다. 그의 모습에서 나는 신경숙의 소설 『풍금이 있던 자리』의 그 아련한 사랑 이야기를 떠올려 본다. 나 또한 풍금 세대가 아닌가.

잠시 후 우리는 다시 시골길을 달려 '이인'이라는 공주시의 한 조그만 면 소재지에 있는 두부집으로 갔다. 허름한 방에 앉은뱅이 나무 식탁이 놓여 있고 왕파리도 몇 마리 윙윙 밉지 않게 날아다니는 곳이다. 우리는 점심을 겸해서 이런저런 이야기를 나누는 도중, 선약이 있었던 듯 논산의 권선옥 시인과 또 한 사람의 동행인이 동참했다. 결국 다섯이 모인 셈이다. 주인이 직접 만들었다는 생두부는 나태주 시인처럼 담박한 맛이다. 그것을 배추 겉절이에 얹어 소주를 한 잔씩 걸치며 순두부 백반으로 식사를 했다.

몇 주 만에 만나지만 여전히 자애롭고 따뜻한 서정 시인 나태주. 지난번에는 논산의 한 식당에서 만났었는데, 이번엔 그보다 작고 허름한 두부집에서 만나고 있다. 인근에서 들려오는 매미 소리를 배경음 삼아 자신의 삶과 시에 관해 들려주는 시인의 얼굴이 두부집 앞마당에 널린 붉은 고추처럼 불콰하다.

2. 순정한 시심은 어디에서 오는가?

나태주 시인은 충청도의 대표적인 서정 시인이다. 그렇다고 하여 그가 지역성을 면치 못하는 시인이라는 뜻은 아니다. 그가 전국적인 지명도에 있어서나 고정 독자층의 확보에 있어서나 우리 시단의 중심부에 있음을 부정하는 사람은 아마 없을 것이다. 필자가 문학을 공부한 터전이 충청도라서 그런지 이 지역을 기반으로 살아가는 그의 시에 대한 필자의 관심은 남다르다. 그것은 중앙문단에서 활발하게 활동하는 시인이 많지 않은 이 지역 시단에 대한 불평 때문이기도 하다.

나태주 시인은 해방둥이다. 일제의 질곡으로부터 해방되던 해 3월 17일, 충남 서천군 시초면 초현리 외가에서 출생, 한동안 외할머니와 오롯이 살았다. 이후 친가인 서천군 기산면 막동리를 오가며 성장했다. 이 시절의 삶의 체험은 시인의 서정적 인식에 중요한 영향을 끼친다. 이런 사정은 그의 시 도처에서 찾아볼 수 있다.

외갓집 추녀 끝 닭똥 구린내여, / 수채 구녁 가득히 흘러가는 지렁이 울음 소리여, / 달빛도 따라서 울고 있었지. / 오막살이도 따라서 흘러가고 있었지.

—3. 「막동리 소묘」 전 185연 중 30연

이처럼 <닭똥 구린내>와 <지렁이 울음 소리>와 구분되지 않고 하나가 되어 살았던 <오막살이>는 시인의 고향 정경이다. 자연의 아우라가 살아 있는 이런 곳에서 그는 출생, 성장했다. 이런 질그릇같이 투박한 어린 시절의 삶을 떠받치고 있는 서천은 충과 예의 고장 충청도의 정서를 전형적으로 간직한 곳이다. 충청도는 어떤 곳인가? 예로부터 유순하고 부드러운 사람들이 사는 곳이었다. 그러나 그들이 맥없이 순하기만 한 것은 아니다. 충청도 사람들은 그 유순한 마음씨 깊은 곳에 당차고 견결한 의지를 함께 지니고 있다. 시인 나태주는 이러한 충청도 정서를 고스란히 이어받았다.

나태주 시인은 이러한 정서와 함께 부지런함을 또 하나의 장기로 지닌다. 특히 시 쓰기에 있어 남달리 부지런하다. 나이가 들면서 시 아닌 것에 마음을 사로잡혀 시단에는 적당히 이름만 걸어두고 외도를 하는 시인들에 비하면 그는 대단히 부지런한 시인이다. 세상살이의 오욕칠정이 얼마나 넓고 깊을까마는 시인은 그러한 것들 모두를 순정한 시심으로 단단히 붙들어 맨다. 등단 28년째인 오늘까지(물론 등단 이전에도 동인지를 발간하고, 교지나 지방 신문에 시를 발표했다.) 선시집을 포함하여 무려 27권의 시집1)과 여러 권의 산문집을 내었으니, 1년에 한 권 정도의 많은

---

1) 지금까지 나태주 시인이 발간한 작품집은 1.『대숲 아래서』(1973) 2.『누님의 가을』(1977) 3.『막동리 소묘』(1980) 4.『사랑이여 조그만 사랑이여』(1981) 5.『변방』(1983) 6.『구름이여 꿈꾸는 구름이여』(1983) 7.『외할머니』(1984, 동시집) 8.『굴뚝각시』(1985) 9.『사랑하는 마음 내게 있어도』(1985) 10.『목숨의 비늘 하나』(1986) 11.『아버지를 찾습니다』(1986) 12.『그대 지키는 나의 등불』(1987) 13.『빈손의 노래』

작품집을 발표한 셈이다. 보통 많이 쓴다는 시인들의 경우 3년 정도에 한 권의 시집을 내는 우리 시단의 관례로 볼 때 매우 왕성한 작품 활동을 한 것으로 볼 수 있다.

그러나 그는 결코 푸석푸석한 작품들을 마구 쏟아내는 다작의 시인은 아니다. 한 편 한 편의 시마다 각고의 勉勵를 아끼지 않는 시인이다.

시인의 고백에 의하면 그가 지금까지 발표 직전에 버린 시만 하더라도 수백 편에 달한다고 한다. 시인에게 시란 자신의 피붙이나 다름없을 것일진대, 그런 아픔을 무릅쓰고 완성도가 떨어지는 작품은 과감히 버린다고 한다. 이는 그가 작품의 발표에 얼마나 신중을 기하고 있는지 알 수 있게 해 준다. 그러니까 그는 자기검열을 충실히 한 연후에 발표하는 절차탁마의 시인인 것이다.

시단과 관련하여 그의 시적 근원은 박목월, 서정주, 신석정, 박용래 시인들에게서 찾을 수 있다. 이 점은 자타가 공인하는 터이지만, 이들 중 특히 박목월 시인과의 인연을 각별하게 생각한다. 박목월 시인과의 직접적인 인연은 1971년 서울신문 신춘문예 심사위원이었다는 데서 비롯된다. 이후 나태주 시인의 시를 정성스레 읽고 지도해 주었다는 점, 첫 시집의 서문을 장식해 주었다는 점, 결혼식의 주례를 맡았다는 점 등으로 인연의 깊이를 더해간다. 첫 시집 『대숲 아래서』의 서문에서 박목월은 이렇게 쓴 적이 있다.

(1988, 선시집) 14.『추억이 손짓하거든』(1989) 15.『딸을 위하여』(1990) 16.『두 마리 학과 같이』(1990) 17.『훔쳐보는 얼굴이 더 아름답다』(1991) 18.『눈물 난다』(1991) 19.『추억의 묶음』(1991, 선시집) 20.『네 생각 하나로 날이저문다』(1992) 21.『손바닥에 쓴 서정시』(1992, 선시집) 22.『지는 해가 눈에 부시다』(1994) 23.『나는 파리에 가서도 향수를 사지 않았다』(1994) 24.『천지여 천지여』(1995) 25.『난쟁이가 나팔꽃을 보며』(1995, 선시집) 26.『풀잎 속 작은 길』(1996) 27.『검정 염소와 더불어』(1999, CD-ROM 선시집) 등이 있다. 본문의 시 인용 시(時) 이들 시집의 번호와 시 제목을 제시하겠다.

그는 신춘문예 당선 시인 중에서도 한 시대의 전환을 이룰 수 있는 가능성과 사명을 띠고 등장하였다는 점에서 더욱 주목할 만한 시인이다. 다시 말하면 1960년대 현대시가 지닌 난해성과 건조성을 탈피하고, 70년대 벽두에 그는 전통적인 서정시를 현대적인 감각으로 세련·발전시켜, 오늘의 혼매 속에서 그것을 극복할 수 있는 길을 보여준 것이며 그 후로 그의 꾸준한 노력과 정진은 우리들의 기대에 어그러짐이 없었던 것이다.

인용은 1960년대의 난해시를 극복할 수 있는 1970년대 시인으로 주목하고 있는 부분이다. 누구나 알다시피 1960년대는 <현대시> 동인들을 중심으로 한 난해시 문제가 시단의 중요 이슈였다. 1970년대 들어서도 많은 시인들이 지적 실험을 통해 시를 써 나가던 시대였으니, 이러한 때에 한 정통 서정 시인의 등장은 특이한 현상이었을 것이다. 이런 점에서 나태주의 시는, 1930년대 백석이 당대를 횡행하던 모더니즘의 조류 속에서 새로운 시적 세계를 구축해 독특한 위치를 차지했던 것과 비견된다. 다만 백석이 도시적 모더니즘의 홍수 속에서 토속성을 바탕으로 한 함경도의 북방 정서와 감각적 이미지를 결합해 냈다면, 나태주는 지성적 난해시의 시대를 딛고서 전원적 풍경을 밑그림으로 한 충청도의 정서를 묘사하는 데 치중하고 있다는 점에서 다르다.

현역 시인들 중에서는 정서적으로 강원도의 이성선, 전라도의 송수권과 김용택, 경상도의 서지월 등과 가깝다. 평안도의 소월 이후 한반도 남반부에 자리 잡은 이들은 모두 전원에 묻혀 시를 쓰는 토종 시인들이다. 이 토종들은 우리 시가 아직 전원적 서정성과 건강성을 유지하는데 주축의 역할을 하고 있다. 나태주 시인은 이들 시인들과의 교류를 중시하고 있으며, 그만큼 그들의 시 세계와 친연 관계에 놓이게 된다. 다만 이들과 변별되는 점은 다른 시인들보다 더욱 순수하고 정갈한 시세계, 다시 말해 역사성이나 시대성, 민중성마저 걸러낸 순정한 시 세계를 구축하고 있다는 사실이다.

또한 유년기 이후의 삶도 중요한 시적 연원이다. 그는 1964년 공주사범학교를 졸업 후 군대 시절과 충남교육연수원에서의 몇 년을 제외하고는 30여 년간의 시간을 초등학교 교사로 재직하고 있다. 현재는 교감으로 일하고 있지만 곧 교장으로 승진할 예정이란다. 지금 근무하는 학교 이전에는 연수원에서 일해 보았지만 시심과 어긋나는 관료주의적인 생리가 싫어 몇 년 더 있어 달라는 권유에도 불구하고 과감히 뿌리치고 나왔다 한다. 남들은 앞다투어 근무하고 싶어 하는 곳이지만 시인의 정서에는 맞지 않았던 것이다.

그의 근무지는 대부분 대도시의 초등학교가 아니라 궁벽진 시골 학교였고, 앞으로도 그런 곳을 고수하고 싶단다. 시를 쓰는 데는 아이들과 자연이 어우러져 생동감 넘치는 싱그러운 시골보다 나은 곳이 없기 때문이다. 이 점은 그의 시와 관련하여 중요한 두 가지 특질을 갖게 한다.

하나는 어린아이들을 닮은 순진하고 무구한 심성을 시에 담아낸다는 점이고, 다른 하나는 맑고 순수한 자연의 세계를 펼쳐 보여준다는 점이다.

그렇지만 그의 시를 일컬어 동시라든가 자연시라든가 하는 예단은 옳지 못하다. 왜냐하면 그의 시에는 어린이의 모습이나 동심이 시의 모티브로 자주 취택되지만 그것을 보편적이고 본질적인 삶에 대비시키는 일을 잊지 않기 때문이고, 그의 시에는 또한 각양각색의 꽃이며 나무 등 자연물들이 질펀하게 자리 잡고 있지만, 그것들을 인간의 삶을 되비춰보는 반성의 거울로 삼기 때문이다. 다음 시를 보라.

1 / 바람은 구름을 몰고 / 구름은 생각을 몰고 / 다시 생각은 대숲을 몰고 / 대숲아래 내 마음은 낙엽을 몬다. // 2 / 밤새도록 댓잎에

별빛 어리듯 / 그슬린 등피에는 네 얼굴이 어리고 / 밤 깊어 대숲에는 후둑이다 가는 밤 소나기 소리. / 그리고 간간이 사운대다 가는 밤바람 소리. // 3 / 어제는 보고 싶다 편지 쓰고 / 어젯밤 꿈에 너를 만나 쓰러져 울었다. / 자고 나니 눈두덩에 메마른 눈물자죽, / 문을 여니 산골에 실비단 안개. // 4 / 모두가 내것만은 아닌 가을, / 해 지는 서녘구름만이 내 차지다. / 동구밖에 떠드는 애들의 / 소리만이 내 차지다. / 또한 동구밖에서부터 피어오르는 / 밤안개만이 내 차지다. // 하기는 모두가 내 것만은 아닌것도 아닌 / 이 가을, / 저녁밥 일찍이 먹고 / 우물가에 산보 나온 / 달님만이 내 차지다. / 물에 빠져 머리칼 헹구는 / 달님만이 내 차지다.

―「대숲 아래서」 전문

　나태주의 시 세계를 가장 집약하여 보여주는 아름다운 시이다. 그러나 이를 두고 서경적 자연시라거나 동심을 형상화하는 동시에 머문다고 하기에는 인간과 삶의 내음이 너무 징하게 배어 있다.

　그것은 우선 1의 '바람―구름―생각―대숲―내 마음―낙엽'으로 이어지는 연쇄적 상상에 잘 드러난다. 바람, 구름, 대숲, 낙엽'의 자연물에 '생각―내 마음'이라는 인간적 情義의 영역이 개입함으로써 자연은 더 이상 하나의 풍경으로만 남지 않는다. 마음 깊이 자리 잡고 있던 상념들은 화자를 에워싼 자연물들로 인하여 외부 세계로 인출되고, 그 상념들은 다시 자연물들의 아름다움을 발견하는 새로운 인식의 계기를 만들어 주고 있다. 자연과 인간의 삶이 혼연 된 일체가 되는 것이다.

　이때의 인간적 삶이란 2, 3에 드러나듯이 실패한 사랑이다. 이것은 시인이 젊은 시절에 실제 겪었던 어느 여교사와의 실제 체험을 바탕으로 한 것이다. 그는 젊은 시절 시골 초등학교 교사 생활을 하다가 입대, 자원하여 월남에 다녀와서 복직한 학교에서 만난 한 여교사에게 실연을 당하고 심한 실의와 정신분열로 육신의 건강까지 잃었다고 한다. 청년 시절의 사랑이란 목숨과도 견줄 수 있는 뜨거운 체험. 더구나 태생부터 열정적인 시심을 간직하고 사는 시인이란 존재에게 사랑은 屈光性의 화신이 되게 한다. 불에 타는 줄도 모르고 뛰어드는 부나비처럼, 밤새 고통과 울음으로 새벽마다 <메마른 눈물자죽> 만드는 것을 마다않는다.

그러나 중요한 것은 실패한 사랑이 삶에 대한 더 큰 인식의 지평으로 나가게 한다는 점이다. 4에서처럼 사랑의 고통은 자연의 정화 기능과 어우러져 더 큰 인식의 세계로 나가는 계기이다. 즉 <모두가 내것만은 아닌 가을>이라는 인식이 <하기는 모두가 내것만은 아닌 것도 아닌 / 이 가을>이라는 인식으로 나가고 있다. 전자가 사랑의 실패로 인한 상실감의 극치를 표현한 것이라면, 후자는 그것으로 인하여 오히려 무엇인가를 얻었다는 역설적 인식에 다다른 증거이다. <모두가 내것만은 아닌 것도 아닌> 것은, 모두가 내 것이라는 말에 다름 아니기 때문이다. 이것이야말로 시인이 발견한, 모두를 잃은 듯하지만 모두를 얻는 실연의 생리이다. 고통은 영혼을 살찌우는 명약일지니, 사랑의 실패에도 이처럼 잃음을 통한 얻음의 이치가 자리 잡고 있음을 시인은 간파한 셈이다.

이처럼 나태주 시의 자연은 풍경이 아니라 인간적이고 보편적인, 그리고 본질적인 삶의 공간에 깊숙이 들어와 있다. 또한 4의 <동구밖에 떠드는 애들의 / 소리만이 내 차지다>라는 진술처럼, <애들>의 동심도 그것이 중심 테마를 이룬다기보다는 일련의 배경이나 정서적 매개체 구실에 그치고 있는 경우가 많다. 이것이 앞서 나태주의 시를 일괄하여 자연시나 동시로 예단하지 말아야 한다는 주장의 핵심 논거이다.

3. 세기말 이후에도 서정시는 가능한가?

이 시대에 나태주의 시를 읽어나가다 보면 장애물이 하나 놓인다. 이 장애물은 나태주의 시를 읽기 위해서 뿐만 아니라 오늘날 서정시의 운명과 관련하여서도 아주 중요한 문제이다. 그것은 과연 오늘날은 순수니 서정이니 하는 말들이 살아남을 수 있는 시대인가, 하는 질문이다.

오늘날은 분명 인간의 서정이 다른 무엇보다도 중시되는 시대는 아니다. 후기산업사회로 지칭되는 이 시대는 자본과 정보가 가장 초점화된 형편에 놓여 있다. 이들 이외의 가치는 주변적이거나 부수적인 것으로 치부되곤 한다. 요즈음 들어 자주 거론되는 신지식인이라는 개념도, 알고 보면 자본과 정보에 충실한 기능인에 다름 아닌데, 그들이 마치 21세기 문명의 주역인 양 과대평가되고 있다. 이것이 모든 것을 시장판에 맡겨버리는 이 시대의 논리이다.

이런 정황으로 미루어 볼 때 오늘날은 서정시가 시의 지배적 호소력을 발휘하는 시대가 아니라는 주장이 설득력을 발휘한다. 아도르노가 했던 "아우슈비츠 이후에도 서정시는 가능한가?"라는 질문을 고쳐 "20세기 말 이후에도 서정시는 가능한가?"라는 심각한 질문을 해야 할 시점이다. 사실 오늘날 우리 시단을 보면 과거의 서정시와는 전혀 다른 변종들이 양산되고 있다. 급격한 아방가르드시, 문화시, 대중시, 요설체의 시들을 보면 전통적인 시의 운명까지 불안하게 하는 것이 사실이다.

그러나 나태주 시인은 이런 정황에 대해 기꺼이 동의하지 않는다. 기술 문명의 클라이맥스인 20세기 말, 반서정의 시대가 고조될수록 인간적 삶의 지속을 위한 서정시의 필요성은 더욱 강조되어야 마땅하며, 첨단의 과학 시대일수록 전통적 서정성이 확보되지 않은 시는 삶의 진정성을 담보하기가 어렵다는 생각이 굳건하다. 그가 어떤 사회적인 문제의식을 유발할 만한 소재마저도 순수 서정으로 변용해 내는 묘한 재주는 이런 신념으로부터 나온다.

> 마음아 그대 / 별빛에 이마꼭지 시립게 물들이고 / 소쩍새 울음 소리에 또 다시 기우뚱 / 조그만 외딴집 하나 찾아내어 / 그 집 쪽마루, 아니면 / 흐린 등불빛 아래 / 때 절은 장판방 바닥에 살그머니 / 벌거벗은 몸을 누이렴 / 젖배 곯은 아이 그리움 되어.
> ―26.「젖배 곯은 아이 그 그리움 1」전 3연 중 3연

이 특이한 그리움의 정조를 보라. <허기진 그리움>이라 이름 붙일 수 있는 이 감동적인 시구를 통해 시인이 지향하는 정서의 빛깔을 알 수 있다. 우선 자신의 <마음>을 <젖배 곯은 아이의 그리움>에 비유하고 있는 데서 이 시는 진가를 발휘한다. <젖배 곯은 아이>는 천성적 모성과 먹거리에 대한 그리움을 간직하고 살 수밖에 없는 존재이다. 리얼리스트라면 이것은 당연히 사회의 한 어두운 국면을 표상하는 것으로 전형화되었을 법하다. 그러나 이 시에서는 순연한 정서적 빛깔로 채색되고 있다. 더구나 <조그만 외딴집>의 <흐린 등불빛 아래 / 때 절은 장판방 바닥>에 누인 <벌거벗은 몸>의 에피세트가 연출해 내는 토속적 정조의 아름다움은 주목할 만하다.

문제는 이러한 시를 범박하게 전통 서정시라는 범주로 묶어볼 경우 과연 이들이 우리 시대에도 여전히 설득력 있는 시적 담론이 될 수 있을까 하는 점이다. 사실 서정이라는 것도 시대에 따라 그 성격이 달라지는 것일진대, 과거 농경 사회나 산업 사회의 서정과 이즈음 정보화 시대의 서정이 동일할 수는 없을 터이다. 특히 비트 문화에 길들여진 이 시대의 문화주의자들을 대상으로 전통적이고 전원적인 서정으로써 예술적 감흥

을 불러일으킨다는 것은 무리라는 일부 논자들의 주장도 일견 타당하다. 자연의 아름다움을 노래하기에는 그 자연이 지나치게 훼손되었고, 순수한 인간을 읊조리기에는 그 인간성이 극도로 타락해 가고 있다. 따라서 기왕의 자연과 인간을 향한 정서는 시대적 정황을 관장할 수 있는 전술적인 방향 전환을 필요로 한다.

이런 요구에 대해 시인은 생태적 인식을 형상화하는 것으로 응답해 왔다. 1980년대 이후 시에는 생태학적 상상력을 적극적으로 보여주는 시가 있어 주목된다. 이 점은 그동안 추구해 왔던 전원적 상상력이 변화하는 징후로서, 또한 향후 시적 영역의 폭을 넓혀나가기 위한 새로운 시도로 읽을 수 있다.

①발 밑에 가여운 것 / 밟지마라, / 그 꽃 밟으면 귀양간단다. / 그 꽃 밟으면 죄 받는단다.
— 7.「앉은뱅이꽃」전문

②지구가 생각할 때 / 사람은 하나의 벌레 / 벌레 중에서도 아주 고약한 벌레 / 사람이 하는 짓 중에 / 좋은 짓 하난들 있었던가? / 사람이 버린 것 중에 / 쓸 만한 것 하난들 있었던가?
— 8.「사람」전문

이 시구들은 초기 시에서 보이는 <나무숲에 들면 나는 초록빛 바람 / 그늘 속에 들면 나는 맑은 새암물 / 하늘 속에서면 나는 가이없는 구름 / 그대 마음 속에서만 나는 철없이 행복한 아이>(5.「관계」전문)라는 오랜 전원주의자의 정서와 연계된다. 이 <바람, 새암물, 구름> 등 자연과의 <관계>를 통해서만 <행복한 아이>처럼 될 수 있다는 문맥에서 <관계>는 달리 말해 <생태적 관계>라고 불러도 좋을 것이다.

자연과의 더욱 적극적인 관계 설정은 먼저 ①에서 <발 밑에> 있는 <꽃 밟으면 귀양> 가니 밟지 마라는 잠언적 진술로 드러내는데, 이 경우 자연에의 소속감만으로 행복을 노래하던 이전의 시편들과 시적 인식에 있어서 상당한 편차를 보여준다. 여기서 <꽃>이 자연을 제유한다고 볼 때, 시인은 어느덧 자연보호주의자가 되어 있는 것이다. 발로 <꽃>을 밟는 행위, 그것은 인간이 무심결에, 혹은 자신들의 이기적인 욕망을 위해 자연을 파괴하는 행위나 다름없다. 많은 사람들이 그런 일을 스스럼없이 저지를 때 시인은 <죄받는다>고 경고하고 있지 않는가? 풀 한 포기, 꽃 한 송이가 거대한 생태계의 순환 고리에서 얼마나 중요한 것인지는 새삼 설명이 필요하지 않을 터, 이러한 사실에 대한 자각을 이 시는 분명히 보여주고 있다.

또한 ②에서 인간이란 존재에 대한 새로운 인식을 보여준다. 근대라는 이름으로 인간중심주의에 깊이 빠져들었던 인간의 존재에 대해 다시 인식한다. <지구가 생각>한다고 하여 자연 중심주의적 시각을 확보한 뒤, <사람>을 <벌레 중에서도 아주 고약한 벌레>로 규정함으로써 자연 파괴적인 속성을 고발한다. 사실 순수한 자연의 세계를 있는 그대로 남겨두지 못하는 것이 인간의 속성이다. 인간이 지나간 자리에 남은 것은 온통 환경 오염과 자연 파괴의 흔적뿐이다. 자연히 생태계는 파괴되고 그것이 결국은 인간 스스로의 삶을 구속하는 일종의 부메랑 효과를 가져온다. 그러니 <사람이 하는 짓> 중에 <좋은 짓>이나 <쓸 만한 것> 하나도 없음은 당연하다.

이들은 1970년대의 초기 시와 비교할 때 시적 태도상의 주목할 만한 변화의 한 징후이며, 다음과 같은 시는 그러한 변화의 더욱 성공적인 예로 간주할 수 있다.

난초 화분의 휘어진 / 이파리 하나가 / 허공에 몸을 기댄다 // 허공
도 다라서 휘어지면서 / 난초 이파리를 살그머니 / 보듬어 안는다 //
그들 사이에 사람인 내가 모르는 / 잔잔한 기쁨의 강물이 흐른다.
―26.「기쁨」전문

이러한 시에 이르면 인간중심적 사고가 완전히 배제되고 자연중심적 사고를 보여주고 있다. 여기서 말하는 <기쁨>은 <이파리>와 <허공>의 하나 되는 데서 만들어지는 것. 따라서 자연과 생태계의 거대한 원리를 이기적이고 편협된 인간인 <내>가 알 턱이 없다는 것이다. 그들 사이의 <기쁨의 / 강물>을 느끼지 못하는, 자연의 원리로부터 소외된 인간의 모습을 보여주고 있는 것이다.

그러나 진정한 의미의 생태 의식은 이러한 <나>도 그 기쁨을 공유할 수 있어야 하는 것이다. 그것은 인간도 생태계의 일원이기 때문이다. 이런 인식은, <사람도 자연의 / 일부였다는 사실을 / 깨닫는다 // 학문도 예술도 철학도 / 과학 또한 / 자연의 한 부분이라는 걸 / 깨닫는다>(23.「아침의 명상」부분)는 시구에 잘 드러난다. 그런데 또한 이런 인식에서 한 걸음 더 나가기 위해서는 실천의 문제가 따른다. 생태주의에서 현실적 실천이 따르지 않는다면 그것은 공허한 이론에 불과하다. 이런 점에서 다음 시가 주목된다.

향수의 나라 / 프랑스 파리에 가서만은 / 향수를 사지 않았다 / 향수를 살 돈이 없어서가 / 아니라 / 내가 향수를 싫어하기 때문이다 / 아내에게서 나는 / 비릿한 풀내음 / 딸아이한테서 나는 / 향긋한 풀꽃내음 / 그걸 향수로 지울 까닭이 / 없어서였다
―23.「나는 파리에 가서도 향수를 사지 않았다」일부

이것은 파리를 여행하면서 쓴 기행 시의 일부이다. 나태주의 근작 시들 중에는 이처럼 여행 시편들이 다수 등장하는데, 그들은 1990년대 중반 유럽과 중국을 여행한 경험을 토대로 한다. 이 여행길은 시인에게 많은 생각을 하게 한 듯한데, 일상을 벗어나 새로운 인식의 폭을 구축하는 기회로 활용하고 있다.

위의 시에서 프랑스 파리에 가서 향수를 사지 않은 이유가 돈이 없어서가 아니라 <향수를 싫어하기 때문>이라는 시구는 인공을 거부하는 생태주의자로서의 속성을 잘 드러내고 있다. 아내와 딸아이로부터 나는 <풀내음, 풀꽃내음>을 지우기 싫어서라는 것이다. 근세기의 문명은 어쩌면 거대한 향수 공장을 지어놓고 인간으로부터 자연의 향기를 앗아간 역사인지 모른다. 이것은 비단 향수라고 하는 구체적 품목만을 두고 하는 말은 아닐 것이다. 이 발언의 외연은 인공적 문화 전반에 대한 거부감이 아닐 수 없다. 이 경우 남들이 찬탄해 마지않는 프랑스의 한 궁전에 대해서도 <한 사람을 위해서 이럴 수 있을까 싶은 / 호화의 극치 / 사치의 정점 / 나는 부럽기보다 / 징그러운 생각에 / 소름이 끼쳤다>(23.「베르사이유 궁전」부분)고 부정적으로 인식하는 시구와 컨텍스트를 유지한다.

그러니, 생태적 인식으로 무장한 시인이 파리에 가서 향수를 사지 않는 것은 당연하다. 그렇지만 생태적 인식을 표현한다고 하여 환경오염에 대한 사회 고발 시만을 써 달라는 요구는 아니다. 사실 나태주 시인은 그런 일이 어울리지도 않을 뿐더러 일반적 시학으로도 그것만이 가치 있는 것은 아니다. 자연을 쓰되 그 鑑賞者나 玩賞者가 아니라 그 원리의 깊숙한 곳을 발견하는 모습을 보여준다거나, 자연의 아름다움을 강조하기 위한 반자연적 에피세트를 도입하여 더욱 다성적인 시를 만들어 주었으면 하는 것이다.

이러한 요구가 적극적으로 수행될 경우 나태주 시인이 최근 고민해 마지않는 새로운 변신의 한 방향을 설정할 수 있지 않을까, 생각해 본다. 그는 <한 개의 촉 끝에 / 지구를 들어올리는 / 힘이 숨어 있다>(23.「촉」전 4연 중 4연)는, 자연의 <힘>을 분명히 신뢰하고 있으니 그의 변신을 기대해 봄직하다. 자연의 완상자를 넘어 자연 원리의 발견자, 혹은 생태주의자에 이르는 길은 이런 믿음을 출발점으로 삼을 수 있으리라.

결국 이런 변화에서 중요한 것은 그 동안 구축해 놓는 나태주 식의 견고한 시적 완성도를 계속 유지할 수 있는가 하는 문제이다. 그럴 수만 있다면, 서정시는 세기말 이후에도 여전히 또 다른 나태주들에 의해 새로운 밀레니엄의 시대에도 유효한 장르로 왕성하게 살아 숨 쉬지 않을까?

4. 사진 한 컷에도 시심을 담아

이런저런 이야기를 듣고 생각하는 동안 나는 들고 간 서류 봉투를 내내 만지작거렸다. 사실 봉투 속에는 나태주 시인을 인터뷰하기 위해 준비한 몇 가지 질문지가 들어 있기 때문이었다. 출생에 대해, 고향에 대해, 시를 쓰게 된 동기에 대해, 요즈음의 시와 시단에 대해, 앞으로의 계획에 대해 하나하나 묻고 싶었으나, 이내 부질없는 짓이란 결론을 내렸다. 분위기 자체가 도식적인 질문과 취재를 하기에는 너무 자연스러웠고, 그런 질문이라면 그의 시집이나 산문집을 보아도 충분히 알 수 있을 것이란 판단이 섰기 때문이다. 그리하여 끝내 그 봉투를 열지 않았다. 나는 차라리 되돌아가는 길에 풀들에게 묻기로 했다. 나태주의 시와 삶은 또한 풀과 다름없으니, 그것이 오히려 천연스럽지 않은가?

아, 나는 이렇게 세상을 버리고 / 풀한테 눈과 코를 모으고 있는 동안에도 / 여전히 세상을 보고 있었고 / 풀과 풀들 사이에서 사람의 얼굴 / 사람들 살아가는 모습 끝내 / 떠나지 못하고 말았구나 // 그것은 실상 어렵사리 세상의 / 중심으로 돌아가고자 오솔길을 / 여는 하나의 땀흘리는 노역의 / 시간일 수밖에 없었구나.
―26.「풀들한테 한 수 배우다」일부

이 시구를 통해 나는 다시 확인한다. 이 글의 모두에서 나태주 시의 자연이 한낱 풍경을 넘어서 존재한다는 사실을, 시인은 끝내 <풀과 풀들>로 제유된 자연 속에서 <사람의 얼굴>을 잊지 않고, 남들이 쉽게 쉽게 인공의 세상을 살아갈 때 <어렵사리 세상의 / 중심으로 돌아가고자 오솔길을> 찾았던 것이다. 그는 지금까지 이렇게 시를 써 왔고, 앞으로도 이렇게 쓸 것이다.

두런두런 이야기와 생각과 느낌들을 주고받는 사이 어느덧 시간은 흘렀다. 이제 헤어질 시간이다. 두부집을 나와 작별 인사를 할 즈음 시인은 동승한 차에서 갑자기 무엇인가를 꺼낸다. 자그마한 사진기였다. 시인은 사진기를 들고 우리에게만 폼을 잡으란다. 주인공이 있어야 한다고 하자 시인은 끝내 일행만을 먼저 찍고는, 다시 주인집 아줌마를 불러 우리 일행과 함께 한 컷 찍어달란다. 그리고는 이내 주인집 아줌마와도 한 컷 찍자고 권한다. 누가 시골 아낙하고 사진을 찍냐며 부끄러워하는 아줌마에게 수 차례 권유하여 시인은 그예 목적을 달성한다. 풀잎 같은 시골 아낙과의 만남을 기념하기 위해서란다. 이처럼 순수하고 목적 없는 사진 찍기가 세상에 또 어디 있을까 생각해 본다.

옆에 섰던 동행인이 나태주 선생님은 사진을 찍으면 꼭 보내주신단다. 그러니 인사치례로 찍은 정치적인(?) 사진은 아니었던 셈. 우리는 아주 문학적이고 인간적인 사진을 찍은 것이다. 이제 기념품도 하나 만들었으니 진짜 헤어질 시간이다. 주당들의 필수과목인 2차를 권하고 싶었으나 각자의 개인적인 일로 인해 그러하지 못한 게 못내 아쉽다. 다음에는 박용래 선생의 <눈물> 어린 일화가 꿈틀거리는 강경의 명소 <황산옥>에서 만나자는 약속을 했지만, 그렇다고 하여 이별의 아쉬움을 말끔히 떨궈낼 수는 없었다.

  끝내 이별의 아쉬움은 하나의 환영이 되어 내 앞을 가로막는다. 막 뒤돌아서 가는 시인이 두부집 앞마당의 붉은 고추가 되어 붉은 노을과 발갛게 달아올라 몸을 섞는 환영, 마치 인간과 자연이 교접하는 듯한…아, 이 진저리여, 서정시(인)의 아름다움이여.

필리아의 노래를 부르는 시인*
— 나태주의 사랑시편에 부쳐

이형권

(문학평론가, 충남대 교수)

1. 사랑, 영원한 주제이자 영감의 원천

　시인 나태주에 관해서 말할 때 항상 따라붙는 말들이 있다. 이를테면 '순수한 서정 시인', '자연과의 교감을 노래하는 시인', '맑고 고운 시심의 소유자' 등이 그것이다. 이러한 별칭들은 나태주 시인의 시가 초창기부터 지금까지 줄곧 고집스럽게 지향해온 주정적 차원의 서정성에 근거를 두고 있다. 1971년 ≪서울신문≫ 신춘문예로 시단에 나온 이 시인이 견지해온 순수 서정의 세계는 연륜이 더할수록 그 깊이와 넓이를 더해가며 우리 시의 진경을 한 자락 펼쳐 보인다. <창작과비평>과 <문학과지성>이 주목받는 문예지로 정착되어 가던 1970년대 초에 시인으로 출발했지만, 이들 잡지와 함께 당시 유행처럼 문단을 휩쓸던 리얼리즘과 모더니즘의 흐름에

---

* 『시와 사람』, 2003, 봄호.

는 아랑곳하지 않고 순수 서정시를 지켜왔다. 그렇다고 나태주 시인이 반리얼리즘적, 반모더니즘적 서정시에 관한 어떤 신념을 강고하게 견지해 온 것은 아니다. 시는 어떤 시적 조작이나 정치적 신념이 아니라 자연이나 세상과 더불어 사는 사람살이의 아기자기한 부면들을 애틋하게 노래하는 것이어야 한다는 생각을 변함없이 실천해 왔을 따름이다.

그러나, 나태주를 말할 때 서정 시인이라는 이름만으로는 부족하다. 필자도 나태주가 이 땅의 전형적인 서정 시인이라는 점에 동의(졸고, 「세기말 이후에도 서정시는 가능한가」, <현대시> 1999년 9월호)했지만, 그의 시를 다시 읽으며 서정 시인이란 이름 옆에 '순정한 사랑의 시인'이라는 이름이 덧보태질 필요가 있다는 생각을 가져본다. 그의 시력을 일관되게 떠받쳐온 서정의 힘도 실은 세상에 존재하는 것들에 대한 따뜻한 사랑의 시심을 기반으로 삼는다. 먼저 사랑에 대한 나태주 시인의 생각을 들어본다.

> 내 시에 나오는 '사랑'의 의미는 단순한 것이 아니라 총합적 의미로서의 사랑을 지칭한다. 때로는 자연과 인간에 대한 사랑, 이웃에 대한 사랑, 신에 대한 사랑, 그 모든 것을 합한 것이 나의 시에 나타난 '사랑'의 의미이다. …(중략)… '사랑'은 내 시의 영원한 주제요 다함 없는 영감의 원천이며 변함 없는 시어이다. 만약 앞으로 내가 완전한 사랑의 시를 한편이라도 쓰게 된다면 나는 더 이상 시 쓰기를 갈망하지 않아도 좋으리라.
> ―「나의 시어 사전」 일부, 7-100

시인은 사랑의 대상을 <자연>, <인간>, <이웃>, <신> 등으로 상정하고 있다. 시인이 말하는 <총합적 의미로서의 사랑>이란 그 대상의 다양성과 관련된다. <사랑>은 이성에 대한 사랑뿐 아니라 자기애, 가족애, 자연애 등을 모두 포괄하는 것으로, 이 폭넓은 사랑이 <시의 영원한 주제>이며 <영감의 원천>이라고 밝히고 있다. 이들 가운데 나태주 시에서 빈번히 등장하는 것은 사람과 자연에 대한 사랑이다. 또한 <완전한 사랑의 시>를 지향한다는 진술은 나태주의 사랑 시편을 이해하는 데 각별하게 참조해야 할 사항으로 보인다. 인간의 삶 가운데서 <완전한 사랑>이란 있을 수 없는 것이고 그런 사랑의 <시> 또한 쓰일 리 만무하다. 따라서 <완전한 사랑의 시>는 늘 결핍과 가능성으로만 남게 되고, 그것은 시인으로 하여금 끊임없이 사랑 시편을 쓰게 하는 원동력으로 작용해 왔기 때문이다. 필자는 이 글에서 나태주의 사랑 시편 가운데 사람, 특히 이성(異性)을 대상으로 한 것들을 중심으로 그 특성을 살펴보고자 한다.

나태주 시에서 사랑은 등단 이후부터 시력 30여 년에 이른 요즈음의 시편들에까지도 다양한 형상으로 얼굴을 내미는데, 얼마 전 간행된 3권의 시선집1)을 기준으로 보면 1권 1부의 「대숲 아래서」(1-17-87), 2권 2부의 연작시 「사랑이여 조그만 사랑이여」(79편, 2-119-172), 2권 4부의 연작시 「별곡집」(4행시 137편, 2-267-301)과 「그대 지키는 나의 등불」(44편, 2-302-326) 등에 집중적으로 나타난다. 이들 사랑 시편들은 체험의 구체성이 상상의 자유로움과 어우러져 우리에게 따뜻하고 감동적인 사랑의 노래를 들려준다. 이 시편들은 육체적 감각이나 신적인 관념으로서의 사랑 노래가 아니라 인격적 향기가 담긴 정신적인 사랑의 노래이다. 이중창으로 이루어지는 이 필리아(Philia)의 노래를 함께 부르

---

1) 이 글의 주요 텍스트는 나태주 시선집 1.『슬픈 젊은 날』, 2.『나의 등불도 애달프다』, 3.『하늘의 서쪽』(도서출판 토우, 2000)과 신작시집 4.『산촌엽서』(문학사상사, 2002), 그리고 산문집 5.『외할머니랑 소쩍새랑』, 6.『추억이 말하게 하라』, 7.『쓸쓸한 서정시인』(도서출판 분지, 2000) 등으로 삼는다. 인용 시에는 텍스트 번호와 페이지를 밝힌다. 예컨대 "1-2"의 경우 1권의 2페이지를 뜻한다.

는 사람은 「대숲 아래서」의 '너', 「사랑이여 조그만 사랑이여」의 <양이>, 「별곡집」의 <소녀>, 「그대 지키는 나의 등불」의 <술집 여자> 등이다.

2. 삶의 외로움과 결핍이 사랑을 부른다

사랑은 세상살이가 외롭고 힘겨울수록 더욱 절실하게 다가든다. 나태주 시에서 사랑의 동기로 작용하는 외로움은 실존적인 고독과 동시에 사회적인 소외감으로부터 파생된다. 실존적 고독은 인간이면 누구나 느끼는 것이지만 나태주 시인은 그것에 유난히 민감하다. 또한 사회적 소외감은 가난한 집안 태생이라는 열등의식과 시골 학교 선생이라는 변방 의식 등이 작용하여 생성된 것으로 보인다. 이를테면 <군대가신 아버지>(「어린 날에 듣던 솔바람 소리」, 1-55)로 인한 결핍감, <칭얼대는 생활>(「짚불 피워 구들을 달군 뒤」, 1-61)의 힘겨운 체험, 그리고 <집이 시골이고 / 직업이 초등학교 선생>(「꽃」, 1-40)이라는 삶의 조건 등은 시인으로 하여금 어린 시절이나 청년 시절부터 스스로 외로움에 빠져들게 했던 것으로 보인다. 이들 시구는 라깡(J. Lacan)이 사랑을 주체의 결핍과 소외의 결과로 보는 관점과 호응한다. 한 소녀를 향한 사랑 시편 중에 <하느님과 외로움과 사랑을 지녔을 때에만 / 내 앞에 있는 너는 비로소 / 종소리가 되고 소쩍새 울음 소리가 되고 / 꽃이 된다>(「사랑이여 조그만 사랑이여 15」, 2-127)에서도 <외로움>과 <사랑>은 동반적 관계를 이룬다. 다음 시에서 이런 정황은 더욱 구체화된다.

사람이 싫어
사람 냄새가 싫어
인가 멀리
우거진 풀숲에
짜아하니 흩어진
가을 풀벌레 울음.

물이 아니어도
물같이 스미는 마음아.
달빛이 아니어도
달빛같이 부서져 반짝이는 마음아.

도라지꽃 싸리꽃 우거진 곳에
쓰러져 통곡하는 우리들 청춘,
우리들 젊은날의 사랑아.
　　　　　—「변방(邊方)의 풀잎 2」일부, 1-107

　이 시에는 속악한 일상의 <사람>을 멀리하며 자연을 지향하려는 삶의 태도가 드러난다. 시의 제목에서 유추할 수 있듯이, 번잡스런 속사(俗事)의 중심에서 벗어나고자 하는 <변방> 의식은 <풀숲>, <가을 풀벌레 울음>, <물>, <달빛>으로 비유된 순수 자연의 세계에 동화되고자 하는 삶의 태도와 연관된다. 현실의 <변방>인 자연을 지향하는 것이다. 이런 태도 가운데 문득 떠올리는 <사랑>은 속악한 현실에 물들기 이전인 <청춘> 시절에 시적 자아가 간직했던 순정한 마음이다. 따라서 시적 자아가 그 <사랑>의 처소인 <도라지꽃 싸리꽃 우거진 곳>에서 <쓰러져 통곡하>는 것은, 순정한 사랑의 주체들인 <우리>가 속악한 현실에서 받은 상처를 순수한 자연 속에서 치유 받으려는 행위이다. 이 행위는 <사람을 믿기보담은 / 나무를 더 믿고 살기로 했다>(「처세」, 1-111)는 다짐, <사랑하는 사람>에게 <변방의 둘레를 돌면서도 / 내가 얼마나 너를 / 생각하고 있는가를>(「배회」, 1-164) 고백하는 마음과 일치한다. 시인은 현실에서 받은 상처를 넘어서기 위해 순수한 자연을 닮은 순정한 사랑을 추구하는 것이다.

그러면 외로움과 결핍감을 벗어나기 위해 추구하는 사랑의 정체성은 무엇인가? 나태주 시에 드러나는 사랑은 신을 향한 사랑처럼 타자를 향해 우러른다거나 약자에 대한 사랑처럼 타자에게 베푸는 마음이 아니다. 사랑은 무엇보다 관계를 지향하는 삶을 통해 타자와 동화되려는 마음이다.

1) 나무숲에 들면 나는 초록빛 바람
   그늘 속에 들면 나는 맑은 새암물
   하늘 속에서면 나는 가이없는 구름
   그대 마음 속에서만 나는 철없이 행복한 아이.
   　　　　　　　　　　　　　　－「관계」전문, 3-40

2) 네가 꽃으로 피어날 때
   나도 꽃으로 피어나고
   네가 신록으로 타오를 때
   나도 신록으로 타오르고
   네가 마른 잎으로 시들 때
   나도 마른 잎으로 시든다.
   　　　　　　　　　　　　　　－「식물성」전문, 3-42

1)에서 보듯 자연이나 사람과의 <관계>를 추구하는 마음은 나태주가 간직한 시심의 주요 특성에 해당한다. <나>가 자연 속에서 <초록빛 바람>, <맑은 새암물>, <가이없는 구름> 등으로 전이되는 것은 자연

과의 동화 의식에 기반을 둔다. 그런데, 마지막 연에서 보듯 시적 자아는 타자와의 <관계>를 지향하며 외로움을 극복하고자 한다. 사랑하는 <그대>와 <마음 속>의 <관계>가 유지될 때에 <나>는 <철없이 행복한 아이>가 된다고 하지 않는가? 또한 2)에서 <나>는 <너>와의 더욱 밀접한 관계를 지향한다. <나>는 <너>의 분신인 <꽃>, <신록>, <마른 잎> 등과 분리될 수 없는, 세상에서 가장 밀접한 관계에 도달하고자 한다. 이 관계의 대상이 시의 제목처럼 <식물성>으로 비유된 것은 나태주 시의 사랑이 과격하거나 동적인, 혹은 육체적인 것이 아니라, 조용하고 은근하고 순정한 정신의 영역에 속하는 것임을 암시한다. 따라서 나태주의 삶을 떠받치고 있는 사상적 기반은 존재론 쪽보다는 관계론 쪽에 가까우며, 그의 사랑시편은 대개 타자에 대한 배려와 관심 가운데 그와 동화되려는 마음의 표현이다.

　나태주 시의 사랑은 어느 술집 여자와의 관계를 추구하는 모습으로 나타나기도 한다. 프로이트에 의하면 천한 여자나 혐오스러운 여성 성기에 매혹을 느끼는 것은 유아기 때 자신을 억압했던 고상한 어머니(혹은 어머니 같은 아내)의 이미지에서 벗어나고자 하는 욕구의 결과이다. 나태주 시인에게도 그런 욕구가 작용했을 터인데, 이와 함께 평생을 억압해 온 교육자로서의 금기에서 일탈하고자 하는 욕구가 작용하지 않았나 싶다. 연작시 「그대 지키는 나의 등불」은 이러한 욕구가 반영된 시이다.

　　　1) 겨울이 오기도 전에 나는
　　　　한 계집애를 사랑했습니다.
　　　　술집에서 술도 팔고
　　　　웃음도 파는 한
　　　　싸구려 계집애를

하느님 허락도 없이
사랑했습니다.
  -「그대 지키는 나의 등불 1」일부, 2-302

2) 주막거리 그 처녀 어여쁘구나.
새로 푸른 솔잎에 해 뜨는 아침
샘물 퍼서 세수하고 분칠하지 않은 얼굴
진달래꽃 봉숭아꽃 피기도 전에
두 볼은 발그스름 꽃이 피었네.
  -「주막거리 그 처녀」일부, 2-79

　1)에서 사랑의 대상은 <싸구려 계집애>이다. 사회에서 가장 소외 받는 계층에 속하는 <술도 팔고 / 웃음도 파는> 여자를 향한 이 특별한 사랑은 에로스적 욕망을 충족시키기 위한 것이 아니다. 이는 천한 여자에 대한 고상한 사랑으로써 아무리 하찮은 존재라도 사랑 받을 권리가 있다는 인격적 차원의 배려심이 작용한 결과이다. 이처럼 인간적 사랑을 하면서도 시적 자아는 <나는 간음하는 사내>(「그대 지키는 나의 등불 5」, 2-304)라는 자괴감을 갖기도 하는데, 이 부끄러움은 술집 여자에 대한 사랑이 에로스적 욕망을 넘어 필리아적 차원으로 고양되었음을 암시한다. 2)에서 등장하는 <주막거리 그 처녀>에 대한 사랑도 마찬가지다. 비록 <주막거리>의 <처녀>일망정 <두 볼은 발그스름 꽃>이라며 그녀의 사랑스러움을 발견한다. 이들 시구에 드러나는 사랑은 필리아가 선한 것을 지향한다는 속성과 상응한다.
　이처럼 삶의 외로움과 결핍, 그리고 그로 인한 사랑의 지속적인 추구를 통해 궁극적으로 지향하는 것은 무엇일까? 그것은 시인에게 외로움과 결핍을 가져다 준 속악한 세상을 정결하게 정화하기 위한 것이다. 시인은 사랑으로 시를 쓰고, 그렇게 쓰인 사랑 시편으로 아름다운 세상을 꿈꾼다.

> 마당을 쓸었습니다
> 지구 한 모퉁이가 깨끗해졌습니다
>
> 꽃 한 송이 피었습니다
> 지구 한 모퉁이가 아름다워졌습니다
>
> 마음 속에 시 하나 싹텄습니다
> 지구 한 모퉁이가 밝아졌습니다
>
> 나는 지금 그대를 사랑합니다
> 지구 한 모퉁이가 더욱 깨끗해지고
> 아름다워졌습니다.
>
> ―「시」 전문, 3-85

 이 시에서 네 개의 연에 모두 등장하는 <지구 한 모퉁이>는 시인이 살아가는 세상이라고 바꾸어 읽어도 무방한데, 그 곳이 <깨끗해지>고 <아름다워지>고 <밝아지>는 것은, 1, 2, 3연에서 보이듯 어떤 행동이나 현상에 의한다. 즉 <마당을 쓸>거나 <꽃 한 송이 피>거나 <마음 속에 시 하나 싹텄>을 때 그렇게 된다. 그렇지만 이런 일들이 가능한 것은 시적 자아인 <나>의 마음속에 <그대를 사랑하>는 마음이 있기 때문이다. 따라서 4연에 제시된 <사랑>은 시인에게 시를 쓰게 할 뿐 아니라 세상을 깨끗하고 아름답고 밝게 하는 동인으로 작용한다. 또한 제목이 「시」인 것을 보아도 나태주 시인에게 <사랑>은 시 쓰기와 불가분의 관계에 놓이는 것임을 알 수 있다.

4. 실패한 사랑이 다시 사랑을 열망케 한다

인간사가 그러하듯이, 사랑에도 성패가 있어서 모든 사랑이 성공하는 것은 아니다. 아니, 세상에는 성공한 사랑보다 실패한 사랑이 더 많다. 나태주의 사랑 시편에 이루어질 수 없는 사랑, 혹은 이별에 관한 시가 유난히 많은 것은 그러한 사랑의 속성과 관련된다. 시인으로서의 출발을 알렸던 등단작도 실패한 사랑의 슬픔을 노래하는 시이다.

어제는 보고싶다 편지 쓰고
어젯밤 꿈엔 너를 만나 쓰러져 울었다.
자고 나니 눈두덩엔 메마른 눈물자죽,
문을 여니 산골엔 실비단 안개.

*

모두가 내 것만은 아닌 가을,
해 지는 서녘구름만이 내 차지다.
동구밖에 떠드는 애들의
소리만이 내 차지다.
또한 동구 밖에서부터 피어오르는
밤안개만이 내 차지다.

하기는 모두가 내 것만은 아닌 것도 아닌
이 가을,
저녁밥 일찍이 먹고
우물가에 산보 나온
달님만이 내 차지다.

> 물에 빠져 머리칼 헹구는
> 달님만이 내 차지다.
>
> ―「대숲 아래서」일부, 1―23―24

　이 시는 젊은 시절 시인이 실제 사랑했던, 그리고 실연의 고통을 가져다주었던 한 여자와의 사연을 배경으로 거느린다. 시인에 의하면 공주사범학교 동창생인 'L'이 있었는데, 그 여학생을 향한 애끓는 사랑은 시인으로 하여금 3학년 내내 학업을 소홀히 하면서까지 시를 공부하게 했다고 한다. 젊은 시절 나태주 시인에게 사랑의 체험과 시 쓰기의 욕망이 동시에 찾아든 셈인데, 그녀에게 전할 수 없었던 사랑의 말을 다듬고 고치는 일, 그것은 곧 시인이 시를 쓰는 일과 조금도 다르지 않았을 터이다. 그러나, 젊은 시절의 사랑이 대개 그러하듯 세련되지 못한 순정과 열정만으로는 사랑을 이룰 수가 없다. 결국 이 시에서처럼 사랑하는 <너>와 <나>는 <꿈>에서밖에 만날 수 없는 관계가 되어 버렸고, 지금 <나>의 곁에 있는 것은 <실비단 안개>, <애들의 소리>, <서녘 구름>, <밤안개>, <달님> 뿐이다. 이 고통스런 사랑의 체험은 시인으로 하여금 더욱 시에 매달리게 했을 것인데, 그 결과로 얻어진 이 시는 사랑의 기쁨보다 이별과 실연의 슬픔을 노래하는 나태주 시의 원형에 해당한다.

　그런데, 실패한 사랑이라고 가치가 없는 것은 아니며, 실패한 사랑이라고 해서 사랑이 아닌 것도 아니다. 오히려 마음 속 깊은 곳에 더 큰 사랑을 키우고 그것을 시로 승화시키는 데는 성공한 사랑보다 실패한 사랑이 적격이다. 나태주 시에서 실패한 사랑의 흔적인 이별과 부재마저도 사랑이란 이름으로 명명되는 것은 그런 까닭이다.

1) 빛과 함께
   소리와 함께 온다
   향기와 함께
   웃음과 함께 온다
   그러나 눈물을
   남기며 사라진다
   바다가 되지도 못하면서
   가슴 속엔 몇 알갱이
   소금을 남기며 사라진다.
   ―「사랑」 전문, 3―76

2) 길 모퉁이 담장 아래에도
   너는 서 있고
   공원의 나무 아래 벤치에도
   너는 앉아 있고
   오가는 사람의 물결 속에도
   너는 섞여 있고
   길거리 밝은 불빛 속에서도
   너는 웃으면서 내게로 온다.

   아, 그러나
   너는 언제나 내 앞에 없었다.
   ―「사랑이여 조그만 사랑이여 5」 일부, 2―122

 이들 시에서 사랑이란 이별을 동반하는 것이며 사랑의 실체는 언제나 부재하는 것으로 묘파된다. 1)은 사랑에 대한 정의를 내리고 있다. 사랑은 <빛>, <소리>, <향기>, <웃음>을 동반하여 오지만 결국 <눈물을 남기며 사라지>는 것이라고 한다. 그러나, 사라지되 무엇인가를 남긴다고 한다. <바다>처럼 무량한 세계, 즉 자잘한 속사에 얽매이지 않는 사랑의 세계에 이를 수는 없으나 <가슴 속엔 몇 알갱이 / 소금을 남>기는 것이 사랑이라는 것이다. 사랑은 일과적으로 스쳐지나가는 것이 아니라 그 기억은 가슴 속에 앙금으로 남아 켜켜이 쌓아 간다는 말이다. 이처럼 완전한 사랑도 없지만 완전한 망각도 있을 수 없다는 것이 나태주 시가 보여주는 사랑의 생리이다. 또한 2)에서는 어느 곳에든 <너>는 <내게로 오>지만 <언제나 내 앞에 없>는 사랑의 이율배반적 속성을 말한다. 즉 <너>가 <담장 아래>, <벤치>, <사람의 물결>, <밝은 불빛> 속에 존재하는 것은 순간적 현상에 불과하다는 것인데, 이는 인간의, 인간을 향한 사랑이 영원할 수는 없다는 사실에 대한 정직한 인식의 결과이다. 이런 점은 다른 시에서도 <그러나 너는 끝내 거기 없었다>(「약속」, 1-79), <사랑은 운명처럼 왔다가 / 화살처럼 간다>(「그대 지키는 나의 등불 4」, 2-304)고 말해진다. 사랑할수록 부재하는, 사랑할수록 외로운, 이 역설적 생리야말로 인격화된 사랑이 지니는 근본 속성이다. 육체적 에로스는 섹스로, 신격화된 아가페는 이승의 죽음으로 완성될 수 있겠지만, 필리아는 인격화된(그러므로 불완전한) 사랑이므로 그런 완성형에 이를 수가 없다. 이는 사랑의 주체인 동시에 그 대상인 인간 자체가 불완전한 존재라는 실존적 한계 때문이다. 이를 순순히 수긍한 셈이다.

　인간적 사랑의 한계에 대한 수긍은 시인으로 하여금 사랑에 통달한 사람처럼 도사연하거나 타인을 계도하려 하지 않도록 하는 심리적 기제로 작용한다. 인간적 사랑이 지닌 한계를 솔직히 수긍한 채 그 진정성에 다가가기 위해 성심껏 사랑을 추구하는 것이다. 이런 점에서 나태주 시의 사랑은 인간적인, 너무도 인간적인 사랑이다. 그래서일까? 최근의 시편들에서 시인은 사랑의 허망함에 대해 솔직한 심경을 드러내곤 한다.

말로는 그랬다
사랑은 지는 것이라고
지고서도 마음 편한 것이라고

그러나 정말 지고서도
편안한 마음이 있었을까?

말로는 그랬다
사랑을 버리는 것이라고
버리고서도 행복해하는 마음이라고

그러나 정말 버리고서도
행복한 마음이 있었을까?
―「나의 사랑은 가짜였다」 전문, 4-46

　이 시에는 <사랑>의 <말>에 대한 불신이 나타난다. 시인은 스스로 사랑은 <지고서도 마음이 편한 것>, <버리고서도 행복한 마음>이라고 했던 <말>에 대해 회의를 품어본다. 이 회의는 사랑에 대한 불신이나 부정이 아니라 진정한 사랑을 위한 자기 성찰의 의미를 지닌다. 사랑에 있어서 정직한 자기 반성은 더 큰 사랑을 얻기 위한 필요 조건이기 때문이다. 따라서 <나의 사랑은 가짜였다>는 고백은 진짜 사랑을 추구하기 위한 성찰적 언어 행위이다. 다른 시에서 <서로가 사랑한다고 / 믿었던 때가 있었>지만, <우리가 과연 / 만나기나 했던 것일까>(「나무에게 말을 걸다」, 4-39)라는 회의의 <말>도 진짜 사랑에 대한 열망의 반어적 표현이다. 라깡이 '사랑은 실체가 아니라 언어의 기표에 불과하다'고 말했거니와, 중요한 것은 그 실체와의 합일이 불가능함을 알면서도 그것을 지향하는 기표들의 부단한 움직임 자체이다. 즉 인간적 사랑은 <사

랑은 사랑이라고 / 말하고 나면 이미 사랑은 / 사랑이 아>(「변명」, 4-47)닌 줄 알면서도 사랑의 <말>을 버리지 못하는 것이다. 나태주 시인은 사랑을 이렇게 <말>했다.

이처럼 나태주 시의 사랑은 실패를 거듭하면서도 부단히 새로운 사랑을 다시 열망하는 특성을 지닌다. 바꾸어 말하면 그의 시에서는 이별마저도 사랑의 마음으로 감싸 안아 이별은 사랑의 끝이 아니라 사랑의 연속선상에 위치하게 한다. 이별마저도 사랑으로 승화시킴으로써 현상적 이별의 순간이나 그 이후에도 본질적(혹은 정신적) 사랑은 지속되는 것이다.

> 내 마음이 먼저 변하지
> 않은 걸 다행으로 생각합니다
> 내가 먼저 그대를
> 버리지 않은 걸 고맙게 생각합니다
> 그렇지 않아도
> 내 마음이 변하면 어떡하나
> 내가 먼저 그대를 버리면 어쩌나
> 걱정했지요
> 오히려 그대에게 먼저 내가
> 버림 받은 걸
> 다행으로 생각합니다.
> ─「그대 지키는 나의 등불 44」 전문, 2-326-7

이 시에는 이별의 순간을 맞아 <내 마음이 먼저 변하지 / 않은 걸 다행>으로 여기는 따뜻한 사랑의 마음이 드러난다. 이처럼 이별이 사랑과 한 몸이 되는 것은 이별의 순간을 미움과 원망으로 채우지 않고 상대에 대한 포용심과 배려심으로 채우는 데서 가능하다. 이 지극한 마음은 사랑이 이별로 인하여 과거형으로 정지되어 버리지 않고 영원한 현재 진행형으로 지속될 수 있게 한다. 이 대목에 이르러 우리는 나태주 시인의 사랑이 愛人以德을 바탕으로 한 타자에 대한 배려심으로 충만하다고 말하지 않을 수 없다. 특히 <그대에게 먼저 내가 / 버림받은 걸 / 다행으로 생각하>는 마음은 시인이 추구해 온 크고 넓은 사랑의 진면목에 해당한다. 이는 이별 이전의 만남이 이기적 소유욕이 아니라 진정한 사랑이었음을 역으로 증명하는 것이기도 하다. 이 정신적 높이와 인격적 품위가 나태주 시에 일관된 사랑의 마음을 떠받친다.

4. 아직, 끝나지 않은 필리아의 노래

나태주 시의 사랑은 에로스나 아가페보다는 필리아에 가깝다. 필리아는 인격적, 정신적 사랑으로서 육체적 사랑인 에로스나 신을 향한 사랑인 아가페와 구별된다. 다시 말해 에로스가 동물적 사랑이라면 아가페는 신격화된 사랑이고 필리아는 인격화된 정신적 사랑이다. 그의 시에서 신을 향한 사랑을 형상화하는 것이 간혹 눈에 띠나 아가페를 직접 드러내는 경우는 드물다. 또한 육체적 감각과 열정에 의해 유지되는 에로스를 찾아보기도 쉽지 않다. 물론 철학자 로쯔(J.B.Rotz)의 주장대로 온전한 사랑은 에로스가 필리아를 통해 정화되고 필리아는 다시 아가페를 통해 고양될 때에 이루어지는 것이지만, 대부분의 사람들은 자신의 삶의 방식에 따라 어느 한쪽에 무게 중심을 두고 살아간다. 보통 사람이나 시인의 경우에는 에로스나 필리아 쪽에 무게 중심을 두고 사는 반면 성직자나 종교인들은 아가페 쪽에 무게 중심을 두고 살기 마련이다. 나태주의 사랑 시편 가운데 <네 입술에 눈빛에 입맞춤하기보다는 / 네 입술에 눈빛에 입맞춤하고

싶어하는 / 나의 마음만으로 더욱 행복해지고 싶었다>(「사랑이여 조그만 사랑이여 17」, 2-129)는 시구는 그가 <마음>의 사랑을 바탕으로 한 필리아의 노래를 부르는 시인임을 밝혀주는 단적인 예이다.

나태주 시인이 부르는 필리아의 노래는 아직 끝나지 않았다. 라캉이 '성관계는 없다'고 상징적으로 말했듯이 인간이 추구하는 사랑에 있어서 타자와의 완전한 합일은 불가능하기 때문이다. 자신에게 다가온 외로움과 결핍감 때문에 사랑을 추구하고 그 사랑 때문에 다시 외로움과 결핍감을 느끼는 것, 혹은 실패한 사랑으로 인해 다시 새로운 사랑을 열망할 수밖에 없는 것. 지금까지 보여준 이러한 나태주식 사랑 시편들의 특성은 앞으로도 그의 시에서 지속될 것이다. 그에게 사랑은 부를 때마다 늘 새로움으로 다가드는 것이기 때문이다.

> 너는 나의 눈빛이
> 다스리는 영토
> 나는 너의 기도로
> 자라는 풀이거나 나무거나
>
> 순이야, 한번씩 부를 때마다
> 너는 한번씩 순해지고
> 순이야, 또 한번씩 부를 때마다
> 너는 또 한번씩 아름다워진다.
>
> ―「호명」 일부, 3-246

시인은 <또> 사랑을 부른다. 부름의 대상인 <순이>는 <나>와 합일을 이룬 존재가 아니라 합일의 가능성만을 지닌 사랑의 실체이다. 이 가능성은 그녀의 이름을 <부를 때마다> 항상 그녀가 <또 한번씩 아름

다워진다>는 사실로 인하여 지속적으로 고조된다. 그러나 그녀는 언어(시)로 기표화되는 순간 어디론가 <또> 다른 모습이 되기 때문에 끝내 <나>와의 합일을 이룰 수 없는 존재이다. 그녀는 <날마다 날마다 가지만 / 결국은 다 못 가기 마련인 그대>(「초저녁의 시」, 1-69)이므로, 시인은 <지금도 나는 너에게로 가고 있다>(「배회」, 1-165)고 말할 수 있을 뿐이다. 그러니 영원히 합일될 수 없는 사랑의 실체를 향한 시인의 <호명>은 시 쓰기를 통해 계속될 수밖에 없을 것이다.

-덧붙이는 말: 나태주 시의 필리아는 사람만을 대상으로 하지 않는다는 점을 지적해 두기로 한다. 그의 시에서 자연(물)은 빈번하게 인격적 지위를 부여받으며 사랑의 대상으로 수용되곤 한다. 자연(물)은 그의 시에서 인간 정서를 표현하기 위한 배경일 뿐 아니라 인격화된 사랑의 대상인 것이다. 이에 대해서는 별도의 논의를 기약한다.

나태주 시의 원형 비평적 고찰*
― '외갓집' 혹은 '외할머니'를 중심으로

안현심
(문학평론가, 문학박사)

1. 서론

나태주는 1945년 충남 서천에서 출생하였으며, 1971년 서울신문 신춘문예에 시「대숲 아래서」가 당선되어 문단에 나왔다. 나태주의 시 연구는 주로 서평, 시평 등 계간 문예지나 일간지에 게재된 것이 대부분이며, 학술논문이나 학위논문으로 접근한 논자는 찾아보기 어렵다.[1] 이와 같은 현상은 작고 문인을 대상으로 삼아야 한다는 현대 한국의 연구 풍토가 암묵적으로 작용했기 때문이 아닐까 한다.

나태주는 데뷔한 이래 왕성하게 창작활동을 개진해왔다. 따라서 40여 년의 시력으로써 한국 문단의 주류를 형성해온 그의 시를 살펴보는 것은

---

* 『한국문예비평연구』제37집, 2012. 4. 30.
1) 학위논문은 송영호의 「나태주의 서정시 연구」(경희대학교 대학원 석사학위논문, 2005)와 정지은의 「나태주 초기시의 리듬현상 연구」(동국대학교 문화예술대학원 석사학위논문, 2017)가 있다.

현대시의 발전 방향 모색에도 도움이 되리라 생각한다. 이러한 전제하에 본고는 나태주의 내면세계를 견인해간 원형이 무엇인지 살펴보고자 한다. 이 연구의 텍스트는 『나태주 시전집』(고요아침, 2006) 제1권, 제2권, 제3권으로 삼을 것이다. 나태주는 현역의 시인이기 때문에 이후의 작품은 다음 연구자의 몫으로 남겨두기 위한 것이다. 『나태주 시전집』에는 첫 시집부터 스물여섯 번째 시집 『물고기와 만나다』(문학의 전당, 2006)까지 전재되어 있다.

그동안 논의된 나태주의 시세계를 주제별로 유형화하면, 첫 번째, '사랑과 이별·그리움의 시인'이라는 관점이다.2) 대표적인 논자로서 조재훈은 작고, 소외되고, 이름 없는 것들에 대한 사랑을 논의하고 있으며, 이형권은 나태주의 사랑을 필리아로서 정의한 후, 필리아는 사람만이 아니라 자연(물)도 인격을 부여받으며 그 대상이 된다고 언급하였다.

두 번째, '식물성 시인·자연친화적 생명탐구의 시인'이라는 관점이다.3) 이건청은 시 「상수리나무 나뭇잎 떨어진 숲으로」의 해설에서 '상수리나무'는 시인 자신의 환치물이라고 언급하면서 나태주의 식물적 이미지 차용에 주목하였고, 오세영은 청록파 시인들 이후 시단에서 외면당해온 자연을 소재로 하여 삶과 현실의 갈등을 승화시켰다고 언급하였다.

세 번째, '한국적 정서 동양적 세계관을 지닌 시인'이라는 관점이다.4)

---

2) 조재훈, 「풀빛 고향의 시」『현대시학』, 1977. 8.
 이형권, 「필리아의 노래를 부르는 시인」, 『시와 사람』, 2003년 봄호.
3) 이건청, 「상수리나무 나뭇잎 떨어진 숲으로」 해설, 『현대시학』, 1972. 9.
 오세영, 「4행시와 전통적 율조」, 『막동리 소묘』, 일지사, 1980.
 김창완, 「자연과 시간의 의미」, 『현대시학』, 2000. 1.
4) 박목월, 「시집 『대숲 아래서』 서문」, 『대숲 아래서』, 예문관, 1973.
 윤석산, 「한국적 서정」, ≪충청일보≫, 1973. 5. 25.
 조남익, 「한국적 서정」, 『현대시학』, 1973. 10.

대표적인 논자로서 박목월은 1960년대의 현대시가 지닌 난해성과 건조성을 탈피하고 전통적인 서정시를 현대적 감각으로 세련·발전시킨 공로를 인정하면서 그것은 매우 긍정적·고무적인 일이라고 환기하였다.

본 연구자는 나태주의 시에 '외할머니' 또는 '외갓집'이 초기부터 지속적으로 등장하고 있는 사실에 의문을 품어왔으나 누구도 그 점에 주목하지 않고 있었다. 따라서 본고는 '외할머니' 또는 '외갓집'이 시인에게 어떠한 의미를 지니며, 시세계에는 어떠한 영향을 미치는지 살펴보고자 한다. 이러한 연구를 진행하기 위하여 '진 시노다 볼린(Jean Shinoda Bolen, M.D.)'5)의 인물원형 이론에 많은 빚을 지고자 한다. 그녀는 정신의학자 입장에서 여성이 나아갈 길을 제시하고자 『우리 속에 있는 여신들』(1984)을 집필하였으며, 그에 대한 호응과 함께 남성들의 요구에 부응하기 위해 『우리 속에 있는 남신들』(1989)도 집필하였다. 볼린의 두 저서가 우리나라에 소개된 것은 1994년이다.6) 이들 저서는 그리스 신들의 원형을 인간의 유형에 대입하여 분석하는 한편, 특정한 원형의 결점을 보완해줄 수 있는 원형이 무엇인지를 밝히는 데 관심을 기울이고 있다. 신화에 등장하는 신들의 행동 유형이 인간의 본성을 치밀하게 재현해준다고 할 때, 외할머니라는 인물의 원형은 무엇이며, 어떠한 양상으로 구현되는지 볼린의 인물원형 이론이 밝혀 주리라고 믿는다.

최원규, 「한국적 서정에로의 회귀」, 『현대문학』, 1973. 7.
5) 캘리포니아대학교 의과대학 정신과 임상 교수이며 융 정신 분석가이다.
6) 진 시노다 볼린(Jean Shinoda Bolen, M.D.), 『우리 속에 있는 여신들』, 조주현·조명덕 역, 또 하나의 문화, 1994.
_____, 『우리 속에 있는 남신들』, 유승희 역, 또 하나의 문화, 1994.

2. 성장 배경

나태주의 시에 대한 논자들의 견해를 함축하면 투명한 언어와 맑은 정신, 사물에 대한 따뜻한 사랑, 천진성과 서정성을 지닌 자연주의자의 모습으로 요약할 수 있다. 지금까지 이와 같은 테두리를 파기한 논자는 없다. 이와 같은 사실은 나태주의 성장과정을 살펴봄으로써 그 해답을 얻을 수 있다.

> 사람의 마음이란 참 묘한 구석이 있고 정이란 또 외통수 기질이 있나 보다. 지금도 내게 '할머니'라고 하면 대번에 외할머니의 모습과 거기서 우러나오는 느낌이 떠오른다. 할머니 옆자리에 외할머니가 더불어 계신 것이 아니라 오로지 외할머니 혼자서 할머니 자리에 계시는 것이다.
> 어려서 외가에서 살다가 어쩌다 친가에 들르면 그야말로 나는 찬물에 따로 노는 기름이었다. 식구들 모두 내 편이 아닌 것 같고 눈지를 주는 것만 같아 괜스레 혼자서 쭈뼛쭈뼛 온갖 일에 자신이 안 서고 식구들 눈지를 살피곤 했다. 할머니 또한 다른 손자들만 귀여워하는 것 같고 나는 따돌리는 것 같게만 느껴졌다.[7]

인용글을 보면 외할머니는 친가의 할머니까지를 함의하는 존재이며, 할머니라는 호칭은 오로지 외할머니를 대변하는 말이 된다. 외할머니와 살다가 친가에 들른 나태주는 남의 집에 온 것같이 서먹서먹하여 융화하지 못했다고 한다. 그가 친가에서 어울리지 못한 이유는 외할머니의 헌신적인 보호를 받다가 친가에선 관심의 대상이 되지 못했기 때문이다. 그러한 정황으로 보아 나태주가 외할머니를 유일한 모성으로 인식하게 된 것은 자연스러운 현상이라고 하겠다.

---

[7] 나태주, 『시골 사람, 시골 선생님』, 동학사, 2002, 249쪽.

나의 외할머니는 내게 다른 사람들의 외할머니보다 별다른 의미를 가지고 계신 분이시다. 나를 키워주신 분이시기 때문이다. 그렇다고 내가 천애고아란 말은 아니다. 내게는 버젓이 생부모가 계시니까. 우리 어머니는 무남독녀 외따님이셨단다. 그래 그 좋다는 혼처를 다 마다하시고 외할아버지께서는 갈자리 한 닢 살 돈도 없는 가난뱅이인 우리 아버지를 데릴사위로 맞으셨단다.

거기서 낳은 첫 아이가 나였단다. 외할아버지와 외할머니의 반가움과 귀여움은 오죽했으랴. 친손자가 아닌 외손자였지만 각별하신 사랑을 쏟으셨단다. 사람들은 '외손자 귀여워할래 말고 전라도 방앗고를 이뻐하라'는 말로 놀렸지만, 외할아버지는 그런 말에 아예 귀를 막으셨단다. 그런데 그만 내가 네 살 나던 해 봄에 외할아버지가 돌아가셨다. 병명은 늑막염.8)

나태주의 아버지는 데릴사위가 되겠다는 조건으로 무남독녀였던 그의 어머니와 결혼했지만, 외할아버지가 일찍 세상을 뜨자 호적을 환원시켜 본가에서 살게 되었다. 본가로 귀환하면서 홀로 남은 외할머니를 위로하고자 맏아들을 두고 떠난 것이 나태주가 외할머니와 동거하는 계기가 된 것이다. 남편의 오랜 병구완으로 논 너 마지기를 간신히 건진 외할머니는 남의 집 곁방살이를 하면서 외손자 키우는 데 전력을 다하였다.

가난했지만 배곯지 않고 어린 날을 보낼 수 있었던 것은 외할머니의 지극한 정성 때문이었다. 그는 대여섯 살이 되도록 외할머니의 빈 젖꼭지를 물고 잠이 들었고, 대낮에는 남들 눈치 살피느라 참고 있다가 어둑어둑해지면 업어달라고 어리광을 부렸다. 외할머니의 특별한 사랑을 받으며 감꽃도 줍고 달팽이도 잡고, 뒷동산 구덩이 속에 새 새끼를 감추어 두고 키운다면서 수선을 떨기도 했다.

---

8) ____, 『외할머니랑 소쩍새랑』, 분지, 2000, 88쪽.

정체성이 형성되는 네 살 무렵부터 청소년기 대부분을 그는 외할머니를 어머니로 인식하며 자란 것이다. 서른여덟 살의 외할머니와 네 살배기 외손자는 어머니와 아들로서도 전혀 어색함이 없었다. 나태주는 외할머니의 이야기를 들으며 상상력을 키우고, 외할머니로부터 나무와 풀, 새들과 교감하는 법을 배웠다. 이때 외할머니의 모든 사상, 감정이 나태주에게 전이된 것이다. 고즈넉하고 단아한 외갓집의 분위기가 나태주의 정신세계에 영향을 미치면서 시 작품 역시 그러한 영향으로부터 자유롭지 못했다고 할 수 있다.

> 어쩌면 외갓집에서 외할머니하고만 살려고 하는 아들이 미워서 그랬던 것이었는지도 모를 일이다. 또 어쩌면 방학이 되었으니 막동리 집에 가자고 하는 아버지의 제안을 내 편에서 단호히 거절했기 때문인지도 모르고, 전학을 시키겠다는 아버지의 주장을 내 편에서 받아들이지 않고 고집 부렸기 때문인지도 모를 일이다. 그 이유가 잘 기억나지는 않지만 나는 아버지를 피해서 달아나고 있었다. 아버지는 뒤쫓아오고……
> 　　…중략…
> 어쨌든 외갓집에 오신 아버지와 어머니는 다시 막동리 집으로 가셨고 나는 외할머니와 단둘이 다시 외갓집에 남게 되었다. 외갓집은 언제나 조용한 곳, 그 분위기가 나는 좋았다. 외할머니는 언제나 나를 편안하게 해주시던 분, 외할머니가 나는 좋았다. 외갓집은 또다시 호젓해지고 오므라들었던 내 마음의 줄은 천천히 풀려갔다. 외할머니가 여러 가지로 달래는 말을 해주셨다.9)

초등학교에 입학할 나이가 되자 아버지는 아들을 친가로 데려가려고

---

9) 위의 책, 53-54쪽.

시도하지만 외갓집을 떠나지 않으려는 아들의 단호함 때문에 실패하고 만다. '외갓집은 언제나 조용한 곳'이었으며, 외갓집의 그러한 분위기가 나태주는 몹시 좋았다. 그러다가 결국 친가에서 살게 된 어느 날, 학교에 가지 않겠다고 떼를 쓰다가 어머니를 몹시 화나게 만들었다. 어머니는 베를 짜다가 사립문께서 비를 맞고 서 있는 아들에게 잉앗대를 던졌고, 그것이 얼굴에 맞아 심하게 다치는 일이 벌어졌다. 그 일을 계기로 나태주는 다시 외갓집으로 보내져 초등학교 마치게 된다. 나태주는 그 일을 참으로 다행스럽고, 고맙고, 축복받은 일이라고 회상하고 있다. 실명의 위기까지 맞은 사건을 다행스럽고, 고맙고, 축복받은 일이라고 말한 것으로 보아 그가 얼마나 외갓집에서 살고 싶어 했는가를 짐작할 수 있다.

젊고 힘센 아버지는 아들에게 공포의 대상이었다.10) 그가 인식하는 아버지는 착하고 아름다운 어머니를 강압적으로 데리고 사는 산적 같은 사내일 뿐이었다. 어린 아들의 잘못을 눈감아주지 않는 패기와 젊음이 아들을 더욱 외할머니의 품속으로 숨어들게 한 것이다. 따라서 외할머니와 함께 살던 시절을 나태주는 가장 만족스럽고 평화로웠던 시공간으로 기억한다. 이러한 추억은 주도적이며 지속적으로 나태주의 시세계를 견인해가는 요인이 되기에 충분하였다.

3. 시에 나타나는 외할머니의 원형

지구상의 여러 신화 중에서도 그리스 신화는 가부장권을 살아가는 인간의 모습을 구체적으로 재현해 주고 있다. 그들이 만들어간 서사는 가부장권의 서로 다른 인물원형들이 화해하고 대립하며 엮어간

---

10) 나태주는 아버지가 19세 때 낳은 맏아들이다.

이야기라고 할 수 있다. 신화 속의 신들은 인간의 모습을 닮았지만 그 힘이 인간보다 훨씬 세거나 다양하게 행사되고 있을 뿐이다.

개인의 무의식 속에 신들의 원형이 내재한다면, 인간의 내적 욕망이 반영된 시 역시 그들의 영향에서 자유로울 수 없다. 따라서 본고는 나태주의 시에 지속적으로 등장하는 '외할머니'의 의미를 신들의 원형을 통해 탐구하고자 한다. 작품에 등장하는 '외할머니'가 데메테르와 헤스티아 원형의 양상을 구현한다는 전제하에 그들 원형이 지니는 의미를 살펴보기로 하겠다.

1) 모성회귀의 시세계 — 데메테르 원형

데메테르는 곡식의 수호신으로서 대지를 관장하며 양육자, 음식의 보급자로서 구현된다. 데메테르의 모성애는 강하고 지속적이어서 외동딸 페르세포네가 하데스에게 납치되자 아흐레 밤낮을 비를 맞거나 바람과 부딪치며 노천을 헤맸다. 딸을 잃었을 때의 분노와 실의는 그녀로 하여금 대자를 돌보지 않도록 하였으며, 황폐화된 대지는 곡식이 여물지 않고 꽃이 피어나지 않았다. 데메테르의 그러한 성향은 모성본능이 충만한 '어머니'의 원형을 함축한다.

어머니는 우리 인간의 고향이요, 그리움의 나라다. 그러기에 우리는 '어머니'란 말에서 한없는 부드러움과 정다움과 편안함을 느끼게 된다. 뿐만 아니라 어머니는 우리 최초의 친구요, 이웃이요, 스승이요, 보호자이다. 사람은 누구나 어머니란 거울을 통해서 세상을 보고 배우며 또 살아가고자 한다. 어머니는 여성이면서 그 이상이요, 인간이면서 그 이상인 신화적인 존재이다.[11] 이처럼 위대하고 신화적인 존재의 자리에 나태

---

11) 나태주, 『추억이 말하게 하라』, 분지, 1997, 183쪽.

주는 언제나 외할머니를 상정하였다. 호칭만이 외할머니일 뿐 나태주가 인식하는 외할머니는 어머니의 모든 것을 함의한 존재였다.

> 여기는 궉뜸
> 저기는 서아시
> 또 저기는 동아시
> 그리고 맹매
> 등 넘어서는
> 천방산 희리산 아래
> 절꿀 처마꿀 뒤꿀 첨방꿀
> 일요일 숙제로 신작로 가에 나와
> 코스모스 씨를 받는
> 초등학교 2학년짜리
> 여자아이한테
> 외갓집 마을 이름
> 알면서도 물어보고
> 그 대답에
> 실없이 반가워지다.
>
> ―「막동리를 향하여 19」 전문

시인은 외갓집으로부터 비롯되는 추억의 지도를 그려놓고 그 공간에 현실의 자아를 위치시키고자 한다. 외갓집 마을 이름을 알고 있으면서도 길에서 만난 아이에게 재확인하는 행위는 추억을 현실에서 확인하고 싶은 무의식의 발현이라고 할 수 있다. 나태주가 이처럼 어린 시절의 추억에 집착하는 것은 외할머니의 모성으로 회귀하고 싶은 욕망의 표현이라고 하겠다. 따라서 나태주의 시에 나타나는 외갓집이나 외할머니는 모성의 고향으로서의 데메테르 원형을 구현한다고 언급할 수 있다.

나태주의 인식에서 '외갓집'이란 어휘는 그 공간의 절대적 존재인 '외할머니'까지를 포함한다. 외할머니는 외갓집을 완전하게 귀결하는 유일한 존재이며, 모정의 냄새와 그 영상이 묻어나는 모성의 고향이기도 하다. 엄마는 언제나 어머니였을 뿐, 외할머니를 '할매'라 부르며 자란 그에게 외할머니는 외할머니 이상의 의미를 지닌 존재였다.

저승에 대한 인식 또한 외할머니가 계신 나라이며, 외할머니와 재회할 수 있는 유일한 공간으로 상정된다. 그는 잠을 자다가도 대문 밖에서 "태주야, 태주야" 하고 부르는 외할머니의 목소리를 듣기도 하고, 살아계셨을 때의 모습 그대로 무명 치마저고리 차림의 외할머니를 만나기도 한다. 따라서 "언젠가는 가야할 죽음의 나라도 외할머니가 먼저 가 계시기 때문에 무섭고 두렵지만은 않은 곳"12)이다.

작품에서 외할머니는 모성의 고향을 상징하는 데메테르이며, 나태주는 모성의 고향으로 회귀하기를 소망하는 페르세포네로서 환기할 수 있다. 그가 존재하는 현실은 하데스의 지하세계이며, 외할머니가 계시는 지상은 데메테르의 모성이 존재하는 공간이다.

한편, 음식의 보급자로서의 데메테르 원형은 아이를 보살피거나 육체적 · 심리적 · 영적으로 남들을 보살핌으로써 모성 본능이 충족되며, 다른 사람들이나 자식들에게 음식을 해먹임으로써 그들의 어머니가 된 듯 만족을 느끼는 원형이기도 하다.13)

  시방도 기다리고 계실 것이다,
  외할머니는.

---

12) _____, 『외할머니랑 소쩍새랑』, 165쪽.
13) 「진 시노다 볼린(Jean Shinoda Bolen, M.D)」, 조주현 · 조명덕 옮김, 앞의 책, 238쪽.

…중략…

손자들이 오면 주려고
물렁감도 따다 놓으시고
상수리묵도 쑤어 두시고

오나오나 혹시나 해서
고갯마루에 올라
들길을 보며.

조마조마 혼자서
기다리고 계실 것이다,
시방도 언덕에 서서만 계실 것이다,
흰옷 입은 외할머니는.

-「외할머니」일부

   이 시는 물렁감과 상수리묵을 준비해 놓고 외손자를 기다리는 데메테르 원형을 구현하고 있다. 데메테르의 음식으로 상정된 상수리묵과 물렁감은 시인이 외할머니와 공유했던 추억의 매개물이다. 데메테르의 모성 원형은 떠나간 자식을 간절히 기다리는 양상으로 구현되기도 하는데, 시 속의 외할머니도 상수리묵과 물렁감을 준비해 놓고 외손자를 기다린다. 외손자가 돌아오는 모습을 확인하고 싶어서 흰옷과 흰고무신을 신은 채 언덕에 올라가 망부석이 되기에 이른다. 이와 같은 형상화는 외할머니와 함께한 삶의 체험이 시인의 내면을 지배적으로 조율할 때 가능할 것이다.

흙내 나는
오두막집 방안으로 돌아가고 싶다

따스한 아랫목의
잠 속으로 돌아가고 싶다

외할머니
옆에 계시고

밤이 깊어도
잠들지 못하고 속살거리는
수리나무 마른잎

무엇보다 먼저
내 몸이 작아지고 싶다.

―「꿈 2」 전문

  시 「꿈 2」도 <흙내 나는 오두막집 방안>과 <따스한 아랫목의 잠 속>으로 돌아가고 싶은 시인의 회귀의식이 역력하게 드러난다. 여기서 '흙내', '오두막집', '방안', '아랫목', '잠 속' 등의 시어들은 모성의 고향을 구체화시켜주는 역할을 한다. 흙내는 생명을 잉태하고 자라게 하는 대지와 상응하며, '오두막' 역시 포근한 어머니의 품과 같은 이미지를 함의한다. '방안'도 휴식을 취할 수 있는 공간인 '방'과, 비바람으로부터 보호막이 되어주는 '안'을 합성함으로써 모성이 지닌 포용력을 배가시켜주는 어휘로서 작용한다. '아랫목' 역시 온돌방에서 제일 따뜻한 부분으로 모성을 고조시키며, '잠 속'은 '잠'의 휴식 이미지에 '밖'이 아닌 '속'을 첨가함으로써 포근한 모성 이미지를 증폭시켜주는 역할을 한다.

나태주는 모성의 고향으로 들어가기 위해 <무엇보다 먼저 / 내 몸이 작아지고 싶다.>고 한다. 작은 것은 더 많은 보호본능과 동정심을 유발하며, 모성의 품 안으로 들어가는 데 물리적으로도 유리한 조건을 지니기 때문이다.

    길어질 대로 길어진
    겨울밤

    오줌 누러 일어나
    물 한 컵 마시고,

    콩나물시루 옆으로 가
    물을 퍼서 붓는다

    너도 물이나 마셔라
    물이나 마셔라

    종이 창문에 이 시린
    달빛 그림자 없고

    머언 마을에 개 짖는 소리
    부엉이 소리 없고

    외할머니 세상에 이미
    아니 계시지만.

                                                 -「겨울밤」 전문

어린 시절 시인은 외할머니가 콩나물시루에 물 주는 것을 보며 자랐다.

콩나물은 주로 방안에서 기르며, 채소가 귀한 겨울철에 비타민을 제공해주는 식품이었다. 물을 자주 주어야만 잔뿌리 없이 매끈하게 자라기 때문에 자다가도 몇 번씩 일어나 물을 주었다. 그 시절엔 어느 가정에서나 볼 수 있는 정경이었지만 시인에게는 특별한 기억으로 각인된 듯하다.

콩나물시루에 물 주는 모습을 잠결에 보아온 시인은 외할머니 흉내를 내며 콩나물을 기른다. '너도 물이나 마시고 잘 자라라'라고 하는 주문은 외손자가 잘 자라주기를 바란 외할머니의 기도를 되새기는 행위이다. 외할머니는 외손자가 잘 자라주기를 바라는 마음으로 콩나물시루에 물을 주었을 것이고, 그 기도는 시인에게 전이되어 무의식을 지배하는 요인이 된 것이다. 현실 공간에선 <종이 창문에 이 시린 / 달빛 그림자 없고 // 머언 마을에 개 짖는 소리 / 부엉이 소리>도 들리지 않지만, 시인의 상상력은 모성의 고향에 깊숙이 닿아 있다.

> 해가 떨어지는
> 서쪽 하늘가
> 노을 속에
> 오막살이 한 채
> 외할머니는
> 흰옷을 입고
> 흰버선을 신고
> 석양받이
> 오막살이 한 채.
>
> ―「막동리를 향하여 3」 전문

일몰은 하루의 끝을 암시하며 '죽음'의 뉘앙스를 생성하기도 한다. 외할머니가 사는 오막살이는 이러한 이미지를 지니는 서쪽의 노을 속에 위치함으로써 '외로움'을 배가시키는 역할을 한다. 외할머니는 언제나 흰 옷과 흰버선과 흰고무신을 신고, 노을 속에 흔들리는 오막살이 한 채로 형상화되는데, 흰색이 주는 이미지 또한 서글픔을 동반한다. 시인은 외할머니를 최대한 외롭게 상정함으로써 피붙이를 기다리는 데메테르 원형을 절실하게 구현하고자 한 것이다. 여기서 애상을 불러일으키는 '석양받이의 오막살이 한 채'는 자식의 귀소본능을 자극하는 매개체 역할을 충실하게 해낸다.

2) 자연친화적 시세계 – 헤스티아 원형

헤스티아는 화로와 신전의 수호신으로서 영적으로 느껴지는 존재이며 빛과 온기, 음식을 장만할 수 있는 불을 마련해준다. 헤스티아는 모험을 하러 황야에 나가지 않으며 집안이나 신전에, 또는 화로 안에 담겨져 있는 모습으로 다가온다. 헤스티아는 자신 내부의 주관적 경험에 관심을 기울이기 때문에 명상에 들 때면 완전히 몰두할 수 있다. 헤스티아의 초연함은 세상 사람들이 좇는 재산이나 권력, 명예에 집착하지 않으며 있는 그대로의 자기를 인정할 줄 안다. 있는 듯 없는 듯 자신의 일에 성실하며 높이 평가받으려고 하지 않는 헤스티아는 성숙한 내면을 지닌 원형이라고 할 수 있다.[14]

헤스티아 원형은 인내로써 고난을 승화시키는 양상과 인간관계·업적·재산·특권에 집착하지 않는 양상, 자연친화적이며 집안일에서 성취감을 얻는 여성의 양상으로 나타나지만 나태주의 시에는 대부분 '자연친화적인 생명 사랑'의 양상이 구현된다.

---

14) 위의 책, 150쪽 참고.

외갓집 손바닥만 한 꽃밭에 물을 주면서
꽃을 무척 좋아하시던 외할머니 생각한다
내가 꽃을 좋아하는 것도 그 분에게서 배운 것이거니
지금은 없어진 내 꽃밭, 그리워라.
—「별곡집 135」 전문

봉숭아여, 분꽃이여, 외할머니 설거지물 받아먹고
내 키보다 더 크게 자라던 풀꽃들이여
여름날 꽃밭 속에 나무 의자를 가져다놓고
더위를 식히기도 했나니, 나도 한 꽃나무였나니……
—「별곡집 136」 전문

  시 「별곡집 136」이 형상화하는 외할머니는 설거지한 물조차 함부로 버리지 않고 꽃밭에 뿌려주는 근면한 성품의 소유자이다. 설거지물을 꽃밭에 뿌려주는 행위는 알뜰히 꽃을 사랑하지 않고는 실천하기 어려운 행위이다. 그런데 이러한 행위는 외할머니 혼자서 한 것이 아니라 옆에서 보아온 나태주의 마음도 관여하고 있음을 알 수 있다. 그래서 나태주도 자연스레 꽃을 사랑하게 된 것이다.
  꽃밭 속의 나무의자에 앉아 있던 시인과 외할머니는 결국 한 그루 꽃나무로서 동화되기에 이른다. 이러한 정황은 헤스티아 원형의 자연친화적인 양상과 동일한 선상에서 이해할 수 있다. 헤스티아는 자연을 훼손하지 않으며 자연과 가까워지고자 하는 성향을 강하게 지니기 때문이다. 나태주는 외할머니와 함께 꽃을 가꾸고, 그들을 삶 깊숙이 끌어들임으로써 자연친화적인 성향을 지니게 된 것이다.
  나태주는 사내아이이면서도 계집애 같은 일면을 지니고 있었다. 외할머니와 단둘이서 보낸 적적한 외갓집 분위기가 그토록 내성적인 아이,

말수가 적은 아이, 시무룩한 아이, 곰살궂은 아이, 계집애 같은 사내아이로 만들었는지도 모른다. 그의 관심은 어이없게도 예쁜 그림이나 예쁜 옷감, 예쁜 색실, 예쁜 꽃이나 풀과 같은 것들에게 쏠렸다. 뒤꼍에 조그맣게 분꽃이나 봉숭아, 과꽃을 기르는 화단을 만들기도 하면서 슬프고 아름다운 옛날이야기와 노래에 마음을 빼앗겨갔다.15)

이러한 연유로 나태주의 시에는 작고 여린 존재들이 자주 등장한다. 일상의 시각으로는 발견되지 않는 풀꽃이나 벌레들이 시작품의 소재로 빈번하게 선택되었다. 이러한 관심은 외할머니와 함께 꽃을 가꾸고 닭을 기르면서 형성된 것이라고 할 수 있다. <외갓집 추녀 끝 닭똥 구린내여 / 수채 구녁 가득히 흘러가는 지렁이 울음소리여.>16)라는 시구가 증명하듯, 그는 역겨운 냄새며 혐오스러운 벌레까지도 무심하게 보아 넘기지 않았다.

그가 외할머니와 함께 꿩을 부화시켜 키웠다든지, 의료기기가 없는데도 원시적인 방법으로 닭의 개복수술을 해줬다든지 하는 행위는 일상적인 사고로는 이해하기 어렵다. 이처럼 외할머니와 함께한 삶의 체험이 시인의 내면에 자연친화적인 헤스티아 원형을 내재시키는 계기가 되었을 것이다.

    한지창 한 장을 사이에 두고
    으르렁대는 밤바람과 얘기하고
    떨고 있는 얼음별과 속삭이던 때
    있었다

    벌거벗은 버드나무 둥치 벌레집과

---

15) 나태주, 『외할머니랑 소쩍새랑』, 101−102쪽.
16) ＿＿＿, 『나태주 시전집』 제1권, 220쪽.

숨결 나누던 때
있었다

아마도 그 때는 나
한지창 한 장을 사이에 두고
밤바람이었고 얼음별이었던가
보다

벌레집 속의 어린
벌레알이기도 했던가
보다.

─「한지창」 전문

시「한지창」에는 '외갓집'과 '외할머니'라는 시어가 드러나지 않는다. 그런데도 <벌거벗은 버드나무 둥치 벌레집과 / 숨결 나누던 때>는 외갓집에서 외할머니와 함께 살던 때라고 짐작할 수 있다. 지금은 시골에서도 초가집을 찾아볼 수 없지만, 1970년대 이전의 시골 사람들은 공통적인 경험을 지니고 있다. 윗목에 떠다놓은 자리끼가 꽁꽁 얼어붙고, 이불을 둘러쓰고 얼굴만 내민 채 잠을 자면 코가 시릴 정도로 겨울이 추웠다. 그러나 시인에겐 그러한 추위마저도 외할머니의 보살핌으로 따뜻하게 추억될 뿐이다. <으르렁대는 밤바람과 얘기하고 / 떨고 있는 얼음별과 속삭>였다는 형상화는 자연친화적인 헤스티아 원형의 양상이 구현된 예이다. 시인은 '밤바람'과 '얼음별'이라는 자연현상을 동등한 생명체로 인식한 것이다. 또한 외갓집의 오두막을 '벌레집'으로 환기함으로써 자신을 벌레집 속에서 보호받는 벌레알로 치환한 것 역시 자연친화적인 헤스티아 원형만이 형상화할 수 있는 표현 기법이라고 할 수 있겠다.

조이 창문이 두 개 달린 집
　　두 개 가운데 하나만 불이 켜져서
　　밤마다 나는 황금의 불빛 아래
　　숨쉬는 조그만 알이 되고
　　아침마다 나는 솜털이 부스스한 어린 새 새끼 되어
　　알 껍질을 열고 나오고
　　외할머니 늘 조심스런 눈초리로
　　지켜보고 계셨다

　　불켜진 조이 창문이 쓰고 있는
　　썩어가는 볏짚 모자 속에
　　굼실굼실 뒹굴며 자라는 굼벵이들
　　짹째글 참새들, 찍찍 쥐새끼들
　　더러는 굼벵이나 참새, 쥐새끼를 집어먹으며
　　몸통이 굵어가는 구렁이들
　　　　　　　　―「외할머니랑 소쩍새랑」일부

　나태주의 시에서 외갓집은 언제나 작은 오두막으로 형상화되는데, 이 작품 역시 그 범주를 벗어나지 않는다. '작은 조이 창문이 두 개 달린 집'은 '방이 두 개 있는 집'이라는 말과 다름이 없다. 그 중 창 하나만 불이 켜져 있다는 형상화는 나태주와 외할머니가 한 방을 썼다는 사실을 말해 준다. 그처럼 작고 허름한데도 그 공간에 존재하는 생명체들은 사람과 짐승, 벌레를 불문하고 동등한 생명체로서 상호 우호적이다. 심지어 둘째 연에서는 오두막조차도 썩어가는 볏짚 모자를 쓴 인격체로서 형상화되기에 이른다.
　아침마다 알 껍데기를 열고 나오는 솜털이 부스스한 새 새끼는 솜이불 속에서 자고 나오는 시인 자신이다. 오두막은 굼벵이, 참새, 쥐새끼들과 그들을 잡아먹는 구렁이까지도 가족으로 받아들여 자연공동체를 이룬 것이다. 그리하여 시인을 비롯한 그들 모두는 오두막과 외할머니의 모성 안에서 평화롭게 공존한다. 이러한 관점에서 이 시는 데메테르 원형과 헤스티아 원형을 동시에 구현했다고 할 수 있다. 첫째 연은 자식을 사랑하는 데메테르 원형이 구현된 예이고, 둘째 연은 자연친화적인 헤스티아 원형이 구현된 예이다.

4. 결론

본론에서 나태주의 시에 빈번하게 등장하는 '외할머니' 혹은 '외갓집'의 의미를 살펴보았다. '외할머니'는 '외갓집'까지를 함의하는 존재인 바, 외할머니가 구현하는 원형의 양상은 다음과 같다.

첫 번째, 외할머니는 데메테르의 모성 원형을 내재하고 있다.

나태주는 외할머니의 극진한 보살핌을 받으며 유년시절을 보냈다. 그는 친가로 데려가려는 아버지와 여러 차례 맞서면서도 외할머니와 함께 살기를 고집하였다. 외할머니의 모성을 벗어난다는 것은 공포에 가까운 두려움이었기 때문이다. 모성애는 대부분 어머니에게서 느끼는 감정이지만 외할머니는 자식을 희생적으로 사랑하는 데메테르 원형을 행사함으로써 나태주의 정신세계에 모성의 고향으로 환기되기에 이른 것이다.

두 번째, 외할머니는 자연친화적인 헤스티아 원형을 내재하고 있다.

나태주는 외할머니와 함께 병아리를 기르고 꽃을 가꾸며 생명의 소중함을 배워나갔다. 외할머니의 자연친화적인 생활 방식이 나태주에게 전수되어 그 역시 자연친화적인 헤스티아 원형을 좋아하고, 내재하게 된 것이다. 자연과 동화되는 생활 속에서 생태계를 배워갔고, 외할머니의 사랑을 받으며 자신 또한 사랑을 베풀 줄 알게 되면서 작고 여리고 소외된 것들에게 관심을 기울일 수밖에 없었다고 하겠다.

그렇다면 '외갓집' 또는 '외할머니'의 의미는 '자연과 더불어 살아가는 방법을 가르쳐준 모성의 고향'으로 요약할 수 있다. 외할머니와 함께한 삶의 체험이 지금까지의 시세계에 영향을 주었듯이 앞으로의 창작활동에도 영향을 미치리라고 판단한다.

자연과 인생, 그리고 시인의 행복*

김유중
(문학평론가, 서울대 교수)

1.

현대시를 공부하는 사람으로서 조금 부끄러운 고백부터 먼저 하련다. 어느 틈엔가 요즘 나오는 시들을 잘 안 읽게 된다. 솔직히 읽어도 모르겠고, 그래선지 가슴에 와닿지가 않기 때문이다. 불편하다. 그리고 짜증이 난다. 읽어서 흥미롭다거나 별로 즐겁지가 않다.

날로 튀는 신세대의 감성을 따라잡지 못하는 나 자신의 한계도 한계겠지만, 이쯤 되면 무언가 잘못 돌아가고 있는 것이 아닌가 하는 불안감이 앞선다. 나 자신, 시 공부를 한답시고 돌아다닌 지가 어느덧 30년이 훌쩍 넘었다. 그런 나도 이해 못하는 시, 느끼지 못하는 시가 과연 일반 독자들에게, 그리고 대중에게 어떻게 비칠까 하는 의아함과 안타까움이 있다.

---

* 『2017 유심작품상』, 인북스, 2017.

시를 쓰는 길이 오직 한 가지 길만 있는 것은 아니라는 사실에 나도 동의한다. 독자에게 잘 이해되지 않는다고 해서 그 시가 반드시 좋지 않다고 볼 수는 없다. 시 쓰기는 때론 고뇌며 고통을 수반하는 작업이기도 하다. 그러나 그런 고뇌와 고통이 내면에서 우러나온 진지함과 시인으로서 진정성을 반영한 것이 아니라고 한다면, 단지 남들만큼, 또는 남들보다도 더 튀어 보이기 위한 수단이라고 한다면 그건 문제가 아닐까?

모든 것이 그렇지만 시 역시 기본에 충실해야 한다고 믿는다. 시를 쓰는 것과 읽는 것, 시를 마땅히 시로써 감상하고 대하는 태도, 이 모든 일체가 기본으로 돌아가야 한다. 누굴 의식해서도, 누구의 눈치를 봐서도 되는 일이 아니다. 누가 알아주건 말건 스스로에 정직하기 위해서, 나만의 스타일을 창조하고 나만의 주제와 정서, 문제의식들을 그 속에 담기 위해서 노력하지 않으면 안 된다. 시 쓰기의 정도(定道), 시 쓰기의 기본이 바로 거기에 있다.

2.

쓰다 보니 서두에서부터 사설이 다소 길어져 버렸다. 나태주 시인의 시들을 읽으면서 내가 줄곧 느끼는 것은 그는 결코 시 쓰기를 통해 화려함을 추구하려 하지 않는다는 사실이다. 그런 그의 태도에서 우리는 전통 사회의 때 묻지 않은 순수함과 순박함을 발견하게 된다. 그의 시는 현대문명이 발산하는 복잡함과 어지러움을 곁눈질하지 않으며, 동서양 각종 유파가 소리 높여 떠들어대는 주의, 주장이나 이론들에 얽매이지 않는다.

그런 점에서 그의 시는 평이하다. 언뜻 읽어서 이해가 되지 않는다거나 알 듯 모를 듯 고개를 갸웃거리게 하는 구절들은 드물다. 기교 자체를 전연 도외시하는 것은 아니지만, 미사여구나 현란한 수사적 표현의 남발 등에 대해서는 엄격하다. 이 때문에 그의 시는 일견 단순하고 밋밋해 보이기도 한다. 그러나 곱씹어보면 볼수록 자신만의 방식으로 인간과 자연, 우주를 향해 열린 따뜻한 마음과 섬세한 눈길들을 담고 있는 듯이 보인다. 천진난만하고 섬약해 뵈면서도 그 밑에 은근한 힘이 가로놓여 있음을 느끼게 하는가 하면, 정적(靜的)인가 싶다가도 변화무쌍한 만물의 섭리를 예리하게 포착하여 묘파한 흔적들을 간직하고 있다.

1.
바람은 구름을 몰고
구름은 생각을 몰고
다시 생각은 대숲을 몰고
대숲 아래서 내 마음은 낙엽을 몬다.

2.
밤새도록 댓잎에 별빛 어리듯
그슬린 등피에는 네 얼굴이 어리고
그리고도 간간이 사운대다가 가는 밤바람 소리.

3.
어제는 보고 싶다 편지 쓰고
어젯밤 꿈엔 너를 만나 쓰러져 울었다.
자고 나니 눈두덩엔 메마른 눈물 자죽,
문을 여니 산골엔 실비단 안개.

4.
모두가 내 것만은 아닌 가을,

해 지는 서녘 구름만이 내 차지다.
동구 밖에 떠도는 애들의
소리만이 내 차지다.
또한 동구 밖에서부터 피어오르는
밤안개만이 내 차지다.

하기는 모두가 내 것만은 아닌 것도 아닌
이 가을,
저녁밥 일찍이 먹고
우물가 산보 나온
달님만이 내 차지다.
물에 빠져 머리칼 헹구는
달님만이 내 차지다.

―「대숲 아래서」전문

널리 알려진 그의 신춘문예 등단작「대숲 아래서」전문이다. 한 여인을 그리는 화자의 애틋함, 그리고 동시에 절실한 심정이 서정적 가락과 이미지를 타고 우리의 심부를 후빈다, 그는 그런 자신의 심정을 자연 속에서, 자연과의 교감을 통해 구체화해 간다.

그는 애써 자신의 정서를 감추거나 억제하려 들지 않는다. 반대로 무분별하게 방출하려 하지도 않는다. 흐르면 흐르는 대로, 또 멈추면 멈추는 대로 집착을 거두고 스스로를 내맡긴다. 이 상태에서 우주 자연과의 교감을 통해 순리에 따르고자 할 뿐이다. 계산적이라거나 의도된 방향으로 정서를 몰아 조작하려 하지 않는다는 점에서 그는 낭만주의자이다. 그러나 그의 낭만주의는 감각과 표현의 절묘한 조화와 균형 위에 섬세한 자연친화적인 무늬로 그 표면을 장식한 낭만주의라는 점에서 종래 우리가 아는 감정 과잉의 낭만주의와는 구분된다.

그의 시어는 은근한 매력으로 독자들의 감각과 정서를 자극한다. <그슬린 등피에는 네 얼굴이 어리고> <간간이 사운대다 가는 밤바람 소리> <문을 여니 산골엔 실비단 안개> 등의 구절들에서 우리는 시인의 이 구절들을 얻기 위해 지새웠을 불면의 밤들을 상상해보게 된다. 또한 어느 평론가가 지적했듯이 <어제는 보고 싶다 편지 쓰고 / 어젯밤 꿈엔 너를 만나 쓰러져 울었다. / 자고 나니 눈두덩엔 메마른 눈물 자죽> 같은 구절들에서 우리는 이 시대가 오래도록 지내왔던 순정의 발산을 목도하게 된다.

이 점에 관한 한 그의 시는, 그리고 그의 시에 나타난 감각과 정서는 무엇보다도 정직하다. 의도적인 과장이나 왜곡과는 거리가 멀기 때문이다. 그뿐만 아니라 그것들을 억지로 쥐어짜낸 흔적도 발견되지 않는다. 다만 그는 그러한 자신의 내면에 자리한 감각과 정서를 가장 효과적으로 표현하고 전달할 수 있는 시어, 구절들을 찾기 위해 애썼을 뿐이다. 그런 점에서 그는 결코 머리만으로 시를 쓰는 시인은 아니다. 자신의 진솔한 감정을 담은 시구(詩句)를 얻기 위해 시가 그를 찾아오기를 끈덕지게 참고 기다릴 줄 아는 시인이다.

생각하기에 따라서 모두가 '내 것만은 아닐' 수도, 반대로 '내 것만은 아닌 것도 아닐' 수도 있다는 이 시인의 사상을 우리는 무어라 설명해야 옳을까. 그 세계는 욕망과 체념, 탐욕과 무욕(無慾)이라는 이항대립적인 사고방식, 근대의 이분법적인 체계를 유연하게 넘어선 지점에 자리하고 있다. 자연과 우주의 순환 질서를 의식하며 그 질서에 순응하고 순리를 따르며 살고자 하는 세계관, 인생관을 느낄 수 있거니와, 그런 가운데서도 인간에게는 끝내 표기하고 싶지 않은 꿈과 이상이 있음을 굳게 믿고 의지하고자 하는 시인다운 발상에 기초해 있음을 알게 된다.

3.

      그는 한시도 자신이 시골에서 나고 자란 시골 출신임을 잊어본 적이 없다. 게다가 앞으로도 특별한 사정이 없는 한 시골에서의 생활을 그대로 유지하며 이어 나가길 원한다. 물론 그는 시 쓰기를 통해 그곳에서부터 생성된 특유의 감성을 담아 형상화하는 데 공을 들여왔다. 그의 시에 두드러진 자연친화적 경향은 애써 찾거나 머릿속에서 관념적으로 그린 결과가 아니다. 그의 시 쓰기는 성장 과정에서 그가 몸소 체험하고 관찰한 자연환경과 그것들로부터 자연스럽게 우러나온 정서들에 바탕을 두고 있다.

  *
  감나무 나무 속잎 나고
  버드나무 실가지에 연둣빛 칠해지는 거,
  아, 물찬 포강배미 햇살이 허물 벗는 거,
  보리밭에 바람이 맨살로 드러눕는 거.

  *
  그 계집애, 가물가물 아지랑이 허리를 가진.
  눈썹이 포로소롬 풋보리 같은.
  그 계집애, 새봄맞이 비를 맞은 마늘촉 같은.
  안개 지핀 대숲에 달덩이 같은.

  *
  유채꽃밭 노오란 꽃 핀 것만 봐도 눈물 고였다.
  너무나 순정적인 너무나 맹목적인
  아, 열여섯 살짜리 달빛의 이슬의
  안쓰러운 발목이여. 모가지여. 가슴이여.

                                —「막동리 소묘」 부분

그래서였을까? 그는 어린 시절 고향에서의 체험과, 그 체험 속에서 그가 감각적으로 익혔던 사람들과 자연에 대한 기억을 담아 무려 185편에 이르는 「막동리 소묘」 연작을 발표한 바 있다. 각 연이 4행씩으로 맞춰진 이 시편들 속에서 그는 이제 막 세상에 대해 눈을 뜨기 시작했던 어린 시절, 그의 감성에 미묘한 파문을 던져주었던 고향 마을에서의 그 무수한 마주침의 순간과 장면들을 기억해내고 이들을 붙잡아 형상화해 내는 데 주력하였다.

개인적으로 그는 이들 시편에 상당한 애착을 가지고 있다고 했다. 이는 그가 자신의 성장 과정에서 포착한 눈부신 자연의 풍광과 때 묻지 않은 사람들의 모습, 그리고 이들을 감싸 안은 조화로운 운행 질서와 화음들에 일찍감치 눈떴음을 의미한다. 어린 시절 자신을 둘러싼 이 모든 것들을 그는 그냥 범상하게 흘려버릴 수가 없었다. 이들은 모두 그에게 경이로운 신비로 다가왔다.

감나무의 속잎이 돋아나고, 실버들의 연둣빛이 더해지는 것, 그리고 햇살이 비친 포강배미의 수면과 보리밭에 부는 바람의 잔물결 따위는 시골에서 어린 시절을 보냈던 그에겐 모두 자연이 가져다준 선물이요 축복이었다. 그런 자연을 배경으로 삼아 풋풋한 그의 눈길을 사로잡았던 그 시절 한 계집애의 인상을 그는 뚜렷이 기억한다. 가공되지 않은 싱싱함을 간직한 그 상큼한 이미지를 그는 결코 잊지 못한다. 그리고 동시에 그 계집애를 마음속으로 연모했던 그 시절 자신의 청순하고 어리숙한 옛 모습을 그리워한다. 이 모든 자연의 풍경들, 그 속에서 생활하는 인간 삶의 순수한 모습들이 그가 지금까지 간직한 맑고 청아한 시심을 조직하고 형성하는 데 결정적인 기여를 하였음은 물론이다.

이러한 그의 시의 표정은 우리가 책을 통해서 이론적으로 배우고 익힌 시 쓰기의 감각이나 원리와는 전연 다르다. 원초적인 체험이 없이는 도

달 불가능하고 설명조차도 불가능하다. 그러나 분명한 것은 이러한 시적 성취들이 또한 체험만으로 단순 환원되지 않는다는 사실이다. 애써 기억 속에 보존하기 위해 노력하고 재차 스스로의 시심을 가다듬으며 적합한 표현을 찾기 위해 정진을 거듭해 온 시인만의 고뇌의 시간이 없었더라면 또한 불가능한 일이었을 것이기 때문이다.

체험과 관찰, 기억과 회고를 위한 수련의 시간은 이 과정에서 그에게 시 쓰기와 별개가 아닌 하나이다. 그런 점에서 이 시간들은 그를 시인으로서 다시 태어나기 위해 바쳐진 잉태의 시간이요 출산의 과정이며, 성숙을 위한 예비조건들인 셈이다.

4.

잠시 화제를 돌려보기로 하자.

그와 좀 친분이 있는 사람치고 그가 그린 풀꽃 그림을 받아보지 않은 사람은 드물다. 그는 종종 깨끗한 종이에 정성스럽게 그린 풀꽃의 스케치와 그에 대한 감상을 담은 글들을 주변 사람들에게 보내 선물하곤 한다. 평범하다면 평범해 보일 수도 있는, 그러나 자세히 들여다보면 하나하나 그 나름의 세심한 의미가 담겨 있는 그림과 글들은 생활 틈틈이 그가 직접 그리고 써둔 것임은 물론이다.

그가 그린 대상은 화원에서 잘 가꾸어진 관상용의 크고 화려한 꽃들이 아니다. 길가에서 흔히 마주치게 되는, 그래서 유심히 눈여겨보지 않으면 모르고 지나쳐 버릴 수도 있는 작고 이름 없는 풀꽃들인 경우가 대부분이다. 그런 풀꽃들을 그는 평소 하나하나 애정 어린 눈으로 지켜보았다가 짬이 나면 종이 위에 옮겨 그리는 식이다. 그럼으로써 그 풀꽃들에 새로운 의미와 생명력을 부여하고, 그와 관련된 감상을 다시 글로 옮겨 적어 소중하게 갈무리하는 작업들을 반복한다.

  어쩌면 그의 시 쓰기도 이와 같은 것이 아닐까 한다. 사람들의 이목을 끄는 거창한 대상이나 주제들에 눈독들이기보다는 일상적으로 마주치는 주변적인 소소한 풍경들, 그리고 사람들이 흔히 겪게 되는 평범한 상황과 삶의 장면에 주목한다. 그리고 그 속에 우리가 쉬이 발견하지 못하는 또 다른 의미와 원리들이 숨어 있음을 직감하고 이들에 정서적으로 다가서기 위해 노력한다.

    봄이라고 집집마다
    부서진 축대며 담장이며 수채를
    고치고 바로잡는
    망치소리 삽소리 부산합니다.
    부서진 지구의 한 구석이 조금씩 새로워지고 있습니다.

    봄이라고 빈방을 찾아
    이사 가는 이삿짐들
    골목마다 시끌벅적합니다.
    이삿짐 속에 지난겨울 추위를
    고스란히 견딘 꽃나무와 흙들이
    화분에 담겨 따라갑니다.
    지구의 한 부분이 어디론 듯 이사 가고 있습니다.

    봄이라고 집집마다
    머리에 수건을 쓰고 쓰러질하는 소리
    먼지 털고 비로 쓸고 걸레로 닦아냅니다.
    지구의 한 부분이 조금씩 깨끗해지고 있습니다.

                           ―「변방(邊方)·34」 전문

그는 스스로를 중심에 위치시키려 하지 않는다. 변방의 시인을 자처하며 변방에서 새로운 희망의 싹을 찾고자 한다. 물론 이때의 중심이나 변방은 사회적인, 혹인 이데올로기적인 의미에만 한정되는 것은 아니다. 미학적인 함의까지를 더불어 함축하고 있다고 보아야 할 것이다.

그런 까닭에 그는 애초에 거창한 목표나 그럴듯한 구호로 사람의 이목을 끄는 따위의 일을 별로 좋아하지 않는다. 다만 스스로의 작은 정성이 전체의 바람직한 변화와 발전을 위해 자그마한 기여를 할 수 있다면 그것으로 족하다고 생각한다. 위 텍스트에는 그런 그의 소박한 이상이 잘 드러나 있다. 마치 우리 주변에 널리 이름 모를 풀꽃과도 같이, 각자 마련된 위치에서 주어진 소임과 역할을 다한다면 그 자체만으로도 충분히 아름다운 모습일 수 있다는 점을 강조한다.

중심이니 변방이니 하는 개념 자체가 어쩌면 권력 지향적이고 이데올로기적인 인간사회의 본질과 그 속성을 적나라하게 반영하는 것이라고 하겠다. 어쩌면 이 지구상에 인간이 인간으로 살아가는 이상 이러한 개념들에 연루되거나 종속되지 않고 살아가기란 거의 불가능할 것 같기도 하다. 사회 전체의 변화는 물론 어느 한순간 급격하게 이루어지는 경우도 있다. 그런 경우엔 아무래도 직접 중심을 겨냥하여 뒤흔드는 급속한 변혁의 시도와 그 움직임들이 문제가 되기 마련이다.

그러나 분명한 것은 대개의 변화란 우리도 미처 알지 못하는 사이에 서서히, 조금 조금씩 이루어지는 경우가 더 많다는 사실이다. 어떤 의미에서는 그런 점진적인 변화가 더욱 바람직하다고 할 수 있다. 혼란도 적고 부작용 또한 크지 않기 때문이다. 일부 엘리트 구성원의 노력이 아닌, 많은 사람의 자발적인 헌신과 선택의 결과이며 그것의 결실이기에 더욱 그렇다. 자신의 작은 노력과 정성으로 지구 전체의 변화와 개선에 기여할 수 있다는 것, 그 변화와 개선에 대한 확신을 얻을 수 있다는 것은 거기에 참여한 모든 이들에게 행복한 느낌을 가져다준다.

　이때 변방은 더 이상 변방이 아니며 중심은 더 이상 중심이 아니다. '지구의 한 부분'이 조금이라도 밝아지고 개선될 수 있으리라는 희망을 안고 살아가는 사람들과 그렇지 못한 사람들 간의 세계와 인생을 대하는 태도는 이처럼 확연히 다를 수밖에 없다. 그 차이에 주목하고 더 이상 과거와 같은 이분법적인 사고와 차별의식에 사로잡히기를 거부하는 데서부터 위 텍스트는 출발한다.

5.

그러고 보니 그는 한평생을 시골에 살며, 시골 초등학교의 교장 선생님으로 복무하다 교육현장에서 정년을 맞았다. 한때는 남들처럼 좀 더 큰 도시, 보다 번듯한 환경에서 근무하고 싶은 욕망도 전혀 없지는 않았을 것이다. 그러나 그는 굳이 무리를 해가면서까지 그러길 원하지 않았다. 오히려 그는 자신에게 주어진 지위와 역할에 감사하며 기쁜 마음으로 그것을 받아들이고자 했다. 그리고 맡은 바 자신의 소임을 다하는 것에서 삶의 보람과 행복을 찾았던 것이다.

　　아이들 몽당연필이나
　　깎아주면서
　　아이들 철없는 인사나 받아가면서
　　한세상 억울한 생각도 없이
　　살다 갈 수만 있다면
　　시골 아이들 손톱이나 깎아주면서
　　때 묻고 흙 묻은 발이나

씻어 주면서 그렇게
살다 갈 수만 있다면.

—「초등학교 선생님」전문

　시골 초등학교 선생님으로 여러 해 근무하는 동안 그의 시들은 점점 더 자연을 닮은 순수 동심의 세계에 가까이 다가선 듯이 보인다. 그런 그의 모습은 오늘날과 같이 약육강식과 적자생존의 정글 논리가 판을 치는 치열한 경쟁사회의 기준에서 볼 때는 시대에 한참 뒤떨어져 보이는, 전근대적인 한가한 발상에 속하는 것인지도 모른다.
　그러나 무한경쟁을 통해 얻은 비교 우위의 확보만으로 우리의 성공이 측정되고 보장될 수는 없다. 마찬가지로 사회적인 성공 여부가 곧 개개인의 실질적인 행복지수와 직결되는 것도 아니다. 성공이나 행복이란 어디까지나 주관적이고 절대적인 개념이라서 남들과의 상대적인 비교의 결과로 얻어질 성질의 것은 아니기 때문이다. 위 텍스트에서 시인은 이 거칠고 험한 시대를 살아가는 우리에게 진정한 의미에서 인생의 성공과 행복이란 무엇이며 또한 그것은 어떤 방식으로 다가오는지를 되묻고 있는 듯이 보인다.
　남들이 보기에는 충분히 성공했고 행복해 보이는 조건들을 두루 갖추고서도 스스로가 만든 족쇄에 갇혀 평생을 조바심과 우울 속에 보내는 경우도 있다. 그런 이들을 향해 그는 다시 자연으로 돌아가 인간 본연의 모습을 되찾기를 권한다. 자신처럼 시골에 살면서 초등학교 학생들의 철없는 모습과 때 묻고 흙 묻은 손발을, 그리고 그들의 때 묻지 않은 순수함과 천진난만함을 가까이 다가가서 살필 기회를 가져보라고 권한다. 누가 뭐라 하건 그는 스스로 충분히 만족스러운 인생을 살아왔다고 자부하는 시골 초등학교의 교장 선생님이다. 그리고 동시에 초심을 잃지 않기 위해 노력하는, 동심의 세계에 가능한 한 오래도록 머물고픈 시인이다. 때 묻지 않은 천진난만한 아이들의 모습을 가까이하며 시심을 가다듬을 수 있다는 것은 그만이 누릴 수 있는 특권인 것이다. 인생에 대한 그의 만족, 성공과 행복의 척도가 바로 여기에 있다.

하긴, 성공이니 행복이니 하는 것도 다 인간이 만들어낸 부질없는 관념이며, 얼토당토않은 시대적 이데올로기의 부산물인지도 모른다. 대자연의 원리라는 거대한 틀 속에서 본다면 어차피 모든 것은 명멸하며 얽히고설킨 채로 돌고 돌기 마련이다. 제아무리 위대한 인간의 업적이라도 이런 시각에서 볼 때는 한낱 티끌만도 못한 흔적에 불과할 뿐이다. 해가 뜨면 지고 달이 차면 기울듯이, 열국의 흥망성쇠와 개인 내면의 희로애락은 다 같이 인간사를 뒤덮는 끝없는 반복과 순환의 과정이다.

    고개
    고개 넘으면
    청산

    청산
    봉우리에 두둥실
    향기론 구름

    또닥또닥
    굴피너와집에
    칼도마소리

    볼이
    붉은 그 아이
    산처녀 그 아이

산제비꽃 옆
산제비꽃 되어
사네

산벚꽃 옆
산벚꽃 되어
늙네.

―「산촌 엽서」 전문

위 텍스트를 다할 때 지용과 목월의 시풍이 떠오르곤 하는 것은 단지 나 혼자만의 생각일까? 동양적인 산수화의 이미지도 좋고 자연친화적인 주제나 배경도 좋다. 그러나 여기서 우리가 또한 주목하여야 할 부분은 우주 자연의 섭리에 순응하며 한세상 무리 없이 소탈하게 지내다 가려는 무위(無爲)의 인생관일 것이다.

자연이란 이 경우 인간의 길잡이이며 스승이다. 그런 자연의 모습에서 그는 세상사 모든 복잡다단함이 결국 인간 자신의 헛된 욕망과 미련한 이기심에서 비롯된 것임을 깨닫는다. 자연은 우리에게 그러한 철리를 끊임없이 반복적으로 환기하며 일깨워준다. 다만 인간이 그걸 바로 보지 못하고 무심하게 그냥 흘려보내 버릴 뿐이다. 일찍부터 이 사실에 눈을 뜬 그는 그런 큰 이치를 깨닫지 못한 채 맹목적인 태도로 근시안적인 목표에만 몰두하는 현대인들의 모습에 안타까움을 느낀다. 그리하여 그는 자연을 대신하여, 자신의 시 쓰기를 통해 그러한 자연의 이치를 우리에게 넌지시 일러주기 위해 노력한다.

위 텍스트 「산촌 엽서」를 통해 그는 독자들로 하여금 자연이 들려주는 그런 유연함과 여유로움의 태도에 대해, 그리고 그 속에 내재하는 차분하지만 분명한 가르침의 의미에 대해 생각해 볼 기회를 제공한다.

6.

그가 바라는 바람직한 삶의 모습은 또한 사람들 사이의 인정과 인간다운 온기를 느낄 수 있는 삶이다. 애써 완벽해지길 바라지 않으며, 완벽을 가장하지도, 그것 때문에 상심하거나 질투하지도 않는 삶이다. 모자라면 모자란 대로, 허술하면 허술한 대로 각기 그 나름의 존재 이유가 있고 의미가 있다. 그런 다양한 삶의 모습들이 한데 엉켜 어우러질 때, 그러면서 서로 간의 견제와 균형이 적절히 조화를 이룰 때, 비로소 그 사회의 건강은 유지된다.

마음 허하고
아무 곳에도 기댈 곳 없는 날은
비실비실 저녁 어스름 밟으며
시장 골목길 돌고 돌아
허름한 순댓국밥집 찾아들어라

문을 밀치고 들어서자마자
달겨드는 구숫한 음식 내음새
순대국밥 안주하여 막걸리나 소주 마시며
크게 떠드는 사람들의
이야기 소리 웃음소리
더러는 다투는 소리
그동안 내가 찾지 못하던
세상 살 재미들이 모두 여기
이렇게 깡그리 모여 있었구나

종일 두고 무쇠 솥에 국물은 끓고
김은 피어오르고

시꺼메진 벽을 등에 지고 알은체
보일 듯 말 듯 웃음 웃는
주인 아낙네
순대국밥 마는 일 하나가 저토록
늙어버린 주인 아낙네
내가 그동안 잃어버린 미더운
사람 마음과 사람의 얼굴이
여기 와 이렇게 기다리고 있었구나

비록 그들은 날마다 삶에 지치고
생채기 받지만
저토록 씩씩하게 자신들의 하루를 잘
갈무리하고 있음이여!

— 「순댓국밥집」 전문

   서민적인 삶의 표정과 모습들을 정감 어린 시선으로 포착한 시이다. 별로 잘날 것도 없고 잘나기를 굳이 바라지도 않는 그들 삶의 모습은 그러기에 더욱 씩씩하고 건강하다. 매일매일 연이어 맞아야 하는 빡빡한 삶에 때론 지치기도 하지만, 그런 삶의 무게가 그들 내면의 건강함까지를 억누르며 훼손하지는 못한다. 그날 쌓인 피로를 시장통에 자리 잡은 허름한 순댓국집에서 국밥 한 그릇과 막걸리, 소주 한 병으로 날려 버리고 하루의 일과를 정리하는 사람들의 모습, 여기저기서 들려오는 떠들썩한 이야기 소리와 웃음소리, 앉은자리에서 종종 일어나기도 하는 시비와 싸움조차도 그곳이 아니면 쉽사리 경험할 수 없는 세상 사는 재미에 속한다.
   그게 바로 인생이다. 그 속에서 희로애락을 느끼며, 서로 부대끼며 지내는 가운데 시간이 흐르면 자연스럽게 늙어가는 것이야말로 우리 삶의 일반적인 모습이요 꾸미지 않은 생의 아름다운 얼굴이다. 순리대로 편안하게, 세상사의 원리와 이치에 따라 주어진 운명을 받아들이고 그것에 순응하며 사는 것, 그리고 어떤 경우에도 자신에게 주어진 삶의 의미를 긍정하며 지내는 것, 그런 삶의 태도야말로 우리 사회와 미래를 건강하게 밝혀주고 유지해주는 힘이 아닐까.

> 돈 가지고 잘 살기는 틀렸다
> 명예나 권력, 미모 가지고도 이제는 틀렸다
> 세상에는 돈 많은 사람이 얼마나 많고
> 명예나 권력, 미모가 다락같이 높은 사람들이 얼마나 많은가!
> 요는 시간이다
> 누구나 공평하게 허락된 시간
> 그 시간을 어디에 어떻게 써먹느냐가 열쇠다
> 그리고 선택이다
> 내 좋은 일, 내 기쁜 일, 내가 하고 싶은 일 고르고 골라
> 하루나 한 시간, 순간순간을 살아보라
> 어느새 나는 빛나는 사람이 되고 기쁜 사람이 되고
> 스스로 아름다운 사람이 될 것이다
> 틀린 것은 처음부터 틀린 일이 아니었다
> 틀린 것이 옳은 것이었고 좋은 것이다.
> ─「틀렸다」전문

그렇다. 그의 말대로 세상에는 잘난 사람, 매력적이고 돈 많은 인간이 널렸다. 그러나 반드시 돈 많고 잘났다고 해서 그 삶이 마냥 즐겁고 행복하기만 한 것은 아니다. 요는 우리가 무엇에서 보람을 찾느냐일 것이다. 시인은 이때 중요한 것이 '시간'이며 '선택'이라고 말한다. 우리에게 허락된 한정된 여건을 유효적절하게 관리하고 배분할 때, 그리고 그 여건을

자신이 바라는 일들을 위해 소중하게 활용될 때, 우리는 그 속에서 자그마한 행복을 느낀다.

세속적인 기준에서 볼 때 우리 대다수는 완벽했어야 할 조물주의 역부족이 빚은 실패작에 불과할지 모른다. 그러기에 우리는 애초부터 글러버린 인생, 실패한 인생으로 시작해야만 하는 것인지도 모른다. 그러나 시인은 여기서 발상의 전환을 꾀한다. 인생에 있어 모든 조건이 완벽하다고 해서 그것이 곧 성공을 보장해주는 것이 아니듯이, 우리에게 주어진 무엇인가가 모자라고 부족하다고 해서 그게 곧 실패라는 등식은 성립되지 않는다. 어차피 정해진 인생이라면 그 속에서 무언가 스스로에 대해 뜻있는 일들을 해나갈 때 그리고 그 결과로 다른 무엇인가를 이룰 때 그 인생은 진정 아름다울 수 있는 것이다.

> 아내에게서 나는
> 비릿한 풀내음
> 딸아이한테서 나는
> 향긋한 풀꽃내음
> 그걸 향수로 지울 까닭이 없어서였다
> 내 아내에게서 내 아내의 냄새가 나지 않으면
> 그녀가 어찌 내 아내일 수 있으며
> 내 딸아이에게서 내 딸아이의 냄새가 나지 않으면
> 그 아이가 어찌 내 딸아이일 수 있겠는가
> 나는 향수의 나라
> 프랑스 파리에 가서도
> 향수를 사지 않았다.
> ―「나는 파리에 가서도 향수를 사지 않았다」 부분

시인의 것 가운데는 드물게 도회적인 배경과 소재들을 담고 있는 텍스트다. 문제는 여기서 그가 그런 유행과 첨단의 도회적 분위기를 대하는 태도에 있다. 프랑스 하면 누구나가 문화와 예술의 본고장이라는 이미지부터 떠올린다. 그 수도인 파리는 두말할 것도 없이 유행과 최첨단의 대명사다. 그런 파리에 가면 평소 패션이나 명품 따위에 별 관심이 없는 사람이라 할지라도 한 번쯤 이런저런 브랜드의 매장들 주위를 기웃거려 보게 된다.

여성들에 대한 선물로 향수만큼 간편하고 효과적인 것이 또 있을까? 파리를 여행 중인 남자들이라면 누구나가 그런 생각을 해보았을 법하다. 그리고 특별히 예외일 까닭은 없다. 아내를 위해, 그리고 딸아이를 위해 향수 한 병쯤 사가서 선물하는 것도 꽤나 쏠쏠한 재미일 것이다. 그러나 그는 끝내 그러질 않았다. 돌이켜 생각해보건대 그건 아내와 딸아이에게서 평소 느끼는 고유한 체취를 억지로 지우는 행위라는 사실을 새삼 깨달았기 때문이다. 꾸미고 치장한 모습은 아내와 딸이 지닌 본래 모습이 아니다. 그는 원래대로의 아내가 좋고 딸아이가 좋다. 향수에의 욕망, 그것은 어차피 인공적으로 포장된, 그리고 강요된 욕망일 뿐 이다. 인간 본연의 모습에서 비롯된 자연스러운 삶의 태도와는 거리가 멀다. 그는 그런 욕망의 인위적인 조작이 가져다줄 폐해를 경계한다.

7.

중요한 것은 그에겐 시 쓰기 자체가 삶의 일부이며 보람이요 의미라는 사실이다. 자신을 위한 작업인 동시에 자신의 흔적을 남기기 위한 작업이다. 그러므로 그에게 시 쓰기란 어디까지나 자족적인 행위이다. 거기에는 그 어떤 거창한 목표나 논리, 골치 아픈 이론도 개입할 여지가 없다.

두리번거리다가
한 발 늦고

망설이다가
한 발 늦고

구름 보고 웃다가
꽃을 보며 좋아서

날 저물어서야
울먹인 아이

빈손으로 혼자서
돌아온 아이.

―「시인」 전문

  이런 그의 모습은 천진난만하다. 시인의 이상은 영원히 철이 들기를 거부하는 아이의 세계, 동심의 세계에 계속 머물고 싶어 하는 것인 듯하다. 어느 시인은 그런 그의 시심을 일러 '어른이 되어버린 동심'이라는 말로 에둘러 표현하고 있지만, 여기서 나는 그의 시가 모든 이들의 마음 깊숙한 곳에 자리 잡은 동심의 소재를 일깨워주는 효과를 간직하고 있다는 점을 지적하고 싶다. 그는 그런 동심의 세계를 다시 불러내기 위해서 시 쓰기의 과정에서 기꺼이 스스로를 퇴행시키는 시도들을 거듭한다. 그것은 우리 모두가 한때 머물렀다 떠나와야만 했던 낙원의 이미지, 그 영원한 마음의 안식처를 되찾기 위한 하나의 소박한 바람이다. 그리고 그런 점에서 그것은 다시 현실에 대한 작은 반역이다.

날마다 쓰는 시가
그대로 무덤인데
무슨 무덤을 또
남긴단 말이냐!

—「시인 무덤」 전문

시 쓰기는 날마다의 죽는 연습이라는 말이 있다. 시인이라면 누구나가 자신이 쓴 시를 통해 영생을 얻고 동시에 그 시 속에서 영예로운 죽음을 맞이하길 바란다. 이 점 나태주 시인의 경우에도 동일하다. 그러나 그는 자신의 시 쓰기가 오직 하나만을 위한, 최종적이고 거창한 목표를 위해 희생되는 것을 원치 않는다. 도리어 시 쓰기 행위 자체에서 즐거움을 느끼고 보람을 얻길 원한다. 그리고 그런 일련의 작업을 통해 자신이 꿈꾼 이상에 도달하기를 원한다.

그런 의미에서 그는 날마다 그 자신을 위한 작은 무덤들을 만들어 나가고 있다. 그 무덤은 죽음 이후를 예비한 작은 기념비이다. 누군가가 그 앞에서 그를 기억해줄 기념비들을 세운 이상, 그에게 또 다른 무덤이란 사치이다. 그만의 행복, 시인으로서의 참된 성공이 여기 놓여 있다.

나태주 시에 나타난 이미지와 상징체계 분석*

송영호
(문학평론가, 문학박사)

1. 문제 제기

이 논문은 나태주의 시에 나타난 이미지와 상징체계를 분석하는데 목적이 있다. 나태주는 1971년 ≪서울신문≫ 신춘문예에 시「대숲 아래서」가 당선되어 문단에 데뷔한 이래 현재까지 지속적인 시작활동을 하고 있는 시인이다. 지금까지 그는 첫 시집『대숲 아래서』(1973)에서『눈부신 속살』(2008)에 이르기까지 도합 28권의 시집을 상재하며 고집스럽게 순수서정의 시세계를 추구해왔다. 그럼에도 불구하고 아직까지 그에 대한 연구는 본격적인 논의의 장을 마련하지 못한 것으로 판단된다. 그 간에 나태주의 시세계를 주목한 평문들이 꾸준히 발표되어 왔으나, 대개의 경우 그의 시세계의 전체적인 면모를 드러내기에는 미흡한 실정이다. 특히 나태주의 시

---

*『인문학 연구』제 16호, 경희대학교 인문학연구원, 2009.

세계에 대한 종합적인 논의를 표방하며 발표된 최근의 글들마저도 엄밀하게 말하자면, 기존의 논의 수준에서 크게 벗어나지 못하고 있다.

이러한 원인으로는 다음과 같은 사항을 지적할 수 있다. 첫째는 현재 그가 어느 문인보다도 활발히 문단 활동을 진행하고 있는 '현재진행형' 시인이라는 점이다. 둘째는 현재에도 그의 시가 시의식의 확대를 모색하고 있어 완결된 형태의 논의 방식이 실질적으로 사전에 차단될 수 있다는 점이다. 셋째는 기존의 논의들이 단편적인 이미지 연구와 각각의 시기에 나타나는 시세계의 특징을 분석하는 작업에 치우친 탓에 그의 시세계에 대한 총체적 이해를 도모하는 데는 실패하고 있다는 점이다. 이처럼 나태주에 대한 지금까지의 연구는 몇 가지 '현재적'인 문제를 제외하더라도 포괄적이고 전체적인 특성을 획득하지 못했다는 측면에서 한계를 노정한다. 근자에 들어 몇몇 연구자들이 나태주 시의 종합적 성격을 규명하는 방향으로 논지를 전개하고 있으나 아직까지 그의 시세계를 총체적으로 탐구하는 수준에는 도달하지 못하고 있다. 따라서 나태주의 시에 대한 앞으로의 연구는 그의 시에 나타나는 서정적 특성과 함께 시적 장치 혹은 시 구성의 내재적 원리를 한꺼번에 아우르며 전개되어야 할 것이다.

주지하듯이 나태주 시인은 1945년 금강 하구의 작은 산골마을에서 태어나 유년시절을 보낸다. 이후 16살인 사범학교 1학년 때 우연한 기회에 시를 만나게 되어 지금까지 48년이 넘는 세월을 오직 시 창작을 위해 힘써오고 있다. 농촌에서 태어나 유년시절을 보낸 시인은 농촌의 정서와 신비스러운 전원 현상을 예리하게 관찰함으로써, 자연의 속성을 시인의 섬세한 감수성으로 수용하여 인간과 자연의 미세한 교감을 꾸밈없이 표출한다. "시는 나에게 밥이고 공기이고 물이라고, 그러므로 시 없이는 하루도 살수가 없노라"라는 시인의 술회는 시에 대한 그의 애정과 시심의 깊이를 충분히 가늠하게 한다.

앞서 언급한대로 이제까지 시인은 48년이 넘는 시작 활동을 통해 28권의 시집과 6권의 산문집을 발표하였다. 본고는 나태주의 시세계에 지속적으로 나타난 이미지와 상징체계에 주목함으로써 그의 시에 대한 종합적인 접근을 시도하고자 한다. 본고가 나태주 시의 이미지와 상징체계에 주목하는 이유는 이러한 연구 작업이 그의 시의 전체적 성격과 구성원리의 측면을 동시적으로 보여줄 것으로 기대하기 때문이다. 이 과정에서 본 연구는 나태주의 시가 일관되게 추구해온 자연과 인간에 대한 애정이 시적 상상력을 통해 어떻게 변모하는지와 그의 시 세계가 갖고 있는 다양한 이미지를 탐구할 것이다. 아울러 존재론적 측면에서 인간 본성에 대한 탐구와 자기를 극복 하고자 완성해 나가는 모습을 살펴봄으로써 나태주 시세계의 전반적 특성을 규명할 것이다.

2. 이미지와 상징에 대한 기본 고찰

1) 시적 이미지의 이론적 고찰

문학은 언어화하기 어려운 추상적 내면세계를 표출하기 위해서 이미지와 상징과 같은 효과적인 방법을 사용한다. 이는 이미지와 상징을 통해 유추할 수 있는 세계가 비교적 무의식에 가까운 세계가 될 수 있음을 암시한다. 시 장르의 경우, 이미지와 상징체계는 한 작가의 작품 속에 녹아 있는 다양한 사고와 표현방법에서 유추해 낼 수 있으며, 작품 속에서 드러나는 다양한 변화상을 규명하는 것은 작품 내면에 숨겨진 미세한 인식의 변이운동을 감지할 수 있어야 가능하다. 특히 시에서 이런 인식의 변이운동이 드러나는 것은 시에 나타나는 이미지를 통해서이다. 여기서 이미지란 감각적인 면과 심리적인 면이 결합할 때 내면묘사에 더욱 효과적일 수 있다는 사실을 지적해 둘 필요가 있다. 이미지에 대해서는 이미 여러 논자들이 각각의 다른 방식으로 정의한 바 있다.

먼저 리차즈(I. A. Richards)는 "이미지에 효과를 주는 것은 이미지의 생생한 느낌(its vividness)보다도 감각에 특수하게 연결되어 있는 심의상(心意上)의 사실로써의 이미지의 성격이다"1)라고 말하고 있다. 그는 이미지에 효과를 주는 것으로써 감각과 연결되는 정신적인 면을 중요시 하였다. 한편 프로이드(S. Freud)의 이론을 수용한 오늘날 정신분석학자들은 모든 이미지를 무의식적인 것을 계시하는 것으로(as revelatory of unconscious) 보는 경향이 있다.2) 다시 말하면 이미지를 통해서 무의식을 나타낼 수도 있고 동시에 이미지를 분석함으로써 작중 인물의 깊은 내면을 유추할 수도 있다는 뜻이 된다. N. 하르트만은 심미 작용을 두 가지 관조觀照로 보았다. 일차적 관조는 육안으로 보는 것이고 이차적 관조는 마음의 눈으로 보는 것이다. 심미작용에서 가장 중요한 것은 바로 이차적 관조라는 것이다. N. 하르트만에 따르면 이것이 감동을 전달할 수 있는 기능이 있다고 한다. 시에 혼이 담기는 것은 이차적 관조에 의해서 가능하며 마음의 눈으로 대상을 보고 묘사할 때, 비로소 시인의 혼이 살아나고 감동의 전파력이 생긴다는 것이다. 이때의 혼이란 개인의 무의식까지도 포함한 모든 정신활동을 총칭하는 개념으로 그 속에는 시인의 사상과 개성, 인생의 체험이나 경험 등 모든 것이 반영 되어있고 시의 혼이 깃들어 있지 않으면 발견할 수 없는 것이 이미지 표현이다.3) 그러나 작품 속

---

1) I. A. Richards, principles of Literary Criticism, cited by Rene Welleck and Austin Warren, Theory of Literature(cox, wyman, 1966), p.187.
2) I. A. Richards, Rene Welleck Austin Warren, Theory of Literature(cox, wyman, 1966), 위의 책, p.193.

에 나타난 이미지만으로는 시인이 생각하는 의도와 인식의 변화나 원인을 완전하게 파악하는 데는 무리가 있다. 왜냐하면 이미지는 물질적인 것 즉 가시적인 것의 연상 작용에 국한되기 때문이다. 이에 비해 상징은 가시적인 것의 연상 작용에 의해서 형이상학적인 것(비물질적인 것)을 의미하는 표현방식이다. 즉 문학적 의미의 상징은 이미지, 비유, 관념 혹은 개념을 연결시켜 준다.4) 정리하면 문학적 상징이란 한 마디로 이미지와 관념의 결합이요, 관념은 이미지가 암시적으로 환기된다.5) 따라서 시인의 의식이 변화하는 양상을 추적하는 것은 작품 속에 표현된 이미지나 상징의 의미를 분석함으로써 비로소 가능해진다.

　투박하게 말해서 모든 예술은 이미지로 이루어진다. 문학은 이미지 없이 이루어지지 않으며 특히 시는 더더욱 그러하다. 왜냐하면 이미지는 상상력의 발현 양태이며 상상력 그 자체라고 말할 수 있기 때문이다. 따라서 이미지는 시적 사고와 인식의 기본수단이 된다. 실상 모든 시는 그 자체가 하나의 이미지라고 말할 수 있는 것이다. 시어로써의 이미지의 객체성은 그 자체로서 독단적인 교감을 이루어 시인과 독자의 상상력을 연결해 준다. 독자의 문학적 상상력 속에서는 이미지가 스스로 새로운 뉘앙스들을 만들어 내며 상징적 긴장체계를 형성하게 된다. 그러므로 이미지가 표현이나 표상으로 지속적으로 나타나게 되면 이것은 상상력의 체계를 형성하게 되는 것이다.6) 또한 시의 형식을 구성하는 2대 요소는 음악성과 회화성이라고 할 수 있는데, 시각성이 중요하게 부각된 현대에 들어와 시에 있어서의 이미지는 크게 강조된다. 현대시가 아니더라도 낭만주의 시대 이후로 이미지는 문학에 있어 가장 중요한 요소가 되었다.

---

3) 나태주시인 화갑기념문집 간행위원회, 『나태주의 시세계』, 분지출판사, 2004, p.24.
4) 이정일 편, 『시학사전』, 신원문화사. 1995, p.265.
5) 이승훈, 『시론』, 고려원, 1990, p.200.
6) 김재홍, 『한용운 문학 연구』, 일지사, 1996.

이미지를 만들어 내는 작용, 즉 상상력이 문학의 본원으로 간주되었기 때문이다. 상상이란 과거에 보고 듣고 겪었던 사물의 이미지를 마음속에서 다시 생각해 내는 일이다. 경험된 이미지들이 시인의 정서와 사상의 해석과 선별, 그리고 조합에 의하여 새로운 이미지의 통일체를 만들어 낸다고 볼 수 있다. '언어에 의하여 마음속에서 생산된 여러 이미지군群'을 가리키는 말로 이미저리(imagery)라는 용어가 사용되기도 한다. 이미지들(이미저리)이 복합적으로 작용하여 독자의 상상을 강렬하게 자극하는 것이다. 이미지 또는 이미저리는 지식의 한 근원으로서의 감각적 지각을 시 속에 구체화한 것이다. 즉, 관념이 아닌 감각적으로 의미를 드러낸 것이다.

　시에서의 이미지란 경험사실(정서와 사상)의 감각화 또는 육화이다. 이미지의 기능은 여러 유형을 통해 실체화되며, 그것은 관점에 따라 여러 가지로 분류할 수 있다. 우선 이미지는 이것이 표상하는 '대상과의 관계'에서 상대적 심상과 절대적 심상으로 분류된다. 상대적 심상은 대상을 가진 시의 이미지다. 다시 말해서 윤리, 도덕이나 진리를 비롯한 삶의 모든 의미를 전달하기 위한 수단이거나 객관적 대상을 재현한 모방론적 심상이다. 이러한 상대적 심상과는 달리 이미지 자체가 사물이 되는 것을 절대적 심상이라고 한다. 현대시의 이미지는 관념 표출의 수단이나 대상의 재현적 수단이 아닌 자립성의 절대적 심상을 지향하고 있다. 이것은 이미지의 비논리적인 돌연한 결합 속에서 두드러지게 나타나는 것이다. 그러나 일반적으로 이미지는 '언어발달의 단계'에 따라 감각적 이미지, 비유적 이미지, 그리고 상징적 이미지 등으로 나누어진다. 감각적 이미지(mental image; 지각심상, 심리적 이미지)는 감각기관(시각, 청각, 촉각, 미각, 후각) 등에 의해 이루어진 정신현상이다. 감각적 이미지는 일반적으로 감각적 체험과 인상에 바탕을 둔다. 하나의 사상이나 정서가 감각을 통해서 심리현상 속에 독특한 인상 체계를 형상하는 것이다. 비유적 이미지(figurative image)는 비유된 형상으로써의 이미지이며, 여기에서는 비유 전체가 이미지를 형성한다. 상징적 이미지(symbolic image)는 상징적 표현 그 자체가 이미지가 된다. 이미지가 시의 전체성 속에서 핵심적인 상징성을 지니며 사용된 경우를 말한다.

한편, W. M. 어번은 언어발달의 과정을 사실적 단계와 유추적 단계, 상징적 단계의 세 가지 과정으로 분류한다. 사실적 단계란 원시인이나 아이들의 언어처럼 대상을 흉내 내고 묘사하는 언어다. 유추적 단계란 지금까지 기술한 비유적 언어의 용법을 말한다. 그리하여 언어의 가장 높은 형태가 상징적 단계가 되는 것이다. 그러나 이것이 시 평가의 기준은 결코 아니다. 오히려 가장 원시적인 언어형태인 사실적 단계에서 시적 가치를 더 많이 발견할 수도 있다.7) 그래서 I. A. 리차아즈는 언어발달과 시의 가치평가를 연결시키는 것을 시 감상을 저해하는 한 원인으로 진단하고 있다.8)

---

7) 김준오, 『시론』, 삼지원, 2000, p.195
8) I. A. Richards는 '비평의 10가지 난관'이라 하여, ①표현된 것(외연)의 일차적 의미 파악에서 의미된 것(내포)의 의미파악이 가능한데도 불구하고 독자가 우선 시의 그 자전적 의미를 제대로 파악하지 못하는 점과 ②정서는 개념으로서가 아니라 음운으로서 환기되는데 독자가 시의 리듬을 옳게 파악하지 못하는 점 ③독자가 체험의 빈약, 체험을 결합시키는 능력의 결핍, 기억의 불구성 등으로 인해 심상을 제대로 형성하지 못하는 점 ④시의 내용과 관계없는 엉뚱한 기억이 떠올라 작품에 고착되어 시의 향수를 방해하는 부적당한 기억의 혼입 ⑤작품에 임하여 반응이 일어나는 것이 아니라 시인에 대한 선입관 등으로 시에 대한 반응을 미리 예비 하는 점 ⑥감상에 치우쳐 시를 제대로 향수 못하는 감상벽 ⑦이와는 반대로 지성과 시론, 비평의 영향으로 감성의 지나친 억제로 시를 향수 못하는 점 ⑧교훈·사상·지식 등을 찾는 데 편중하는 점 ⑨직서直敍→ 직유→ 은유→ 상징의 순서로 시는 효과적이며 시의 성공도라고 생각하는 표현기교에 대한 선입관 ⑩시론을 공부한 결과 이론대로 시를 감상하는 데서 오는 곤란 등을 들었다. Practial Criticism(Routledge & Kegan paul, 1973), pp.13–18. 참조

2) 상징의 이론적 고찰

상징은 물론 문학이나 시론에 국한되는 개념은 아니다. 어느 의미에서는 우리가 삶을 영위 한다는 자체가 상징의 개념 속에서 이루어지기 때문이다. 넓은 의미의 상징이란 그 자체에 그치지 않는 의미를 지닌 모든 것을 가리킨다. 이런 의미의 상징이란 일단 우리가 쓰는 말, 곧 단어라고 볼 수도 있다. 하지만 시론에서 유의성을 지니는 상징은 이와는 다른 차원의 것이다.9) 상징(symbol)은 '조립한다', '짜 맞춘다'의 뜻으로 그리스어 동사 '심발레인(symballein)'에서 유래한 말이다. 그리스어의 명사인 '심볼론(symbolon)'은 부호(mark), 증표(token), 기호(sign)라는 뜻을 가지고 있다. 이런 어원적 의미로 보면 상징은 기호로서 다른 어떤 것을 '대신하는' 기능을 수행한다. 이것이 상징의 가장 기본적이고 일반적인 의미다.10)

문학적 상징은 일반적 의미의 기호도 아니며 제도적 상징도 아니다. 문학적 상징은 내적 상태의 외적 기호다.11) 이러한 문학 속의 상징은 일반적으로 크게 세 가지로 나누어 볼 수 있다. 인류의 출현 이후 교육과 관습에 의해 지속되어온 원형적 상징과 특정한 시대에 특징적으로 사회 구성원들이 공유하는 시대적 또는 역사적 상징 그리고 한 시인 자신만이 가진 독특한 상징인 개인 상징이 그것이다.12)

한편, 상징은 암시 또는 함축에 의한 심화에 초점이 놓여진다. 이것이 상징의 가장 기본적이고 일반적인 의미다. 상징은 그러한 보이지 않는

---

9) 김용직, 장부일 저, 『현대시론』, 한국방송대학출판부, 2003.
10) 김준오, 앞의 책, pp.195-196.
11) W. Y. Tindal, the literary symbol(Indiana University Press, 1955), p.5.
12) 김준오, 앞의 책, pp.211-223. 김준오는 '관습적 또는 대중적 상징'이란 용어를 썼는데, 필립·휠라이트는 『은유와 실재』(문학과지성사, 1982)에서 조상 전래의 활력(活力)상징 또는 문화의 미권적 상징이라는 용어를 사용하였다. 그리고 대중적 상징의 범주에 인습적 상징, 제도적 상징, 자연적 상징, 알레고리성 상징, 문학적 전통의 상징, 종족 문화적 상징 등이 포함 된다고 보았다.

세계, 미경험의 세계, 상상의 세계에 닻을 내린다. 문학적 용법으로써의 상징, 즉 문학적 상징은 불가시적인 것(내적 상태, 원관념)을 암시하는 가시적인 것(외적 기호, 보조관념)이 상징이다. 비유와 비교해서 말하면 상징은 비유에서 원관념을 떼어버리고 보조관념만 남아있는 형태다.[13] 은유가 단어와 단어 사이의 교차에서 유추와 동일성의 원리에 토대를 둔 것이라면, 상징은 사물과 관념 사이의 교차에 의해서 이루어진다. 상징이란 근본적으로 사물과 더불어 사고하는 방법으로서, 정신세계가 물질에의 여러 대상과 갖는 상호반응인 것이다. 상징에서 숨어 있는 원관념 즉 불가시적인 것은 대개 관념이고, 또 관념을 중시하지만 반드시 관념만 원관념이 되는 것은 아니다. 그것은 정서일 수도 심리적 내용일 수도 이념적 세계일 수도 있다.

시에 있어서 상징이란 용어는 유추적인 현상의 세계, 곧 가시의 세계인 물질세계가 연상의 힘에 의하여 불가시의 세계, 곧 본질의 세계와 일치하게 되도록 노력하는 표현의 양식이다. 관습적 상징은 흔히 비유와 구별하기 어려운 점이 많다. 하지만 비유는 대개 회화적인 묘사의 목적을 위해서 존재한다. 그러나 상징은 더욱 넓고 깊은 의미를 함축한다. 이런 점에서, 상징은 한편으로 확장된 은유라고 부를 수도 있겠다. 상징이 표출하는 관념은 어디까지나 어떤 비논리적인 힘에 의하여 드러난다. 그러나 상징은 시인이 어떤 것을 숨겨 표현하기 위해서 의도적으로 사용하는 것이 아니라, 그렇게 밖에 표현할 수 없을 때 사용한다.

상징은 어떤 관념을 대신하는 대리적 기능, 신비한 것을 불러일으키는 환기적 기능, 시인의 내면을 치유하는 심리적 기능, 인간의 일반적 태도를 드러내는 문화적 기능 등을 갖는다. 또한 상징은 암시성, 다양성, 포

---

13) C. Brooks & R. p. Warren, Understanding Poetry(Holt, Rinehart and Winston, 1960). p.556.

괄성, 입체성, 함축성, 문맥성, 관념성 등이 내포되는 데서 그 특징이 드러나며, 감춤과 드러냄의 양면성을 함께 지니는 반투명성의 양식인 것이다. 또한 상징은 다른 뜻을 지니고 있는 심상으로 볼 수 있고 상징은 불가시적이고 형이상학적인 실재를 드러내는 가시적 형形 또는 대상을 뜻하는 것이다.

3) 상징체계의 양상

나태주 시의 상징체계를 분석한다는 것은 나태주 시의 전반적인 구조체계를 파악하는 것이다. 그러기 위해서는 상징체계의 유형에 대한 인식이 중요하다. 상징체계는 휠라이트의 약속 상징(steno symbol)과 장력 상징(tensive symbol)14), 프롬의 인습적 상징(conventional symbol)과 우연적 상징(accidental symbol), 보편적 상징(universal symbol)15), 휠러의 자연적 상징, 인습적 상징, 개인적 상징16) 등으로 나눈다. 이런 대표적인 상징의 제반 유형들은 문학의 원론적 이해를 돕기 위한 것이고 시인 각자가 갖고 있는 상징의 특징은 제각기 다르기 때문에 나태주 시가 구축하고 있는 상징체계를 위의 체계에 국한하여 분석한다는 것은 무리가 있다. 하지만 위의 상징체계를 크게 벗어나지는 못하므로 위의 체계들을 재구성하여 분석하는 것이 바람직하다고 생각한다. 상징의 체계화란 장치(device)로서 상징의 미시적 요소들을 텍스트의 거시적인 구조 안에서 분석해야 가능하기 때문이다.

시를 쓴다는 것은 물론 창조적인 행위에 속하지만, 보다 근본적으로는

---

14) p.Wheelwright, Metaphor & Reality(Indiana Univ. Press, 1962), pp.92-110.
15) E. Fromm, The Nature of Symbolic Language, Myths & Motifs in Liteed. by Burrows etc.(The Free Press, New York, 1973), pp.37-41.
16) C. B. Wheeler, The Design of Poetry,(W. W. Norton & Company, In New York, 1996), p.187.

자기가 보고 느끼고 생각한 것 등을 언어화하는 행위이다. 이런 언어화는 흔히 시간과 공간이라는 두 개의 축을 중심으로 이루어진다.17) 이것은 달리 말하면 공간상징18)과 시간상징으로 볼 수 있고 문학적 경험의 형식이 된다. 그래서 카시러는 우리의 경험은 단순한 감각보다 그러한 감각의 형식화를 중시한다. 시간과 공간의 형식에 의하여 사물을 지각한다는 것은 곧 사물에 대한 우리의 경험은 결국 시간과 공간의 형식에 의하여 성립된다는 뜻이다. 그렇지만 이때 시간과 공간은 서로 다른 질서로 전개된다. 시간은 계기적 질서로 전개되며 공간은 병치적 질서로 전개된다. 다시 말하면 시간의 본질은 계기성으로 공간의 본질은 병치성으로 나타난다. 계기성은 어디까지나 배제의 원리를 내포하며, 병치성은 어디까지나 결합의 원리를 내포한다. 전자는 시간적 직관의 특성을 일컫는 것으로 이를테면 과거 / 현재 / 미래 세 부분으로 나눠지는 것이고, 곧 이 세 부분이 서로를 배제하는 관계에 있음을 뜻한다. 그러나 후자는 공간적 직관의 특성을 일컫는 것으로 이를테면 여기 / 저기로 두 부분이 결합되는 것, 곧 두 부분이 서로를 배제하지 않고 결합되는 관계에 있음을 뜻한다. 병치성이란 그렇기 때문에 동시성(simultaneity)이라고 불리는 경우가 많다.19)

   시는 현실 또는 허구의 사건 및 상황 등을 시간적 연속을 통해 표현한

---

17) 이정일 편, 『시학 사전』, 신원문화사, 1995, p.75.
18) 현대시에 나타난 공간 상징 또는 공간 구조에 관한 연구로는 최동호, 「시와 공간」, 『문예비평론』, 고려원, 1984; 김은자, 『현대시의 공간과 구조』, 문학과비평사, 1988; 박진환, 『한국시의 공간구조 연구』, 경운출판사,1991; 이경희 외, 『문학 상상력과 공간』, 창, 1992; 한광구, 『목월시의 시간과 공간』, 시와 시학사, 1993; 김광엽, 「한국 현대시의 공간구조 연구」, 서강대 박사, 1993; 김용희, 『현대시의 어법과 이미지 연구』, 하문사, 1996 등이 있다.
19) E. Cassirer(trans, by R. Manheim), The Philosophny of Symbolic Forms, Vol 1(New Haven & London, Yale Univ. Press), (Die sprache, 1923). pp.198-225. 참조. 이승훈, 앞의 책, pp.392-393 참조.

것이다. 시에서 공간은 시간과 결합하여 독자적인 소우주를 이루면서 시적 배경을 제공하는 동시에 시적 화자의 성격을 구체화하는 작용을 한다.20)특히 시에서 시간과 공간의 문제는 상징으로 구체화된다. 우선 시에 있어서 공간의 문제에 주목해보자. 공간이 가진 동시성이란 특성 때문에 시에 나타난 공간의 의미는 그 변화양상을 추적함으로써 밝혀질 수 있다. 공간은 시간에 따라 계속 변화되기 때문이다. 자세히 말하면 인간은 하나의 생명이기에, 운동하는 존재이기 때문에 인간은 특정한 한 공간을 차지하지 못한 채 순간순간을 공간을 점유하며 살아가는 것이다. 따라서 공간에 대한 인식도 끊임없이 변화된다. 그리고 상상력(이미지를 계속 기억하는 능력)의 발전과 이들 이미지를 정교화하고 결합시키는 상징적 논리의 발전은, 인간으로 하여금 지적 수준에서의 공간 즉 추상적 공간을 생각해내고 표현할 수 있기를 요구한다.21)

3. 나태주 시의 주요 이미지와 상징

인간의 삶은 끊임없이 무엇인가를 추구하고 느끼는 과정이라 할 수 있다. 그런 느낌을 바탕으로 사고가 형성되고 그 결과가 마음속에 뚜렷한 인상을 심어주므로 어떤 이미지로 새겨지게 된다. 그러나 대부분은 순간적으로 느끼고, 순간적으로 사라져 버린다. 이것은 우리가 느끼는 능력 즉 감정이 둔화되었기 때문이다. 사물에 대한 인간의 감정 반응은 다양하며 감정을 주된 표현 대상으로 하는 시는 다양한 내용을 가질 수 있는데 대부분은 상징을 통해 표현 된다고 볼 수 있다. 그렇기 때문에 시는 상징과 이미지로

---

20) 이정일 편, 앞의 책, p.75.
21) 허버트 리드, 김병익 역, 『도상圖像과 사상思想』, 열화당, 1982, p.73.

표현하는 것이 무엇보다도 중요하다고 해도 과언이 아니다.

나태주의 전 작품에 나타나는 주된 상징과 이미지들은 자연과 전원 그리고 인간과 동물, 식물을 통하여 내면을 형상화했음을 알 수 있다. 또한 이런 상징과 이미지들은 시인의 일상에서 채집되어 무의식과 의식의 내면세계를 관심의 대상으로 하여 전통적인 시적 정서를 서정적으로 표현하고 있다. 시인은 상징과 이미지를 자신의 일상과 자연으로부터 끌어오므로 몇 가지 자연적 이미지들로 구체화 될 수 있다. 자신의 어릴 적 일상과 현실 그리고 자연과 전원의 아름다움이나 자신의 고독한 사색에서 혹은 오염되고 파괴된 자연과 자신의 주변에서 일어나는 사회적인 갈등과 사건들로부터 시적 모티브를 얻는다. 이런 상징과 이미지들은 나태주 시 전반에 빈번이 나타나며 그 속에서 인간과 자연의 영원성과 생명, 사랑, 절망과 희망, 고독과 그리움, 그리고 외로움, 따뜻함과 친근함으로 노래되거나, 때로는 반항과 울분, 분노와 증오의 이미지로 나타난다. 나태주 시에 나타나는 생명과 사랑에 관심을 기울이게 되면 그 속에서 소재의 특징을 발견할 수 있는데 그중 하나는 자연적인 모습으로 드러나는 애정 어린 생명의 세계로 동물과 식물에 대한 애착이며, 그것들은 대부분 여성적인 성격을 띠고 있음을 알 수 있다. 자연과 전원의 이미지는 바람, 구름, 햇빛, 별빛, 달님, 물 등으로 변주되며 그것이 관념화되어 추억과 사랑, 고독으로 나타나기도 한다. 인간과 물질 동물과 식물 등 무릇 지상의 모든 생명체는 단독적이고 일회성이 아닌 상호 연관성을 갖는다고 생각한다. 개구리, 소쩍새, 염소. 물고기, 새, 까치, 미꾸라지, 꾀꼬리, 황소. 송사리, 버들붕어, 풀벌레 등의 동물과 곤충 그리고 대나무, 상수리나무, 강아지풀, 난초, 억세풀꽃, 서울국화, 단풍나무, 오동나무, 감나무, 줄장미, 풀 등의 식물도 생명체로 생각하고 사물화 되어 어릴 적 추억과 그리움으로 결합되어 애잔하고 감동적인 울림을 준다. 모든 이미지의 중심에는 자연사와 인간사의 친화와 교감이 영원성과 사랑, 애절함과 따뜻함으로 자리 잡고 있다.

시에서 이미지가 정서적, 감각적 차원을 넘어선 추상적 의미를 암시할 때, 그것을 상징적 이미지라고 볼 수 있다. 인간과 자연 그리고 전원은 모든 인간사를 대변한다는 점에서 삶과 생명, 죽음과 이별의 의미를 동반하지만, 한편으로는 영원과 자유를 추구하는 특성으로 인해 희망과 절망의 상상력을 통해 인생이라는 현실로 치환되기도 한다. 따라서 이런 이미지의 기능을 이해하지 못한다면 시에 대한 깊은 이해에 도달하는 것이 불가능해진다. 나태주 시인은 고향의 자연과 전원을 생각하며 옛 정취와 향수에 젖는다. 그런가 하면 눈을 통하여 청순과 순결의 의미를 깨닫기도 하고 그것을 비극과 허무의 암시로 받아들이기도 한다. 영원과 사랑의 상징, 떠남과 돌아옴의 시학, 고독과 사색의 풍경, 과거와 추억의 회상, 절망과 허무의 의식으로 대변되는 애상적인 정서와 서정성은 쓸쓸하고 외로운 인간의 모습 속에 잠재되어 있는 시인의 또 다른 모습일 것이다. 인간의 의식과 무의식 속에 나타나는 불안과 심리적 억압은 인간 내면 형상화에 대한 이미지와 상징으로 나태주 시에 나타나는 보편성이라는 힘이 어떤 자장(磁場)을 지니는가를 보여주고 있다. 모든 이미지는 그 차이점에도 불구하고 내면적, 상징적 의미는 다각적으로 서로 교차한다. 그러므로 각각의 이미지와 상징은 다층적으로 분석될 수 있으며 부분적으로 일치할 경우도 있다. 이런 점에 유의하면서 작품 하나하나를 다각적으로 바라보되 이미지와 상징을 통해 분석하고 해석하는 데 중점을 둘 필요가 있다. 그것은 상징체계와 이미지들이 가지는 각각의 의미들을 상호 관련하여 분석하고 다시 전체적인 맥락에서 상호연관성을 종합적으로 밝혀내는 일일 것이다. 아울러 나태주 시에 나타나는 내면의 형상화에 사용되는 이미지와 그 이미지가 모티브를 형성할 때 생겨나는 상징의 효과에 대해서도 알아야만 시인의 정신적인 세계도 이해할 수 있을 것이다.

1.
바람은 구름을 몰고
구름은 생각을 몰고
다시 생각은 대숲을 몰고
대숲 아래 내 마음은 낙엽을 몬다.

2.
밤새도록 댓잎에 별빛 어리듯
그슬린 등파에는 네 얼굴이 어리고
밤 깊어 대숲에는 후둑이다 가는 밤 소나기 소리.
그리고도 간간이 사운대다 가는 밤바람 소리.

3.
어제는 보고 싶다 편지 쓰고
어젯밤 꿈엔 너를 만나 쓰러져 울었다.
자고 나니 눈두덩엔 메마른 눈물자죽,
문을 여니 산골엔 실 비단 안개.

4.
모두가 내 것만은 아닌 가을,
해 지는 서녘구름만이 내 차지다.
동구 밖에 떠드는 애들의
소리만이 내 차지다.
또한 동구 밖에서부터 피어오르는
밤 안개만이 내 차지다.

하기는 모두가 내 것만은 아닌 것도 아닌
이 가을,
저녁밥 일찍이 먹고
우물가에 산보 나온
달님만이 내 차지다.
물에 빠져 머리칼 헹구는
달님만이 내 차지다.

―「대숲 아래서」 전문

　나태주의 등단작이자 대표작인 「대숲 아래서」는 초등학교 교사 시절 어느 여교사와 이루지 못한 사랑을 배경으로 쓴 작품으로 사랑의 상처와 실연의 아픔이 배어있다. 한 여교사에게 실연을 당하고 심한 실의로 정신은 물론 육신의 건강까지도 잃었다고 한다. 아마 그 당시에는 자신을 원망하고 세상을 비관하며 모든 것을 부정적으로 생각했을 것이다. 그런 가운데에서도 이처럼 아름다운 시를 쓸 수 있었던 것은 시인의 타고난 시심이 남달리 특출했기 때문이었을 것이다. 이 시는 사랑의 실연으로 정신적 충격과 고통으로 모든 것을 상실한 채 사는 막막한 심정을, 자연과 전원을 모티브로 애정을 고백하는 연가다운 서정시이다. 동양적인 서정과 자연 관조적 세계를 그는 전원 심상을 통해 우리의 자연과 우리의 정서가 어우러져 실연에 빠진 자신이 겪는 상실감과 고통이나 절망을 자연을 통하여 치유하려는 전원 심상을 보여준다. 바람, 구름, 생각, 대숲 등의 이미지는 모두가 상징적 기능을 갖는다. 이 시는 시인이 대숲을 바라보며 자연과 전원을 배경으로 쓴 작품으로 대나무의 곧은 절개나 푸름의 색채에 아름다움을 느끼는 것이 아니라 <대숲 / 등피 / 산골 / 별빛 / 동구 밖 / 우물가 / 달님> 등의 시어를 통해 전원적 상상력을 형상화하고 있음을 알 수 있다. 그래서 시적 화자는 실연의 아픈 마음을 자연물과 전원적 심상에 기대어 달래고자 한다. 1연의 바람－구름, 구름－생각, 생각－대숲, 내 마음(대숲 아래)－낙엽이 연쇄적으로 이어지면서 '바람, 구름, 대숲, 낙엽'의 자연물에 '생각, 내 마음'이라는 인간의 감정을 개입시켜 자연과 인간을 하나로 일치시킨다. 나아가서 화자를 둘러싼 자연물로 인해 자연과 인간의 삶이 혼연일체가 된다. 2연은 댓잎－별빛, 등피－얼굴, 대숲－밤 소나기, 밤바람으로 사랑하는 여인을 못 잊어 하는 심성과, 자연의 스산함이 시적 자아의 공허함과 허탈감으로 전환되면서 하강 이미지를 준다. 3연은 '보고픔, 편지, 꿈, 잠, 눈물'의 시적 자아에게 실 비단 안개라는 자연이 새로운 힘을 주는 매개물은 절망과 비탄의 질곡에서 자연과의 친화로 삶의 고통을 극복하는 낭만주의적 이데올로기를 형성하며 희망적인 상승적 이미지를 준다. 4, 5연은 '가을, 서녘구름, 애들의 떠드는 소리, 밤안개, 달님'이 <하기는 모두가 내 것만은 아닌 것도 아닌 / 이 가을>이라며 모두가 내 것이라는 인식으로 오히려 무엇인가를 얻었다는 역설적 표현이다. 사랑의 고통은 자연의 정화 기능으로 인하여 모든 것을 잃은 것 같지만 모든 것을 얻는 현상으로 보아야 한다. 따라서 시적 화자가 실연의 고통을 이겨낼 수 있는 것은 이런 자연물들과 전원의 풍경들이 하나가 될 수 있기에 가능했음을 알 수 있다. 이 시는 전통적인 우리 자연을 다루면서 그 발상법이 참신하고 예리하며 우리의 전통적인 고유정서를 현대적인 감각으로 잘 표현하고 있다. 또한 토착적인 우리말의 사용과, 자연과 전원적인 순수 서정성은 시의 품격을 더욱 높인다.

4
모음(母音)으로 짜개지는 옥(玉)빛 하늘의 틈서리로
우우우우, 사랑의 내력(來歷)보 터져오는 솔바람 소리.
제가 지껄인 소리 제가 들으려고

오오오오, 입을 벌리는 실개천 개울물 소리.

10
자수정 목걸이 줄줄이 늘인 등나무 아래
구름은 첫 애기 어르는 젊은 어머닌 양하고
바람은 혼기 맞아 살가운 누인 양하여
아, 살아 있는 목숨이 이토록 향기로울 줄이야.
―「막동리 소묘 4·10」일부

개구리 운다
청개구리 운다
집이 가까워졌나 보다

바람이 분다
시원한 바람이 분다
오늘도 늦었나 보다

물소리 들린다
맑은 물소리 들린다
집식구들 기다리겠다.

―「금학동 귀로」전문

그런가 하면, 위의 예시 「막동리 소묘 4·10」에서는 한 폭의 동작과 소리로 이루어진 그림 같은 전원풍경이 펼쳐진다. 진솔한 리듬 속에서 자연풍경이 녹아 흐르는 듯한, <모음(母音)으로 짜개지는 옥(玉)빛 하늘의 틈서리로> <자수정 목걸이 줄줄이 늘인 등나무 아래>는 밝게 빛나는 보석을 보는 것 같은 착각에 빠지게 하므로, 가슴까지 시원함을 느끼게 한다. <보 / 솔바람 소리 / 실개천 개울물 소리> <등나무 / 구름은 /

바람은> 한가롭고 평화로운 전원 풍경이 눈에 펼쳐지고 소리가 들리는 듯하여 시각과 청각을 자극한다. '자수정 목걸이는 등나무'를, '구름은 젊은 어머니'를 '바람은 누이'를 상징하며 이것들은 살아있는 향기로운 목숨의 이미지를 갖는다. 또한 시인의 아름다운 감수성이 공명한 내면세계의 섬세한 감성을 드러냄을 알 수 있다. 자연이 지닌 영원성과 순수성, 생명의 무궁함을 상징과 은유를 통해 끝없는 화해의 정신과 삶의 이상으로 받아들여 시대에 좌절한 사람들이 지향해야 할 의미 있는 삶을 제시한다. 막동리라는 전원 풍경을 통해 맑고 투명한 시인의 내적 자아를 선명하게 투영하고 있고 자연에 대한 시인이 갖는 상상력은 경이롭기까지 하다. 위의 예시「금학동 귀로」에서도 자연과의 친숙하고 평범한 생활로 때 묻지 않고 살아가려는 전원생활의 여유를 보여준다. <개구리 / 청개구리 / 바람 / 물소리>에서 전원의 향취를 느끼는 것은 집에 가까이 왔음을 알 수 있고 <운다 / 분다 / 들린다>라는 청각적 이미저리를 부각시켜 늦었음을 <물소리 / 맑은 물소리 / 들린다>는 맑고 밝은 이미지는 집식구들이 기다리고 있음을 상징하므로 집으로 오는 시간 이후만이라도 세속에서 벗어나 자연과 가까이 접근함으로써 인간이라는 존재가 무엇인가를 전원 삶의 형태를 통해 되새기고 있다. 이처럼 자연과 가까워지려 하고 그러한 의식 속에서 사물을 대할 때 건강한 정신과 의식이 나타나는 것이다. 이 시는 긴장감이나 경이감이 없는 것 같지만 마음의 안식처인 집이 가까워지는 감각에 의해서 화자는 자연과 전원의 미적 공간의 세계에 살고 있음을 알 수 있게 된다. 또한 '개구리, 청개구리'가 우는 소리를 들으며 집으로 돌아오는 길에서 불어오는 바람은 시원하고 물소리 마저도 맑은 소리로 들린다는 것은 오염되지 않은 깨끗한 자연 공간에 살고 있음을 알 수 있고, 특히 <청개구리 / 시원한 바람 / 맑은 물소리>에서 더욱더 맑고 깨끗함을 강조하려는 시인의 심상이 잘 드러나 있다.

가정으로 돌아오는 순간 세속의 일들을 시원한 바람으로 씻어내고 맑은 물소리로 씻어 낼 수 있는 곳이 바로 전원공간이다. 그 집은 정신의 안식처인 풍요로운 집인 동시에 자연의 향취를 느끼고 삶의 리듬을 들을 수 있는 내면적인 집으로 전원생활에서만이 가능한 것이다.

위의 예시「막동리 소묘 4·10」는 어릴 적 고향인 농촌의 막동리 전원 풍경이고「금학동 귀로」는 도시문명의 한가운데 있는 풍경이지만 시에서 풍기는 자연정취와 전원 이미지에서 두시 모두 시인의 자연사와 인간사의 친화와 교감을 통한 서정적 휴머니즘을 느낄 수 있다.

한편 아래 인용 시들에서는 전원생활이 오히려 결핍과 퇴행, 또는 어려운 현실 생활의 스산함으로 나타나기도 하지만 오히려 현재의 물질적인 풍요가 정신적인 면에서는 공허함과 결핍으로 인식되어 유년시절의 젖배 곯았던 어두웠던 기억들조차도 정감어린 그리움으로 인식하고 있음을 엿볼 수 있다.

중학생 아이 얼굴에 여드름 돋듯
앙가슴에 젖몽올 아프게 솟듯
굳은 껍질을 열고 새순
터져 오르는 상수리나무 수풀 속에
자즈라지게 와서 우는
철 이른 소쩍새 울음
마른 골짜기 흥건히 적시며
흘러가지 않는 개구리 울음

마음속에 무덤 하나 기르고 있어
언제부턴가 길가 가랑잎 이불 덮고
잠든 무덤도 무섭지 않았다

달은 아직 떠오르지 않았는데
어스름에 기대어 개울가 이팝나무 꽃덤불
소복단장으로 마주서 너울거린다

마음아 그대
별빛에 이마꼭지 시립게 물들이고
소쩍새 울음소리에 또다시 기우뚱
조그만 외딴집 하나 찾아내어
그 집 쪽마루, 아니면
흐린 등불빛 아래
때절은 장판방 바닥에 살그머니
벌거벗은 몸을 누이렴
젖배 곯은 아이 그리움 되어.
─「젖배 곯은 아이 그 그리움 1」 전문

<상수리나무 수풀 / 마른 골짜기 / 이팝나무 꽃덤불 / 쪽마루> 등의 전원적 심상이 <철 이른 / 흘러가지 / 시립게 / 기우뚱> 등의 부정 부사어와 <소복단장 / 외딴집 / 흐린 등불빛 / 때절은 장판방> 등의 시어와 만나 가난하고 궁핍한 시골의 '젖배 곯은 아이'의 곤궁한 처지를 극명하게 드러내 준다. <마른 골짜기 / 이마꼭지 시립게 / 외딴집 / 흐린 등불빛 / 때절은 장판방> 등의 시어를 통해 건조하고 곤궁한 삶을 상징하며 토속적이고 아름다운 이미지를 나타내고 있다. 그 속에 있는 시적 퍼스나는 <마음속에 무덤 하나 기르고 / 잠든 무덤 / 소복단장 / 벌거벗은 몸 / 배곯은 아이>로 가난의 극점에 달았음을 상징하고 있다. 오히려 물질적인 면이 풍요로웠다면 정신적인 면에서는 공허함이나 결핍은 더욱 절실하게 느꼈을지도 모른다. 도리어 유년시절의 가난과 결핍의 경험은 아픈 경험인데도 불구하고 그리움의 대상으로 환치 시키고 있다. 각박한 산업

사회의 도시문명과 현대문명의 물질 만능 시대에는 찾아볼 수 없는 그 무엇이 어린 시절의 아픈 기억마저도 그리움과 추억으로 새롭게 다가오고 있음을 알 수 있다. 이렇게 볼 때 나태주 시에서의 자연적 상상력과 전원 심상은 어려운 현실 생활에 대한 반동 내지는 동경으로 나타나기도 한다는 것을 알 수 있다.

4. 자연 상상력과 이미지의 교감

나태주는 삶에 대한 충격이나 두려움과 고단함, 농촌 생활의 곤궁과 실연의 아픔 등을 극복하기 위해서 정신적인 가벼움과 투명함을 지향하기도 한다. 시인은 자연 속에 자라나는 동·식물과 교감하면서 잊었던 자아를 발견하기도 한다. 그의 섬세한 시선은 작은 풀잎의 움직임이나 꽃의 개화, 나무와 숲 등 어느 것 하나도 무심히 지나치지 않는다. 그는 자연의 작은 변화에서 큰 의미를 읽어 내는데 그런 의미에서 자연은 시인에 있어서 상상력의 원천이자 자의식의 거울인 것이다. 시인은 상실의 아픔이나 절망의 고통을 나무의 무늬나 식물을 통해 드러내고 있다. 그에게 초목이 우거진 산촌은 복잡한 도시와는 대조되는 공간으로 세상에서 버림받았다는 자아의식은 자연을 은자(隱者)의 공간으로 만들기도 한다. 그런가 하면 때로는 현실을 기피하는 방편으로 자연과 교감하면서 식물적 생명력이 생명 사랑이나 자연 사랑으로 나타나기도 한다.

세 번 체모를 깎았다
세 번 수술을,
세 번 죽음의 연습을 했다는 말이다

세 번 체모가 자랐다
세 번 까뭇까뭇,
세 번 생명의 뿌리가 자랐다는 말이다.

—「비애집」부분

1.
어린 것들일수록 / 왼쪽으로 자라 빼꼼히 // 햇빛을 탐하여 / 얼굴을 내밀고 있었다 // 새파란 귀때기 바람에 / 마주 부비고 있었다 // 그들은 맨 몸으로도 온통 / 깃발이었다.

2.
손질이 덜된 그림이 아직은 / 남았는데 // 살금살금 다가와 발목을 잡는 / 어둠의 손 // 우뚝우뚝 앞길을 막아서는 / 산과 나무들 // 그리다 만 강아지풀들 한사코 / 울먹이며 매달리는데 // 저녁놀 눈부셔라 / 흐려지는 파스텔.

3.
서 있기보다는 / 누워 있는 // 아주 눕기보다는 / 비스듬히 // 등을 기대고 혼자서보다는 / 두 셋이서 // 난, 그런 / 강아지풀.

—「강아지풀을 배경으로」전문

위의 시「비애집」에서 체모는 자라나는 상승적 이미지가 아니라, 세 번이나 깎이는 하강이미지였다가, 다시 그것이 자라나는 상승이미지로 변모하고 있다. 체모의 깎임과 다시 자라남은 '죽음의 연습'이라는 극한적 상황에서 시인의 비극적 삶을 조금이라도 덜어내거나 다시 자라나는 '생명의 뿌리'로 상징된다. 그것은 그 무거운 짐을 지고 가는, 그 속에서 다시 생명의 뿌리로 거듭나는, 나고 자람의 식물적 속성을 지닌다고 볼 수 있다. 이것은 마치 밤이 지나면 아침이 오고 겨울이 가면 봄이 오듯이 자연 속의 만물도 겨울이 되면 소멸되고 봄이 오면 성장하는 생성의 이치로 보고, 이를 식물적 이미지로 제시하고 있는 것이다.「강아지풀을 배경으로」에서는 작은 강아지풀에서 싱싱한 생명의 몸짓을 발견하고 그것을 시인 자신의 생명력과 동일시하여 강아지풀을 의인화한다. <얼굴을 내밀고 / 새파란 귀때기 / 맨 몸으로도 / 발목을 잡는 / 울먹이며 / 등을 기대고>라며 강아지풀을 생명체로 보고 강아지풀과 대화하면서 교감을 극대화시킨다. <어둠의 손 / 매달리는데 / 어린것들> 등의 시어에서 알 수 있듯이 세파에 시달리는 어둡고 힘든 현실을 강아지풀로 그리다 날이 저물어 어둠이 발목을 잡고, 자기들을 완성해 달라며 <울먹이며 / 매달리며> 애원하는 강아지풀의 이미지는 힘없는 식물에 생명체의 이미지가 부여되면서 시인과 교감을 이룬다. 그리고 <난, 그런 / 강아지풀>이라고 문득 자기 자신을 강아지풀에 비유하여 상징화 한다. 그런 강아지풀처럼 현실과 육신의 무게를 덜어내고 가벼워지기 위하여 스스로를 강아지풀과 동일시한다. 이처럼 나태주 시에서 식물적 이미지는 여리고 힘들고, 연약한 것들에 대한 사랑으로 나타난다. 그리고 어린 풀이나 꽃 등에서 강인한 생명의 신비를 발견하고 자연을 진솔하게 대하는 데서 식물적 생명력과 자연 친화의 상상력이 돋보인다.

> 무심히 지나치는 / 골목길 // 두껍고 단단한 / 아스팔트 각질을 비집고 / 솟아오르는 / 새싹의 촉을 본다 // 얼랄라 / 저 여리고 / 부드러운 것이! // 한 개의 촉 끝에 / 지구를 들어올리는 / 힘이 숨어 있다.
> ―「촉」전문

> 그녀의 발은 꽃이다. / 그녀의 발은 물에서 금방 건져낸 물고기다. / 그녀의 발은 풀밭에 이는 바람이다. / 그녀의 발은 흰구름이다. // 그녀의 발은 / 내 가슴을 짓이기기 위해서만 존재한다. / 그녀의 발 아

래서 / 나의 가슴은 비로소 꽃잎일 수 있다. / 그녀의 발 아래서 / 나의 가슴은 비로소 흰구름일 수 있다. / 금방 물에서 건져낸 물고기일 수도 있다.
— 「내가 꿈꾸는 여자」 부분

난초 화분의 휘어진 / 이파리 하나가 / 허공에 몸을 기댄다 // 허공도 따라서 휘어지면서 / 난초이파리를 살그머니 / 보듬어 안는다 // 그들 사이에 사람인 내가 모르는 / 잔잔한 기쁨의 / 강물이 흐른다.
— 「기쁨」 전문

위의 예시 「촉」에서 죽은 줄 알았던 식물이 봄이 되면 단단한 땅을 뚫고 새싹이 돋는데, 시인은 '새싹의 촉'이 솟아오른다고 하여 촉의 날카로운 이미지에 강인한 이미지까지 부여한다. 여리고 부드러운 식물의 싹이 두껍고 단단한 아스팔트의 각질을 비집고 솟아오르는 데서 생명의 숨은 힘을 자각한다. 독특한 것은 1연과 3연을 대비시켜 무심코 본 새싹의 촉에서 강인한 생명력을 발견하고 식물의 위대한 힘에 경이로움을 느끼는 것이다. 그리고 4연에서는 한 개의 <촉 끝에>, <지구를 들어 올리는 힘>이 있다고 함으로써 자연의 엄청난 힘과 여리고 힘없는 <새싹의 촉>을 통해 강인한 생명력이 있음을 상징한다. 자연이 위대한 것은 인간이 대신할 수 없는 원초적 생명력을 가지고 있기 때문이며 자연 앞에서 인간은 무기력해지고 왜소하다는 것을 다시 한번 절감하게 하는 시이다.

「내가 꿈꾸는 여자」에서 내가 꿈꾸는 여성은 꽃처럼 아름답고 기다릴 줄 아는 여인상으로 부각시켜 그녀의 강인한 발에 비유한다. '그녀의 발'이 '꽃→물고기→풀밭에 이는 바람→흰 구름으로' 점점 강인한 생명력을 가진 사물로 변신하여 다시 태어나고, '꽃, 물고기, 바람, 흰 구름'은 그녀의 발을 상징한다. 그녀의 발이 꽃이 되고 그녀의 꽃 아래서 화자도 꽃잎이 되어 '그녀→꽃', '나→꽃잎'으로 인간과 꽃이 일체화되고, 그녀와 나를 꽃과 꽃잎으로 동일화시킨다. 따라서 그 꽃이 된 발아래서만 '나'또한 '꽃잎'으로 존재할 수 있다고 살아있는 생명력을 싱싱한 식물적 상상력으로 전환하지만 <그녀의 발은 / 내 가슴을 짓이기기 위해서만 존재한다.>라고 하여 꽃이 다시 발이 되는 상징의 이중적 구조로 역설적 논리이다. 「기쁨」의 경우 시적 대상인 난초는 다른 식물과 달리 환경의 영향을 많이 받는 식물로 연약한 식물이고, 허공은 온도, 습도, 바람과 같은 자연 현상이 공존하는 공간으로서 난초가 기댈 수 있는 생존의 터전이기도 하다. 그런 공간을 의지하고 있는 난초 이파리를 보고 <휘어진 이파리 하나>가 허공과 만나고 그것을 보는 화자가 <잔잔한 기쁨의 강물>을 느낄 만큼 우주적 교감으로 발전하고 있다. 난초 잎의 휘어짐과 그런 선을 만들어내는 공간에서 시인은 자아를 잃어버리므로 인간 중심적 사고가 완전히 배제되고 자연 중심적 사고를 보여준다. 텅 빈 허공이 <따라서 휘어지면서 / 난초 이파리를 살그머니 / 보듬어 안는다>는 표현을 보면 허공도 생존하는 이미지로 부각시켜 외롭고 힘들어서 난초 잎과의 존재를 확인하고, 서로 기댄다는 말이기도 하다. 따라서 이런 식물적 상상력은 존재와 존재 사이를 이어주는 근원적 힘이 곧 사랑으로 승화되고 있다. <그들 사이에 사람인 내가 모르는 / 잔잔한 기쁨의 강물이 흐른다.>라는 것은 난초와 허공 사이에 내가 모르는 생명 존중과 사랑의 철학이 존재하고 있어 대자연이 공간과 합일하는 시간과 공간의 상징성과 식물적 이미지로 생명력이 존재함을 알 수 있다.

    한편 나태주의 시에서는 스러져 가는 것들에 대한 따뜻한 시선과 함께 그것들을 일으켜 세우거나 그것을 다시 생성의 변증법으로 이어나가려는 의지가 보이기도 한다. 그래서 나태주의 시에서 소멸은 소실과 상실 또는 하강이미지로 작용하기도 하지만 소멸이 영원한 소멸이 아니라, 생성을 위한 과정으로 인식하거나 점점 작아졌다가 다시 나타나는 점멸적 이미지에서 상승이미지로 연결되기도 한다. 나태주는 소멸되어 가는 자연현상을 보고도 자신의 생과 견주어서 소실과 상실로 인식하여 어두운 이미지를 지닌다. 그의 소멸의식은 유기체의 소실로 인식되어 인간과 인간관계, 자연과 자연현상에 대한 안타까움으로 나타난다. 그러면서도 그런 하찮은 것마저도 자신에게는 고맙고 감사해야 할 대상으로 생각하므로, 소멸이나 소실에 대한 절망적인 인식을 희망적인 인식으로 변환한다.

> 오뉴월에 껴입은 옷들을 거의 다 벗어가는 그대여.
> 가자, 가자.
> 나도 거의 다 입은 옷 벗어가니
> 상수리나무 나뭇잎 떨어져 쌓인 상수리나무 숲으로
> 칡순 같이 얽혀진 손을 서로 비비며.
>
> 와삭와삭 돌아눕는 낙엽 아래
> 그동안 많이도 잃어진 천국의 샘물을 찾으러,
> 가으내 머리 감을 때마다
> 뽑혀나간 머리키락들을 찾으러.
>
> 가자, 가자,
> 마지막 남은 옷들을 벗기 위하여
> 상수리 나뭇잎 떨어진 상수리나무 숲으로
> 이젠 뼈마디만 남은
> 열개 스무개 발가락들 서로 비비며.
> 열개 스무개 마음의 뼈마디들 서로 비비며.
> ―「상수리 나뭇잎 떨어진 숲으로」 전문

무성하던 상수리나무가 잎을 떨어뜨리고 마지막까지 버리지 않으면 안 될 상수리나무 숲을 노래함으로써, 소멸에 대한 개인적인 공허함을 표출하고 있다. 또 <벗어가는 / 벗어가니 / 떨어져 / 아래 / 마지막 남은 / 뼈마디만 남은 / 잃어진> 등의 시어를 통해 이미 가진 것들을 잃어 가는 상실감의 정조로 이미지화 하고 있다. 그러면서도 각 연에서 <가자, 가자 / 칡순 같이 얽혀진 손을 서로 비비며 / 뽑혀나간 머리카락들을 찾으러 / 이젠 뼈마디만 남은 / 열개 스무 개 발가락들 서로 비비며 / 열개 스무 개 마음의 뼈마디들 서로 비비며> 등을 통해, 소멸에 대한 공허감을 안간힘으로 버텨나가려는 생성의 의지를 상징 한다. 시인은 무성하던 잎을 떨어뜨리고 마지막 것들까지도 버리지 않으면 안 될 상수리 숲을 노래하므로 한 개인의 공허함을 표출하고 있다. 시인이 이데아로 <가자, 가자>라고 말하고 있는 것은 현실에 발 딛어선 시인이다. 가졌던 것을 잃어 가는 자의 허무함이 이 시의 주를 이루고 있는데, 여기서 숲이란 자연공간은 회귀의 공간인 동시에 소멸의 장소이다. 이 시에서 상수리나무 숲은 세속적인 모든 것을 벗어 버려야만 접어들 수 있는 곳으로 다시 시작할 수 있는 새로운 공간을 상징한다. 이런 시인의 소멸의식은 소멸을 생성으로 전환시키는 아름다운 역설의 미학으로 볼 수 있다.

5. 결론

지금까지 본고에서는 이미지와 상징체계 분석을 통해서 나태주의 시세계를 살펴보았다. 이러한 본 연구는 곧 우리시의 전통성에 대한 탐구 노력의 일환으로서 한국 서정시의 정체성에 대한 탐색의 한 시도라고도 할 수 있다. 나태주 시인의 전 작품에 광범위하게 형성된 서정적 이미지와 상징을 분석해 보면, 시인의 창작 의식과 근저에 자연적 상징과 전원 심상이 자리 잡고 있음을 알 수 있다. 시인의 그 긴 시적 여정에서 일관된 시 세계를 보여 주는 것도 작품 속에 나타난 상징을 자연과 자신의 일상에서부터 끌어오기 때문인 것으로 보인다. 나태주의 시는 헤어날 수 없는 절망 앞에서도 고향과 자연에 대한 애정으로 희망을 노래하면서 그의 극복을 시도한다. 자연은 그에 있어서 신비한 치유력을 지닌 시적 원동력으로 작용한다. 시인에 있어서 대자연과 전원은 진술한 삶을 선택하는 생명의 가치를 일깨워주고 속박과 제약을 벗어난 작은 자유에서 자연의 질서를 발견하고, 우주 순환의 원리에 어긋나지 않는 삶에 대한 진정한 목적과 가치를 부여한다.

아울러 나태주 시의 전원이미지와 자연생명체의 상징적 의미는 각박한 현실에 대한 반동 내지는 생명에 대한 동경으로 나타나기도 한다는 것을 알 수 있다. 특히 식물적 이미지는 나태주의 시가 삶에 대한 충격이나 두려움과 고단함, 농촌 생활의 곤궁과 실연의 아픔 등을 극복하기 위해 정신적인 가벼움과 투명함을 지향하는 것과 관련이 있다. 그리고 때로는 그 식물적 이미지들이 생명사랑이나 자연 사랑의 의미를 함유하는 바, 이런 식물적 이미지는 존재와 존재 사이를 이어주는 시의 근원적인 힘, 즉 사랑으로 승화되는 면모를 보여준다.

이상의 고찰을 통해, 본고는 결과적으로 나태주 시인의 순수성이 전원적 상상력을 바탕으로 서정성, 전원성, 인간성의 예리하고 섬세한 관찰력과 통찰력을 기본으로 하고 있음을 확인할 수 있었다. 시인의 이러한 섬세한 감수성이 서정시의 서정성의 특징을 한층 더 극대화시키며, 전원적 상상력과 우주적 상상력을 갖춘 시력은 자신과 자연을 일치시킬 수 있었음을 알 수 있었다. 시인이 자연 현상을 노래하는 전통적 감수성은 자연을 마음의 눈으로 바라보고 깊이 느낄 때 비로소 진정한 아름다움을 발견할 수 있고, 시 혼이 살아나는 개성적인 시를 쓸 수 있다. 나태주 시인의 이러한 자연에 대한 통찰과 전통 지향적인 시작의 태도는 오늘날 하나의 새로운 의미를 획득할 수 있을 것으로 보인다. 또한 우리말의 티 없는 표현 방법은 그의 천성적인 언어에 대한 독특한 센스 때문에 더욱 돋보이고 순수 서정성의 전원적 상상력은 시의 시적 정취를 드높인다. 무엇보다도 나태주 시인의 시사적 의미는 그의 시가 순수 서정시를 통해 점차 사라져 가는 자연의 생명력과 인간의 순수성을 회복함으로써 현대시에 하나의 돌파구를 마련하려는 데서 드러난다고 할 수 있다. 그가 추구하는 향토적 서정과 순수한 전원적 상상력은 오늘날 온갖 자본 만능주의 적개심 및 투쟁 논리가 난무하는 시대에 하나의 생명회복 운동으로써 의미를 지니는 것으로 판단되기 때문이다. 순수 서정시는 낡고 진부한 것, 구시대의 상투적인 시적 인습이 아니라 오늘날 인간상실의 시대에 인간성을 회복하고 자연의 생명력을 회복할 수 있게 하는 데서 참뜻과 가치를 지니기 때문이다.

인간적 서정과 아버지 됨을 통한 타자의 윤리학*
―나태주론

곽명숙
(문학평론가)

1. 인간적 서정의 길

나태주 시인이 시력 40년을 맞아 펴낸 활자 시선집 『지상에서의 며칠』은 그의 데뷔작부터 최근까지 자선한 100편의 시를 모은 시집이다. 「요즈음」 「조금 전」 「오래전」으로 구성된 시집의 배치는 시인의 삶의 이력과 함께한 인간의 일생을 며칠의 시간 동안인 듯이 압축하여 부르고 있다.

『지상에서의 며칠』이라는 시집의 제목은 랭보의 『지옥에서의 한 철』을 떠올리게 하지만, 나태주 시인의 서정성 가득한 시편들은 동시 같은 천진함과 편안함을 가지고 있으면서 음미할수록 깊어지는 성찰을 담고 있다. 그 성찰은 인간사에 대한 마음가짐과 인간에 대한 애정에서 비롯된 것이라고 할 수 있다. 최동호 교수가 지적했듯이 "그의 시는 자연 서

---

* 곽명숙, 『시가 빛난던 자리들』, 천년의시작, 2019.

정에서 인간 서정의 길을 걸어왔다."라는 말이 적절할 것이다.

　이 시집은 시인이 걸어온 서정의 길에서 조금씩 어떤 관계 맺음과 더불어 시인의 성찰을 보여준다. 그것은 시간과 함께하는 인간의 존재론적인 여정이기도 하다.

2. 죽음의 대면과 관계에 대한 성찰

　우리에게 시간이라는 것을 강력하게 환기하는 것은 누군가와의 관계가 중단될 때, 즉 함께하는 시간이 더는 지속할 수 없음을 절실히 깨닫게 되는 죽음과 같은 사건을 대면할 때일 것이다. 시인 자신이 생사의 갈림길에 섰던 절박한 경험이 있었기에 며칠의 여정을 지낸 '지상'에서의 삶을 돌아보는 의미를 담고 있는 이 시집의 제목은 삶의 진정성에서 우러난 표현이라 할 수 있다. 한편으로 인간의 유한성에 대한 성찰 끝에 얻은 담대한 초월의 표현일 것이다.

> 누군가 한 사람 창가에 앉아
> 울먹이고 있다
> 햇빛이 스러지기 전에 떠나야 한다고
> 한 번 가선 돌아올 수 없는 길을
> 가야만 한다고
> 그곳은 아주 먼 곳이라고
> 조그만 소리로 속삭이고 있다
> 잠시만 더 나와 함께 여기
> 머물다 갈 수는 없나요?
> 손이라도 잡아주고 싶어 손을 내밀었을 때
> 이미 그의 손은 보이지 않았다.
>
> 　　　　　　　　　　　　　―「시간」 전문

시인 자신이 겪었던 병마를 이야기하거나, 시에 대한 시기심을 스스럼 없이 토로할 만큼 절친했던 동료 시인이 세상을 떠나고 만다. <햇빛이 스러지기 전에 떠나야 한다고> <돌아올 수 없는 길을 / 가야만 한다>라고 울먹이며 속삭이던 그에게 잠시만 여기 머물다 가길 간청하며 손을 내밀지만 이미 그의 손은 보이지 않았다. <여기>를 떠나 더는 지상에 머물 수 없게 되는 죽음은 스러지는 햇빛처럼 덧없이 존재를 사라지게 한다.

이러한 죽음은 이 지상의 삶과 우리에게 주어진 시간을 돌아보게 만든다. <그런데 그만 올봄엔 무사히 넘기지 못하고 / 일을 당하고 만 것이다 / 둥그런 그루터기로만 남아 있을 뿐인 저것은 / 나무의 일이 아니다 / 나의 일이고 당신의 일이다>(「고욤감나무를 슬퍼함」). 죽음은 단순한 무가 아니라 소유할 수 없는 신비이다. 그것은 고통을 통해, 능동적이던 주체에게 어찌할 수 없는 수동성을 경험하게 하는 존재론적인 사건인 것이다. 시인은 그러한 사건을 담담하게 말하고 있지만, 거기에는 막막한 슬픔의 목소리가 묻어난다.

그런데 시인은 죽음의 슬픔을 비탄과 절망으로 고조시키는 것이 아니라 인간의 얼굴을 바라보고 '이 지상에 함께 있음'의 차원으로 이끌어간다. 죽음을 다른 사람과의 관계 안으로 들여놓아 시간에 대한 성찰의 우회로가 되게 하며 그 성찰을 통해 자신을 둘러싼 관계를 어루만진다. 그런 관계 중 가장 가까이 있는 사람은 아내일 것이다.

너무 그러지 마시어요. 너무 섭섭하게 그러지 마시어요. 하나님, 저에게가 아니에요. 저의 아내 되는 여자에게 그렇게 하지 말아달라는 말씀이에요. 이 여자는 젊어서부터 병과 더불어 약과 더불어 산 여자예요. 세상에 대한 꿈도 없고 그 어떤 사람보다도 죄를 안 만든 여자예요. 신장에 구두도 많지 않은 여자구요, 장롱에 비싸고 좋은

옷도 여러 벌 가지지 못한 여자예요. 한 남자의 아내로서 그림자로
서 살았고 두 아이의 엄마로서 울면서 기도하는 능력밖엔 없는 여자
이지요.

　　　　　　　　　　－「너무 그러지 마시어요」 부분

　시인은 하나님에게 죽음을 앞둔 자신의 목숨을 간구하는 것이 아니라 병약했던 아내가 소탈하고 죄 없는 일생을 살아왔기에 그녀에게 가혹하게 대하지 마시라고 탄원한다. 부족한 남편을 만나 인내하며 살아온 아내에게 남편마저 앗아가는 것은 너무한 처사가 아니냐는 항변이다. 아내는 자신과 함께 서로 <반편이 인간으로 완성된>(「완성」) 존재이다. 시인은 목숨이 위태로운 병상에서 욕심 없이 죄 없이 가난하게 산 아내에 대한 측은한 마음으로 그녀의 인생을 위로해 주고 있다. 병상으로부터의 이러한 시선과 목소리란 보기 드문 것인데, 자기 육신의 고통을 초월한 채 병상 곁의 사람들을 응시하고 있기 때문이다.

　시인은 병상에 누운 이들을 찾아온 아버지(「좋은 약」), 가장의 죽음 앞에 무너진 채, <비를 맞아 날 수 없는 / 세 마리의 산비둘기였을> 세 식구들(「울던 자리」)의 슬픔을 담담하면서 애잔하게 그리고 있다. 이러한 시들은 병상에서 회복된 후 살아 있음의 기쁨을 노래하는 시들(「물고기와 만나다」「꽃 피는 전화」)과 더불어 서정적이었던 시인의 시 세계에 보다 심화한 인간적 서정성을 불어넣었다고 할 수 있다. 서정이 사물과 대상으로부터 느끼는 시인의 감정과 정서라면, 인간과 인간의 관계로부터 우러나는 감정의 울림을 인간적 서정이라고 부를 수 있을 것이다.

3. 자연과 동심으로 걸러진 열정

시선집의 중후반에 엮인 젊은 날의 시편들에는 노년의 주인공이 먼저 등장하고 난 후 젊은 시절의 이야기가 전개되는 영화처럼, 시인의 시적 성장을 보여주는 드라마가 숨어 있다. 시골 초등학교의 소탈한 교사이면서 동시에 스물일곱 권이 넘는 시집을 낸 열정적인 시인으로 살도록 한 시인의 내면세계의 풍경이 어떠했는지 살펴볼 수 있다.

<나의 낙타나무는 과연 무엇이었던가? / 끝없는 유혹과 목마름과 절망의 / 다스려 주던……>(「나의 낙타나무」). 그의 문학적 자전을 읽어보면, 유년 시절 외가와 친가 사이를 오간 길 위의 외로움, 그 속에서도 삶에 대한 긍정을 품게 해준 외할머니의 "비린내 나는 치마폭" 등이 나태주 시인을 시인의 운명으로 이끈 듯하다. 동료 여선생에게 차인 이력과 또래 시인이 좋은 시집을 내거나 상을 타면 배가 아프다던 고질병을 시인이 자신이 밝힌 바 있듯이, 젊은 날 시인의 내면은 갈망으로 들끓었고 상실감에 시달렸을 텐데, 그런 그를 구원해 준 것이 자연이었고 동심이었다.

모두가 내 것만은 아닌 가을,
해 지는 서녘구름만이 내 차지다.
동구 밖에 떠드는 애들의
소리만이 내 차지다.
또한 동구 밖에서부터 피어오르는
밤안개만이 내 차지다.

하기는 모두가 내 것만은 아닌 것도 아닌
이 가을,

저녁밥 일찍이 먹고
우물가에 산보 나온
달님만이 내 차지다.
물에 빠져 머리칼 헹구는
달님만이 내 차지다.

―「대숲 아래서」부분

나태주 시인의 등단작인 「대숲 아래서」에는 던져짐(被投性, Geworfenheit)으로써의 존재에 대한 감정과 <모두가 내 것만은 아닌 가을>이라는 인식이 나타난다. 가진 것 없는 시인에게 위안이 되는 것은 <우물가에 산보 나온 / 달님>이다. 밤안개와 달님과 같은 무구한 자연과 함께 시인을 위로해 주는 것은 <동구 밖에 떠드는 애들의 / 소리>와 같은 순수하고 티 없는 동심의 세계이다. 시인을 두고 이기철 시인이 말한 "어른이 된 동심"이 일찌감치 여기 있었다고 할 것이다. <아이들 몽당연필이나 / 깎아 주면서 / 아이들 철없는 인사나 받아 가면서 / 한 세상 억울한 생각도 없이 / 살다 갈 수만 있다면>(「초등학교 선생님」)이라고 말한 소망대로 그는 43년 3개월을 초등학교 교사로 근무하며 순박한 자연과 아이들에 둘러싸여 행복한 시작詩作을 할 수 있었다. 젊은 날의 갈망과 시기는 어느 결에 맑은 동심으로 걸러지고 시인의 소망은 성취되었다.

그러나 그것도 나쁘지 아니했다
걷지 않아도 좋은 길을 걸었으므로
만나지 못했을 뻔했던 싱그러운
바람도 만나고 수풀 사이
빨갛게 익은 멍석딸기도 만나고
해 저문 개울가 고기비늘 찍으러 온 물총새

물총새, 쪽빛 날갯짓도 보았으므로

— 「사는 일」 부분

<걷지 않아도 좋은 길>을 수고롭고 고생스럽게 걸었지만 만나지 못했을 뻔한 자연의 사물들을 만났기에 시인은 자신의 생에 만족한다. 시인의 눈에 들어온 자연은 숭고함이나 장대함을 불러일으킬 만큼 우러러보아야 하는 것들이 아니라 <멍석딸기>나 <물총새, 쪽빛 날갯짓>처럼 소소하고 낮은 높이에 있는 것들이다. 시인 자신이 어느 인터뷰에서 밝혔듯이 <산 중턱에서 산 아래쪽>의 영역에 사는 것들이라고 해도 좋을 것들이다. 이 소소하고 낮은 것들을 어떻게 대해야 하는지, 어떻게 사랑해야 하는지 시인은 일러준다. <자세히 보아야 / 예쁘다 // 오래 보아야 / 사랑스럽다 // 너도 그렇다.>(「풀꽃」) <산 아래쪽>에 사는 인간들을 대하는 마음도 이와 다르지 않을 것이다. 시인은 자연과 인간을 적절히 그리워할 수 있는 거리를 두고 이 둘을 껴안고 기를 수 있는 사랑에 대해 말해 준다.

4. 아버지 됨과 타자의 윤리학

시인이 「오늘의 약속」이라는 시에서 말하고 있듯이 그의 시는 <덩치 큰 이야기, 무거운 이야기> 대신 <조그만 이야기, 가벼운 이야기>인 듯이 쉽게 읽힌다. 그러나 그 <조그만 이야기>는 <아침에 일어나 낯선 새 한 마리가 날아가는 것을 보았다든지 / 길을 가다 담장 너머 아이들 떠들며 노는 소리가 들려 잠시 발을 멈췄다든지 / 매미 소리가 하늘 속으로 강물을 만들며 흘러가는 것을 문득 느꼈다든지 / 그런 이야기들>(「오늘의 약속」)이다. 무의미하게 흘러갈 수 있는 일상에서 각성을 일으키는 순간들, 생의 아름다움을 느끼고 자연의 존재와 교감하는 찰나들인 것이다. 인간의 출생은 던져짐으로 시작하지만, 타자의 철학자 레비나스가 말하였듯이 인간은 <덤으로 주어진 사회성>을 살아가며 시간 속에서 다원론적인 존재가 된다. 시간은 타인과 관계하는 사건 자체이며, 시간의 조건은 인간들 사이의 관계 속에 그리고 역사 속에 있다. 여기에서 역사는 거창한 왕조나 체제의 교체와 같은 것이 아니고 세대의 연속이라 할 것이다.

> 애야, 집안이 가난해서 그런 걸 어쩐다냐, 너도 나팔꽃을 좀 생각해 보거라. 주둥이가 넓고 시원스런 나팔꽃도 좁고 답답한 꽃 모가지가 그 밑에서 받쳐주고 있지 않더냐? 나는 나팔꽃 모가지밖에 될 수 없으니, 너는 꽃의 몸통쯤 되고 너의 자식들이나 꽃의 주둥이로 키워보려무나. 안돼요, 아버지. 안 된단 말이에요. 왜 내가 나팔꽃 주둥이가 되어야지, 나팔꽃 몸통이 되느냔 말이에요!
>
> —「나팔꽃」부분

대학에 보내 달라고 투정하는 어린 아들에게 가난한 젊은 아버지는 <나는 나팔꽃 모가지밖에 될 수 없으니, 너는 꽃의 몸통쯤 되고 너의 자식들이나 꽃의 주둥이로 키워> 보라고 말한다. <좁고 답답한 꽃 모가지>로 만족하고 가난을 헤쳐나간 그 아버지의 목소리가 여름 나팔꽃 속에 남아 있다. 그런 아버지의 말에 <왜 내가 나팔꽃 주둥이가 되어야지, 나팔꽃 몸통이 되느냔 말이에요!>라며 철없던 아들은 대거리하였었다.

세월이 흐른 뒤 '나'는 꽃 모가지로 살았던 아버지의 나이가 되었다. '나'란 '있음(being)'의 존재라며 '아버지'는 '됨(becoming)'의 존재라고 할 수 있을까. 아내와 자식들과의 관계 속에서 그들과 이루어낸 시간 속에서 나는 아버지가 된다. 자아가 자기 동일성의 굴레를 벗어나 자신에게 타자가 되는 방법은 아버지가 되는 길 외에는 없다고 레비나스는 말한다. 아버지의 존재(paternité)는 타인이면서 동시에 나인, '낯선 이'와 관계하기 때문이다. 자식은 내가 쓴 시나 내가 만든 물건처럼 나의 작품이거나 소유물이 아니고, 나의 슬픔이나 시련처럼 나와 함께 일어나는 사건이 아니다. 아이와의 관계에서 특정한 방식으로 나는 나의 아이이기도 하다. 이러한 '이다'에는 일종의 다수성과 초월성이 내포되어 있다. 아이는 "타자가 된 나"이다. 아이를 통해서 나는 아버지가 됨으로써 나의 이기주의, 나에게로의 영원한 회귀로부터 해방되고, 타자와 타자의 미래 속에서 자신의 한계를 초월한다. 아이를 통해 예상할 수 없는 새로운 가능성이 열리기 때문에 인간은 자기 자신으로부터 구원받을 수 있다. 그리고 여기에서 절대적 미래의 차원이 열린다. 시인의 목소리는 타자에 대한 돌봄과 염려를 담아 미래를 향해 발화한다.

> 너무 멀리까지는 가지 말아라
> 사랑아
>
> 모습 보이는 곳까지만
> 목소리 들리는 곳까지만 가거라
>
> 돌아오는 길 잊을까 걱정이다
> 사랑아.
>
> ―「부탁」 전문

이 시는 2행씩 3연의 지극히 단순하고 알기 쉬운 언술임에도 불구하고 어떤 극진한 음성을 담고 있다. 목소리는 기의(記意)로 전적으로 환원되지 않고 남는 잉여의 부분이다. 사랑하는 대상은 멀리 가되 돌아오는 존재, 타자이면서 자아인 아이라고 느껴진다. 아니 연인이어도 상관없다. 타자이자 자아인 사랑은 지구적인 차원으로도 확대될 수 있기 때문이다. <하기는 아침에 일어나 / 햇빛이 부신걸로 보아 / 밤사이 별일 없긴 없었는가 보다 // 오늘도 그대는 멀리 있다 // 이제 지구 전체가 그대 몸이고 맘이다.>(「오늘도 그대는 멀리 있다」)

나태주 시인의 시를 채우고 있는, 인간을 따뜻하게 감싼 서정의 핵심부에 이러한 타자의 윤리학이 빛나고 있는 것이다. 그 응축된 빛을 고즈넉이 발하고 있는 것이 시선집 첫 장에 나온 「은빛」이라는 시이다.

눈이 내리다 말고 달이 휘영청 밝았다

밤이 깊을수록 저수지 물은
더욱 두껍게 얼어붙어
쩡, 쩡, 저수지 중심으로 모여드는 얼음의
등 처지는 소리가 밤새도록 무서웠다

그런 밤이면 머언 골짝에서
여우 우는 소리가 들리고
하행선 밤기차를 타고 가끔
서울 친구가 찾아오곤 했다
친구는 저수지 길을 돌아서 왔다고 했다

그런 밤엔 저수지도 은빛
여우 울음소리도 은빛
사람의 마음도 분명 은빛
한가지였을 것이다.

―「은빛」 전문

이 시에 펼쳐지는 세계를 나의 존재와 우주 만물의 존재가 서로 의지하여 존재하는 범아일여의 세계라고 부를 수 있을까. 저수지의 마음과 여우의 마음과 쓸쓸했을 친구의 마음이 은빛 한가지로 빛난다. 그것은 <얼음의 / 등 터지는 소리>가 무서운 밤을 차갑고 시리게 견뎌야 하는 마음들인 것이다. 그런 마음을 헤아리고 보듬어 안는 서정성이 나태주 시의 미덕이고 타자의 윤리학이 미학이 되어 빛나는 지점이라 할 것이다.

고향의 장소성과 공간 연구*
― 이성선 · 나태주 · 송수권의 첫 시집을 중심으로

배한봉
(시인, 문학박사)

1. 들어가며

최근 공간과 장소에 대한 탐구가 문학을 비롯한 생태학, 사회학 등 여러 학문 분야에서 지속적으로 이루어지고 있다. 이로 인해 공간은 인간의 상관물로서 사회적 관계가 형성되는 생활공간, 체험공간[1] 등과 같이 구체적으로 파악되고, 인간의 감정과 의미가 탄생하는 곳(Ort)이나 위치(Stelle) 등의 장소로 그 모습이 선명해졌다. 이-푸 투안에 의하면 "공간은 장소보다 추상적이다. 무차별적인 공간에서 출발하여 우리가 공간을 더 잘 알게 되고

---

* 『비교한국학』 제27권 1호, 2019. 4.
1) 볼노에 따르면 체험공간(erlebter Raum)은 생활의 확작을 위해 확보된 공간인 생활공간(Lebensraum)과 달리 인간의 개인적인 삶은 물론 인류의 집단적인 삶도 진행되는 현실의 구체적인 공간으로서, 그 안에서 행동하는 사람의 상황이나 내면에 변화가 일어나면 함께 변한다. 오토 프리드리히 볼노, 이기숙 역, 『인간과 공간』, 에코 리브르, 2011, 18-20쪽.

공간에 가치를 부여하게 됨에 따라 공간은 장소가 된다."[2] 공간은 움직임이 일어나는 개방적인 곳으로서 추상적인 범위를 가진다면 장소는 움직임 속에서 정지할 때마다 활동 기반으로 전환되는 입지로써 유동성을 가진다는 것이다. 즉 공간이란 어느 사물이 차지한 부피를 바깥에서 구획한 경계 안의 빈 곳으로 일정한 활동 영역이고, 장소는 체험적이고 구체적인 특정한 위치를 의미하게 됐다.[3]

이처럼 공간과 장소 개념이 명확해짐으로써 학제간 통섭이나 새로운 비평적 접근이 용이해졌고, 시인들의 작품에 나타난 공간과 장소는 중요한 관심의 대상으로 떠올랐다. 특히 고향[4]은 태어나 성장기를 보낸 지리적 공간이고, 심리적·정신적 공간이기도 하다. 하이데거는 인간의 현존을 존재로부터 일탈된 고향 상실성에서 찾았고, 게르하르트나 노발리스는 인간을 집 또는 영원한 고향으로 가는 존재로 보았다. 짐멜은 인간의 삶은 상징적 장소의 결속 내지 속지성(屬地性)을 지니고 있으며, 고향은 그것과 결부된 사회적·인격적 연대로써 언어·관습·풍속 등으로 특징되는 것을 지녔다고 보았다.[5] 김우창은 회상에 의해 깊이를 얻고 미래에 대한 그리움과 계획에 의해 가깝고 먼 지평들이 생기는 살아있는 공간이 고향이라고 했다.[6] 이와 같이 고향은 구체적 인식과 경험 활동의 기반이자 문화적·정신적 토대의 의미와 관련되는 공간성과 장소성을 지닌다. 이러한 까닭에 고향은 강력한 문학적 자양이자 문학적 의미 공간과 장소

---

2) 이-푸 투안, 구동회·심승희 역, 『공간과 장소』(개정판), 대윤, 2007, 19쪽.
3) 오토 프리드리히 볼노, 앞의 책, 33쪽.
4) 전광식은 고향의 개념을 고풍성의 지평, 회상성의 지평, 은닉성과 순수성의 지평, 풍경성과 풍물성의 지평 등으로 나눠 살펴보고 있다. 전광식, 『고향』, 문학과지성사, 1999, 25-26쪽.
5) 이원규, 「韓國詩의 故鄕意識 研究 : 1930-1940년대 시를 중심으로」, 성균관대학교 박사논문, 2004, 3쪽.
6) 김우창, 『지상의 척도』, 민음사, 1981, 86쪽.

로 시인들의 시에 다양하게 구축되고 있음은 주지의 사실이다. 한국 현대시사에서는 정지용, 백석, 윤동주, 오장환, 이용악 등을 위시해 여러 시인들이 고향의 공간과 장소성을 통해 사람이나 관습, 특정 사건, 사물, 자연 경관은 물론 추상적이고 관념적인 정신세계까지 아우르는 시세계를 펼쳐 보인 바 있고, 평단과 학계에서도 고향의식과 관련한 논의7)들을 지속적으로 전개해 오고 있다.

본고에서 주목하고자 하는 이성선8), 나태주9), 송수권10)의 첫 시집에는 고향을 중심으로 한 공간과 장소의 문제가 중요한 요건을 차지한다.11) 이성선의 첫 시집 『詩人의 屛風』, 나태주의 첫 시집 『대숲 아래서』, 송수권의 첫 시집 『山門에 기대어』에 나타난 고향의 공간과 장소는 이들이 추구하는 순수 서정 세계의 중심적 테마의 하나로 놓여있고, 시적 주제의식을 구축하고 있다는 점에서 중요한 의미를 지닌다. 더구나 이들 시인은 1970년대에 등장하여 한국적 자연 공간을 재발견하여 순수서정

---

7) 이기윤, 「윤동주 시 연구 : 「또 다른 고향(故鄕)」의 비판적 해석을 중심으로」, 『현대문학 이론연구』, 현대문학이론학회, 1999. ; 이원규, 앞의 글. ; 이태희, 「정지용(鄭芝溶) 시(詩)의 체험(體驗)과 공간(空間)」, 『어문연구』, 한국어문교육연구회, 2006. ; 전병준, 「이용악 시에 나타난 고향의 의미 연구」, 『현대문학이론연구』, 현대문학이론학회, 2008.
8) 이성선(李聖善)(1941-2001)은 강원도 고성 출신으로 1970년 『문화비평』, 1972년 『시문학』에 추천되어 등단했다. 첫 시집 『詩人의 屛風』(현대문화사, 1974)을 시작으로 13권의 시집을 출간하였다. 작고한 뒤 이 시집들을 집약한 『이성선시선집 1』(시와 시학사, 2005)과 『이성선시선집 2』(서정시학, 2001)가 출간되었다.
9) 나태주(羅泰柱)(1945~)는 충남 서천 출신으로 1971년 ≪서울신문≫ 신춘문예에 당선되어 등단했다. 첫 시집 『대숲 아래서』(현대시학사, 1973) 이후 산문집 『대숲에 어리는 별빛』(열쇠, 1981)을 비롯한 동화집, 시화집 등 다수의 저작물을 출간하였고, 현재에도 꾸준히 작품 활동을 펼치고 있다.
10) 송수권(宋秀權)(1940-2016)은 전남 고흥 출신으로 1975년 『문학사상』 신인상으로 등단했다. 첫 시집 『山門에 기대어』(문학사상사, 1980) 이후 시 창작 이론서 『송수권의 체험적 시론』(문학사상사, 2006)을 비롯한 산문집, 음식문화기행집 등 다수의 저작물을 출간했다.
11) 논의의 순서는 문단 등단 연도에 따라 이성선, 나태주, 송수권 순으로 하였다.

시로 승화시키려는 노력을 기울여 왔고,12) 같은 시적 지향성을 가진 평생지기 시우로 교우를 나눠왔다.13) 그리고 1940년대 초-중반에 출생하여 출생지인 강원도, 충청도, 전라도 지역에 평생 거주하며 향토적 색채가 짙은 시를 써왔다는 공통점을 가지고 있다. 긴 세월의 우정을 담은 3인 시집『별 아래 잠든 시인』을 2001년에 펴낸 바 있다. 이러한 사실은 이들 시인의 의식 속에 담긴 고향이 지리적 고향으로서의 공간과 장소인 동시에 자연적 고향으로서의 공간과 장소이며, 정신적·사상적 고향으로서의 공간과 장소임을 알 수 있게 하는 지점이다. 때문에 이들 세 시인의 첫 시집에 나타난 고향의 공간과 장소는 이들 시인의 시세계를 이해하는 것은 물론 70년대 시를 탐구하는데 있어서 반드시 논의되어야 할 중요 문제이다.

첫 시집은 한 시인의 시의 출발점이며, 장차의 시적 향방에 대한 치열

---

12) 이러한 의지는 여러 시편에 잘 형상화되어 있지만, 3인 시집『별 아래 잠든 시인』의 발문에서도 읽을 수 있다. '우리는 설악산-계룡산-지리산, 산자락 하나씩을 보듬고 화전을 일구며 사는 변방의 시인이었다'거나 '순수서정을 표방하고 흔들림 없이 신자연 속에서 가장 깨끗하게 살아온 우리들의 삶'이라고 한 것에서 잘 드러난다. 이성선·송수권·나태주,『별 아래 잠든 시인』, 문학사상사, 2001.
13) 필자가 나태주, 송수권으로부터 직접 들은 바, 나태주와 이성선은 1976년 1월에 속초에서 첫 만남을 가졌고, 송수권과 이성선은 1976년 연말에 첫 만남을 가졌다. 세 시인이 함께 첫 대면을 가진 것은 그로부터 몇 년 뒤의 일이다. 1984년 1월 이성선과 나태주가 광주로 송수권을 찾아가 세 시인이 처음 만났고, 평생 깊은 시우의 정을 나누며 살아왔다.(나태주,「아직도 그리운 이름」,『나태주 시전집-산문』, 고요아침, 2006, 237쪽.) 송수권은 나태주, 이성선 등을 일컬어 "혀를 물고 살았던 벗"이라 표현하고 있다. 그만큼 오랫동안 깊은 교우를 나누고 살았다는 의미다.(송수권,「변방의 외로운 시인, 나태주」,『시와 시학』, 시와 시학사, 2001 겨울호.) 이 글은『나태주 시인 앨범』에도 수록되어 있다.(159쪽) 이 글의 왼쪽 페이지에는 이들 세 시인이 나란히 서 있는 사진이 실려 있는데, "우리는 만나기만 하면 이렇게 셋이서 사진을 찍으며 외로움을 달래며 나이가 들고 또 늙었다"는 설명이 붙어 있다.(158쪽) 이 설명 역시 오랫동안 깊은 교우를 나눠왔음을 알 수 있게 한다. 이 외에도 여러 장의 사진과 편지 등의 글이 이 책에 수록되어 있다.(나태주,『나태주 시인앨범』, 문경출판사, 2004)

한 모색을 보여준다는 점에서 그 시인의 시세계에 중요한 위치를 차지하고 있다. 이성선, 나태주, 송수권의 경우는 고향의 공간과 장소를 시로 형상화한 특징이 두드러지는 경향을 보인다. 이들의 시집에 대한 그동안의 논의가 주로 자연주의적 이미지 내지는 한국적 한(恨)의 세계, 또는 전통적 불교적 상상력의 서정시 측면에 주목하여 이루어지고 있음14)도 이런 특성과 무관하다 할 수 없다. 그러나 뒤집어보면 이것은 이들 시인이 보여준 첫 시집의 시적 성과가 70-80년대의 이념과 민주화 및 노동운동 차원의 문학적 흐름 속에서 좀 더 세밀하고 다양한 관점에서의 논의가 이뤄지지 않고 한 방향으로 쏠려 있음을 보여주는 것이다. 따라서 이성선, 나태주, 송수권의 첫 시집에 나타난 장소성과 공간의 의미를 밝히는 일은 시의 주제 분석은 물론 그들이 추구했던 시세계의 근원을 파악할 수 있는 중요한 논의가 된다. 이에 본고는 이성선의 첫 시집 『詩人의 屛風』, 나태주의 첫 시집 『대숲 아래서』, 송수권의 첫 시집 『山門에 기대어』를 대상으로 시에 나타나는 장소성과 공간의 양상, 그리고 그 특징과 의미가 무엇인지를 규명해보고자 한다.

2. 마을의 장소성과 우주적 공간

이성선의 첫 시집 『詩人의 屛風』에 실린 시 가운데서 고향과 관련하여 가장 주목되는 작품은 「고향의 天井」 연작이라 할 수

---

14) 이병금, 「이선선 시의 선 사유 연구」, 경희대학교 석사논문, 2004. ; 김영희, 「이성선 시에 나타난 관능적 자연 이미지 연구」, 고려대학교 석사논문, 2011. ; 송영호, 「나태주의 서정시 연구」, 경희대학교 석사논문, 2005. ; 정지은 「나태주 초기 시의 리듬 양상 연구」, 동국대학교 석사논문, 2017. ; 문채열, 「송수권 시 연구」, 한국교원대학교 석사논문, 2005 ; 김수영, 「송수권 시의 전통성 연구」, 한국교원대학교 석사논문, 2008.

있다. 할머니에 대한 그리움이 담긴 메밀밭에서 출발하여 머슴의 고달픈 삶이 스민 골목, 노을에 잠기는 능선, 어머니의 한(恨)이 승화된 집에 이르기까지 모두 마을의 여러 장소를 중심으로 상상력을 펼쳐내고 있다. 이 상상력은 대부분 지상에서 하늘로 상승해 우주적 공간을 열어나간다. 즉 이성선의 상상력은 수직적 상상의 성질을 띠고 있고, 우주를 상징하는 하늘을 지향함으로써 초월을 추구한다.

「고향의 天井」 연작에서 '고향'이라는 공간은 '天井'이라는 은유를 통해 넓은 의미에서의 '집'이라는 장소성을 가지게 된다. 천정은 지붕의 안쪽을 가리키는 단어이기 때문이다. 장소성을 가짐으로써 무차별적 공간이었던 고향은 시인이 부여하는 가치들의 안식처이고, 안전과 애정을 느낄 수 있는 고요한 중심이 된다.15) 그 고향이라는 집의 공간에 누워 바라보는 천정은 우주로서의 하늘이다. 그리하여 고향은 유동하는 장소로서의 마을과 개방적이며 확장적인 우주 공간으로서의 하늘이 겹쳐지는 혼융의 상태에 이른다.

밭둑에서 나는 바람과 놀고 / 할머니는 메밀밭에서 / 메밀을 꺾고 계셨습니다. // 늦여름의 하늘빛이 메밀꽃 위에 빛나고 / 메밀꽃 사이사이로 할머니는 가끔 / 나와 바람의 장난을 살피시었습니다. // 해마다 밭둑에서 자라고 / 아주 커서도 덜 자란 나는 / 늘 그러했읍니다만 // 할머니는 저승으로 가버리시고 / 나도 벌써 몇 년인가 / 그 일은 까맣게 잊어버린 후 // 오늘 저녁 멍석을 펴고 / 마당에 누우니 // 온 하늘 가득 / 별로 피어 있는 어릴 적 메밀꽃 / 할머니는 나를 두고 메밀밭만 저승까지 가져가시어 // 날마다 저녁이면 메밀밭을 매시며 / 메밀꽃 사이사이로 나를 살피고 계셨습니다.

―「고향의 天井 1」 전문

---

15) 이-푸 투안, 앞의 책, 7쪽.

이 시의 중심 이미지인 메밀밭은 그리움의 알레고리이다. 고향이라는 공간에 이 중심 이미지를 배치함으로써 시인은 유토피아적 세계에서 발현되어 불멸하는 할머니의 사랑을 건져 올린다. 메밀밭은 고향의 한 장소이고, 할머니의 보살핌 속에 화자가 성장했던 추억의 장소이다. 오랜 세월이 흐른 뒤 화자는 저녁하늘의 별을 보며 할머니는 <나를 두고 메밀밭만 저승까지 가져가시어>서는 <메밀꽃 사이사이로 나를 살피고 계>신다는 동일성의 정서적 충만감을 얻는다. 이때 '메밀밭=하늘', '메밀꽃=별'이라는 등식이 성립한다. 메밀밭이라는 고향의 한 장소를 무차별적 공간인 하늘과 등치시키고 있는 것이다. 이처럼 메밀밭은 화자와 할머니, 그리고 과거와 현재, 이승과 저승, 지상과 우주(하늘)를 매개해 주는 역할의 장소가 되고 있다.

시인은 과거의 체험에 대한 동화(同化, assimilation)와 투사(投射, project)를 통해 고향이라는 공간이 뿜어내는 정서의 풍부성, 그리고 조상들의 생활 속에서 되풀이되는 원형적 심상[16]이 깃든 장소성이 환기하는 정신적 가치의 의미를 현대인에게 전달한다. 이렇게 알레고리를 통한 고향의 공간과 장소는 삶의 안식처이고, 안전과 애정이 불멸하는 정신적 이상향이며, 원형과 우주적 상상력을 제공하는 곳으로 자리매김 된다.

구름과 구름 깨진 틈새로 / 박꽃이 웃고 있었지요. / 박꽃 주위로

---

[16] 원형은 역사나 문학, 종교, 풍습 등에서 수없이 되풀이된 이미지나 화소(話素, motif)나 테마다. 이런 반복성과 동일성이 원형적 상징의 본질적 속성이다. 원형을 제공하는 신화는 첫째, 공동성(共同性)의 심원한 의미를 준다. 이것은 신화가 인간과 자연과 신이 하나의 공동체를 이루고 있으며 사상과 감정이 미분화된 상태의 삶의 세계를 보여준다는 의미다. 둘째, 동일한 것의 영원한 반복이라는 통시적(通時的) 동일성의 감각을 현대인에게 전달한다. 변화를 본질로 하는 역사적 차원 속에 살고 있는 현대인에게 신화는 자아의 시간적 연속감, 변화하지 않는 자기 정체의 지속감을 일깨워 준다. 김준오, 『시론』, 문장사, 1982, 156-157쪽.

달빛이 모여앉고 / 밤이 거울처럼 빛나고 있었지요. / 박꽃 사이로 다듬이질 소리가 보이었지요. / 다듬이질 소리 속에 / 어리신 어머님 어깨가 보이고 / 할머님 꾸중에 못이겨 / 스무살 어머님의 모습은 / 제 다듬이질 소리에 후줄근히 맞으며 / 밀리고 있었지요. / 하늘 높이 밀리고 있었지요. / 마당에 한 마리 벌레가 소리지르고 / 어머님 눈물이 내 풀잎에 비치었지요. / 벌레소리가 하늘 높이까지 들리는 밤 / 달빛과 사시던 어머님은 / 옷자락을 하늘 온 부분에 날리며 / 지붕 내려와서 / 박꽃을 피우셨지요. / 조용히 웃으며 피우고 계셨지요.

―「고향의 天井 4」 전문

일반적으로 따뜻하고 안락한 곳이며, 사적인 영역으로서 외부의 위협으로부터 보호받을 수 있는 안전한 장소이다. 그러나 이 시에서 집은 애상과 서러움이 고여 있는 장소성을 드러낸다. 이것은 어머니의 모습을 <하늘 높이 밀리>게 하는 <다듬이질 소리>에서 극대화된다. 어린 나이에 결혼을 한 어머니의 시집살이는 지붕 위의 박꽃과 달빛, 마당의 벌레 소리와 풀잎이 어우러지면서 서정성의 세계로 편입된다. 이른바 한의 정서라 불리는 전통 서정의 세계에 진입함으로써 이 시의 공간은 정서와 관념의 공간이 된다. 정서란 순간적인 현재의 감정이라 할 수 있으며, 관념은 시간을 가지지 않는 무시간성(無時間性)을 지닌 것이다.17)

이 시의 주인공인 어머니와 할머니의 관계는 종속적 관계이다. 안락하고 보호받으며 휴식을 의미하는 장소인 집이 가사노동과 종속적 위계에 의한 한의 공간으로 위치하게 되는 것이다. 그러니까 이 시가 보여주려는 정서와 관념은 근대적 농촌 사회의 여성의 고달픈 삶에 의해 빚어진 한의 승화임을 알 수 있다. 즉 고달픈 시집살이를 겪는 어머니의 고통과 슬픔은 <박꽃>에 녹아들고, 서정 양식이 보여주는 주객일체의 방식을

---

17) 김준오, 위의 책, 79쪽.

통해 시인은 그 한을 <달빛>으로 승화시킨다. 그러므로 어머니가 다듬이질 하는 집은 현실적 언어의 재생을 통한 리얼리티의 공간이 아니라 감정을 안으로 삭이고 내면을 다스려 승화시키는 정서와 관념의 미적 공간이며, '벌레 소리가 하늘 높이까지 들리고, 옷자락을 하늘 온 부분에 날리며 박꽃을 피우는' 우주적 공간으로 확장 된다.

시인이 「고향의 天井」 연작을 쓴 시기가 70년대 전후로 산업화 시대[18]라는 것을 상기할 때 시인이 살아온 당대 자기 시대, 또는 삶에 대한 인식을 시적으로 어떻게 극복하고 있는가 하는 문제는 항상 관심의 대상이다. 그런 의미에서 고향의 공간 속에서 현재의 인식을 보여주는 작품을 검토할 필요가 있다.

> 머슴의 찢어진 옷 속으로 내다보이는 겨울 골목에 / 하늘이 숨어 빛난다. / 찢어진 옷 속으로 내다보이는 하늘에 / 별이 내린다. / 찢어진 부분으로 내어다보이는 지붕에 / 아침이 새떼를 몰고 내려와 지절거린다. / 어미소가 보이고 장작더미가 보이고 / 검불가리가 보인다. 눈이 내린다. / 내리지 않는 모든 것이 이곳에 내린다. / 내려와 하나씩 내 아픈 부분을 쓸어간다. / 살 터져 드러난 하늘 / 앙상한 겨울 나무가 보이고 / 잠들지 못해하는 가지의 어깨가 보이고 / 서로 아픔을 바라보는 / 얼굴이 보인다. / 바람아 당당히 달려오는 바람아 / 하늘의 이 골목을 다니지 말라 / 머슴의 깊은 잠이 깨면 / 우리의 밤은 황야다 / 겨울 벌판을 헤매는 짐승이다.
> ─「고향의 天井 2」 전문

이 시는 머슴이 입고 있는 옷의 찢어진 틈으로 보이는 마을 풍경과 하

---

[18] 권영민은 경제 급성장과 근대적인 산업체제의 확립, 도시의 확대와 대중문화의 확산, 물질주의적 가치관의 확대 등이 이루어진 1970년대부터 '80년대 중반까지를 산업화시대로 구분하고 있다. 권영민, 『한국현대문학사 2』, 민음사, 2002, 245쪽.

늘-우주적 공간을 보여주고 있다. 일견 서경적이고 평화로워 보이는 이 풍경과 공간은 <머슴의 찢어진 옷>이 비유하는 바, 가난과 허기, 설움의 알레고리이다. 주지하다시피 머슴은 농가에 고용되어 새경[私耕]을 받고 노동력을 제공하는 농업노동자이다. 근대화와 산업화를 거치면서 70년대 말 이후 머슴 노동은 거의 사라졌다.[19]

  이 시의 이미지는 상승과 하강을 거듭한다. '겨울골목-하늘, 별', '지붕-새떼', '어머니, 장작더미, 검불가리-눈', '하늘-겨울나무-얼굴' 등이 그러하다. 머슴의 찢어진 옷을 통해 거듭되는 이 상승과 하강 이미지들은 머슴의 고달픈 삶과 머슴의 깊은 잠을 대비시키는 입체적 역할을 한다. 머슴은 고단한 삶을 살아가는 자로서 가난하고 소외된 산업화 시대의 민중을 표상하며, 세계로부터 던져진 자로 존재한다. 때문에 깊이 잠든 그 공간만이 유일하게 보호와 안락함을 보장 받을 수 있는 장소로써의 기능을 한다. 그러나 잠이 깨면 안식처로서의 장소성을 상실한 공간은 <겨울 벌판을 헤매는 짐승>의 공간이고, <피흘리는 공간>(「廣野」)인 것이다. 할머니와 어머니를 통해 우주적 공간을 열며 형상화된 원형적 이미지[20]는 머슴을 통해 지상의 곤고한 삶 속으로 하강되며 현실화되는 새로운 국면을 보이는 것이다.

     투명한 생명의 울림이 응결된 가지에 / 섬약한 神의 손끝이 닿아 / 넓은 光明으로 부서지는 바다. // 그대 몸짓 움직이는 時時刻刻으로 / 空間이 빛나 / 생활에 꺾인 가지의 매듭에서 / 불타는 새벽 / 아아, 생생한 불길, // 그대 고행의 눈 속 가득 흔들리는 광야 / 별빛의 이끌림

---

19) 윤수종, 「머슴 제도에 관한 일 연구」, 『사회와 역사』 제28집, 한국사회사학회, 1991, 145쪽.
20) 원형적 이미지는 여러 가지가 있지만 원형적 여성(anima)도 그 가운데 하나이다. 김준오, 앞의 책, 156쪽.

에 빠지어 / 새벽 마을을 거닐면 / 생존의 괴로움이 별빛에 닦이어 / 天井에 차거이 빛나는 거울.

―「새벽」 전문

화자는 새벽에 바닷가 마을을 거닐고 있다. 산업화가 본격화되기 시작한 시대를 살아가는 화자는 <생활에 꺾인 가지>가 의미하듯 생활의 어려움에 봉착해 있고, <생존의 괴로움>에 대한 번뇌 때문에 새벽잠을 이루지 못하는 까닭이다. 방문을 열고 나와 걷는 <새벽 마을>은 화자의 개인적인 삶은 물론 이웃과의 집단적 삶도 진행되는 현실의 구체적인 공간으로서의 고향21)이다. 빈스방거는 사랑하는 사람들이 서로에게 만들어주는 공간을 고향이라고 보았고, 사랑하는 사람이 있는 그곳에 나를 위한 장소가 탄생한다고 했다.22) 따라서 인간이 함께 산다는 의미에서 고향은 사랑하는 사람들이 만드는 공간이며, 사랑하는 사람이 있기 때문에 위안을 얻고 안락한 시간이 열리는 장소성을 지닌다. 때문에 고향이라는 공간에 존재한다는 것은 생존경쟁의 측면에서 투쟁적 경쟁 관계가 발생하는 생활공간에서 벗어난 상태이며, 안락함과 평화로운 위안을 얻기 좋은 상황에 놓여있다는 의미를 가진다. 이로써 화자가 바다의 일출을 보며 <생활에 꺾인 가지의 매듭에서 / 불타는 새벽 / 아아, 생생한 불길>이라 탄성을 내뱉는 까닭을 이해하게 된다. <새벽>의 <생생한 불길>은 희망이나 새로운 출발을 상징하기 때문이다. <생활에 꺾인 가지>가 <생명의 울림이 응결된 가지>로 새롭게 탄생하는 것도 같은 맥락이다. 빈스방거가 "영원한 고향"이라고 했던 사랑하는 사람들이 만드

---

21) 이 시에서는 고향이라는 단어가 사용되지 않고 있지만, 시인의 고향이 바다를 끼고 있는 강원도 지역이라는 점, 또 「고향의 天井」에서처럼 "天井"이라는 용어를 사용하고 있다는 점, 그리고 시인이 1970년대에 고향의 동광농업고등학교 교사로 생활했다는 점 등에서 화자가 거니는 "새벽 마을"이 고향임을 알 수 있다.
22) 오토 프리드리히 볼노, 앞의 책, 341쪽.

는 고향이기 때문에 <생존의 괴로움>까지도 <별빛에 닦이어> 고향의 <天井>에서 빛날 수 있는 것이다.

마을이라는 공간을 배경으로 형상화되고, 바닷가, 골목, 집, 메밀밭 등의 장소성을 보이는 이성선 시에 나타나는 고향은 자연과 인간의 삶이 교호하고 조화롭게 합일되면서 우주적 뿌리를 박는 곳이다. 그리고 유동하는 장소성이 갖는 수평적 확장은 <天井>이라는 비유적 시어에 의해 수직적으로도 확장되어 고향은 온전한 하나의 세계로 그 모습을 갖춘다. 수평적 확장이 대지적이라면 수직적 확장은 우주적이다. 이러한 특징을 지닌 고향은 풍요로운 정서와 사유의 토대인 동시에 고뇌하는 인간 삶에 굳건한 용기를 주는 상징이다.

3. 집의 장소성과 회귀의 공간

나태주의 첫 시집 『대숲아래서』에서 발현되는 고향의 공간과 장소는 크게 집으로 요약된다. 이 공간과 장소는 비극적 요소를 가지며, 끊임없이 회귀하려는 시인의 의식과 맞물려 있다. 가난하고 궁핍한 생활을 했던 농촌에서의 유소년기는 괴롭고 고통스러운 비극성의 위치에 놓여 있지만, 시인은 자연이 지닌 순수성이나 생명성을 통해 치유를 받는다. 그래서 시인에게 자연공간은 행복한 장소로 위치한다. 이런 까닭으로 나태주의 시는 유소년기에 체험했던 사건이나 어떤 정황이 발생했던 장소를 지나지만, 자연이 살아 숨 쉬는 공간으로 회귀하려는 의식을 지닌다.

나태주의 시에서 발생하는 장소성의 비극은 아리스토텔레스가 정의한 바와 같이 연민과 공포를 통해 정서의 정화를 성취한다.[23] 정서의 정화는 비극적 비애의 상태이다. 비극적 비애는 비극 안에서 고통과 희열이 독특하게 섞여 있는 일종의 감경(減輕)과 해결이다. "인간과 자연의 섬세한 교감을 율감화(律感化)된 언어로 표현"24)했던 초기시가 보여준 순수성과 전원적 상상력25)도 그러한 비극적 비애가 심화된 서정세계의 면모이다. 즉 나태주의 시적 서정세계는 장소성이 지닌 특성과 긴밀한 연관을 가지며, 자연의 순응자로서 전원적 서정시를 쓰고 있는 시인에게 자연은 곧 고향이며, 고향은 곧 자연으로 인식되고 있는 것도 이러한 연유에 있다.

> 시래기밥 먹고 / 마당가에 나온 겨울저녁이면 / 일기 시작하는 솔바람 소리, 아아, 저절로 배부르구나. // 호롱불 어둑한 부엌에서 / 설겆이하던 어머닌 / 어디 가셨나? / 또 軍隊가신 아버지 생각에 / 장독대 뒤로 눈물 닦으러 가신게지. // 밥을 많이 먹으면 / 쉽게 하품이 나와 / 방에 다시 들어와 / 어둑한 등불빛 아래 / 다시 듣는 솔바람 소리면 / 아아, 졸립구나 졸립구나 // 자릿기가 땡땡 어는 추위에도 / 어기잖고 또 아침은 와 눈덮힌 山에서 / 기어 내려오는 솔바람 소리, 어쩐지 배고푸구나 고푸구나. / 시래기밥 먹은 배 / 쉽게 쉽게 쓰리구나.
> ―「어린 날에 듣던 솔바람 소리」 전문

「어린 날에 듣던 솔바람 소리」는 가난과 허기, 그리고 남편을 군대에 보낸 어머니의 서러움이 겹쳐 비극적 비애를 자아내는 집의 공간 이미지를 선명하게 그리고 있다. 가족 공동체의 공간에 위치하는 부엌, 장독대, 등불 빛이 의미하는 방 등은 어머니의 사적 공간의 성격을 지니며, 어머니의 감정과 느낌이 부여되는 장소이다. 어머니의 사적 공간으로 표상되

---

23) 아리스토텔레스 천병희 역, 『詩學』, 문예출판사, 1991(개정판 3쇄), 47쪽.
24) 나태주 시인 화갑기념문집 간행위원회, 『나태주의 시세계』, 분지출판사, 2004, 1쪽.
25) 고은, 「간절함과 친밀함」, 『시와시학』, 시와시학사, 2002 겨울호. ; 김남조, 「원숙함과 역동적임」, 앞의 책. ; 김재홍, 「시의 순수성과 비평적 성격」, 앞의 책.

는 여러 장소에 가 닿은 화자의 시선에 비친 집의 풍경은 부재하는 아버지로 인해 불안 속에 놓여 있다. 뿐 아니라 <호롱불 어둑한 부엌에서 / 설겆이>를 하다가 <장독대 뒤>로 가서 <눈물 닦>는 어머니를 떠올리며 조는, 화자가 머문 방의 장소성은 슬픔에 젖은 화자의 얼굴, 그리고 <겨울저녁>의 <솔바람 소리>가 개입함으로써 연민을 불러일으킨다. 이처럼 나태주의 시에는 불안한 현실에 대한 비극적 인식과 적막한 외면 풍경에 대한 강박관념26)으로 인해 비극적인 장소성이 강화된다. 이는 연민을 통해 정서의 정화를 성취하는 중요한 시적 역할을 하는 것들이다.

> 쏘내기 맞고 오는 / 韓山 細모시 / 치마 저고리. / 가는 눈썹이 곱던 어린 時節의 내 어머니. // 베를 짜고 계셨다, / 호박넌출 기웃대는 되창문 열고 / 어쩌면 하이얀 그림이나처럼. / 땀도 흘리고 숨도 쉬는 꽃송이나처럼. // 아버지 軍隊 가시고 / 남겨진 우리 네 男妹 / 보리밥도 없이 서로 많이 먹으려다 다투고 / 어머니한테 들켜 큰놈부터 차례로 매맞아 / 시무룩히 베틀 아래 놓고 있는 한낮, // 茂盛히 자라난 여름 수풀 속 / 그해따라 유난히 茂盛하던 매미소리여. / 울다 만 눈으로 바라보던 / 옷벗은 흰구름의 알몸둥이들이라니!
>
> ―「매미 소리」 부분

여름날에 소나기를 맞고 귀가하던 어린 시절을 회상하며 떠올리는 집의 풍경 역시 어머니의 모습과 겹쳐져 나타난다. 화자의 <어린 時節> 집은 <되창문을 열고> <베를 짜>는 어머니로 인해 처연하고 숙연한 아름다움을 자아내는 공간이다. <軍隊> 간 남편을 대신해 <네 男妹>를 건사해야 하는 어머니는 <하이얀 그림>이나 <꽃송이>와 같은 정갈함을 가졌지만, 훈육을 할 때는 <매>를 들어 매서운 모습을 보임으

---

26) 송영호, 「나태주의 서정시 연구」, 경희대학교 석사논문, 2005, 5쪽.

로써 아버지가 부재하는 공간을 메꾼다. 그럼으로써 아버지와 어머니의 경계를 해체한다. 어머니가 베를 짜는 집의 장소성은 쓸쓸하고 적막하지만, 아버지를 대신하는 어머니의 역할 확장으로 인해 집은 가부장의 이념이 지배하는 장소로 지속성을 가지게 되는 것이다.

> 칭얼대는 生活이야 저만큼 / 담장 아래 잠재워 두고 / 오랜만에 만난 情만 / 새각씻적 / 동정이 밝아오던 수집음이라, // (중략) // 찬물에 설겆이하고 / 행주치마에 훔치는 손 / 내 녹혀줄게 이리 주구려.
> ―「짚불 피워 구들을 달군 뒤」 부분

집의 공간을 지배하는 비극적 비애는 이 시에서도 여전히 나타나고 있다. 집은 가난과 궁핍이 <칭얼대는 生活>공간이고, <찬물>로 상징되는 장소로 나타나고 있기 때문이다. 그러나 <軍隊> 간 <아버지>가 돌아옴으로써 비로소 집의 장소성은 다른 변모를 맞게 된다. 따뜻하고 평화로운 안식처로서의 장소로 전환되는 것이다. <설겆이>를 하다 설움에 겨워 울던 어머니(「어린 날에 듣던 솔바람 소리」)는 이제 <칭얼대는 生活>도 저만큼 밀쳐두고 <새각씻적>의 <수집음>으로 <두 귀 빨개져 / 동동동 발을 구르며> 희열에 넘친다. 비극적 비애와 연민의 정서로 들끓던 어머니의 사적 공간이 아버지의 귀가로 인해 급작스레 활력을 얻게 된 것이다.

아버지 역시 자신이 뿌리를 내릴 공간의 기준이 되는 중심에 들어섬으로써, 비로소 <설겆이>하느라 <찬물>에 손이 언 아내의 손을 녹여줄 고유한 장소를 확보하게 된다. 그 중심은 '거주하는 곳', '집'이라 여기는 곳, 끝까지 항상 '귀환'하는 곳이다.[27] 어머니가 역할 확장을 통해 가장

---

27) 오토 프리드리히 볼노, 앞의 책, 162쪽.

의 공간을 채웠지만 내적으로는 여전히 아버지의 부재로 인한 가난과 허기, 불안 등의 비극적 비애가 내재되어 있던 집이 가장의 고유한 장소로 전환되면서 심원한 정서적 정화가 절정에 이르고 있음을 알 수 있다. 이로써 명백해지는 것은 바슐라르가 "집은 인간의 사상과 추억과 꿈을 한데 통합하는 가장 큰 힘의 하나라는 것을 드러내야 한다"28)고 했던 말을 이 시가 구현하고 있다는 점이다.

> 봄 어느날 마당 귀퉁이를 일구고 걸음흙을 섞어 아버지가 만드신 한평짜리 꽃밭에 나는 집집마다 돌아다니며 꽃모종을 얻어다 심었습니다.29) 꽃들은 좋아라 잘 자랐고 꽃송이도 제법 많이 달아주었습니다. 비오는 날 같은 때, 아버지는 새로 꽃핀 그것들이 신기한 듯 유심히 바라보시곤 하십니다. 살림에 짜들은 깊은 주름살도 꽃물이 들어, 오랜 중풍으로 병든 神經에도 풀물이 들어 어쩌면 꽃들이 아들딸로 보이시는가……. 아버지는 생땅에 일군 꽃밭이고 우리 형제는 그 꽃밭에 피는 꽃송이들. 그렇게 바라시는 마음, 그렇게 바라며 사시는 하늘같은 마음아.
>
> ―「꽃밭」 전문

집안의 중심적 존재인 군대 간 아버지의 귀가로 또 다른 질서로 전환된 집은 아버지의 <중풍>으로 다시 비극적 비애의 공간이 된다. 거기다 <살림>은 여전히 <짜들은> 상태에 놓여 있다. 아버지 부재의 불안정성으로부터 회복된 안식처이자 세계 중심으로서의 집은 아버지의 병으로 상징되는 불안정성으로 인해 다시 비극적 공간으로 역전되어 있는 것이다. <중풍>으로 건강을 잃은 가장은 세계 중심으로서의 책임을 다

---

28) 가스통 바슐라르, 곽광수 역, 『공간의 시학』, 동문선, 2003, 80쪽.
29) 필자가 나태주 시인에게 확인한 바, 이 시에서 <걸음흙>은 '거름흙'의 오자이고, <꽃모종>은 '꽃모'의 잘못된 표기이다.

하지 못하고, 집의 마당 귀퉁이에 꽃밭을 일굼으로써 바깥 세계와의 경계에 노출된 균열이 드러나지 않도록 재정비하는 일상의 삶을 보여준다. 즉 생계를 부양하지 못하는 가장의 허약한 권위는 <꽃밭>이라는 자연성에 기대어 사랑이라는 이름을 얻으며 극복된다. 만물을 품고 기르는 자연은 부모의 넓고 깊은 품의 상징이 되기 때문이다. 그런 점에서 아버지의 꽃밭 만들기는 성공적이다.

화자는 가정의 불안정성의 문제에 대해 갈등이나 슬픔보다는 일상성 속에서 극복하고 해소하는 양상을 보인다. 꽃모가 잘 자라고 꽃을 피우는 것으로 불안정성은 안정성이라는 방향으로 선회한다. 병든 아버지에게 <꽃>은 <아들딸>로 보이고, 화자는 그 꽃을 바라보는 아버지의 내심을 <하늘같은 마음>으로 받아들이고 있는 것이다. 이로 인해 <꽃밭>은 치유의 공간이며, 생명과 사랑이 뿌리를 내리는 장소로 추동된다. 그리고 꽃밭이라는 자연성은 부모의 하늘같은 마음과 등가를 이룬다. 이로써 시인 / 화자가 자연을 고향 회귀의 공간으로 삼는 근원이 강력하게 드러난다.

> 내 故鄕은 / 山, 山 / 그리고 쪽박샘에 / 늙은 소나무, / 소나무 그림자. // 눈이 와 / 눈이 쌓여 / 장끼는 배고파 / 까투리를 거느려 / 마을로 내리고 // 눈녹은 마당에서 / 듣는 / 솔바람 소리. // 부엌에서 뒤란에서 / 저녁 늦게 들려오는 / 어머니 목소리.
> ―「내 故鄕은」 전문

고향이라는 공간은 여러 장소의 집합체이다. 이 시에서는 산, 쪽박샘, 소나무, 소나무 그림자, 마을, 집의 마당, 부엌, 뒤란 등의 장소를 보여준다. 이러한 장소에 눈이 내려 쌓이고, 장끼와 까투리가 날고, 솔바람 소리와 어머니 목소리가 화음을 이룬다. 전원적 상상력의 구심을 이루는 공간이 고향의 자연이며, 고향의 여러 장소에 원심력이 있음을 보여주는 작품이 바로 「내 故鄕은」인 것이다.

　이 시에서 가장 주목되는 정서는 <솔바람 소리>와 <어머니 목소리>이다. 어머니는 군 입대로 부재하는 아버지의 자리를 대신하는 위치에 있었고, 나이 들어서는 아버지의 오랜 중풍을 수발하는 처지에 놓여 있었다. 하여 어머니의 자리는 늘 비극적 비애의 장소성을 띠게 되었다. 어머니로서의 역할이 규정되거나 고정되지 않고 확장되는 것은 물론이거니와 어느 때는 처연하고 눈물겨운 모습을 보여주었다. <어머니 목소리>는 이와 같은 연유로 어머니의 신산한 삶과 가정사의 고난을 헤쳐 나가려는 어머니의 의지와 맞물려 화자의 내면 깊숙한 곳에 비극적 정서로 자리한다. 대문에 집과 가정의 공간은 사회경제적 맥락이나 자식들과의 상호관계에 있어서 안타까움과 처연한 정서의 틈새를 만들어내었다. 이러한 정서의 세례를 받고 성장한 까닭에 화자는 끊임없이 고향으로 회귀하려는 욕망을 안고 있는 것이다.

　<솔바람 소리> 역시 화자의 성장사와 깊은 연관을 가진다. 어린 시절에 눈 덮인 산에서 군 입대로 아버지가 부재하는 가난하고 궁핍한 집으로 불어오던 솔바람 소리는 <배고푸구나 고푸구나>(「어린날에 듣던 솔바람 소리」)하고 중얼거리던 허기의 알레고리이다. 뿐만 아니라 <솔바람 소리>는 <외할아버지의 靈魂>이 <壯盛한 外孫이 보고 싶어>(「솔바람 소리·C」) 흐느끼는 소리이기도 하다. 화자는 "세살 때 봄"에 "病"이 깊은 할아버지가 "소나무 아래"에서 "해바라기"하며 "外孫"의 재롱을 행복하게 바라보던 마지막 모습을 기억하기 때문이다. 소나무가 있는 장소는 허기진 울음을 화자 대신 울어주는 곳이고, 할아버지와의 마지막 추억이 서린 곳이다. 때문에 <솔바람 소리>는 가난과 허기, 그리

고 할아버지와의 추억으로 점철된 화자의 유년기의 장소성을 의미한다는 점에 그 의의가 있다.

나태주 시의 고향에 등장하는 장소성은 비극적 비애의 정서를 환기하며 도드라지게 나타난다. 특히 아버지 부재와 병으로 상징되는 불안정성의 집에서 확대되는 어머니의 역할이나 어머니의 모습들, 그리고 꽃밭이라는 자연성을 통과하면서 심원한 정서적 정화를 성취한다는 점은 특별한 의미를 지닌다. 나태주 시에 등장하는 고향은 산업화 시대이지만 여전히 근대적 농촌으로써 자연성이 훼손되지 않은 곳이다. 이로 인해 고향은 자연과 등가를 이루고 치유와 생명 회복의 공간으로 자리매김 된다. 자연이 나태주 시의 근원30)이 되는 것도 모성적31) 체험공간이기 때문이다. 체험공간인 자연으로 돌아옴으로써 비극적인 장소성은 인간에 대한 사랑의 정신, 생명에 대한 사랑의 정신을 회복하려는 치열한 의지의 공간을 확보하게 된다. 때문에 시인은 끊임없이 고향으로 상징되는 자연 공간으로 회귀하려는 의식을 보이는 것이다.

뿐 아니라 나태주 시에서 고향은 문명의 발달에 따라 개인화되고 파편화되는 오늘날의 흐름과 맞물리면서 이른바 창조적 상상력의 하나인 기억의 초연성(超然性)이 시 속에 발현되고 형상화되어 나타나는 공간으로 주목된다. 화이트헤드는 과거란 형태화되고 고정되어서, 현재의 모든 소망과 갈망으로부터 벗어나는 그 초연성을 강조했는데, 김준오의 언급에 따르면 이것은 대상을 '거리'를 두고 본다32)는 것이며, 이 '거리'에서 우리

---

30) 하이데거는 본질유래(Wesensherkunft)에 해당하는 것을 근원이라 했다. 배상식, 「하이데거 사유에서의 '근원' 개념」, 『인문과학』 제16집, 경북대학교 인문과학연구소, 2003, 16쪽.
31) 노자는 모성성에서 근원을 찾았다. 『도덕경』 6장에서 신비로운 여성을 의미하는 현빈의 문을 천지의 근원으로 본 것이 그것이다. 谷神不死 是謂玄牝 玄牝之門 是謂天地根 綿綿若存 用之不勤. 쉬캉성, 유희재·신창호 역, 『노자평전』, 미다스북스, 2005, 326쪽.

는 본질을 성찰할 수 있다. '거리'를 통해 과거에 고향에서 경험하고 느낀 다양한 감정을 현재 우리는 아무런 욕망 없이 기억할 수 있다는 것이다.

4. 산하의 장소성과 부활의 공간

송소권의 첫 시집 『山門에 기대어』에서 보여주는 고향의 장소성은 신명의 가락을 가진다. 그 신명은 자연과 결합된 인간 삶의 체험공간에서 발생되는 친밀성에서 비롯된다. 고향은 조상이 대대로 살아온 곳에서 자기가 태어나 자란 '사랑의 공간'이기 때문에 생활공간의 성격보다는 체험공간의 성격이 크고, 보편적으로 높은 친밀성을 지닌다. 또 그 신명에 의해 소리나 이미지들이 구체화된 고향은 생명력이 되살아나는 부활의 공간이 된다. 이러한 고향 산하의 장소성과 부활하는 생명력의 공간적 황홀경(ecstasy)을 보이는 시로는 「시골길 또는 술통」, 「보름祭」, 「산문에 기대어」 등을 들 수 있다.

고향은 사적 공간이지만, 여러 이웃이 살아가는 공간이라는 점에서 공적 공간이기도 하다. 사적 공간이란 개인적인 사유나 행동반경의 영역을 의미하고, 공적 공간이란 공공성을 창출하는 영역을 의미한다. 슈뢰르는 가정경제의 영역을 사적 공간으로, 정치성의 공간을 공적 영역으로 보았다.[33] 가정경제의 영역이 사랑의 공존재 공간인 반면 정치성의 공간은 경쟁의 공간이다. 때문에 빈스방거가 말했듯이 고향이라는 사랑의 공간성은 이성이나 합리의 공간성보다는 감정이 실린 분위기가 있는 공간성이 높다.[34] 이것은 시는 사적 비밀 언어로 이루어진다고 보았던 송수권

---

32) 김준오, 앞의 책, 289쪽.
33) 마르쿠스 슈뢰르, 정인모 · 배정희 역, 『공간, 장소, 경계』, 에코 리브르, 2010, 261쪽.
34) 오토 프리드리히 볼노, 앞의 책, 336-337쪽.

의 시론35)과 연관이 깊다. 고향이 사적 공간인 동시에 체험공간인 까닭에 고향과 관련된 시는 사적 비밀 언어로 이루어지고, 체험적 정서가 지배적 역할을 하게 되는 것이다.

> 자전거 짐받이에서 술통들이 뛰고 있다 / 풀 비린내가 바퀴살을 돌린다 / 바퀴살이 술을 뒤진다 / 자갈들이 한 치씩 뛰어 술통을 넘는다 / 술통을 넘어 풀밭에 떨어진다 / 시골길이 술을 마신다 / 비틀거린다 / 저 주막집까지 뛰는 술통들의 즐거움 / 주모가 나와 섰다 / 술통들이 뛰어 내린다 / 길이 치마 속으로 들어가 죽는다
> ―「시골길 또는 술통」 전문

짐받이 자전거에 술통을 싣고 달리는 모습은 풀 비린내와 자전거 바퀴에 튕겨 오르는 자갈이 겹치면서 경쾌한 리듬감과 솟구치는 생명력을 뿜어낸다. 오늘날 도시화된 농촌의 도로나 자동차 문화에서는 얻을 수 없는 근대적 농촌 공간에서의 심원환 쾌감이다. 근대, 또는 산업화의 이면에 놓인 척박한 삶을 신명으로 바라보고자 하는 따뜻한 시선이 그려내는 애정의 세계이기도 하다. 이 역동적 상상력은 자전거와 시골길, 술통과 풀밭, 주막집 주모와 치마 속으로 들어가 죽는 길을 하나의 이미지로 묶어 근대적 농촌 공간인 고향을 신명이 일어나는 곳으로 장소화한다.

이 시에서 고향을 의미하는 장소인 <시골길>은 인간의 내면에 자리잡고 있는 본질을 향한 길이다. 주지하다시피 근대적 공간으로서의 농촌은 산업화가 되면서 공동체 공간으로서의 기능이 붕괴되고, 공동화의 길로 들어섰다. 달리 말하면 고향을 상실한 디아스포라의 시대가 시작된

---

35) 송수권은 "시는 사유재산이지 공유재산이 아니다"라고 하면서 시어는 '내적인 비밀한 언어'라고 정의하였다. 송수권, 『송수권의 체험적 시론』, 문학사상사, 2006, 445쪽.

것이다. 급격하게 산업화가 진행되고, 물질만능주의가 팽배해지는 자본주의 사회에서 발생하는 자기 소외 상태에서는 자기 본질 회복의 공간조차 상실되었다고 느끼게 된다. 이때 고향은 마음의 안식처이자 안락을 주는 동경의 공간으로 나타난다. 그래서 인간은 귀향을 최종 목표로 여기게 되고,36) 시인은 고향에서 체험했던 사건을 상징적으로 구체화한다. 여기서 볼노가 '먼 곳'을 정의하면서 "동경은 인간의 본질 깊숙이 자리 잡은 삶의 방식을 드러낸다."37)고 했던 말을 상기할 필요가 있다. 볼노는 노발리스의 말을 빌려 고향에 대한 향수와 먼 곳을 향한 동경은 일맥상통하기 때문에 고향에 대한 향수는 내면으로 가는 신비로운 길과 깊이 연관되어 있고, 고향에서 찾는 것은 자신의 깊은 본질이라고 보았다.

시인이 장소화했던 신명이 일어나는 곳은 물질문명의 팽배로 인해 발생한 자기 소외, 더 나아가 인간 소외 상태에서 회복해야할 본질적 가치가 존재하는 공간이다. 그 본질적 가치는 바로 역동적 상상력의 시골길에서 탄생하는 리듬감, 전통적 의미에서의 가락과 생명력이다. <징채를 꼰아쥐며 / 뉘반지기 도굿질이 神明났다>(「보름祭—솟대놀이」)고 할 때와 같은 가락이요 생명력이다. 여기서 송수권 시에 나타나는 고향의 장소성과 공간적 의미는 어느 정도 해명된다. 신명을 바탕으로 심원한 쾌감을 뿜어내며 짐받이 자전거에 술통을 싣고 달리는 고향의 시골길은 유정무정한 모든 것들로 하여 가락과 생명38)을 가지고 뛰어 오르게 하는 구체적 장소이다. 즉 자기 소외, 인간 소외 상태에서 회복되는 장소성을

---

36) 오토 프리드리히 볼노, 앞의 책, 120쪽.
37) 오토 프리드리히 볼노, 앞의 책, 120쪽
38) 송수권은 「시골길 또는 술통」은 노자의 '곡신불사(谷神不死)'와 상선약수(上善若水)에서 그 원리를 가져왔다면서 시골길은 곡즉전(曲卽全)의 삶을 나타내는 선이며, 술통들 즉 술은 물의 변형된 이미지라 했다. 이것이 곧 살아 춤추는 길이며 생동하는 길이라고 고백한 바 있다. 송수권, 「노자의 물」, 『푸른시』 제11호, 심지, 2009, 160-162쪽 참조

가진다. 이로써 고향은 되살아남의 공간, 즉 부활의 공간으로 시인의 내면 깊숙한 중심에 자리 잡게 된다.

> 피마자 마른 울대 / 마당귀에 띄워 놓고 / 가랫불을 피워 / 불을 넘자. // 하나 넘고 / 둘 넘고 / 지나온 길 돌아다보면 / 우리는 너무 춥게 / 살아 왔구나. // (중략) // 다섯 넘고 / 여섯 넘고 / 원한으로 똘똘 뭉쳐진 가래 톳 / 핏물이 녹도록 / 뜨거운 불을 넣자.
> ―「보름祭―가랫불 넘기」39)

고향의 시골길에서 피워낸 신명과 부활의식은 「보름祭―가랫불 넘기」에서도 살펴볼 수 있다. 가랫불 넘기를 하는 장소는 주로 집의 마당이다. 여기서 주목해야 할 것은 불이 타오르는 장소와 불을 넣고 넘는 행위이다. 볼노가 강조했듯이 집은 "인간이 사는 세계의 구체적인 중심"이다.40) 인간은 그 중심을 삶의 기준으로 삼고, 그 중심으로 항상 귀환한다. 집은 안식처이고 사랑이 항상 머물러 있는 친밀한 장소이기 때문이다. 고향도 집과 마찬가지로 친밀한 장소이다. 고향의 '추함은 중요하지 않다.'41) 그래서 시인은 화자의 입을 빌려 <춥게 / 살아 왔>고, <괄시 받고 / 살아 왔>다고 한탄하면서도 <하나 넘고 / 둘 넘고> 가랫불을 넘자고 노래한다. 이때 가랫불을 넘는 것은 <원한>을 풀어내는 신명풀이이고, <불을 넣>는 일은 그 <원한>이나 집의 재앙을 태워 없애는 신명풀이이다. 정월 대보름날 가랫불을 자신의 나이만큼 넘으면 무병장수

---

39) 이 시는 「보른祭(연작시)」 제하에 '우리들의 잊혀진 고향'이라는 부제를 달고, 또 따로 일련번호와 제목을 달아 10편으로 구성된 연작시 가운데 한 편이다. 이 연작시의 작품들은 편의상 부제와 일련번호를 제외하고 「연작제목―개별제목」 형식으로 묶어 사용한다.
40) 오토 프리드리히 볼노, 앞의 책, 162쪽.
41) 이-푸 투안, 앞의 책, 233쪽.

한다는 속설도 가랫불 넘기의 신명풀이를 통해 생명력이 재생된다는 믿음에 근원을 두고 있다 할 것이다. 때문에 이 시에서는 <핏물이 녹도록 / 뜨거운 불을 넣>음으로써 끊임없이 되살아나는 생명의 장소, 고향으로 귀환하려는 시인의 의지가 신명을 통해 부활의식으로 뿜어져 나오고 있음을 알 수 있다. 즉 송수권의 시에서 고향은 신명이 태어나는 장소이고, 생명이 부활하는 공간이다.

> 들판 멀리 멀리 / 물러앉은 마을마다 / 작약꽃밭 작약꽃들이 흔들리듯 / 흔들리는 꽃등걸 속에서 // 벌 끝마다 타들어 오는 / 저 날쌘 들불 보아 / 작신작신 불도리깨로 / 휘어 넘기는 / 저 언덕들 보아 // 불똥이 튀고 / 불갈퀴가 날고 / 새파라니 울고 웃고 수그리고 / 외다리로 쭉쭉 늘어선 / 저 도깨비들의 웅얼거림 보아 / 드디어 여러 마을의 / 수많은 불떼들이 한 꾸리로 / 섞갈리고 / 봇물 터지듯 터져 내리는 들불 / 한밤내 쫓기고 쫓는 / 저 群火의 무리 / 저 미친 땃벌들의 아우성을 보아.
>
> ―「보름祭―불싸움」전문

불의 기운을 이용해 액막이를 하고, 이웃 마을과 화합을 추구하며, 풍년을 기원하는 불싸움을 주제로 한 이 시 역시 「보름祭―가랫불 넘기」에서 보여주었던 신명과 부활의식으로 충만해 있다. 「보름祭―가랫불 넘기」가 집이나 마을에서 이루어지는 민속놀이인데 비해 '불싸움'은 이웃 마을 사람과 함께 행하는 민속놀이라는 점에서 서로 차이를 보인다. 그러면서도 불을 모체로 신명을 지피고, 강렬한 생명력을 끌어낸다는 공통점을 가진다.

불싸움은 정월 대보름날, 마을을 대표하는 청년들이 줄로 묶은 통나무에 불을 붙여 빙빙 돌리면서 상대방의 불나무를 쳐서 떨어뜨리거나 진지를 점령해 승부를 가리는 민속놀이다. 때문에 넓은 공간과 불의 위험에서 안전을 확보할 수 있는 장소를 필요로 한다. 근대적 농촌 사회에서 추수가 끝난 뒤의 들판은 광장의 역할을 한다. 농악놀이가 펼쳐지기도 하고, 아이들이 공을 차거나 술래잡기를 하는 공간으로 사용되기도 한다. 배꾸마당이 마을 내부를 향하는 광장이라면 들판은 세계를 향해 열린 광장이다. 그러므로 <불똥이 튀고 / 불갈퀴>가 나는 불싸움 같은 민속놀이의 공간으로서는 들판이 제격이다.

이 시에서 불싸움의 시작은 <벌 끝마다 타들어 오는 / 저 날쌘 들불>과 <작신작신 불도리깨로 / 휘어 넘기는 저 언덕들>로 형상화되고 있다. 그리고 서로 맞붙어 불싸움을 펼치는 장면에서는 <불똥이 튀고 / 불갈퀴가 나는> 것으로 긴장감을 고조시킨다. 이 신명의 공간은 <외다리로 쭉쭉 늘어선 / 도깨비들>로 인해 더욱 풍성한 상상의 세계를 구축한다. <불떼들>이 엉켰다가 흩어졌다가 한 순간 <봇물터지듯 터져 내리는 들불>은 <한밤내 쫓기고 쫓>으며 절정에 도달한 불싸움의 장면을 연상하기에 충분하다. 「보름祭—불싸움」이 보이는 풍성한 이미지들, 그리고 신명은 '우리들의 잊혀진 고향'이라는 부제가 의미하는 바처럼 잊히고 거의 사라진 민속놀이와 같은 고향의 전통에서 뽑아낸 생명력이다. 그러므로 이 시의 들판, 즉 신명이 일어나는 장소성은 <불도리깨>나 <도깨비>와 만나면서 신화가 살아있는 향토적, 토속적 생명의 공간으로 부활한다.

누이야 / 가을山 그리매에 빠진 눈썹 두어 낱을 / 지금도 살아서 보는가 / 淨淨한 눈물 돌로 눌러 죽이고 / 그 눈물 끝을 따라가면 / 즈믄밤의 江이 일어서던 것을 / 그 강물 깊이깊이 가라앉은 苦惱의 말씀들 / 돌로 살아서 반짝여 오던 것을 / 더러는 물 속에서 튀는 물고

기같이 / 살아 오던 것을 / 그리고 山茶化 한 가지 꺾어 스스럼없이 / 건네이던 것을 // 누이야 지금도 살아서 보는가 / 가을山 그리매에 빠져 떠돌던, 그 눈썹 두어 날을 기러기가 / 강물에 부리고 가는 것을 / 내 한 盞은 마시고 한 盞은 비워 두고 / 더러는 잎새에 살아서 튀는 물방울같이 / 그렇게 만나는 것을 // 누이야 아는가 / 가을山 그리매에 빠져 떠돌던 / 눈썹 두어 낱이 / 지금이 못물 속에 비쳐 옴을.

―「山門에 기대어」 전문

「山門에 기대어」는 고향에서 자살한 동생을 소재로 삼은 시이다. 송수권의 고백[42]에 의하면 첫 구절의 <누이>는 시적 미감을 살리기 위해 동생의 호격을 바꾼 것이다. <山門>은 "이승과 저승을 넘나드는 경계의 門"으로, 한 생명이 끊임없이 윤회하고 부활하는 문을 의미한다. 절로 들어가는 문을 보통 산문(山門)이라 하는데, 시인의 고백을 통해 이 산문이 특정한 절을 나타내는 것이 아니라 상징적인 것임을 알 수 있다. 즉 이 시의 배경 장소나 공간은 특정한 절이 아니라 시인의 고향 산하인 것이다.

이런 시적 배경 때문에 고향의 가을 산이나 강은 비감한 색채를 지닌다. 그러나 나약한 정조로 떨어지지 않고 제의의 끝없는 되풀이를 통해 부활되어 생명을 얻는 공간적 의미를 지닌다. 시를 따라 가보면 시인은 삶과 죽음의 경계가 되는 문에 기대어 누이의 <눈썹>을 떠올리고 있다. 눈썹은 누이의 혼을 상징하는 것으로써 맑은 강물 속에서 '반짝이는 돌'과 같이, '물 속에서 튀는 물고기 같이' 되살아 화자에게 "山茶化"를 꺾어 건네준다. 이러한 생명 부활은 우리 전통에서 삼국유사에도 등장하고,[43] 신명풀이의 본향이라 할 무당의 굿에 의해 자주 구현되었다.[44] 부

---

[42] 송수권, 「생기로 피는 恨, 부활의 힘과 역동성―나의 문학세계」, 『시와 시학』, 1991 가을호. ; 배한봉, 「거침없는 가락의 힘, 그 曲卽全의 삶―송수권 시에 나타난 굿의 제의(祭儀)와 에로스 정신」, 『게릴라(Guer-rilla)―관점21』, 2001 가을호.

[43] 「만파식적」편에는 신라의 문무대왕이 동해 용왕으로 부활하여 아들 신문대왕에

활은 침잠하는 한이 아니라 고조된 신명풀이를 통해 이루어지는 것임을 알 수 있다. 즉 송수권 시에 등장하는 산이나 강은 강렬한 생명의 신명이 깃든 공간이고, 그 공간을 통과함으로써 누이의 혼은 부활되어 새로운 생명을 얻게 되는 것이다.

송수권 시가 보여주는 생명 공간은 절대적이고 초월적인 공간이 아니라 자연성, 자율성을 지닌 공간이다. 특정한 절대자가 생명을 되살리는 공간이 아니라 스스로 되살아가는 공간이다. 달리 말하면 계급 질서나 절대적인 군림과 같은 이항 대립적 억압의 세계가 아니라는 의미를 지닌다. 짐받이 자전거에 술통을 싣고 달리는 시골길의 리듬감과 생명력,「가랫불 넘기」나「불싸움」에서 보여준 신명과 공동체의 생명 정신이 오롯한 공간들, 그리고 부활하는 생명의 힘을 "돌로 눌러 죽이"려 하지만 끝끝내 투명하고 눈부신 신명을 타고 "江"으로 부활하는 고향의 장소성이나 공간 등은 한국의 자연을 새롭게 시적으로 되살린다는 점에서 그 의의가 크다.

5. 나가며

고향의 장소성과 공간은 서로 긴밀히 연관되어 있으나, 유동성을 지니며 불확실성을 노정한다. 그리고 시대적 사회적 변화의 흐름에 따라 정치적으로 재현될 수

게 만파식적을 전하는 이야기가 있다. 일연, 김원중 역,『삼국유사』, 을유문화사, 2002, 153쪽.
44) 샤머니즘의 서사 무가「이공본풀이」나「세경풀이」등에 따르면 살이 오르는 꽃, 피가 오르는 꽃, 죽은 사람을 환생시키는 꽃 등을 시신에 툭툭 치면 죽었던 사람이 "봄 잠이라 오래 잤다"며 부활하는 장면이 종종 등장한다. 금욱동,『한국의 녹색 문화』, 문예출판사, 2000, 55-56쪽.

도 있고, 정서적 질곡의 공간을 가로지르며 인간 내면에 치투하여 침잠되기도 한다. 본고는 이러한 인식을 토대로 이성선·나태주·송수권의 첫 시집에 나타난 고향의 장소성과 공간적 의미를 규명하려 하였다.

이성선의 첫 시집 『詩人의 屛風』에 나타난 고향은 유동하는 마을의 장소성과 우주적 공간을 보여주었다. 마을을 중심으로 생활의 근거지인 집과 밭, 골목, 바다 등의 공간과 장소를 하늘과 연결하여 형상화하면서 우주적 공간을 열고 있었다. 이 시집에서 특히 고향의 공간과 장소와 관련하여 주목되는 작품은 「고향의 天井」 연작 등이었다. 메밀밭에서 메밀을 꺾는 할머니와의 교감을 바탕으로 이승과 저승, 지상과 우주를 연결하고, 어머니의 삶의 모습을 통해 집의 장소성을 정서와 관념의 공간으로 이동시키기도 하였다. 또 머슴이 잠든 장소를 통해 산업화 과정의 가난한 시골 마을 풍경을 형상화하는가 하면, 새벽에 바닷가 마을을 산책하며 생존의 괴로움에 대해 고뇌하고, 별빛으로 고뇌를 닦는 성찰을 보여주기도 했다. 고향 마을의 공간과 장소를 형상화한 이성선 시들은 자연과 인간의 삶이 교호하고 조화롭게 합일되는 것을 추구하고 있었다. "하늘"을 지향하는 수직적 확장성을 보여주었다. 수평적 확장이 대지적 공간성이라면 수직적 확장은 우주적 공간성이다.

나태주의 첫 시집 『대숲 아래서』에 나타난 고향은 비극적 장소성과 회귀의 공간을 담고 있었다. 집을 중심으로 펼쳐진 공간과 장소는 비극적 비애의 불안한 현실로 출렁이면서 정서의 정화를 성취하고 있었다. 아버지의 부재, 또는 아버지의 병과 어머니의 한이라는 비극성은 현모양처로서의 어머니의 역할과 아버지의 꽃밭 만들기와 같은 가족애를 통해 극복되면서 장소의 의미망을 확장하고, 또 사랑과 생명이 탄생하고 성장하는 공간성을 보여주었다. 한편 고향의 자연은 시인이 보여준 전원적 상상력의 원심과 구심을 이루는 공간이며 장소였다. 시인에게 자연과 등가를 이루며 치유와 생명 회복의 공간으로 자리매김 되고 있는 고향은 자연성이 훼손되지 않은 모성적 체험공간이었다. 체험공간인 자연으로 돌아옴으로써 시인은 비극성을 극복하고 인간에 대한 사랑의 정신, 생명에 대한 사랑의 정신을 회복하려는 치열한 의지의 공간을 확보하게 된다. 때문에 시인은 끊임없이 고향으로 상징되는 자연 공간으로 회귀하려는 의식을 보이고 있었다.

송수권의 첫 시집 『山門에 기대어』에 나타난 고향은 신명의 장소성과 부활의 공간을 담고 있었다. 고향의 장소성은 신명의 가락을 가지고 있었고, 그 신명에 의해 소리나 이미지들이 구체화된 고향은 생명력이 되살아나는 부활의 공간이 되고 있었다. 예컨대 「시골길 또는 술통」에서 보여주는, 술통을 싣고 달리는 짐받이 자전거의 경쾌한 리듬감과 솟구치는 생명력은 근대적 농촌 공간에서 얻을 수 있는 심원한 쾌감이다. 이런 역동적인 상상력은 민속놀이 가랫불 넘기나 불싸움 등의 신명을 통해서도 재현되며, 제의의 끝없는 되풀이를 통해 부활되어 생명을 얻는 공간 속에서도 전개되고 있었다. 특히 공동체 정신의 강렬한 생명력을 끌어내는 민속놀이에서 보여준, 신명이 일어나는 장소성은 신화가 살아있는 향토적, 토속적 생명의 공간으로 부활한다는 점에서 주목되었다. 송수권이 보여주는 신명의 장소성과 부활의 공간은 집, 들판, 그리고 산과 강 등, 고향의 산하 모든 곳에서 이어지고 있었다. 이것은 다시 한국적 자연의 재발견으로 이어지고 있었다.

이성선은 동일성의 시학을 통해 유동하는 마을의 장소성과 우주적 공간을 보여주고, 나태주는 집을 중심으로 생성되는 비극적 비애를 통해 정서적 정화를 성취하며, 송수권은 고향 관련 시에서 신명의 가락과 이미지가 솟구치는 공간과 장소를 선보인다. 세 시인은 이러한 개별적 특성을 보여주고 있으나 고향을 순수 서정 세계의 중심적 주제의 하나로 삼고 있다는 공통점을 가지고 있다. 이것은 고향의 장소성과 공간을 단순히 시적, 수사적 제재로 간주하는 태도에서 벗어나 산업화시대의 문학 풍토와 문학장에 대한 역동적 대응으로 삼고 있다는 점에서 새로운 의미를 찾을 수 있다.

이와 같이 이성선·나태주·송수권의 첫 시집을 통해 고향의 장소성과 공간을 살펴보는 것은 이들 시인의 시세계는 물론 리얼리즘 계열의 시가 주도했던 1970-80년대 시의 흐름 속에서 전통 서정시는 어떤 양상을 띠면서 전개되었고, 그 특징과 의미는 무엇인지를 알아볼 수 있는 기회를 제공한다. 시는 본질적으로 다양한 특성을 띠고 있기 때문에 시인의 생애에서부터 그간 발간한 모든 시집을 살펴 파악해야 하겠지만, 고향과 관련된 시편에 나타난 장소성과 공간을 통과할 때 그 시인이 살았던, 혹은 살고 있는 특정 지역의 관습, 자연 경관은 물론 추상적이고 관념적인 정신세계까지 보다 새로운 관점으로의 접근이 가능하다 할 것이다.

디지털혁신시대라 불리는 정보기술 사회를 살아가는 현대인에게 고향은 이제 낡은 곳, 뒤떨어진 곳, 가난한 곳으로 인식되거나, 은퇴 후 전원생활을 즐길 곳이나 재테크의 장소 정도로 받아들여지는 것이 사실이다. 그럼에도 현대인들에게 고향이 필요한 것은 정신적 유토피아로서의 의미가 있기 때문이다. 못 먹고 못 입고 살던 가난한 옛 고향이 아니라 급변하는 시대의 중심에서 잠시 벗어나 위로를 받고 안식을 얻는 공간과 장소로서의 고향은 여전히 유효한 것이다. 그러한 고향의 장소성과 공간에 대한 탐구는 무엇보다 시적 상상력과 형상화를 통할 때 더욱 높은 가치를 지닌다고 볼 수 있다. 때문에 아무리 멀티미디어적 콘텐츠가 대세라 할지라도 시의 가치와 존엄을 지키고 의미를 발현하는 작업은 지속적으로 이루어져야 한다. 현대시에 나타난 고향의 장소성과 공간의 의미,

가를 이루며 치유와 생명 회복의 공간으로 자리매김 되고 있는 고향은 자연성이 훼손되지 않은 모성적 체험공간이었다. 체험공간인 자연으로 돌아옴으로써 시인은 비극성을 극복하고 인간에 대한 사랑의 정신, 생명에 대한 사랑의 정신을 회복하려는 치열한 의지의 공간을 확보하게 된다. 때문에 시인은 끊임없이 고향으로 상징되는 자연 공간으로 회귀하려는 의식을 보이고 있었다.

송수권의 첫 시집 『山門에 기대어』에 나타난 고향은 신명의 장소성과 부활의 공간을 담고 있었다. 고향의 장소성은 신명의 가락을 가지고 있었고, 그 신명에 의해 소리나 이미지들이 구체화된 고향은 생명력이 되살아나는 부활의 공간이 되고 있었다. 예컨대 「시골길 또는 술통」에서 보여주는, 술통을 싣고 달리는 짐받이 자전거의 경쾌한 리듬감과 솟구치는 생명력은 근대적 농촌 공간에서 얻을 수 있는 심원한 쾌감이다. 이런 역동적인 상상력은 민속놀이 가랫불 넘기나 불싸움 등의 신명을 통해서도 재현되며, 제의의 끝없는 되풀이를 통해 부활되어 생명을 얻는 공간 속에서도 전개되고 있었다. 특히 공동체 정신의 강렬한 생명력을 끌어내는 민속놀이에서 보여준, 신명이 일어나는 장소성은 신화가 살아있는 향토적, 토속적 생명의 공간으로 부활한다는 점에서 주목되었다. 송수권이 보여주는 신명의 장소성과 부활의 공간은 집, 들판, 그리고 산과 강 등, 고향의 산하 모든 곳에서 이어지고 있었다. 이것은 다시 한국적 자연의 재발견으로 이어지고 있었다.

이성선은 동일성의 시학을 통해 유동하는 마을의 장소성과 우주적 공간을 보여주고, 나태주는 집을 중심으로 생성되는 비극적 비애를 통해 정서적 정화를 성취하며, 송수권은 고향 관련 시에서 신명의 가락과 이미지가 솟구치는 공간과 장소를 선보인다. 세 시인은 이러한 개별적 특성을 보여주고 있으나 고향을 순수 서정 세계의 중심적 주제의 하나로 삼고 있다는 공통점을 가지고 있다. 이것은 고향의 장소성과 공간을 단순히 시적, 수사적 제재로 간주하는 태도에서 벗어나 산업화시대의 문학 풍토와 문학장에 대한 역동적 대응으로 삼고 있다는 점에서 새로운 의미를 찾을 수 있다.

이와 같이 이성선·나태주·송수권의 첫 시집을 통해 고향의 장소성과 공간을 살펴보는 것은 이들 시인의 시세계는 물론 리얼리즘 계열의 시가 주도했던 1970-80년대 시의 흐름 속에서 전통 서정시는 어떤 양상을 띠면서 전개되었고, 그 특징과 의미는 무엇인지를 알아볼 수 있는 기회를 제공한다. 시는 본질적으로 다양한 특성을 띠고 있기 때문에 시인의 생애에서부터 그간 발간한 모든 시집을 살펴 파악해야 하겠지만, 고향과 관련된 시편에 나타난 장소성과 공간을 통과할 때 그 시인이 살았던, 혹은 살고 있는 특정 지역의 관습, 자연 경관은 물론 추상적이고 관념적인 정신세계까지 보다 새로운 관점으로의 접근이 가능하다 할 것이다.

디지털혁신시대라 불리는 정보기술 사회를 살아가는 현대인에게 고향은 이제 낡은 곳, 뒤떨어진 곳, 가난한 곳으로 인식되거나, 은퇴 후 전원생활을 즐길 곳이나 재테크의 장소 정도로 받아들여지는 것이 사실이다. 그럼에도 현대인들에게 고향이 필요한 것은 정신적 유토피아로서의 의미가 있기 때문이다. 못 먹고 못 입고 살던 가난한 옛 고향이 아니라 급변하는 시대의 중심에서 잠시 벗어나 위로를 받고 안식을 얻는 공간과 장소로서의 고향은 여전히 유효한 것이다. 그러한 고향의 장소성과 공간에 대한 탐구는 무엇보다 시적 상상력과 형상화를 통할 때 더욱 높은 가치를 지닌다고 볼 수 있다. 때문에 아무리 멀티미디어적 콘텐츠가 대세라 할지라도 시의 가치와 존엄을 지키고 의미를 발현하는 작업은 지속적으로 이루어져야 한다. 현대시에 나타난 고향의 장소성과 공간의 의미,

그리고 특성 등을 영화나 음악, 미술, 건축 등 다른 예술장르나 학문과 연계하여 연구하는 작업도 앞으로 활발히 이루어져 급변하는 시대적 흐름 속에서 새로운 이론적 토대가 마련되고, 또 이와 관련된 시 창작이 활발해지기를 기대한다.

꽃씨를 뿌리는 아이*

이숭원
(문학평론가, 서울여대 명예교수)

1. 시인과의 인연

1945년생인 나태주 시인은 1971년 ≪서울신문≫ 신춘문예로 등단했다. 1973년 첫 시집 『대숲 아래서』를 간행한 이래 지금까지 누구보다도 활발한 창작 활동을 전개했으며, 40권이 넘는 시집을 간행하는 놀라운 성과를 보였다. 지금의 서점에서 가장 많은 독자를 확보하고 있는 시인이 나태주일 것이다.

1991년에 당시 신생 출판사였던 '미래사'에서 '한국대표시인100인선집'을 기획했다. 100권의 시집을 거의 한꺼번에 간행했는데, 내게 나태주 시선집인 『추억의 묶음』(1991. 11.) 해설 원고 청탁이 왔다. 등단한 지 얼마 안 되는 시점이어서 「천진한 사랑의 서정시」라는 글을 정성을 다해 썼다. 얼마 후 문단 모임에서 그를 처음 만났는데 그는 조심스러운

---

* 『문학사상』, 2019. 10.

표정으로 내 글을 읽고 눈물을 흘렸다고 말했다. 말하려고 작정하고 토로한 것이 아니라 나를 보니 생각이 떠오른 듯 말을 몇 번이나 끊어가면서 간신히 자신의 심정을 밝혔다. 그는 눈물 흘리던 그때의 정황을 시로 써두었다가 『나태주 시전집』(고요아침, 2006. 6.)에 수록했다. 그는 활판본 시집 『지상에서의 며칠』(시월, 2010. 4.)을 보내면서 내지에 서명과 함께 그 사연을 적어 보냈다. 거기 단정하고 고요한 풀꽃 그림이 들어있던 것은 물론이다. 그리고 2014년 다시 시선집 『풀꽃』(지혜, 2014. 9.)의 해설을 썼을 때 역시 아담한 펜화 그림과 함께 '20년 전에 당신의 글을 읽고 / 혼자서 흐느껴 울었었는데 / 이제는 빈 방에서 / 혼자서 박수를 합니다 그려'라는 시를 적어 보냈다. 10년 연상인 그와의 인연은 이렇게 이어져왔다.

2. 죽음의 문턱, 그 이후

그는 2007년 3월부터 8월까지 6개월 동안 큰 병에 걸려 수술을 받고 기적적으로 소생한 일이 있다. 의사들이 가망 없다는 말을 해서 가족들은 장례 준비까지 했다. 한국시인협회에서도 시인 장을 치를 준비를 했다. 그런데 그는 죽음의 문턱에서 기적처럼 살아났다. 상당한 시간이 흐른 후 죽음 가까이 갔을 때 어떤 느낌이었느냐고 물었더니, 그리 기분이 나쁘지 않았다고 답했다. 아련하게 빛이 비쳐오는 어떤 아늑한 곳으로 넘어가는 느낌이 들었다고 일러주었다. 그 대답이 담담하면서도 신비로웠다. 이번에 그의 시를 다시 읽으며 확인하니 그는 담낭을 절제하고 간의 일부분까지 잘라내는 큰 수술을 받았다. 그때 있었던 일을 그대로 적은 다음 시는 가슴 뭉클하게 사람을 울린다.

큰 병 얻어 중환자실에 널브러져 있을 때
아버지 절룩거리는 두 다리로 지팡이 짚고
어렵사리 면회 오시어
한 말씀, 하시었다

애야, 너는 어려서부터 몸은 약했지만 독한 아이였다
네 독한 마음으로 부디 병을 이기고 나오너라
세상은 아직도 징글징글하도록 좋은 곳이란다

아버지 말씀이 약이 되었다
두 번째 말씀이 더욱
좋은 약이 되었다.

—나태주, 「좋은 약」 전문

    그는 이 시에 담긴 이야기를 대화를 통해서도 풀어내고 시도 글자 하나 어기지 않고 암송한다. 시의 내용이 사실 그대로라는 뜻이다. 시인은 흑암의 낯빛으로 중환자실에 널브러져 있고, 시인의 부친은 지팡이를 짚고 다리를 절룩이며 면회를 왔다. 아버지 말씀이 약이 되었는데, 특히 <세상은 아직도 징글징글하도록 좋은 곳이란다>라는 말이 좋은 약이 되어 살아났다고 했다. 문병 온 사람의 말을 약으로 받아들이고 아니고 하는 것은 듣는 사람의 마음이다. 어릴 때부터 마음이 독한 아이였던 시인은 아버지의 말씀을 구원의 영약으로 삼아 죽음의 문턱에서 삶의 지평으로 걸어 나왔다. 세상이 징글징글하도록 좋은 곳이라고 생각하면 저승문 앞에서도 살아나올 수 있을 것이다.

    그날 이후 그의 시는 일상의 행복을 더 많이 노래하고 이 징글징글하도록 좋은 세상에 사는 기쁨을 더 진하게 노래했다. 「그날 이후」는 병원에서 퇴원하고 직장에서도 퇴직한 후 몸과 마음이 작아진 시인이 아내를 어린애처럼 따라다니며 아내와 동행하는 즐거움을 옮겨 적은 작품이다. 아내가 생선을 사면 천진한 어린애처럼 그것을 들고 다니는 데서 즐거움을 얻고, 2천5백 원짜리 잔치국수만 먹어도 배가 부르는 행복감을 느낀다고 했다. 이 시들은 참으로 아름답고 때로 숭엄하며 대부분 고귀하다. 그리고 모두 재미있다. 징글징글하도록 좋은 세상에 사는 즐거움을 흠씬 맛보게 해준다.

그날 이후 그는 모든 것을 행복하게 받아들이는 천진한 소년이 되었다. 세상을 새롭게 시작하는 마음의 전환이 온 것이다. 그의 시는 인생을 긍정하면서 사람과 세상에 대한 감사와 정직한 교감으로 일관했다. 나머지 인생은 덤으로 얻은 것이니 사람과 자연과 우주에 고마움을 표시하고 은혜에 보답하는 심정으로 살고 또 그런 마음으로 시를 쓴다고 다짐했다. 인간과 자연은 물론이요 우주 전체가 그에게 고마운 은인으로 다가왔다. 이것이 새로운 삶을 얻은 다음에 그에게 열린 생의 지혜요 문학적 각성이다.

> 종일
> 바다와 마주앉아
> 시 한 편 건졌습니다
>
> 종일
> 풀꽃과 눈 맞추다가
> 그림 하나 얻었습니다
>
> 옛다!
> 이거나 받아가거라
> 고요한 우주의 숨소리를 들었습니다.
>
> ―나태주, 「햇빛 밝은 날」

마음의 문을 활짝 열고 아무 걱정 없이 자연을 대하면 자연이 그에게 시도 안겨주고 그림도 가져다준다. 세상에 이런 행복이 없고 이런 평화가 없다. 종잇장 너머로 죽음을 직면했던 그의 독특한 체험이 그에게 이런 평화와 행복을 선사한 것이다. 혹독한 과정을 치르기는 했으나 그 은혜로 우주의 숨소리를 전하는 시의 울림이 사람의 마음을 쓰다듬으니 자연스럽게 마음의 파문이 세상으로 퍼져나가 공감하는 독자가 대폭 늘어난 것이다.

3. 천국의 사람

기독교를 믿는 사람은 죽어서 천국에 가기를 꿈꾼다. 나태주 시인은 죽음으로 가는 문턱에서 삶의 세계로 돌아왔다. 그에게 천국은 어디에 있는가? 하나님을 믿는 나태주 시인의 천국은 바로 이 세상이다. 그는 죽음에서 소생함으로써 이 세상이 천국임을 발견하게 된 것이고 그의 시가 천국의 소식을 전하는 복음임을 알게 되었다.

　　하나님은 나를 살려주셨다
　　이 세상에서 천국을 보러 오라고
　　죽음의 문턱에서
　　돌려보내 주셨다

　　지금 내가 보고 있는 모든 것들이
　　천국의 세상
　　내 앞에서 웃고 있는 네가
　　천국의 사람이고

너의 목소리가 천국의 음성
　　　천국의 음악이다.
　　　　　　　　　　　　　　　—「천국의 사람」 전문

　그의 시는 천국의 음성을 전달하는 자리에 있기 때문에 억지로 꾸며내는 법이 없다. 인위를 거부한 무위의 자리에서 천의무봉의 손길로 시의 피륙을 직조한다. 인위의 가식을 버리고 우주 만물을 다 받아들일 수 있다는 마음으로 감성의 문을 열면 시는 저절로 열리고 저절로 익어 떨어진다. 그러나 그렇게 인위를 버린다는 것이 쉽게 달성되는 경지가 아니다. 많은 사람들이 재료를 어떻게 모아서 시를 쓰나 하고 번민하는데 그는 시를 어떻게 잘 베끼나 하고 궁리한다. 그는 가장 완벽한 모델로 우주의 시집을 설정하고 그 시집을 베껴 쓰는 일이 자신의 시 쓰기라고 생각한다.

　　　나의 시집은 오직 한 권
　　　꿈속에 두고 왔다

　　　날마다 나의 시 쓰기는
　　　그 시집을 기억해내는 일

　　　한 편씩 어렵게
　　　베끼는 작업이다.
　　　　　　　　　　　　　　　—나태주,「시집」 전문

　나태주의 시집은 종이나 활자로 형성된 것이 아니며 컴퓨터 폴더에 저장되어 있는 파일도 아니다. 그것은 그의 꿈속에 있다. 그는 꿈에 저장되어 있는 시를 기억으로 되살려내서 한 편씩 베껴내는 것이다. 그렇기 때문에 그의 작법과 시학은 매우 독특한 지평에 있다. 일반 문학론의 층위에서 그의 시를 논하기 어려운 이유가 여기에 있다.

4. 무한한 생명의 힘을 노래하는 시인

그의 시는 대체로 짧은데, 간결한 행간에 많은 것을 함축하여 읽을수록 상상과 사유의 영역이 확대된다. 그가 회갑 즈음에 쓴 작품으로 지금은 모르는 사람이 거의 없는 시 「풀꽃1」만 해도 짧은 시행을 음미할수록 시인의 지혜에 감탄하게 된다. 풀꽃은 아주 작아서 가만히 들여다보지 않으면 그 예쁜 모습을 보기 힘들다. 허리를 굽히고 풀꽃과 같은 높이로 자기 몸을 낮추고 자세히 보아야 예쁜 모습을 제대로 파악할 수 있다. 그런데 그 예쁘다는 마음이 사랑으로 발전하려면 많은 시간이 필요하다. 그러니 <오래 보아야 사랑스럽다>는 말도 깊은 지혜의 말임을 알 수 있다. 처음에 예쁘다고 생각했지만 곧 돌아서버리면 그 마음이 사랑으로 발전하지 못한다. 오래 지켜보면서 꽃잎이 변하는 모습과 시들어 떨어지는 모습까지 보아야 비로소 그 대상을 온전히 사랑하게 된다.

이것은 풀꽃만의 경우가 아니라 모든 대상이 다 그렇다. <너도 그렇다>라는 말은 풀꽃을 바라보는, 혹은 「풀꽃1」이라는 시를 읽는 사람 전체를 지칭하는 말이다. 우리 모두가 자세히 보아야 예쁘고 오래 보아야 사랑할 수 있는 존재라는 뜻이다. 그러니까 이 시의 제목인 '풀꽃'은 사람을 포함하여 우주 만물을 통칭하는 개념이다. 그러한 의미의 무한 확장을 '너도 그렇다'라는 말이 함축하고 있다. 그러므로 '너도 그렇다'라는 말은 무한한 철학적 종교적 담론을 포괄하는 응집력과 그러한 담론을 다시 발산하는 폭발력을 지니고 있다. 바로 이런 점 때문에 그의 시가 지식과 계층의 층위를 넘어서서 많은 독자를 확보하게 된 것이다.

  그는 우주에 저장된 시집에서 인간과 자연에 도움을 주는 시를 옮겨 오기 때문에 본질적으로 생태주의자다. 그는 자연의 아름다움이나 생명의 신비로움을 노래하는 것에 그치지 않고 생명의 힘을 노래한다. 거대한 생명체의 힘이 아니라 눈에도 잘 뜨이지 않는 미미한 생명체의 힘, 천진한 어린이가 지닌 무한한 힘을 노래한다.

  「응?」은 어린 아기가 끌고 가는 엄마와 아빠를, 아이들이 끌고 가는 학교와 선생님을 이야기한다. 천진한 아기는 지구를 통째로 안고도 잘 놀 수 있을 것이라 상상한다. 아이들의 천진성이 무한한 힘을 지니고 있다는 믿음이다. 「촉」이라는 시는 여리고 부드러운 식물의 싹이 무겁고 단단한 아스팔트 각질을 비집고 솟아오르는 장면을 나타냈다. <한 개의 촉 끝에 / 지구를 들어 올리는 / 힘이 숨어 있다>고 시인은 말했다. 작은 생명 내부에 도사리고 있는 놀라운 힘을 하나의 정경으로 포착하여 생생하게 보여준 것이다. 우리는 이러한 나태주의 시에서 시의 중요한 위상을 새롭게 깨닫는다. 시 역시 부드럽고 여린 존재지만 그 안에 우주를 들어 올리는 힘이 숨어 있다는 사실을 깨닫는다. 그는 생명에 대한 관심을 생태학적 관계로 확장하여 다음과 같은 놀라운 시를 창조했다.

    누군가 죽어서
    밥이다

    더 많이 죽어서
    반찬이다

    잘 살아야겠다.
                           ―나태주, 「생명」 전문

이 짧은 시에 담긴 생태학적 사유는 만 권의 생태학 저술보다 더 강한 설득력과 전파력을 지닌다. 우리는 누구든 잘 먹고 잘 살기를 바란다. 이것은 요즘 유행하는 백세 건강 프로젝트의 중심 화두다. 그러나 잘 먹고 잘 살기 위해서는 무언가가 잘 죽어서 우리의 먹이가 되어야 한다. 우리가 생명을 유지하는 것은 다른 누군가의 희생을 전제로 한 것이다. 그런 의미에서 우리가 사는 것 자체가 남에게 죄를 짓는 일이다. 이러한 의식을 갖고 세상을 사는 것과 그렇지 않은 것은 하늘과 땅만큼 다른 일이다. 그러므로 이 시의 마지막 시행 <잘 살아야겠다>는 천금의 보배를 지닌 금언이다.

5. 순수한 시간을 그리워하다

그의 초기 시는 이루지 못한 사랑의 안타까움과 애틋한 그리움을 많이 표현했다. 그는 실연의 아픔을 자연의 서정으로 극복했다. 어젯밤 꿈에 너를 만나 쓰러져 울었다고 했지만 가을의 구름과 밤안개와 달님 등을 통해 자신의 아픔이 승화될 수 있음을 노래했다. 빈손, 빈 마음만 남은 자신의 허전함을 넘어서서 싱그러운 나무들과 푸르디푸른 솔바람 소리를 맞이할 수 있을 것이라고 노래했다. 그에게 아름다운 연가를 빚어내게 한 청춘의 사랑의 주인공은 누구였던가? 50년 세월 저편의 일이지만 분명히 실제 사실에 바탕을 두고 있을 이 연가의 주인공이 누구인지 나는 자못 궁금했다. 2년 전 그의 시집에서 첫사랑의 단초에 해당하는 작품을 발견하고 가슴이 뛰었고 그 아련한 애틋함에 가슴이 저렸다.

또 한 차례 인천에 다녀왔다

주안역 다음이 도화역
아직도 도화동 그 이름이
전철역으로 남아 있구나
왈칵 그립고 반가운 마음
좋아하는 여자네 집이 있던 도화동
유난히도 춥던 겨울날
외투도 입지 않고
찾아갔던 그 여자네 집
끝내 허락을 받지 못하여
울면서 쫓겨난 그 여자네 집
어렵사리 방앗간 일을 해서
자식들 잘 키우고 가르친
그 여자네 아버지
나같이 장래성 없어 보이는
시골청년에겐 딸을 줄 수 없다고
매몰차게 내쫓았던 그 여자네 아버지
그때는 그것이 그렇게도
섭섭하고 원망스러웠는데
나도 나중에 딸을 낳아 기르다보니
조금씩 이해가 되기도 했지
그날 눈 속에 피었던 새빨간 동백꽃은
지금도 꽃을 피우고 있을까?
눈물 나도록 왈칵 그리운 도화동
내 가난하고도 춥고 슬픈
젊은 날이 가서 살고 있는
옛날의 인천 그 도화동
이름만이라도 잘 있거라
마음속 손을 흔든다.

—나태주, 「도화동」

시인은 다른 시에서 이 일이 스물다섯 때의 일이라고 언급했다. 과거의 기억을 동네 이름으로 떠올리는 것은 흔한 일이 아니다. 50년 전의 그 이름이 그대로 남아 있다니. 충남 서천에서 태어나 공주에서 공부하고 충남 지역에서 생활한 시인이 1호선 전철을 타고 인천에 다녀오면서 그리운 옛 이름 도화동을 발견한 것이다. 유난히 추운 겨울날 외투도 입지 않고 찾아갔던 그 여자네 집. 사범학교를 졸업하고 초등학생을 가르치는 스물다섯의 키 작은 시골 교사를 인천 방앗간집 주인이 사윗감으로 받아들이기 어려웠을 것이다. 그때는 섭섭하고 원망스러웠으나 자신도 딸을 낳고 살다 보니 이해가 되었다고 했다.

그래도 도화동이라는 이름과 눈 속의 동백꽃은 회한의 요소로 남아 있다. 눈물 왈칵 나도록 그때가 그리운 것은 과거의 그 사실에 미련이 남아서가 아니라 자신의 젊은 날이 그 장소에 남아 있기에 그토록 애잔한 것이다. <가난하고도 춥고 슬픈> 자신의 <젊은 날이 가서 살고> 있다는 생각에 목이 메는 것이다. 시인은 도화동이라는 그 이름만이라도 잘 있으라고 말한다. 그 이름 속에 자신의 순정한 젊은 날이 스며 있기 때문이다. 다시는 돌아갈 수 없는 청춘의 순수한 열정이 그리운 것이다.

이렇게 순수한 시간을 그리워하며 세상에 빛을 갚는 시를 쓰는 시인은 그럼 어떤 존재인가? 그는 자신의 시가 꽃씨라고 말한다. 여기서 '씨'라는 말이 의미가 깊다. 씨는 식물을 싹트게 하는 근원적 물질이다. 씨는 뿌리를 내리고 줄기를 올려 식물의 몸체를 만든다. 겨자씨는 작지만 겨자나무가 자라면 풍성한 잎으로 많은 사람을 쉬게 한다. 꽃씨는 잘 보이지도 않지만 시간이 지나면 색색의 꽃으로 사람들에게 기쁨을 안겨준다. 나태주는 꽃다발을 선물하는 어른이 아니라 꽃씨를 뿌리는 아이가 되고자 한다.

> 나의 시는 세상에 뿌리는
> 나의 꽃씨
>
> 뿌리고 뿌려도
> 바닥나지 않는 꽃씨
>
> 누가 꽃씨를 내 손아귀에
> 쥐어주는 것일까?
>
> 그것도 모르면서 나는
> 꽃씨를 뿌리는 아이
>
> 다만 죽는 날까지 그 꽃씨
> 바닥나지 않기를 바랄 뿐이다.
>
> ─나태주, 「꽃씨」 전문

 꽃이나 나무가 아니라 꽃씨를 뿌린다고 하는 시인의 마음은 그의 시와 잘 통하고 시의 본질과도 통한다. 나태주는 시인이라기보다는 꽃씨를 뿌리는 아이다. 아이라고 하는 것은 그의 시가 어린이 같은 천진성을 드러내기 때문이다. 시간이 흐르면서 나태주의 시는 기호가 달라지고 주제도 변했다. 시의 영역이 넓게 확장되어서 경험하지 못한 신기한 세계가 시의 이름표를 달고 평등한 자리를 차지하게 되었다. 이제 시인은 창조자의 영광스러운 자리에서 물러나 꽃씨를 뿌리는 아이가 되고자 한다.
 시인은 물과 불을 만드는 창조주가 아니라 꽃씨를 뿌리는 아이인 것. 꽃씨는 바람에 날려 먼지처럼 정처 없이 떠간다. 그 꽃씨가 어떠한 꽃을 피우는가는 꽃씨가 머무는 자리에 달렸다. 자갈밭이나 가시덩굴에도 꽃씨가 뿌리를 내린다면 그보다 좋은 일은 없을 것이다. 시인은 운명에 순종할 뿐이다.

 그는 특히 아이가 되기를 희망한다. 꽃씨를 뿌리는 아이. 이것이 중요하다. 자연 속의 천진한 존재가 되어 꽃동산이 무성한 모습을 보고 싶은 것이다. 아이처럼 인위적 의도를 갖지 않고 자유롭게 꽃씨를 뿌리면 누구도 예상하지 못한 지역에서 뜻하지 않은 방향으로 꽃이 피어날 것이다. 그것은 신비롭고 아름다운 일이다. 나태주는 꽃씨가 바닥나지 않기를 바랄 뿐이라고 했다. 꽃씨가 바닥나는 일은 있을 수가 없다. 꽃씨는 때가 되면 바람을 따라 시간에서 시간을 넘어 어느 언덕에서든 화란춘성(花爛春盛) 만화방창(萬化方暢), 무한으로 피어날 것이다. 그의 시가 그렇게 온 세상으로 퍼져갈 것이다.

現實과 自然의 融和*

── 시집 『막동리 소묘』의 세계

오세영
(시인, 서울대 명예교수)

羅泰柱 詩의 고향은 幕洞里이다. 내가 알기로 幕洞里는 忠淸道 舒川 어느 두메산골에 있는 마을인데, 그의 실제 고향도 역시 이곳이라 한다. 그는 幕洞里에서 태어나 성장하고 학업을 위해 잠시 떠난 기간을 제외한다면 대체로 이곳을 생활의 근거지로 하여 살아 왔다. (요 근래 그가 公州邑으로 이사 왔다는 사실은 이러한 의미에서 나처럼 그의 幕洞里 時篇을 사랑하는 사람들에겐 다소 섭섭한 마음을 금할 수 없게 한다.) 그러나 幕洞里가 사실상의 地名이든 그의 고향이든 아니든 하는 따위는 별로 중요하지 않다. 문제는 幕洞里가 가장 전형적인 한국적 전원의 유적지요, 가장 순수하게 향토적 自然美를 보존하고 있는 장소라는 점이며 詩人 羅泰柱가 하필이면, 왜 이곳을 詩的 空間으로 선택하여 그의 삶을 추구하고 있는가 하는 점이다.

---

* 나태주, 『幕洞里 素描』, 일지사, 1980.

말할 것도 없이 羅泰柱는 自然의 詩人이다. 그의 문단 데뷔작 <대숲 아래서>가 이미 예시해 주었던 터이지만 그는 靑鹿派의 마지막 세대가 간 뒤 현대의 젊은 詩人들에게는 별로 매력이 없어 보이는 자연을 소재로 하여 삶과 現실의 끝없는 갈등을 詩로 승화시키고 있다. 「젊은 詩人들에게는 별로 매력이 없어 보이는 自然」이라는 말은 물론 그의 詩에 대한 신념을 강조하기 위해서 사용한 수식어이다. 왜냐하면 自然이란 옛부터 영원불변한 眞理의 실체요, 엄밀한 의미로 自然을 배제한 문학이란 있을 수 없고, 따라서 自然에 관심을 가지지 않는 것을 자랑으로 생각하는 詩人이 있다면 그들의 이러한 詩的 태도는 다분히 유행적 세속적 관심에 영합하는 데서 연유할 수 있기 때문이다. 이러한 관점에서 羅泰柱는 우둔하리만큼 詩의 정통주의와 신념의 潔癖主義와 개성의 옹호주의를 고집하는 사람이다. 문단적 인기와 거리가 먼, 그의 文學의 志向을 어찌 탓할 수 있겠는가. 오히려 격려하고 찬양해야 될 일인 것이다.

이 詩集에 수록된 각 詩篇들은 저마다 빛과 색채와 結晶이 다른 보석들이지만, 그러나 이 보석들을 꿰어 장신구를 만드는 끈이 있다면 아마도 그것은 민요적 구조와 幕洞里로 상징되는 自然探求일 것이다. 이 두 가지 속성은 여기 수록된 총 185편의 詩, 그 어떤 것에서도 예외를 남겨 놓지 않는다. 「幕洞里 素描」 전체 詩를 일관하는 형식적 특징은 각 詩篇이 모두 4行으로 되어 있다는 점인데 이것은 민요시의 聯構成 방식과 거의 일치하는 것이다. 한국 민요의 기본 시행은 2音步 2行이며, 이것이 倍數로 중첩되면서 보다 발전적인 詩形을 이룬다는 사실은 잘 알려져 있는 바, 이러한 관점에서 4行詩는 민요 형식에 그대로 照應한다. 실제 민요의 경우에도 原始 機能謠를 제외하곤 보편적으로 4行詩가 우세하다.

다음으로 幕洞里 詩篇에서 발견되는 구조적 특징은 竝置法과 反復的 表現이다. 이들은 이미지, 語法, 주제 등에서 포괄적으로 나타난다.

가랑비 가랑비 섶울타리 밑에 가랑비
가랑비 가랑비 모시적삼 위에 가랑비
각시풀 고운 머리올이 젖을동 말동.
누나 둥근 어깨짬이 보일동 말동.

임의로 인용한 위 시를 읽어보면, 이 詩의 전체 톤을 이끌어가는 것이 무엇보다 반복적 기법임을 한 눈에 알 수 있다. 1·2行에서 <가랑비>의 반복은 그대로 語句의 반복이고 3·4行에서 <젖을동 말동><보일동 말동>의 표현은 語法의 反復이다. 이와 관련하여 이 詩는 竝置의 기법을 교묘하게 사용함으로써 또 다른 형식미를 부각시켜 준다.

즉 1·2行에서 <섶울타리>와 <모시적삼>의 대조, 3·4行에서 <각시풀 고운 머리올>과 <누나 둥근 어깨짬>의 대조가 그것이다.

이들 기법은 이 詩集에 수록된 詩들에 두루 차용되고 있는 변격 4音步의 리듬과 융합함으로써, 특유의 음악성을 창조해 내고 있다.

원래 병치법과 반복법은 민요의 중요한 속성이다. 따라서 幕洞里 詩篇이 지닌 형식적 특징, 즉 4行 聯構成과 병치법, 그리고 반복적 표현 등은 그대로 한국 민요의 본질을 현대시에 반영한 것이라 할 수 있다. 한편 민요는 非文明, 自然志向의 삶을 토대로 하여 발생된다는 점에서 幕洞里 詩篇이 탐구하는 自然의 의미에 간접적으로 밀착된다.

즉 羅泰柱가 自然詩를 쓰고자 할 때, 여기에 부응하는 자연스러운 形式體는 결국 민요시일 수밖에 없는 것이다.

自然을 소재로 하여 詩를 쓴다 하면, 우리는 흔히 道教的 虛無主義나 현실도피주의, 혹은 吟風弄月을 상상하기 쉽다.

그러나 羅泰柱에 있어서 自然은 동양의 허무주의도 유교적 모랄리즘도 아니다. 오히려 그는 현실과 밀착된 自然, 삶의 自覺을 일깨우는 自然

을 노래하고 있다. 이 詩集에 드러난 그의 自然觀을 살펴보면 대체로 다음과 같이 설명될 수 있을지 모른다.

첫째, 民衆意識 혹은 庶民意識의 발견이다. 그는 결코 현실로부터 차단된 自然, 삶과 결별된 自然을 사랑하지 않는다. 그는 自然 속에서 不義와 싸우고 속박으로부터 벗어나고자 몸부림치는 민중들의 의지를 찬양하는 것이다. 그리고 自然이 가르치는 바의 順理가 현실적 삶의 부조리성을 극복해 줄 것으로 믿는다.

> 겨울 햇볕은 떨어져 새로 움나는 참게 발가락
> 불그레한 게 옴질옴질 눈물겹다.
> 겨울 햇볕은 구덩이에서 갓 파낸 무우 새순
> 노리끼리한 게 고물고물 눈물겹다.

언뜻 보기에 이 詩는 田園의 겨울 풍경을 서경적으로 묘사한 것처럼 보인다. 그러나 보다 심층적으로 살펴볼 때 우리는 겨울의 깜깜한 흙구덩이에서 움트는 무우 새순이 다만 서경적 묘사의 대상 이상임을 알게 된다.

우리들은 이 詩의 메타포를 통해 自然을 일구면서 땀 흘려 노동하는 정직한 자의 삶과, 어떤 고난에도 패배할 줄 모르는 줄기찬 서민들의 의지를 읽는다. 즉 羅泰柱는 참답고 정직한 삶이 무엇인가 하는 문제를 자연의 질서를 통해 제시하고 있는 것이다.

둘째, 토속적 혹은 향토적 삶의 아름다움이다. 그는 인위적인 사회, 인간이 만든 제도, 인간성이 상실된 문명을 혐오하면서 따뜻하고 사랑스러운 인간 가족을 토속적 삶의 토대 위에서 영위하고자 한다.

> 꿩꿩 꿩서방 무얼 먹고 사아나?

아들 낳고 딸 낳고 무얼 먹고 사아나?
눈 온 날은 눈 먹고 바람 부는 날은 바람 마시고
배꼽이나 만지며 그럭저럭 사알지.

이러한 그의 인생 태도는 자연스럽게 문명 비판 의식을 가지게 한다.

외진 숲길을 가다가 都會地 女子
엉뎅이 까뭉개고 급한 일 보는 거 숨어서 본다.
수세식 변소에만 타고 있었을 저 허연 살덩이
싸리꽃 내음 스민 물소리에 씻기니 시원하겠다.

셋째, 현실 비판 의식이다. 그가 삶의 외부 세계를 결코 외면하지 않는다는 점은 앞서 언급하였지만, 보다 적극적으로 그는 自然이 가르치는 바에 따라 현실을 지시, 비판, 독려하는 것이다.
즉 그는 自然이라는 전망대에 올라앉아 現實을 감시하고 있다.

가진 것이 너무 많은 사람들아,
가진 것이 너무 많아 괴로운 사람들아,
나무가 꽃잎을 버리듯 잎새와 열매를 버리듯
부려라. 조금씩 그대 가진 짐을 부려라.

위 시에서 羅泰柱가 역설하고 있는 것은 自然이 지닌 中庸의 道와 和解의 精神이다. 그는 현실적 삶의 갈등을 자연의 섭리에 입각하여 해소시키고자 한다.
넷째, 자연 속에서 발견한 생명의 의지와 삶의 긍정적 태도이다. 그는 자연이 지닌 끝없는 생명력을 찬양하고, 동시에 그것을 삶의 본질로 받

아들여 生을 보다 긍정적인 것으로 바라다본다. 이러한 관점에서 그는
道家의 自然觀 —부정적인 세계관과 虛無主義—과는 근본적으로 태도를
달리하는 사람이다.

   紫水晶 목걸이 줄줄이 늘인 藤나무 아래
   구름은 첫애기 어르는 젊은 어머닌 양하고
   바람은 婚期 맞아 살가운 누인 양하여
   아, 살아 있는 목숨이 이토록 향기로울 줄이야….

 나는 이상에서 羅泰柱의 詩가 지닌 自然의 의미와 그것을 담고 있는
民謠 형식미를 간단하게 살펴보았다. 그러나 이로써 그의 詩의 神祕가
벗겨졌다고 감히 말할 수는 없다. 오히려 그의 詩의 진면목은 이와 같은
詩的 素材(自然)와 形式的 技法(民謠)이 지닌 보편성을 굴절시키는 그 특
유한 言語의 感受性에서 解明되어야 할 것이다.
 가령,

   봄비는 산짐승처럼. 밤고양이처럼.
   실실이 풀어내리는 하늘 푸르름
   봄비, 밤새워 두루마리 戀書를 쓰고
   펼까 말까 그 손 안에 감춰진 햇살.

등의 詩行은 芝溶이나 永郞의 詩에 匹敵할 언어적 마술을 보여주고 있다.
 羅泰柱는 젊은 시인들 가운데서는 찾아보기 힘든 自然의 詩人이며, 어
쩌면 사라져가는 동양적 靜寂美를 마지막까지 붙들고 있는 詩人인지도 모
른다. 그러나 그의 詩는 유행에 민감한 젊은 詩人들에게서는 쉽게 만날 수
없는 詩的 眞實을 전통적 율조 속에서 성공적으로 형상화시켜 주고 있다.

나의 아버지 시인 나태주*

나민애
(문학평론가, 서울대 교수)

1. 나는 시인의 딸이다

나는 시를 공부하는 연구자다. 대학에서 한국 문학을 공부했고 박사 학위며 평론 등단도 모두 한국 현대시 관련이었다. 그래서 나는 '어떤 시인 연구' 같은 글을 쓸 줄 안다. 그러니까 '나태주 시인론' 같은 글도 쓸 수 있을 것이다. 그러나 쓰지 않는다. 왜냐하면 나태주는 시인이기 전에 내 아버지이기 때문이다.

원래 우리는 '내 아버지 나태주' 같은 주제에 대해서는 말하지도, 쓰지도 말자고 약속했었다. 그 약속을 나는 평론가가 되어 원고 청탁을 받기 시작하던 때부터 지금까지 지켜왔다. 시인 나태주는 평론가 나민애에 대해 언급하지 않고 감싸지 않는다. 평론가 나민애는 시인 나태주의 덕을 보지 않고 감싸지 않는다. 이것이 우리의 암묵적인 룰이며 최소한의 품

---

* 나태주, 『제비꽃 연정』, 문학사상사, 2020.

위였다. 가족의 손을 빌어 끌어 주고 밀어주는 건 못난 일이다. 돈과 사람과 글을 빌리지 않는 집안을 명문이라고 한다. 우리는 명문이 아니지만 기꺼이 얼어 죽을 자존심은 있었다.

오늘날 그 약속은 조금 희미해졌다. 나는 아버지의 도움이 필요치 않고 아버지 역시 나를 의지하지 않는다. 각자 살고 있으니까 서로를 언급하는 일이 덜 부담된다. 그래서 회고의 기회가 왔을 때 글을 남기기로 했다. 사실 이 결정은 슬픈 일이기도 하다. 회고가 가능하며 자연스럽다는 것은 아버지와의 남은 시간이 더 짧아졌다는 말이기 때문이다.

시인이기도 하면서 아버지이기도 한 나태주에 대해서 내가 무슨 말을 보탤 수 있을까. 시인의 딸이면서 시를 공부하는 사람으로서 내가 무슨 말을 보탤 수 있을까. 적어도 남들이 알지 못하는 무엇인가를, 그러나 진실인 무엇인가를 적어야 회고담이라고 부를 수 있을 것이다. 그래서 나는 시간이 흘러 시인이 죽고 난 다음을 생각했다. 더 시간이 흘러 내가 죽은 다음을 생각했다. 그 세월 후에 단 한 명의 독자라도 있어 나태주 시인을 궁금해 한다면 알려 주고 싶을 일. 시에는 다 나와 있지 않은 일, 그러나 알고 보면 사실 시에 다 나와 있었던 일. 그런 일들이 이 회고담의 일부가 될 것이다.

2. 모든 것은 '막동리'에서 시작된다

남들은 나태주 하면 '풀꽃'을 떠올린다. 풀꽃 시인 나태주. 맞는 말이다. <풀꽃> 1, 2, 3편은 아버지를 국민 시인으로 만들어 준 고마운 작품이다. 아버지 개인으로는 <풀꽃 3>을 가장 애틋해 한다. 그 작품은 내 조카이자 아버지의 친손주를 위해 탄생한 작품이기 때문이다. 구체적인 인물이 있으니 그 작품에 애정이 가는 것이다. 그러나 나는 <풀꽃 1>이 가장 완벽한 작품이라고 본다. 뺄 것도 없고 더할 것도 없다. 탁 치고 들어와 탁 치고 나간다. 아버지의 작품 평에 유독 인색한 나도 이 시는 좋다고 말씀드렸다.

사실 나는 '아버지 시 참 좋다'고 말하는 일이 거의 없다. 이 점을 아버지는 늘 서운해 하셨다. 그런데 내가 평가에 인색해진 것에는 사정이 있다. 이걸 설명하려면 아버지의 작시법을 먼저 언급할 필요가 있다.

아버지는 누구보다 잔짐이 많은 편이다. 방에도 이것저것 잡동사니가 얼마나 많은지 청소기를 돌릴 엄두도 나지 않는다. 집을 나서면 들고 다니는 가방도 늘 무거워서 손잡이가 쉽게 헤진다. 아버지는 별 필요도 없는 것들을 잔뜩 챙겨 다니신다. 옷 주머니도 여기저기 불룩해서 펜을 찾으려면 한참 더듬더듬해야 한다. 대신 펜이 옷 안주머니, 바지 주머니 여기저기에 들어 있다. 아버지는 걸으면서 생각하고, 생각나면 멈춰 서서 시를 쓴다. 음식점에서는 냅킨에 볼펜으로 쓴다. 급하면 가방에 있는 봉투나 종이 가장자리를 북 찢어서 거기에 쓴다. 그것도 없으면 자기 손바닥에 쓰고, 손바닥에 자리가 없으면 손목에까지 글이 내려오는 것을 봤다. 그리고 집에 오면 그걸 종이에 옮겨 적는다. 역시 손글씨로 옮겨 적는다. 늘 손으로 적고 손으로 옮겨 적는다. 그 중간에 중얼중얼 시가 바뀌기도 한다. 그러고 나서 읽어준다.

정리하자면 이렇다. 걷다가, 적다가, 집에 와서 옮겨 적다가, 식구들에게 읽어 주는 과정이 아버지의 시 쓰기 과정이다. 이건 내가 아버지는 시인이구나, 알게 된 이후 날마다 접한 풍경이기도 했다. 나중에 자라서 듣기로는 시인 이하가 돌아다니며 시를 적고 비단 주머니에 넣었다가 집에 와 풀었다는 이야기를 들었다. 그 이야기를 듣고 대번에 아버지를 떠올렸다. 아버지는 마치 빛나는 사금파리를 모두 모아 올 것처럼, 세상 제일 중요한 일이 있는 것처럼, 시를 모으러 바쁘게 돌아다니곤 했다.

제목은 이게 어때? 이 말은 이게 어때? 여기는 이게 어때? 대개 그날 쓴 작품을 어린 나와 어머니에게 읽어주시곤 했다. 문제는 여기서 등장한다. 매일 시를 물어보니 좋을 리가 없다. 좋은 말도 하루 이틀이라는데 시평은 은근히 귀찮은 일이었다. 이 말과 저 말이 별 차이가 없는 것 같은데 자꾸 물어보신다. 이게 좋으냐 저게 좋으냐 물어보길래 이게 좋다고 편을 갈라도 본인이 저게 좋으면 끝까지 저게 좋다고 쓴다. 그러면 왜 물어보는 건지 이해가 안 될 때도 많았다. 내가 집을 떠나 타지에 공부하러 간 후에도 아버지는 전화를 걸어 본인이 그날 쓴 시를 읊어주곤 했다. 종종 짜증도 냈는데 지금은 좀 후회가 된다. 이제 아버지는 아버지의 시를 내게 읽어 주지 않는다. 언젠가부터 나는 서점에서 시집을 사서 아버지의 시를 읽는다.

이런 기억은 양지의 것이며 웃으며 말할 수 있는 부분이다. 시기로 치면 내가 중학교 이후, 아버지가 중년이 된 이후쯤에 해당할 것이다. 풀꽃 시인 아버지는 낭만적이고, 어린애 같고, 자연을 사랑하는 그런 사람이 맞다. 퇴근길에 어머니에게 야생화를 꺾어다 주는, 둥글게 몸을 말고 앉아 몽당연필을 깎는, 작은 일에 감탄하고 눈을 반짝이는 사람. 보통의 대한민국 아버지 같지 않은 천진한 사람.

그런데 아버지는 맑기만 한 사람만은 아니었다. 맑음보다 먼저 존재했던 것은 어둠이었고, 나는 그 얼굴을 먼저 보았다. 내가 어려서 본 아버지, 특히나 젊은 시절의 아버지에게는 혈기나 광기 같은 것이 있었다. 폭풍우 치는 밤바다의 우르릉 같은 것, 말이 되지 못한 헐떡임 같은 것, 핏빛에 가까운 절망 같은 것. 어린 나는 그 어두운 아버지가 퍽 가여웠다. 우리 집에는 나랑 아버지, 이렇게 울보가 둘이었는데 젊은 아버지는 늘 어린 나보다도 한 발짝 먼저 울었다. 아버지는 드라마, 영화, 다큐를 보다가도 꺽꺽 울기 잘했고, 그 곁에서 어린 나는 따라 울었다. 아버지는 술을 잡수고 돌아오시면 소리치며 울기도 했는데, 그러면 영문도 모른 채 어린 내가 또 따라 울었다. 이기지도 못할 술을 말술로 드시고 와서, 밤새 괴로워하는 걸 보면 시 쓰기란 참 몹쓸 일이구나 싶었다.

젊은 아버지는 다정하기도 했지만 짜증을 잘 내셨다. 사는 게 퍽퍽해서 그랬던 것을 지금은 안다. 그러나 어렸을 때는 아버지가 성내실 것 같다, 조심해야겠다 이렇게만 생각했다. 특히나 아버지가 예민해지던 곳은 막동리였다. 막동리에 가기 며칠 전부터 갔다 온 며칠 후까지 아버지, 어머니는 평소와 달랐다. 일 년에 명절 두 번, 제사 두 번, 생신 두 번 총 여섯 번 가는 곳이었다. 막동리는 우리의 생활 근거지가 아니었다는 말이다. 그런데 어린 나조차 곧 눈치채게 되었다. 모든 것은 막동리에서 시작되었다는 사실을.

충남 서천군 기산면 막동리는 내 조부모, 그러니까 나태주 시인의 부모가 터를 잡은 곳이다. 집은 작고 집 앞의 논밭은 생각보다 더 작았다. 가난한 농사꾼 집안의 장남이 바로 아버지였다. 그 밑으로 숙부, 고모들까지 총 여섯 남매가 아버지를 포함한 형제들이었다. 할아버지는 군인을 하셨다면 참 좋았을 분이었는데 아쉽게도 그 능력을 군대가 아니라 집안에서 발휘하셨다. 할아버지에게 애정 어린 손길을 받았던 기억이 내게는 없다. 물론 아버지에게도 없을 것이다. 할아버지는 항상 더 잘난 자손이 될 것을 독려하셨던 분이다. 어린 나도 눈알을 굴리며 눈치만 봤다. 숨쉬기도 편치 않을 곳에서 아버지가 일찍부터 문학을 한다고 했으니 할아버지와 사이가 좋았을 리가 없다.

막동리에서는 할아버지가 법이고 신이었다. 내 생각에 아버지를 제외한 모든 형제들은 할아버지의 말을 엄청나게 잘 따랐다. 마치 하나의 종교를 섬기고 있는 신도들 같았다. 그리고 내 아버지와 아버지 밑의 식솔들만이 이교 도인이었다. "나는 원래 삐딱했으니까." 아버지는 자칭 반항아였다. "오빠만 달랐어. 밭일 할 때에도 오빠는 골방에서 나오질 않았어." 고모들은 이렇게 이야기했다. 막동리 사람들은 물이고, 아버지는 물에 용해되지 못한 기름처럼 겉돈다는 사실을 누구든 알 수 있었다. 문제는 기름이 물을 사랑했다는 사실이다. 세상에나, 물을 사랑하는 기름이라니. 나는 아버지의 심장 일부가 막동리에 묻혀 있다고 생각한다. 아버지는 할아버지에 대한 인정 욕구가 대단히 크면서도 할아버지의 세계관에 맞서 가장 거세게 반기를 들었다. 이 슬픈 싸움은 아버지를 오래 괴롭혔고, 오래 흔들었고, 또한 살게도 했다.

누가 내게 가장 좋아하는 아버지 시집을 묻는다면 『대숲 아래서』라고 대답하고 싶다. 많은 사람이 밀리언셀러인 『꽃을 보듯 너를 본다』를 사랑하겠으니 그 시집은 내게까지 사랑받지 않아도 된다. 대신 나는 아버지의 첫 시집 『대숲 아래서』를 좋아하겠다. 막동리 할아버지댁 뒷산은 우리 선산이었는데 그 선산에 오르는 길목부터 선산 중턱까지 내내 대숲이었다. 바람이 부는 대숲에선 댓잎 스치는 소리가 났다. 그러니 '대숲 아래서'란 막동리 할아버지 집을 말한다. 뿐일까. 대숲 아래란 나승복 씨의 말 안 듣는 장남이 처박혀 있던 골방이고, 골방 안에서 깊어지던 시인의 영혼이다.

그 시집 뒷면에 보면 젊은 나태주 시인이 대숲을 배경으로 찍은 사진이 있다. 할머니 할아버지의 얼굴을 그대로 닮은, 젊고 예민한 시인이 거기에 있다. 물론 내가 태어나기 전이니 나는 모르는 얼굴이지만 보는 순간 알 수 있었다. 아, 내 아버지에게 깃든 어둠의 원형이 여기에 있구나. 이제 아버지에게서 어둠은 쏘옥 빠져나가 찾을 수가 없다. 요사이도 아버지는 드물게 우시는데 그 모습이란 예전과 달라서, 서럽게 어깨를 들썩일 뿐이다. 대숲은 여전히 바람에 흔들이며 오십 년 전처럼 울고 있을 텐데, 그때의 젊은 시인은 이제 없다.

3. 모든 것은 아내가 알고 있다

사실 회고록은 나보다 어머니가 써야 옳다. 내 어머니이자 시인의 아내인 김성예 여사는 나태주 관련 대한민국 최고의 전문가다. 그러나 어머니는 회고담 같은 것을 쓸 생각이 전혀 없다. 그녀에게 시인 나태주는 회고의 대상이 아니라 언제나 현실이기 때문이다.

알다시피 모든 예술가에게 뮤즈는 절대적이다. 이런 말은 관념적이어서 피부에 닿지 않는다. 그런데 내 경우에, 예술가와 뮤즈에 각각 나태주와 아내를 대입하면 금방 실감이 된다. 나태주 시인에게 그의 아내는 정말 중요하다. 시인에게 그녀는 최초의 뮤즈가 아니지만 분명 마지막 뮤즈이며 동시에 가장 오래된 구원자다. 만약 김성예 여사가 이 세상에서 사라진다면 남겨질 시인의 애절함이란 장을 아홉 번 끊는 것으로 끝날 수 없을 것이다.

그녀는 나태주 시인의 흑역사를 기억하고 있으며 시인조차 모르는 시인의 모든 것을 정확히 계측한다. 이를테면 시인이 좋아하는 음식, 과로 수준, 인지하기 이전의 속내까지 본인보다 더 정통해 있다. 이를 테면 "네 아버지 주무셔야 한다. 연락하지 마라"고 하면 그 말은 반드시 따라야 한다.

물론 아내 김성예가 처음부터 영혼의 이해자였던 것은 아니다. 시인의 작품 세계에 아내가 몹시 자주 등장하기는 하지만, 시의 초기부터 그랬던 것은 아닌 것처럼. 사실 그들은 극도로 다른 유형의 사람이다. 현재 칠십 대 노인이 된 시인과 그 아내는 한 쌍의 목안(木雁)처럼 다정하지만 사람들의 예상과 달리 중매결혼으로 만난 사이였다. 김성예 여사는 예비남편이 키가 작아도 초등학교 선생이니 착실하겠구나 생각하고 시집왔다. 맞선남이 시인이라는 것을 알았더라면 보따리를 싸서 도망갔을 매우 현실적인 여성이기도 했다. 바로 이 점이 젊었던 두 사람을 힘들게 했고, 노인이 된 두 사람을 행복하게 한다고 나는 생각한다.

젊은 시절의 시인은 세상에서 예술이 가장 중요한 것처럼 살았다. 존재하지도 않는 시를 얻기 위해서라면 일상의 세계쯤은 가뿐히 날려버릴 줄 아는 타입이었다. 충동적인 기질과 이상적인 기질이 예술이라는 접점 안에서 시너지를 일으켰다는 말이다. 불행히도 두 아이의 엄마였던 김성예 여사에게 이런 시너지는 달갑지 않았다. 젊은 시인은 월급봉투를 타면 기분 내키는 대로 써 버리는 스타일이었다. 반면에 아내는 월급봉투를 받으면 먼저 한 달 치 쌀값, 연탄값, 전기세, 수도세부터 따로 떼놓고 나머지 돈으로 어떻게든 한 달을 버텼다.

다행스러운 점은 이 두 사람 모두 연민이 강했다는 것이다. 시인은 자기 자신을 연민했으며 또한 다른 사람들을 쉽게 연민했다. 원래 연민이란 가장 가엾고 약한 사람에게 흐르는 것이다. 때문에 시인의 연민은 아주 자연스럽게 아내에게 향할 수 있었다. 가난한 자신에게 시집 와 함께 가난해진 아내를 시인은 연민하지 않을 수 없었다. 게다가 두 사람은 객관적으로 봐도 무친하고 불운한 인사들이었다.

내 기억에 어머니와 아버지는 아픈 날이 많았다. 그들은 번갈아서 아팠다. 병원에서 배를 열었고, 꿰맨 배가 아물지 않은 채 집에 왔다. 젊은 부부에겐 돈이 없었고, 도와줄 주변도 없었고, 돌봐 줄 어른도 없었다. 서로에게 잡을 손이 서로밖에 없었다는 말이겠다. 고난 속에서 남편과 아내는 서로 닮아갔던 것 같다. 자식으로서는 감사한 일이다.

시인은 퍽 예민한 사람이었고 아내는 퍽 무감한 사람이었다. 시인은 작은 일에 흔들리고 괴로워했지만 아내는 큰일부터 생각하고 잠은 편히 자는 사람이었다. 시인은 속이 상하면 밥부터 내던졌지만 아내는 속이 상하면 밥부터 든든히 챙겼다. 개중 아내의 가장 큰 강점은 모성애가 남달랐다는 것이다. 시인은 아내에게 미안해하면서 날카로움을 줄여갔고, 아내는 남편을 감싸 주었다.

시인 나태주는 당신의 외할머니 품에서 외할머니의 아들로 살았다. 그래서 친어머니의 애정을 결핍하고 갈구하는 경향이 있었다. 보편적으로 어머니란 그 말만 들어도 좋은 존재지만 이 좋은 존재가 둘씩이나 되는 건 결코 축복이 못 된다. 실제로 나 어릴 적 우리 집에는 내 친할머니보다 아버지의 외할머니가 자주 오셨다. 시인 아내의 입장에서 보면 시어머니가 두 분인 셈이니 편했을 리 없다. 이런 사정마저도 아내는 대개 이해하고 용서해주는 편이었다. "네 아버지 니가 이해해라." 내가 화를 내면 어머니는 이런 말을 자주했다. 정작 어머니를 위해 화를 내고 있을 때에도 어머니는 남 일처럼 말하곤 했다. 내가 모르는 무엇인가를 어머니는 알고 있었다. 지나고 보니 어머니는 아버지를 불쌍하게 생각하신 것 같다. 분명한 사실은 긴 세월 동안 아버지가 어머니 덕에 많이 변했다는 것이다. 때로는 내 어머니가 아버지의 또 다른 어머니 같다는 생각이 들 정도다. 덕분에 서로가 서로에게 구원인 관계를 나는 멀찍이서 감사하게 바라보고 있다.

4. 아버지는 시인이다

아버지 주변에 있는 사람들은 아버지에 대해 제각기 다른 평가를 내린다. 독한 사람이라고 말하는 사람도 있고, 존경스런 사람이라고 말하는 사람도 있다. 성격 엄청 급하다고 말하는 사람도 있고, 대단히 좋으신 분이라고 말하는 사람도 있다.

사실 나는 아버지를 볼 때 조금 다른 특성을 떠올린다. 뭔가 정확한 표현은 찾기 어렵지만 나는 아버지의 영혼에 강인한 뭔가가 있다고 생각한다. 그것을 기감이라고 말해야 할지 생명력이라고 말해야 할지 집념이라고 말해야 할지 모르겠는데 아버지의 영혼에는 강렬한 어떤 힘이 있다. 아마 아버지는 시인이 안 되었으면 관상가나 역술인이 되었을지도 모른다. 본인은 알게 모르게 느끼고 있을 것이다. '어, 뭔가 있는데'라고 느끼는 부분이 다른 사람과는 조금 다르다. 다르기도 하거니와 아버지는 정신적인 부분을 엄청나게 중요시하는 분이다. 예를 들자면 정신적인 부분이 일상에 미치는 영향력이 몹시 강하다. 아버지는 몸의 힘으로 사는 것이 아니라 정신의 힘으로 칠십 평생을 끌고 왔다. 남들과 다른 것을 찾고, 포기를 모르고, 자기 한 우물 파는데 지치질 않는다. 지금도 시집 정서(正書)나 교정도 삼일 밤낮을 새워 기어이 해낸다. 일의 속도나 양을 보아서는 나민애를 세 명 동원해도 못할 수준이다. 겉으로 봐서는 광장히 조용하고 순순해 보이는 인상인데 아버지는 기실 내가 접한 사람 중에 가장 강한 영혼의 소유자다.

 한때 아버지가 몹시 아팠던 탓에 장례식을 준비하던 시절이 있었다. 중환자실에 입원해 있었고 옆 병상의 환자들은 입으로 피를 토하며 지하 영안실로 내려갔다. 아버지는 한 달 이상 그곳에 있었다. 배가 만삭 임산부처럼 불렀고, 얼굴은 산 사람의 얼굴빛과는 멀었다. 그때 나는 마음속으로 아버지를 포기하고 있었다. 도저히 살 수 없어 보였는데 헛되게 희망하는 것이 더 괴로웠기 때문이다.

 아버지의 새여울 동인, 내 어린 시절의 삼촌들, 시인 동료들이 가끔 방문했다. 위독한 아버지에게 마지막 인사를 하려고 중환자실의 정해진 면회 시간을 기다렸다가 한 명씩 들어갔다. 아버지의 의식은 있다가도 없고 없다가도 있었다. 가족의 시간을 아버지의 친우들에게 양보할 때 나는 보았다. 우는 면회자를 죽어가는 환자가 위로하고 있었다. "울지 마.

우리는 형제야"라고 말하는 것을 들었다. 병원의 각종 지수는 아버지가 이지(理智)는커녕 의식도 챙길 수 없을 것이라고 말했다. 그러나 아버지의 정신은 결코 그렇지 않았다. 그때 나는 아버지가 살지도 모른다고 처음으로 생각했다.

불행인지 다행인지 그 강인한 정신력을 나는 물려받지 못했다. 초저녁에 쪽잠을 자고 한밤에 일어나 새벽까지 일하는 열정. 수술 후 피가 흐르는 복대를 갈아가며 앉은뱅이 책상에 앉아 있던 집념. 시를 쓰지 못하면 죽어 버리겠다는 오기. 나는 그것을 보았을 뿐, 닮을 수는 없었다.

쓰다 보니 나는 아버지에 대해 퍽 많은 것을 알고 있구나 싶다. 아마 오늘 해가 지고 내일 해가 뜰 때까지도 나는 지치지 않는 이야기를 할 수 있을 것이다. 반대로, 이 글을 다 쓰고 보니 나는 나태주 시인에 대해 아직도 모르는구나 싶다. 되돌아보면 사실, 딸로서의 내가 하고 싶은 말도 할 수 있는 말도 다음의 간단한 한 문장뿐이다. 내 아버지 나태주는 온통 '시인'이다.

"심장의 황홀경" 또는 시의 존재 이유 앞에서*
―나태주 시인의 『황홀극치』가 우리에게 말해 주는 것

장경렬
(문학평론가, 서울대 명예교수)

1.

나태주 시인이 보내온 시편들을 읽는 도중 습관처럼 책상 위에 놓인 찻잔을 든다. 찻잔을 들어 입으로 가져가다 언뜻 눈길을 주니, 어느새 찻잔 안에는 누런 얼룩이 져 있다. 녹차를 즐기다 보면 이처럼 잠깐 사이에 찻잔 안에 얼룩이 지게 마련이다. 남은 차를 얼른 들이마신 다음 찻잔을 들고 부엌으로 간다. 곧이어 수세미에 세제를 묻혀 찻잔 안을 정성껏 닦은 다음 흐르는 물에 헹군다. 그리고 다시 찻잔 안을 살펴보니 아직 얼룩이 남아 있다. 닦고 헹구기를 다시 한번 되풀이하나 여전히 옅은 자국의 얼룩이 지워지지 않은 채 남아 있다.

맥이 빠져, 찻잔 안의 좀처럼 지워지지 않은 얼룩을 우두커니 들여다

---

* 나태주, 『황홀 극치』, 지식산업사, 2012.

보며 생각에 잠긴다. 따지고 보면, 녹차 얼룩을 완전히 없애는 일이 쉽지 않았던 것은 한두 번이 아니다. 그런데 지워지지 않는 얼룩이 평소와는 달리 예사로워 보이지 않는다. 예사로워 보이지 않는다니? 사실 예사로워 보이지 않았을 뿐만 아니라 마음까지도 편치 않다. 무엇 때문인가. 그렇다, 찻잔 안의 얼룩이 마치 내 마음의 벽을 덮고 있는 삶의 얼룩 같아 보이기 때문이다. 어찌 보면, 삶이란 지우기 어려운 얼룩을 마음 안에 하나둘 만들어가는 과정인지도 모른다. 평소에는 생각지 않다가 어느 순간 우연히 의식하고는 부끄러움에 몸을 떨게 만드는 얼룩을 새겨 가는 과정일 수도 있겠다.

  찻잔의 얼룩과 씨름하던 바로 그 순간, 무엇 때문에 그처럼 갑작스럽게 마음의 얼룩을 의식하게 되었던 것일까. 아마도 나태주 시인의 시 때문이었으리라. 아니, 나태주 시인의 시 때문이었다. 이에 대해서는 기다란 설명이 필요치 않다. 다만 그의 이번 시집 맨 앞에 나오는 다음 작품을 읽는 것으로도 충분할 것이다.

    혼자 노는 날

    강아지풀한테 가 인사를 한다
    안녕!

    강아지풀이 사르르
    꼬리를 흔든다

    너도 혼자서 노는 거니?

    다시 사르르

꼬리를 흔든다.
　　　　　—「강아지풀에게 인사」 전문

　들판이든 한적한 길모퉁이든 세상 어디를 가나 눈에 띄는 잡초가 강아지풀이다. 너무도 흔하게 눈에 띄어 정작 눈길을 끌지 못하는 풀, 꽃을 피워도 꽃을 피웠는지조차 확인하기 어려운 잡초가 강아지풀일 것이다. 다시 말해, 누구도 주목하지 않는 잡초 가운데 가장 '잡초다운' 잡초가 강아지풀이다. 그런데 시인은 강아지풀의 키만큼이나 눈높이와 마음높이를 낮춰 눈길과 마음을 강아지풀에게 향한다. 그리고 강아지풀에게 인사를 건넨다. 인사를 건네고는 <혼자서 노는> 것이 자신뿐만 아님을, 강아지풀도 혼자 놀고 있음을 묻고 확인한다. 다시 말해, 시인은 강아지풀에서 자신의 모습을 확인하고 자신의 모습에서 강아지풀을 확인한다.
　어떤가. 동심(童心)이 있는 그대로 짚이지 않는가. 그런데 동심을 담고 있는 이 같은 시가 60대 중반의 나이에 이른 시인의 작품인 것이다. 이처럼 동심이 가득한 눈으로 세상을 바라보는 이 시인의 정체는 무엇인가. 필경 이런 시와 만나다 보면 나태주 시인은 '세속의 때가 묻지 않은 순수한 사람'이라는 판단에 쉽게 동의할 수도 있겠다. 정말 그럴까. 세속의 때가 묻지 않은 순수한 사람이라서 그가 이처럼 동심이 가득 담긴 시를, 동시를 쓴다 의식하지 않으면서도 동시와 같은 시를, 60대 중반의 나이에 이르러서도 쓰는 것일까. 이 지점에서 우리는 시인이 전략적으로 이런 시를 쓰고 있다는 추론을 해 볼 수도 있겠다. 다시 말해, 그 역시 찻잔 안에 진 녹차 얼룩에서 마음의 얼룩을 읽고 있는 나만큼이나 세속의 때가 끼어 있어 이 때문에 괴로워하는 사람임에도 불구하고, 전략적으로 이런 시를 쓰고 있다는 추론을 해 볼 수도 있겠다. 하지만 '전략적으로'라니? 여기에서 우리는 '낯설게 하기'라는 시적 전략을 문제 삼을 수도 있을 것이다. 즉, 언어적으로든 인식론적으로든 세계를 낯설게 하는 데서, 세계를 낯설게 함으로써 무뎌진 우리의 언어 감각이나 인식 능력에 충격을 가하는 데서 시의 존재 이유를 찾는 입장에서 보면, 동심에 호소하는 것도 일종의 낯설게 하기 전략일 수 있다. 하지만 '전략'이라 함은 일관되거나 체계적인 '태도' 또는 '포스처posture'를 숨기게 마련이고, 일관되거나 체계적이라는 바로 그 이유 때문에 필경 드러나게 마련이다. 그리고 때때로 시인은 은연중에 전략을 노출함으로써 독자의 마음을 일정한 방향으로 유도하기도 한다. 하지만 나태주 시인의 시 세계에서는 그런 흔적이 어디에서도 확인되지 않는다. 다만 지지하고 소박한 마음으로 대상을 응시하고 있는 시인의 마음만이 짚일 뿐이다. 말하자면, 동심을 드러내고 있는 시인의 마음은 무의식적인 것처럼 보인다.

  그렇다면 나태주 시인에게 그처럼 전략과 관계없이 또는 무의식적으로 동심을 드러내도록 하는 것은 무엇일까. 여기서 우리는 한국 시단의 아는 사람들은 다 알고 있는 이야기를 들먹이지 않을 수 없는데, 그는 얼마 전 죽음의 문턱을 넘나드는 병고를 치렀다. 그 때문인지 몰라도 나태주 시인의 최근 시 세계에서는 깊은 고통이 이끈 깨달음의 분위기가 느껴진다. 아니, 삶을 살아가는 인간이라면 으레 가질 법한 욕심과 절망과 분노의 마음이 그의 시 세계에서는 느껴지지 않는다. 지난 2009년에 출간한 시집 『너도 그렇다』(종려나무)가 이미 증거하고 있듯, 그의 최근 시 세계에서는 죽음에 이르는 고통을 체험한 사람들이 삶과 죽음을 향해 지니고 있을 법한 따뜻하고 정겨운, 정겹고도 맑은 이해의 눈길이 확인된다. 행여 그런 연유로 그의 시 세계가 동심의 세계와 더욱 가까워진 것은 아닌지? 그리고 그처럼 그의 마음이 욕심과 절망과 분노를 초극한 동심의 세계로 다가가 있기 때문에 그의 시를 접하는 사람들에게 굳어지고 무디어진 마음을 일깨우는 강력한 자극제가 되고 있는 것은 아닐지?

나태주 시인의 시 세계가 찻잔의 얼룩마저도 예민하게 의식하도록 내 마음을 자극했던 것은 그 때문인지도 모르겠다. 어쩌면 나태주 시인의 이번 시집 『황홀극치』에 담긴 작품 세계가 나를 불편케 하고, 그 때문에 한동안 나에게 그의 시 세계를 객관적인 눈으로 살펴보지 못하게 했던 것은 그 때문인지도 모른다. 시론을 쓰면서 이번 경우처럼 글쓰기가 어렵게 느껴졌던 적은 좀처럼 기억에 없다. 그럼에도 불구하고, 몇 마디 사족과도 같은 글을 그의 시집에 덧붙인다. 그렇게 하는 내 마음은 실로 참담하다. 할 말이 없기 때문에 참담한 것이 아니라, 해야 할 이야기가 무엇인지 모르기 때문에 참담하다. 그럼에도 불구하고, <혼자서 노는> 강아지풀처럼 나는 나태주 시인의 시를 읽고 <다시 사르르 / 꼬리를 혼>드는 마음으로 지금의 글쓰기를 계속하기로 한다.

2.

언제나 그러하듯, 나태주 시인의 시 세계에서 우리가 무엇보다 자주 만나는 것은 주변의 보잘것없는 사물들이다. 앞서 언급한 「강아지풀에게 인사」가 하나의 예가 될 수 있듯, 시인은 언제나 눈높이와 마음높이를 낮춘 채 사람들이 좀처럼 눈여겨보지 않는 주변의 사물들에게 세심하고 정성스런 눈길과 마음을 보낸다. 그리고 이 과정에 적지 않은 사물들이 새롭고 깊은 의미에 감싸여 환하게 빛을 발한다. 어찌 보면, 나태주 시인의 시선과 언어는 신데렐라에 등장하는 요정의 마술 지팡이와도 같이 사소한 것을 황홀한 그 무엇으로 변모케 하는 역할을 한다고도 할 수 있다. 이와 관련하여 우리가 이번 시집에서 특히 주목하고자 하는 작품은 「넝쿨손」이다.

저 하늘 저 들판이
마지막으로 바라보는 풍경이라면!
저 새소리 물소리 풀벌레소리
마지막으로 듣는 세상의 음성이라면!

아, 지금 웃고 있는 너의 얼굴이
세상에서 마지막으로 보는
사랑하는 사람의 얼굴이라면!

높은 담장 꼭대기까지
더듬어 올라간 나팔꽃 줄기 끝
허공을 향하여 바르르 떨고 있는
넝쿨손을 나는 지금 보고 있다.

―「넝쿨손」 전문

　　모두 3개의 연으로 이루어진 이 시의 첫째 연과 둘째 연은 가정假定의 표현을 담고 있다. 즉, <풍경>과 <음성>과 <얼굴>이 <나>에게 <마지막>일 경우를 가정한다. 문제는 <-이라면>이라는 표현이 암시하듯 이는 현재적 상황에 대한 가정이라는 점이다. 이처럼 첫 두 연이 현재적 상황에 대한 가정을 담고 있다는 점은 시인이 전달하고자 하는 시적 메시지와 관련하여 대단히 중요한 역할을 하는 것으로 판단되는데, 이는 '-이라면'을 '-이었다면'으로 바꿔 놓는 경우 쉽게 확인될 수 있을 것이다. 만일 문제의 표현들이 '-이라면'이 아니라 '-이었다면'으로 끝났다면, '그럴 수도 있었는데 그렇지 않았다'로 읽힐 것이다. 말하자면, 죽음의 문턱까지 갔으나 회복하여 <풍경>과 <음성>과 <얼굴>을 '여전히 보고 듣고 느끼게 되었다'의 의미를 담는 것으로 읽힐 수 있다. 자연히 셋째 연은 살아 보고 듣고 느낄 수 있기에 <나팔꽃 줄기 끝>의

<넝쿨손을 나는 지금 보고 있다>로 읽히게 된다. 즉, '살아있지 않았다면 볼 수 없었던 나팔꽃 줄기 끝의 넝쿨손을 내가 지금 보고 있다'가 이 시가 전하는 메시지가 되었을 것이다. 다소 싱겁다고 느껴지지 않은가.

하지만 <—이라면>은 전혀 다른 방향으로 이 시에 대한 작품 읽기를 가능케 한다. 무엇보다도 현재의 상황을 <마지막>일 수 있는 경우를 가정함으로써 이 시의 첫 두 연은 '현재의 상황이 뜻하지 않게 바뀐다면 어쩔 것인가'의 의미를 담게 된다. 말하자면, 두 연은 시인 자신에게든 독자에게든 강력한 물음을 던지고 있으며, 셋째 연은 그 물음에 대한 시인의 답변일 수 있다. 즉, 물음에 대한 답변을 대신하는 것이 <허공을 향하여 바르르 떨고 있는 / 넝쿨손을 나는 지금 보고 있다>라는 구절일 수 있다. 또는 <허공을 향하여 바르르 떨고 있는 / 넝쿨손>에서 답을 찾으라는 암시의 눈길을 담고 있는 것이 셋째 연일 수 있다. 어찌 보면, 마지막으로 단 한 번이라도 <담장>을 넘어 <저 하늘 저 들판>을 보고 <저 새소리 물소리 풀벌레소리>를 듣는 동시에 <지금 웃고 있는 너의 얼굴>—넝쿨손의 입장에서 보면 시인의 얼굴—을 보고자 하는 시인의 의지를 담고 있는 것이 <나팔꽃 줄기 끝>의 <넝쿨손>일 수도 있다. 결국 이는 곧 생명을 향한 시인의 줄기찬 의지가 추사된 넝쿨손인 것이다. 요컨대, <허공을 향하여 바르르 떨고 있는> <나팔꽃 줄기 끝>의 <넝쿨손>은 한낮 관찰 가능한 수많은 자연 현상 가운데 하나로 머물지 않고 생명을 향한 시인—또한 시인을 포함한 살아 있는 모든 생명체—의 염원을 담은 그 무엇인 것이다. 일찍이 윌리엄 블레이크William Blake가 「순수의 전조Auguries of Innocence」라는 시에서 <한 알의 모래에서 세계를 보고 / 한 송이 들꽃에서 천국을 보는 것, / 그대 손바닥 안에 무한을 쥐고 / 한 순간에 영원을 잡는 것>에 대해 노래하듯, 나태주 시인은 <나팔꽃 줄기 끝>의 <넝쿨손>에서 온 생명의 떨림과 숨결을 보고 있는 것이다.

물론 <마지막>의 상황을 현재적 가정에 담아 이야기하는 일은 누구에게나 가능한 것이 아니다. 오로지 죽음 앞에서 경건할 수 있었던 사람, 또는 죽음 직전까지 갔다가 기적적으로 살아 돌아온 사람에게나 가능한 것인지도 모른다. 평자가 보기에 나태주 시인의 「넝쿨손」이 각별하다 느껴지는 것은 이 때문이다.

「넝쿨손」과 관련하여 우리가 하나 더 생각해 보아야 할 것은 현재적 가정을 담은 첫째 연과 둘째 연 사이의 연 나눔이 굳이 필요한 것인가의 문제다. 이와 관련하여 우리는 첫째 연의 가정이 포괄적인 자연의 세계와 관련된 것이라면 둘째 연은 일종의 전환점 역할을 한다는 점에 유의해야 할 것이다. 다시 말해, 둘째 연의 <지금 웃고 있는 너의 얼굴>은 첫째 연에서 담을 수 없는 어느 한 구체적인 대상을 떠올리게 한다. 그것이 담장을 넘은 <넝쿨손>이 보게 된 시인의 얼굴이든 또는 <넝쿨손>이 담장을 넘음으로써 그와 함께 비로소 시인에게 그 모습을 드러낸 한 송이 <나팔꽃>이든 관계없이, 이 시의 둘째 연은 첫째 연에 제시된 막연한 세계가 의지를 지닌 구체적인 하나의 사물 또는 의식의 주체로 바뀌는 극적인 순간을 암시하기 위한 것일 수 있다. 따라서 연 나눔은 지극히 자연스럽고 당연한 것일 수 있다.

길지 않은 지면에 우리가 반드시 검토하고 넘어가야 할 또 한 편의 시가 있다면 이는 「황홀」이다. 이 시 역시 아무도 주목하지 않을 우리 주변의 보잘것없는 대상 또는 자연 현상이 시적 소재가 되고 있다. 하지만 시인의 시선과 언어를 통해 더할 수 없이 미묘한 의미의 세계로 우리를 이끈다.

> 시시각각 물이 말라 졸아붙는 웅덩이를
> 본 일이 있을 것이다
> 오직 웅덩이를 천국으로 알고 살아가던

송사리 몇 마리
파닥파닥 튀어 오르다가 뒤채다가
끝내는 잠잠해지는 몸짓
송사리 엷은 비늘에 어리어 파랗게
무지개를 세우던 햇빛, 그 황홀.

—「황홀」 전문

 날이 가문 여름날 한적한 시골길을 따라가다 보면 아마도 눈에 띄는 것이 <시시각각 물이 말라 졸아붙는 웅덩이>일 것이다. 시인의 시선은 그 웅덩이에서 몸을 뒤척이는 <송사리 몇 마리>에게 향한다. 그것도 <파닥파닥 튀어 오르다가 뒤채다가 / 끝내는 잠잠해지는 몸짓>을 관찰할 때까지 아주 오랜 시간을. 말하자면, 시인의 눈길은 그냥 스쳐 지나가는 그런 것이 아니다. 사물을 향해 보내는 시인의 시선이 얼마나 정성스러운 것인가를 여기에서 확인할 수 있지 않을까. <한 알의 모래에서 세계를 보고 / 한 송이 들꽃에서 천국을 보는 것, / 그대 손바닥 안에 무한을 쥐고 / 한 순간에 영원을 잡는 것>은 이처럼 지극한 정성이 담긴 눈길을 통해서가 아니고서는 쉽지 않은 일이리라.
 아무튼, 시인이 보기에 필경 송사리에게 웅덩이는 세상 그 자체다. 시인의 표현에 의하면, <천국으로 알고 살아가던> 곳이다. 그런데 이 <천국>이 <시시각각> 변하고 있는 것이다. 천국이 지옥으로 변하고 있는 것일 수도 있겠다. 문제는 천국이 시시각각 지옥으로 변할 수 있음을, 또한 변하고 있음을 천국에 살던 생명체는 모른다는 점이다. 마치 비가 오는 동안 한길 바닥으로 나왔다가 습기를 빼앗는 태양의 뜨거운 열기에 영문도 모른 채 온몸을 비틀며 죽어 가는 지렁이처럼. 어디 송사리나 지렁이뿐일까. 저 높은 곳에 절대자가 있어 지상을 내려다본다면 그가 보기엔 인간 역시 마찬가지 아닐까. 그런 점에서 세계는 우리에게 송사리의 웅덩이와 같은 곳은 아닐지? 사실 우리가 살아가는 세계는 우리의 지력(知力)이 미치는 한 우주 어디에서도 찾을 수 없는 이상적인 생태 환경이라는 점에서 이른바 <천국>일 수도 있겠다. 바로 이 <천국>에서 살아가는 인간은 기껏해야 웅덩이 안에서 <파닥파닥 튀어 오르다가 뒤채다가 / 끝내는 잠잠해지는> 송사리와 같은 존재 아닐까. 이런 의미에서 「황홀」은 단순한 자연 형상에 대한 관찰의 시가 아니라 우리 자신의 삶을 되돌아보게 하는 성찰의 시일 수도 있다.

물론 이것으로 「황홀」에 대한 읽기가 끝날 수 없는데, <송사리 엷은 비늘에 어리어 파랗게 / 무지개를 세우던 햇빛, 그 황홀>이라는 수수께끼 같은 구절에 대해 해명이 필요하기 때문이다. 일차적으로 이는 '죽은 또는 죽기 직전의 송사리의 몸에 햇빛이 반사되어 무지개가 섰고, 그 무지개가 황홀할 정도로 아름다웠다'의 의미를 갖는 것으로 이해할 수 있다. 하지만 아무리 미물이라 하더라도 송사리는 처절한 몸부림 끝에 죽음을 맞이한 또는 이제 죽음 앞에 선 생명체다. 그런 생명체 앞에서 무지개의 황홀함이나 이야기할 만큼 시인이 무심한 사람일까. "강아지풀"에게까지 인사를 하던 시인이라면 그럴 수는 없다. 여기에서 우리는 시인이 보고 있는 것은 물리적 현상이 아니라 한 생명의 죽음이 갖는 우주적 의미일 수 있다는 추론을 해 볼 수도 있다. 세상이라는 공간에서든 웅덩이라는 공간에서든 하나의 생명체는 영원할 수 없다. 아니, 어찌 보면 죽음을 통해 새로 태어난 생명에게 자리를 내줌으로써 영원해지는 것이 바로 생명일 수 있다. 일찍이 타고르가 설파했듯, <마침내 삶을 완성하는 이>가 <죽음>(『기탄잘리』 91번)일 수 있으며, 삶과 죽음이란 엄마의 젖을 빨고 있는 아기에게 엄마의 <오른쪽 젖가슴>과 <왼쪽 젖가슴>과도 같은 것(『기탄잘리』 95번)일 수 있다. 바로 이 같은 마음가짐이 아니라면 어찌 <송사리 엷은 비늘에 어리어 파랗게 / 무지개를 세우던 햇

빛>에서 <황홀>을 느낄 수 있겠는가. 타고르가 자기 부인과 자식들의 연이은 죽음을 겪으면서 죽음에 대한 긍정의 마음에 이르렀던 것처럼, 시인 나태주는 깊은 병고를 치르는 과정에서 얻은 것이 그와 같은 죽음을 향한 긍정의 마음이 아니었을까.

일찍이 제임스 조이스는 그의 자전적 소설『젊은 예술가의 초상』에서 친구에게 이렇게 말한 적이 있다. "예술가의 상상력 안에서 미학적 이미지가 처음 잉태되는 순간 예술가는 바로 이 최상의 특성을 감지하게 되는 것이지. 바로 이 신비로운 순간을 체험하고 있는 예술가의 마음을 셸리는 아름답게도 가물가물 꺼져 가는 석탄불에 비유한 적이 있어. 아름다움이 지닌 최상의 특성이, 말하자면 심미적 이미지가 발하는 선명한 광채가 어느 한 예술가의 정신에 의해, 그것도 아름다움의 총체성에 사로잡혀 있고 그 아름다움의 조화로움에 매혹되어 있는 예술가의 정신에 의해 환하게 이해되는 바로 그 순간, 그가 체험하는 것은 심미적 쾌감으로 충만해 있는 환하고도 고요한 정지 상태라 해야겠지. 또는 이탈리아의 생리학자 루이기 갈바니가 셸리의 표현 못지않게 아름다운 표현을 동원하여 심장의 황홀경이라 부른 생리학적 상태와 매우 유사한 영적 정지 상태라 할 수 있을 거야." 혹시, 셸리의 "석탄불" 또는 우리가 흔히 경험하는 촛불과도 같이, 가물가물 꺼져 가다 마지막 순간에 환하게 빛을 발하는 생명의 신비를 시인은 <송사리>에서 본 것은 아닌지? 그런 의미에서 시인 나태주가 보고 있는 것은 육체의 눈을 통해 본 자연 현상만이 아닐 것이다. 이는 시인이 상상력을 통해 보고 있는 꺼져 가는 생명의 마지막 환한 빛인지도 모른다. 바로 그런 의미에서 나태주 시인이 <시시각각 물이 말라 졸아붙는 웅덩이>를 보면서 느끼는 것은 조이스가 말하는 '심장의 황홀경'일 수도 있으리라. 아니, <시시각각 물이 말라 졸아붙는 웅덩이>를 응시하고 있는 시인이 시적 언어를 통해 전하는 바를 감지하는 가운데 우리가 느끼는 것이 다름 아닌 '심장의 황홀경'이 아닐지?
 '황홀'은 과연 어떤 정신 상태를 말하는 것일까. 이에 대한 사전적 정의는 "눈이 부시어 어릿어릿할 정도로 찬란하거나 화려함, 어떤 사물에 마음이나 시선이 혹하여 달뜸, 미묘하여 헤아려 알기 어려움, 흐릿하여 분명하지 아니함"(국립국어원 표준국어대사전 인터넷 판)으로 되어 있다. 이처럼 무미건조한 정의를 통해 '황홀'이 뜻하는 바가 감지되는지? 우리가 나태주 시인의 이번 시집의 제목 역할을 하고 있기도 하는 작품인「황홀극치」를 주목하고자 함은 무엇보다도 '황홀'에 대한 살아 있는 의미를 찾기 위해서다.

> 황홀, 눈부심
> 좋아서 어쩔 줄 몰라 함
> 좋아서 까무러칠 것 같음
> 어쨌든 좋아서 죽겠음
>
> 해 뜨는 것이 황홀이고
> 해 지는 것이 황홀이고
> 새 우는 것 꽃 피는 것 황홀이고
> 강물이 꼬리를 흔들며 바다에
> 이르는 것 황홀이다
>
> 그렇지, 무엇보다
> 바다 울렁임, 일파만파, 그곳의 노을,
> 빠져 죽어버리고 싶은 충동이 황홀이다
>
> 아니다, 내 앞에
> 웃고 있는 네가 황홀, 황홀의 극치다.

도대체 너는 어디서 온 거냐?
어떻게 온 거냐?
왜 온 거냐?
천 년 전 약속이나 이루려는 듯.

―「황홀극치」전문

그렇다. '황홀'은 <눈부심>이요, <좋아서 어쩔 줄 몰라 함>이요, <좋아서 까무러칠 것 같음>이요, <어쨌든 좋아서 죽겠음>이다. 하지만 이 모든 정의에서 핵심을 이루는 것은 '어쨌든'이라는 말로, 이 말이 암시하듯 '황홀'은 논리든, 이성이든, 오성이든, 지각이든, 분별력이든, 모든 것을 초월한 그 무엇이다. 이어서 시인은 둘째 연과 셋째 연을 통해 땅과 바다에서 시인을 황홀케 하는 대상들이 무엇인가를 차례로 밝히고 있다. 어찌 보면, 자연 그 자체가 시인을 황홀케 하는 대상이라 할 수 있다. 문제는 여기에서 암시되는 자연 예찬은 루소 이후 모든 낭만주의자들 공통의 것이라는 점, 따라서 하나도 새로울 것이 없다는 데 있다. 인간의 문명화 과정은 자연과 멀어지는 과정이고 자연을 오염시키고 탈(脫)신성화하는 과정이라는 가설에 준거하여 세워진 '문명을 벗어나 자연으로 돌아가야 한다'는 논리 또는 주장은 일견 타당하고 설득력이 있는 것으로 보이기도 하지만, 이는 일종의 문화적 원시주의(原始主義, primitivism)를 드러내는 지극히 소박한 발상일 수 있다. 인간은 논리적으로든, 언어적으로든, 현실적으로든, 결코 원시의 자연으로 돌아갈 수 없기 때문이다. 이런 관점에서 볼 때 만일 「황홀극치」가 셋째 연으로 끝난 시였다면, 또는 첫째 연에서 셋째 연에 담긴 내용을 담는 선에서 마무리된 시였다면, 이는 '황홀'에 대한 살아 숨 쉬는 정의에도 불구하고 별다른 시적 의미는 지니지 못하는 작품이 되었을 것이다.

시인이 넷째 연에서 앞의 모든 진술을 부정함은 이런 의미에서 각별한 의미를 갖는다. 어찌 보면, 완벽한 기승전결(起承轉結)의 시적 전개 과정에서 '전'의 역할을 하는 것이 넷째 연으로, 앞의 연들은 진정으로 황홀한 대상이 얼마나 황홀한지를 강조하기 위해 동원된 일종의 수사적 보조 장치의 역할을 할 뿐이다. 문제는 모든 황홀한 대상이 발하는 '황홀'이라는 빛을 퇴색케 하는 <내 앞에 / 웃고 있는> <너>―다시 말해, 인격체로 표현된 <너>―가 과연 누구인가 또는 무엇인가다. 하지만 시인은 이에 대해 말이 없다. 이 시의 다섯째 연에서 답을 찾으려 하는 사람도 있을 수 있겠으나, 답은 어디에도 준비되어 있지 않다.

여기에서 우리는 우선 가장 손쉬운 추론을 할 수도 있다. 즉, <너>는 시인 주변의 어느 한 특정한 인격체를 지칭하는 것일 수 있다고 추론해 볼 수 있다. 하지만 이처럼 어느 한 특정한 인격체가 바로 "너"라면 우리의 논의는 여기에서 중단될 수밖에 없다. 물론 그 모든 황홀의 경지를 부정케 할 만큼 대단한 어느 한 존재가 시인에게 있다면 이는 호기심의 대상이 될 수는 있다. 하지만 시를 읽고자 하는 우리의 관심사는 될 수 없고, 따라서 우리는 이 시를 '황홀'에 대한 살아 있는 정의를 내려 준 작품으로 이해하는 선에서 만족해야 할 수도 있다. 왜냐하면 시 읽기란 말 그대로 시 읽기일 뿐 시를 창작한 시인의 사적 생활을 캐고 드는 일이 아니기 때문이다. 게다가 이 시의 <너>는 특정한 어느 한 인격체를 지칭하는 것일 수도 있음을 부정하기 어려울 만큼 아무것도 우리에게 전하고 있지 않기 때문이다.

하지만 우리에게 아무것도 이야기하고 있지 않다는 바로 그 사실 때문에 이 시는 일종의 '열린 텍스트open text'가 되고 있으며, 그 때문에 우리의 시 읽기는 여기에서 멈출 수 없다. 아니, 바로 이 지점에서 이 작품에 대한 읽기를 새로운 각도에서 시도할 수 있거니와, 만일 <너>가 시인이 일생을 거쳐 사랑하고 추구해 온 그 무엇이라는 관점에서 이 시를 읽는다면 어떨까. 시인이 '일생을 거쳐 사랑하고 추구해 온 그 무엇'이라니? 그게 뭘까. 나의 무딘 상상력의 지평(地平)에 언뜻 떠오르는 것은 '시' 또는 '시적 상상력'이다. 다시 말해, 「황홀극치」에 등장하는 암시적 대상은 '시' 또는 '시적 상상력'으로 볼 수 있지도 않을지? 시인이 황홀해 하는 대상이 시 또는 시적 상상력이라면, 이 시는 전혀 다른 차원의 시 읽기를 가능케 한다. 조이스의 '황홀경'에 대한 진술을 우리는 시인의 세계 이해와 관련해서 계속할 수도 있다는 점에서 그러하다.

바로 이 지점에서 우리의 시 읽기는 어느 한 특정한 작품에 '억지로' 의미를 부여하려는 자의적(恣意的)인 것이라는 비판이 따를 수도 있으리라. 다시 말해, 억지로 의미를 부여하고 미화하려는 못된 주례 평론의 악습이 발동된 것이라 하여 우리의 시 읽기를 비판하는 사람도 있을 수 있다. 이에 대해 우리는 우리의 시 읽기가 결코 자의적인 것이 아님을 증명하기 위해 또 한 편의 시에 눈길을 보내지 않을 수 없으니, 이는 바로 「장락무극」이다.

　　가는 봄날이 아쉬워
　　짧은 봄날이 야속해
　　새들은 슬픈 소리로 노래하고
　　꽃들은 아리따운 그림자를 길게
　　땅바닥에 드리우지만

　　다만 어리석은 사람은
　　늙은 매화나무 가지를 그리고
　　그 위에 어렵사리 움튼 몇 송이
　　매화꽃을 그려서 벽에다 건다

> 피지도 않고 지지도 않는 매화꽃을
> 피어서 향기로운
> 매화꽃이라 우기면서
> 찌는 여름 추운 겨울을
> 오래 오래 견디며 산다.
>
> ―「장락무극」 전문

'장락무극(長樂無極)'은 '오랜 즐거움이 끝이 없다' 정도로 풀이될 수 있는 한자말로, 전통적으로 봄을 맞이하여 대문 기둥이나 대들보 등에 써 붙이는 이른바 입춘방(立春榜)에 자주 등장하던 상서로운 의미를 지닌 말들 가운데 하나다. 오랜 즐거움이 끝이 없기를 기원하는 마음이 담긴 이 말을 시의 제목으로 삼고 있는 시인이 희망하는 '끝이 없는 오랜 즐거움'은 어떤 것일까. 이 물음에 대한 답에 앞서 우선 시의 내용을 살펴보기로 하자. 모두 3연으로 구성된 이 시의 시간적 배경은 <가는 봄날> 또는 <짧은 봄날>이다. 겨울이 가고 봄이 찾아와 즐거워하기도 잠깐, 어느새 봄날은 간다. 봄날은 영원하지 않은 것이다. 시인이 보기에, 이렇게 가는 짧은 봄날이 아쉽고도 야속하여 <새들은 슬픈 소리로 노래하고 / 꽃들은 아리따운 그림자를 길게 / 땅바닥에 드리>운다. 하지만 사람들은? 사람들은 <늙은 매화나무 가지>와 <그 위에 어렵사리 움튼 몇 송이 / 매화꽃을 그려서 벽에다 건다.> 어떤 의미에서 보면, 봄날이 무상하듯, 새들의 노래도, 꽃들의 그림자도 무상하기는 마찬가지다. 바로 새들의 노래와 꽃들의 그림자가 피할 수 없는 이 무상함을 뛰어넘으려는 듯, 아니, 가는 봄날을 영원 속에 붙잡아 두려는 듯, 인간은 봄날을 한 폭의 그림에 담는다. 앞서 인용한 블레이크의 시 구절에서처럼, <그대 손바닥 안에 무한을 쥐고 / 한 순간에 영원을 잡>으려 한다. 하지만 그렇게 해서 붙잡아놓은 봄날은 영원한 것일까. 그것은 박제된 봄날일 뿐 영원한 봄날일 수 없다. 그렇기에 영원할 수 없는 봄날을 그림에 붙잡아 영원케 하려는 사람은 "어리석은 사람"일 수밖에 없다.

화가가 그림을 통해 영원을 붙잡으려 하는 예술가라면, 시인은 시를 통해 영원을 붙잡으려 하는 예술가일 수 있다. 그런 관점에서 볼 때, 화가뿐만 아니라 시인도 <가는 봄날>을 영원 속에 붙잡아 가두려 하는 "어리석은 사람"일 수 있다. 시인은 이 시의 셋째 연에서 바로 이 "어리석은 사람"이 살아가는 일견 '어리석어' 보이는 삶의 모습을 계속 추적한다. "어리석은 사람"은 <피지도 않고 지지도 않는 매화꽃을 / 피어서 향기로운 / 매화꽃이라 우기면서 / 찌는 여름 추운 겨울을 / 오래 오래 견디며 산다.> 말할 것도 없이, 그림 속에 가둬놓은 봄은 박제된 봄일 뿐이기에, 꽃은 피지도 지지도 않고 향기를 발하지도 않는다. 그럼에도 불구하고 "어리석은 사람"은 꽃이 피었다 지고 향기가 나온다는 환상을 고집하며, <찌는 여름 추운 겨울을 / 오래 오래 견디며 산다.> 이런 맥락에서 볼 때, <오래 오래 견디며> 그러한 환상을 즐기는 것이 "어리석은 사람"들―말하자면, 화가와 시인―이 찾는 '끝이 없는 오랜 즐거움'일 수 있겠다.

어찌 보면, 시인은 '어리석다'라든가 '우기다'와 같은 표현을 사용함으로써 「장락무극」에서 자신의 시 쓰기 행위 자체에 대한 자조적인 반성을 시도하고 있는 것처럼 보이기도 한다. 하지만 이렇게 보는 것은 지극히 피상적인 시 읽기일 수 있거니와, 무엇보다도 우리는 제목의 무게를 고려하지 않을 수 없기 때문이다. "장락무극"이라는 말은 현상을 지시하기보다 일종의 소망을 지시하는 것으로, 여기에는 말하는 사람의 성심(誠心)이 담기게 마련이다. 바로 그런 관점에서 볼 때, 제목의 무게로 인해 <오래 오래 견디며 산다>는 시 구절은 '오래 오래 견디며 살 수 있기를'이라는 기원(祈願)의 뜻을 담은 것이 될 수도 있다. 다시 말해, 비록 남의 눈에는 '어리석게' 보이고 '우기는 것'처럼 보일지라도 시인이 시인으로서 자신의 존재 이유는 시적 형상화라는 작업—즉, 아무리 어리석고 서툴러 보이더라도 무상한 것을 예술적 형상화를 통해 영원한 것으로 만들고자 하는 시도—에 있음을, 따라서 <찌는 여름 추운 겨울>과 같은 그 어떤 세상의 조소라도 <오래 오래 견디며> 살아갈 수 있기를 바라는 소망을 담은 시가 다름 아닌 「장락무극」일 수 있다.

정녕코, 비록 헛되고 어리석은 몸짓이라 해도, 예술가는 영원을 붙잡으려는 몸짓을 포기할 수 없다. 이를 포기함은 곧 '끝이 없는 오랜 즐거움'에 대한 탐구 자체를 포기하는 것이 되고, 따라서 예술가 자신의 존재 이유를 상실하는 것이 되기 때문이다. 그런 의미에서 예술 행위란 어리석은 몸짓일 수도 있지만 이와 동시에 비극적 영웅의 몸짓일 수도 있다. 문학사와 철학이 말해 주고 있듯, 죽음과 파멸을 예견하면서도 매혹적인 탐구의 대상 앞에서 뒷걸음치지 않는 자가 바로 비극적 영웅으로서의 시인이다. 그런 의미에서 볼 때 시인은 죽음을 향해 다가가는 불나방과도 같은 존재, 파멸을 감지하면서도 여전히 매혹된 불을 향해 다가가는 존재인지도 모른다. 실로 그렇기 때문에 어리석은 것이고, 어리석기 때문에 영웅적인 것이 시인의 시 쓰기일 수도 있다. 불을 향해 불나방이 죽음을 무릅쓰고 덤벼들 듯, 시간을 초월하여 존재하는 미적 공간이라는 황홀한 불빛에 매혹된 시인이라는 "어리석은 사람"은 죽기를 무릅쓰고 그 불빛을 향해 질주하지 않을 수 없다. 요컨대, 황홀경이 있기에, '어리석다'는 세간의 조소에도 불구하고, '엉뚱한 것을 우긴다'는 세간의 비난에도 불구하고, 시인은 시 쓰기를 멈출 수 없다. 시를 쓰는 시인에게 "황홀극치"의 경지는 그렇게 해서 가능한 것이리라. 「황홀극치」에 대한 시 읽기는 바로 이런 방향에서 이루어질 수도 있는 것이다.

3.

할 말이 없기 때문에 참담한 것이 아니라, 해야 할 이야기가 무엇인지 모르기 때문에 참담하다는 느낌! 사실 지난 몇 달 동안 나태주 시인의 시와 만나면서 내 마음을 지배했던 것은 바로 이런 느낌이었다. 이제 글을 마무리해야 할 시간이 되어 나는 논의 과정에 주목하지 못한 아름다운 시들을 답답한 마음으로 다시 읽는다. 자연을 소재로 한 시가 아니라 인간의 삶을 소재로 한 시들 가운데 특히 내 마음을 끌었던 작품들이 나에게 손짓을 하는 듯도 하다. 시장 허름한 음식점에서 팔리는 '잔치국수라는 이름의 국수'와 실제로 '잔치자리에서 베풀어지는 국수' 사이에 존재하는 묘한 긴장감을 통해 삶 자체를 되돌아보게 하는 일련의 「잔치국수」라는 제목의 시편들, 꿈과 현실 사이의 막연한 경계에 서 있는 시인의 마음을 전하는 「꿈」이라는 제목의 시편들, 인간과 자연 사이의 거리에 대한 깊은 명상을 드러내고 있는 「매화꽃 달밤」, 그리고 무엇보다 우리의 삶과 사랑과 죽음과 슬픔을 너무도 생생하게 보여 주는 「하염없이」—이 모든 시들을 다시 읽지만, 하고 싶었던 이야기들은 침묵 속에 묻어두기로 하자. 하기야 이들 작품은 저절로 자신의 존재 이유를 말할 것이기에 그 어떤 논의도 췌사(贅辭)가 될 수 있으리라.

그럼에도 불구하고 나는 이 자리에서 단 한 편의 시만큼은 짚고 넘어가고자 한다. 사실 나태주 시인의 이번 시집을 읽으면서 나에게 '마음의 얼룩'을 의식케 하고, 이로 인해 내 마음을 '편치 않게' 함으로써 글쓰기를 특히 힘들게 했던 작품이 있다면, 이는 바로 「노을잔치」였다.

외갓집은 마을에서도 높은 언덕
서쪽하늘로 열려 있었다

날마다 저녁이면 지는 해가 좋아
길고 긴 노을잔치였다

외할머니는 서쪽하늘 산 너머 바다가 있어
그리고 해가 기우는 거라고 말씀하시곤 했다
나는 바닷물로 떨어지는 커다랗고 붉은 해를 그리며
이글이글 끓어오르는 바닷물을 상상하곤 했다

외할머니 세상 뜨신 후로는
외할머니 또한 그 서쪽하늘로 옮겨가 사시면서
해 지는 시각이면 이승으로 쪽문을 열고
아직도 세상살이 철부지인 손자를
걱정스레 내려다보시겠거니 생각한다

할머니, 쪼끔만 더 거기 기다려 주세요.

―「노을잔치」 전문

 이 시를 읽으면서 나는 나도 모르게 외할머니와 함께 살던 어린 시절을 떠올렸다. 시인에게 <이글이글 끓어오르는 바닷물을 상상>하게 했던 외할머니와 같은 외할머니가 내게도 있었던 것이다. 나는 초등학교에 가기 1년 전까지 여러 해를 충청도 서산에 있는 외가댁에서 보냈는데, 그 당시 외할머니는 세상의 신비에 대해 이러저러한 이야기를 나에게 들려주시곤 했다. 외할머니가 바닷가에서 보았다는 아기를 업고 있는 인어 이야기라든가 나나니벌이 알을 낳고 알을 향해 계속 '날 닮아라'라고 주문(呪文)을 해서 나나니벌의 새끼는 나나니벌을 꼭 닮게 된다는 이야기가 아직도 내 기억에 남아 있다. 시인이 <바닷물로 떨어지는 커다랗고 붉은 새를 그리며 / 이글이글 끓어오르는 바닷물을 상상하곤> 했듯, 나도 사람들 틈에 끼어 호기심 어린 눈길을 보내고 있는 내 외할머니 앞에서 온몸에 비늘이 덮인 인어가 아기를 업고 몸 둘 바를 몰라 하는 모습을, 날 닮으라는 주문에 홀려 엄마 나나니벌과 똑같이 생긴 아기 나나니벌이 벌집에서 기어 나오는 모습을 상상하기도 했다. 시인은 이처럼 나에게 어린 시절을 떠올리게 했을 뿐만 아니라, 그때와 마찬가지도 지금도 <세상살이 철부지인 손자>를 걱정하고 계실 법한 외할머니의 모습을 떠올리게 했다. 그런 외할머니의 모습을 생각하노라니 영 마음이 편치 않았다. 비록 <아직도 세상살이 철부지>이긴 하나, 인어와 나나니벌의 모습을 상상하던 어린아이의 순수함은 잃은 지 오래기 때문이다. 벗겨지지 않는 마음의 때에 찌들려 추레해진 내 모습을 바라봐야 하는 이 참담함이란!

하지만 나는 시인처럼 <할머니, 쪼끔만 더 거기 기다려 주세요.>라 말할 수 있을까. 나에게는 아직 아무런 준비가 되어 있지 않다. 준비가 되어 있지 않은 것이 내 마음이기에, 어쩌면 시인이 너무도 편안하게 던지는 <할머니, 쪼끔만 더 거기 기다려 주세요.>라는 말이 불편한 내 마음을 더욱 불편하게 했는지도 모른다. 하지만 읽는 이의 마음을 불편하게 하지 않는다면 그것이 어찌 시다운 시일 수 있겠는가.

지리멸렬하고 상투적인 몸짓들과 마음 씀으로 가득한 이 산문적인 세상, 각질로 뒤덮여 있어 무언가를 보고 느끼고 싶어도 제대로 보고 느낄 수 없을 만큼 무디어진 마음의 눈, 그리고 그런 마음의 눈을 더욱 피곤하게 하는 하찮은 냉소와 불평으로 가득한 이 세상의 글과 시들, 이 모든 것이 내가 파악하는 나와 내 주변의 문제점만은 아니리라. 만일 나와 비슷한 처지에 있는 사람이라면, 누구라도 한 번쯤은 나태주 시인의 이번 시집에 눈길을 주기를! 그리고 허망하고 요원할 수도 있으나 그럼에도 불구하고 포기할 수 없는 '장락무극'을 향한 시인들의 꿈에 대해 한 번쯤 깊이 생각해 보기를!

제2부

작품론

서정과 그리움*

박인기
(문학평론가, 단국대 명예교수)

대숲 아래서

1.
바람은 구름을 몰고
구름은 생각을 몰고
다시 생각은 대숲을 몰고
대숲 아래 내 마음은 낙엽을 몬다.

2.
밤새도록 댓잎에 별빛 어리듯
그슬린 등피에는 네 얼굴이 어리고
밤 깊어 대숲에는 후둑이다 가는 밤소나기 소리.
그리고도 간간이 사운대다 가는 밤바람 소리.

---

* 『한국대표시평설』, 문학세계사, 1983.

3.
어제는 보고 싶다 편지 쓰고
어젯밤 꿈엔 너를 만나 쓰러져 울었다.
자고나니 눈두덩엔 메마른 눈물자죽,
문을 여니 산골엔 실비단 안개.

4.
모두가 내것만은 아닌 가을,
해지는 서녘구름만이 내 차지다.
동구밖에 떠드는 애들의
소리만이 내 차지다.
또한 동구밖에서부터 피어오르는
밤안개만이 내 차지다.

하기는 모두가 내것만은 아닌 것도 아닌
이 가을,
저녁밥 일찍이 먹고
우물가에 산보 나온
달님만이 내 차지다.
물에 빠져 머리칼 헹구는
달님만이 내 차지다.

    1971년 서울신문 신춘문예를 통해 등단한 충남 서천군 막동리 출생인 나태주의 데뷔작이 시 「대숲 아래서」이다.
    당시의 시선자였던 박목월은 나태주의 등단 당시에 대해 이렇게 진술한 적이 있다. 나태주는 1960년대의 한국 현대시가 지닌 난해성과 건조성을 탈피하고 70년대 벽두에 전통적인 서정시를 현대적인 감각으로 세련시키고 발전시켜 현대시의 혼매함을 극복할 수 있는 길을 보여준 시인이라는 면에서, 그는 신춘문예 당선 시인 중에서도 한 시대의 전환을 이룰 수 있는 가능성과 사명을 띠고 등장한 주목할 만한 시인이었다고. 이와 같은 박목월의 진술 속에는 하나의 전제가 놓여있는 것으로 보인다. 그것은 4·19 이래로 드높여진 참여정신에서 비롯된 소위 참여파와 순수파 사이의 격렬한 갈등은 60년대 시단에 혼돈과 방법의 세공을 야기했는데, 이 시는 당시의 시단에 하나의 반성적 계기가 되리라는 뜻에서 주목받았다는 점이다.

나태주의 산문집 『대숲에 어리는 별빛』에 기술되어 있는 그 자신의 회상에 의하면, 신춘문예 응모 당시 자신 있던 일은 아무 것도 없었고 모든 것들이 그냥 그렇게 뚫기 어려운 벽으로 느껴지던 팍팍한 심정에서 그 어두운 심연으로부터 빠져나갈 수 있었으면 하는 하나의 바람으로 쓰인 시편 중의 하나가 시「대숲 아래서」였다고 한다. 이런 회상은 어느 면에서 자신의 시작행위를, 해갈을 구하려는 생리적 욕구라고 보는 박목월의 시적 인식과 부합되는 국면을 지니고 있다.

> 박목월 군, 등을 서로 대고 돌아 앉아 눈물 없이 울고 싶은 리리스트를 처음 만나 뵈입니다그려. 어쩌자고 이 험악한 세상에 哀憐惻惻한 리리시즘을 타고 나셨습니까! 모름지기 시인은 강해야 합니다.

위 글은 1930년대 말 박목월에 대한 정지용의 추천사 속에 들어 있는 언급이다. 박목월이 <애련측측한 리리시즘>의 시인이라는 정지용의 지적은 데뷔기의 나태주에게도 해당될 수 있다. 그런데 이 애련측측한 리리시즘은 청록파를 거쳐 김소월의 정한의 세계로 이어지는 것으로 한국현대시사는 간주하고 있다.

이러한 면들로 나태주는 등단 이래 김소월과 청록파에 접맥되는 한국

적 서정의 시인이라고 평해지고 있다. 가령 다음과 같은 시,

> 보셔요 / 우물터에 앉아 겨울내복을 헹구는 / 누이의 눈을, / 눈물 번지는 벌판에 타오르는 아지랭이 / 그 아지랭이 속을 솟아오르는 누이 눈 속에 종달새 한 마리를……
>
> —「삼월의 새」 일부

이러한 시세계를 그는 민요조의 운율과 4행시 구조로 병치와 반복의 기법을 통해 시화하고 있는데, 이는 그의 순화된 언어적 감수성에서 빚어지는 것으로 언급되기도 한다.

시「대숲 아래서」는 모든 것에서 밀려나고 모든 것을 상실한 채 세계를 수동적으로 사는 막막한 심정을 실연을 모티프로 시화하고 있다. 따라서 작품을 작품 자체로 존재하게 한다는 의미에서의 이 시의 작품성은 애정을 고백하는 연가다운 서정, 그것도 실연의 여운을 풍기고 있는 애틋한 연가다운 서정에 있게 된다.

서정은 인간이 지닌 가장 인간다운 정조의 원천인 것이다. 본원적인 의미에서의 시를 서정시라고 한다면 서정성은 곧 시의 원천 내지 시 그 자체라고 말할 수 있다. 이때 서정성의 본질은 情調의 순간적 고조를 띤 대상의 내면화에 있다고 한다면, 서정적인 것 속의 세계와 자아는 자기 표현적인 정조의 자극 속에서 상호 침투하고 융화하는 것이다. 심정적인 것이 대상 속으로 깊이 파고들어서 그 대상의 내면화를 이루게 된다. 따라서 서정성 속에서 시인은, 달리 표현하면 서정적 주체는 대상을 지각하고 이해하고자 하지 않는다. 대상과 어울려서 일정한 거리를 두지 않고 부드러운 조화를 이루며 시로 융화하는 것이다. 이런 조화 내지 상호 몰입 속에서 이미지의 서정성도 결정된다.

이 시의 1연에서 바람이 구름을, 구름이 생각을, 생각이 대숲을 몰고, <대숲 아래 내 마음은 낙엽을 몬다>고 할 때, 자연은 정경화하여 주체와 상호 융화되며 대상과의 거리는 사라지게 된다. 이제 대상은 정조 속의 대상이 아니라 상태이다. 이러한 상태는 2연에서 등가적 유추에 의해 내적 심상의 풍경화로 묘사되고 있음을 볼 수 있다. 서정시는 의미와 음악의 조화 속에 아름다움을 창조한다. 이는 시인이 감흥이 일어나는 대로 정조와 언어의 혼연 속에 마음을 띄우는 것을 뜻한다. 따라서 서정적인 것은 한 찰나, 한 순간에 흘러가 버리게 된다. 이를 지키려면 반복 작용에 의해 주체 속으로 집중하고 회귀시켜야 한다. 스치는 예감 가득한 시어들이 계속 드러나는 1, 2연의 서술어가 <몰다>, <가다>와 같은 움직임을 드러내는 말로 이루어진 까닭은 위와 같은 근거에서이다. 말하자면, <바람, 구름, 낙엽, 별빛, 밤소나기 소리, 밤바람 소리> 등은 이미 대상 그 자체가 아니라 서정적인 것의 물결일 뿐이다. 이는 대숲에서 혼돈을 벗어나 질서를 얻고 조직화되고 전달 가능할 수 있게 되며, 다시 <편지, 메마른 눈물자국>을 통해 서정의 주체로 집약되고 있다. 이 집약하고 조직화하는 행위 속에서 가을 저녁에 지니게 되는 시인의 서정은 확고한 것이 될 수 있었던 것으로 보인다. 이 집약 속에 그때까지 자연의 한 조각처럼 자연의 부분들과 부동하고 순간적이던 인간현상도 의미 있는 형태로서 지속적으로 확고하게 존립하게 된다. 여기에 서정시의 한 근원성이 놓이게 된다.

실연에의 예감은 역으로 그리움을 강하게 일으키는 법이다. 젊은 날의 실연은 더욱 그러하다. (나태주의 산문집 속에는 여러 곳에 실연에 대한 언급이 있다.) 강한 그리움은 모든 그리움에 대한 형태를 파괴해 버리고 더듬거리는 어조로밖에 표현할 수 없다. 우리는 그리움에 대해 끊임없이 말하면서 새롭고 조금 더 나은 형태로 끊임없이 재형성하여 보면서 그리움의 본질에 대해 유일 가능한 표현을 하려고 한다. 따라서 그리움의 형태가 없다는 점은 그리움의 힘에 대한 입증이 아니겠는가. 따라서 강한 그리움은 언제나 어눌하며 언제나 그리움 자체를 많은 상이한 마스크 뒤에 숨기고자 한다. 이때의 마스크가 그리움의 형태라고 해도 역설은 아닐 것이다. 그러나 마스크는 또한 두 측면의 갈등을 드러낸다. 인지되고자 하는 측면과 위장된 채로 있고자 하는 측면의 갈등이 그것이다.

이 시에서 강한 그리움은 밤새도록 댓잎에 별빛 어리듯 냉정함을 지니고자 하거나 편지란 마스크 뒤에 숨어 있고자 하지만, 곧 그슬린 등 피란 타오르는 심상 속에 냉정함이 스러지고 메마른 눈물자죽을 마스크 뒤에서 보여주게 된다. 표현 주체는 자신의 그리움이 <실비단 안개, 밤안개, 애들의 소리>처럼 넓은 공간으로 확산되어 가는 강하면서 형태를 이룰 수 없는 것임을 깨닫게 된다. 그러나 그리움은 우리에게서 상대와 멀리 떨어져 있다는 심정을 비우고 대신 가깝게 느껴지는 심정을 채우고자 한다. 널리 알려진 사실이지만 아리스토파네스는 이를 잘 드러내고 있는 설화를 찾아낸 적이 있다. 그에 의하면 일찍이 인류는 남녀동체였으나 제우스가 그들을 반으로 갈라서 오늘날의 인류가 되었다고 한다. 따라서 그리움은 자신이 잃어버린 반신을 찾는 행위이다. 자그마하지만 가득 채우고자 하는 갈망이다. 이런 설화에 속하는 인간은 자신의 반신을 어떤 나무나 꽃에서도 찾을 수 있게 된다. 그의 삶 속의 모든 우연한 만남은 하나의 신성한 혼례가 될 수 있다. 그러나 삶이 갖고 있는 이런 이신성(二身性, duality)을 알아채는 사람은 언제나 타인과 함께 있어야 하며, 같은 이유로 언제나 홀로인 셈이다. 어떤 고백도 어떤 불평도 어떤 헌신도 어떤 사랑도 둘에서 하나를 만들 수 없다. 하나이고자 하나하나가 될 수 없기 때문이다. 그렇다면 누가 사랑하는 자이며 누가 사랑받는 자인가. 우리가 누군가를 그리워하는 이유는 무엇이며 그리움의 대상은 무엇인

가. 따라서 그리움은 언제나 애틋한 감상(感傷)인지도 모른다.

강한 그리움은 동시에 강한 충족에의 기대를 내포한다. 이 시의 양국에서 우리는 순수한 그리움과 충족에의 갈망을 볼 수가 있다. 그리움은 인간을 어떤 행위나 사건 속으로 이끌어 가지만 그 행위나 사건이 그리움을 충족할 수는 없다. 4연에서 표현 주체는 충족할 수 없는 그리움을 충족시키고자 하고 있음을 볼 수 있다. 그러나 그것은 논리적인 연결에 의거할 수 없는 것이며 논리와는 무관한 막연함에 의거할 수밖에 없다. <모두가 내것만은 아닌 가을> <하기는 모두가 내것만은 아닌 것도 아닌 / 이 가을>이란 시행에서 우리는 주체의 강한 충족에의 갈망을 읽을 수 있다. 그러나 그것이 논리적일 수 없음을 <하기는>은 잘 보여주고 있다. 출렁이던 서정의 유동성은 <하기는>에서 중단된다. 우리는 감흥에서 깨어나 현실 속의 자아도 고착됨을 느낀다.

이제 표현 주체는 <저녁 먹고 산보 나온 달님>만이 자기 차지임을 알게 된다. 그것도 달님 자체가 아닌 그림자에 불과한, 우물물에 빠져 머리칼 헹구는 달님만을 자기 차지로 함으로써 그리움이 결코 충족될 수 없는 것임을 깨닫는다. <우물> <물에 빠져 머리칼 헹구는 달님>이미지는 2연의 댓잎에 어리는 가을의 별빛 이미지와 같이 차가움을 드러내며 그리움에 형태를 부여하고 있다. 충족할 수 없는 그리움에 허망한 그림자의 형태라도 부여하려는 데에서, 이 시는 비가의 諧調조차 띠게 된다.

시「대숲 아래서」이후, 나태주는 막동리로 대변되는 자연 속에서 한국적인 서정을 민요조로 시화하는데 주력하여 왔다.

이는 다음과 같은 그의 시적 인식 속에 잘 드러나고 있다. <이제 우리는 자연주의 시의 부활을 맞아야 한다. 오늘날의 피곤한 독자들에게 도회의 시, 초현실주의의 시, 주지주의의 시는 위로의 메시지가 되지 못한다. 자연은 영혼과 문학의 고향이다.> <오늘날의 우리의 시는 민요가

되어야 한다. 민요 속에는 그 시대 그 민중을 울리던 힘이 있었다.>

그런데 한이나 푸념과 같은 한국적인 서정을 시화할 경우 센티멘탈리즘화하기 쉽다는 것을 1930년대의 한국 현대시사가 이미 보여준 바 있다. 나태주가 『막동리 소묘』에서 보여주던 비판정신을 융합한 건전한 서정성의 시세계에서,

  너 보고픈 날은 / 창문을 닫고 / 안으로 고리를 잠그기로 한다.
  　　　　　　　　　　－「사랑이여 조그만 사랑이여 42」 일부

  너는 외로운 / 새끼새, / 산길에 구름 바라 선 / 아기사슴.
  　　　　　　　　　　－「사랑이여 조그만 사랑이여 44」 일부

과 같은 시는 「대숲 아래서」에서 드러내고 있던 센티멘탈리즘으로 되돌아가고 있음은 무슨 이유일까?

시간의 의미, 또 다른 '나'의 발견*
— 나태주론

김완하
(시인, 한남대 교수)

1.

나태주 시인이 지금껏 추구해온 시 세계의 핵심은 생명과 사랑이라 할 수 있다. 그는 1971년에 문단에 데뷔한 이후, 전통적 서정성에 바탕을 둔 시를 써왔으며 올곧게 그의 작품세계를 지켜왔다. 그리하여 그는 자연과 인간의 생명과 사랑을 지속적으로 노래하여 자기만의 한 세계를 이루어냈다. 그의 시는 인간사의 외로움과 그리움을, 사랑과 안타까움 등을 형상화하여 잔잔한 정서의 여운을 전달해줌으로써 다수의 독자들에게 공감대를 형성하기도 했다. 섬세하고도 치밀한 관찰력을 바탕으로 하는 그의 시는 자연 속에서 지나치기 쉬운 작은 것들의 생명성과 아름다움을 포착해낸다. 그리하여 우리들이 잊어버린 자연의 진정한 의미와 생명과 사랑의 소중함을

---

* 『시와 시학』, 1996 봄호.

일깨워준다. 이 점에서 그의 시는 한국 전통 서정시의 영역에 '친숙하고 소박하며 담백한 미학'을 추가한 시인이라 할 수 있다.

　나태주는 자연과 인간사의 작고 여린 부분을 애정 어린 눈길로 응시한다. 그리고 그것들 속에서 의미를 찾아내 인간 생의 의미와 인간 존재에 대한 탐구로 확대시키고자 하였다. 이러한 점에서 그의 시는 우리에게 자연의 순수한 인간 사랑의 소중함을 되새겨주면서 친숙하게 다가오는 것이다. 그는 고향 마을이나 들녘 어디에라도 자라는 풀과 나무들을 소재로 하여 소박하고도 담백한 서정을 노래한다. 따라서 그의 시는 형식적인 면에서도 매우 단순한 형태를 취하고 있다. 그러나 나태주의 시 세계에 드러나는 친숙함과 소박함은 그가 지향하는 생명과 사랑의 정신이 결합됨으로써 우리들 기억에 오래 머물도록 한다. 그는 인간으로서의 때 묻은 삶과 육신을 벗어나서 자연의 순수하고도 아름다운 생명세계에 한없이 다가가려는 자세를 보여주었다. 그만큼 그의 시는 현대 문명을 벗어나 원시성이나 생명감각과 결합된 자연의 서정을 추구하였다.

　그동안 나태주의 시는 자연의 생명과 인간의 사랑에 대한 탐구를 지속적으로 견지해오면서도 다소의 변모를 보여주었다. 즉, 그의 시는 1970년대 초기에는 주로 자신 정서의 내면성에 치중하였다. 이어서 1980년대로 넘어오면서는 일상적 삶의 국면에도 서서히 관심을 기울이게 된다. 그리고 1990년대 중반을 지나고 있는 현시점에서는 또 하나의 변화를 보이고 있다. 그가 이번 신작소시집(『시와 시학』, 1996 · 봄호)에 발표한 「나뭇결」 외 6편에서 우리는 이전 그의 시와 다른 면을 읽게 된다. 이러한 점은 그가 50대로 접어들면서 새롭게 보여주는 것이기에 주목해 볼 만하다.

2.

나태주 시인이 추구해온 시세계에서 가장 핵심적 요소는 자연의 생명에 대한 사랑이라 할 수 있다. 우리는 나태주 시인이 『문예중앙』 1995년 가을호에 발표한 「오월 1」 외 2편에서 생명과 사랑이 반짝거림을 눈여겨 볼 수 있다.

줄장미네는 딸부잣집
그래도 줄장미네 어머니는
첫째 딸부터 막내 딸까지
안 이쁜 딸이 없다
오히려 이제 막 젖몽오리 아리게
솟아오르는 어린 딸일수록
더욱 소중스럽다
누구네 집일까
돌아와 방안에 앉아 있어도
눈에 밟히는 줄장미꽃
나를 꼬여내는 줄장미네 이쁜 딸들

……<중략>……

줄장미 속으로 뻐꾸기 소리가 빠진다
꾀꼬리 울음소리도 빠진다
아, 나도 줄장미 한 송이를 골라
그 꽃 속으로 사라져버릴거나
이 징그러운 몸뚱아리
하나의 벌레가 되어 꿈틀꿈틀.

—「오월 1」 일부

그의 「오월 1」 시편에는 이제 막 피어나는 <줄장미꽃>의 봉오리가 함빡 향기를 내풍기며 담장 위에 줄을 타고 기어올라 뭉게뭉게 꽃무리를 이루고 있다. 그리고 그 안으로는 <뻐꾸기 소리>가 달려와 빠지고, 고운 색실을 휘날리며 꾀꼬리 울음소리도 다가와 안긴다. 그의 시에는 <무찔레꽃, 애기똥풀꽃, 시계풀꽃, 메꽃>이 무리를 지어 벙글어진다. 그런가하면 폐교된 산골 초등학교에, 아이들 하나 없는 복도에 대롱대롱 매달린 <구리종>이 아직도 푸릇한 종소리를 울리고 있다. 또한 시내버스 안에서는 <병아리 울음소리>를 듣는다. 그 곳에서 시인은 어느 젊은 아낙네가 무릎에 보듬어 안은 딸아이의 눈망울과 마주친다. 그 아이의 눈동자는 심해선 어름의 바닷물처럼 맑으며, 그 아이의 머리 꼭지에 매달린 <나비리본>은 연둣빛이다. 이렇듯 생명의 세계에서는 아이 머리에 매달린 인공의 <나비리본>도 <풀꽃타래>로 화한다.

이러한 나태주 시인의 반짝거리는 생명과 사랑에 관심을 기울이게 되면, 우리는 그것들 속에서 두 가지의 특징적인 사항을 발견하게 된다. 그 가운데 하나는 그의 시 소재는 대개 자연적인 모습으로 드러나는 애정 어린 생명의 세계로써 동식물로 밝혀진다. 그것들은 <줄장미꽃, 뻐꾸기, 꾀꼬리, 무찔레꽃, 메꽃, 병아리> 등으로 나타난다. 다음으로 그러한 소재들은 대개의 경우 여성적 성격을 띤다는 점이다. 물론 작고 여린 것들은 여성적 의미를 지니게 마련이지만, 그의 시 가운데서는 <줄장미네 딸부잣집>, <아낙의 딸아이>, <젖몽오리>, <이쁜 딸>, <나비> 등 여성적으로 표현되어 있기 때문이다. 그러나 광물이나 인공의 세계는 이것과 매우 대조적이다. 그러기에 줄장미는 <담장>을 벗어나고자 하늘로 뻗어 오르며, 폐교된 산골 초등학교에 내걸린 <구리종>은 녹이 스는 것이다. 또한 <시내버스> 안에서는 <병아리>가 <종이상자>에 갇혀 있다.

이렇게 볼 때, 나태주의 시에서 몇 가지 의미를 유추할 수 있다. 즉, 그의 시에서 화자는 아버지의 시선으로 세상을 응시한다는 점이다. 그의 시선에 닿는 대상은 <아들>이 아니라, <딸>로 선정된다. 이 점에서 그의 시는 <강력한 부권>의 위치가 아니라, <자상하고 푸근한 부성애>로 자리한다. 그는 여리고 가녀린 대상을 한없는 애정으로 끌어안고자 하였던 것이다. 그러기에 그는 위 시에서 <아, 나도 줄장미 한 송이를 골라 / 그 꽃 속으로 사라져버릴거나 / 이 징그러운 몸뚱아리 / 하나의 벌레가 되어 꿈틀꿈틀.>이라고 표현하였다. 그는 자신을 <벌레>로까지 변화시켜서라도 생명과 사랑의 순수한 세계 속에 안기려 한다. 부성애의 자세로 애정 어린 생명의 세계에 베푸는 사랑의 정신, 이것이 곧 나태주의 담백한 시정신인 터이다.

3.

신작소시집(『시와 시학』, 1996·봄호)에 선보이는 나태주 시인의 시세계에서 우리는 그가 서서히 생의 의미 쪽으로 관심을 기울이고 있음을 알게 된다. 이제 그는 시를 통해서 지나온 생을 되돌아보며 그것을 새롭게 받아들이려는 자세를 보여준다. 다시 말하면 그가 한 시인으로서 쌓아온 삶의 안목으로 인생을 성찰하고 자신을 조금 더 객관적으로 인식하고자 하는 점들이 엿보인다는 것이다. 뿐만 아니라 그는 자연에서 발견한 의미로 인간 삶의 가치를 새롭게 파악하려 한다. 나아가서 자연의 이치를 통해 자신의 생을 비판적으로 인식하며 자신의 내부에 있는 또 다른 자아를 발견하기도 한다. 이로써 참다운 생의 의지를 촉구하고자 하였다.

운문사 만우당
스님들 조강하게 드나드시는 쪽마루
가끔 들를 때마다
더욱 고와지고 또렷해지는
마룻바닥의 나뭇결

스님들 발길에 스치고
스님들 걸레질에 닦여서
서슬 푸른 향기라도 머금을 듯
뼈무늬라도 일어설 듯

가장 정갈한 아침햇살이 말려주고
가장 고요한 저녁별빛이 쓰다듬어 주어
더욱 선명해지고 고와진
마룻바닥의 나뭇결

사람도 저처럼
나이들면서 안으로 밝아지고 고와져
선명해질 수는 없는 일일까
향내라도 머금을 수는 없는 일일까.

―「나뭇결」 전문

위 시는 절간의 <마룻바닥>을 중심 이미지로 형상화하고 있다. 이미 생명이 빠져나간 <마룻바닥의 나뭇결>도 <스님들>의 <발길>이 스치거나 <걸레질>에 닦이고, <아침햇살>이나 <저녁별빛>에 의해서 <더욱 고와지고 또렷해지>며 <더욱 선명해지고 고와>진다. 그것은 시간의 퇴적이 만들어내는 빛깔이며 향기이고, 자연과의 조화 속에서 드러내는 <나뭇결>의 고운 무늬이기도 하다. 나태주 시인은 <나뭇결>

의 아름다움을 인식하고 거기에 동화되고자 한다.

따라서 그는 이 시 마지막 연에서 인간의 현실을 비판적으로 바라보고 있다. 그것은 나태주 자신이 지금껏 살아온 삶에 대한 비판적 인식이기도 하다. 그는 이제 50대를 넘어서면서 시간에 의해서 <더욱 고와지고 또렷해지>고 <더욱 선명해지고 고와>지는 <나뭇결>에 비해서 자신이나 사람들의 삶이 그렇지 못함을 인식한다. <나뭇결>에 비해 인간은 나이를 더하면서 세속적 가치에 찌들고 오염되어 육신은 나약해지고 병이 든다. 여기에서 나태주는 끊임없이 자연으로 돌아가려는 태도를 보이는 것일 터이다.

즉, 날로 새롭게 변화해가는 자연의 무한성 앞에서 인간 삶의 유한성을 깨닫고 영원한 자연으로 회귀하려는 태도가 그것인데, 이는 인류가 추구해온 가치이기도 하다. 그리하여 나태주 시인은 <사람도 저처럼 / 나이들면서 안으로 밝아지고 고와져 / 선명해질 수는 없는 일일까>라고 반문하는 것이다. 그런가 하면 <향내라도 머금을 수는 없는 일일까>라고 스스로에게 묻는다.

이렇듯이 그의 신작소시집에 실린 시들은 나태주 시인이 그동안 대상을 바라보며 그 대상이 지닌 가치와 아름다움에 대한 자기 감정을 드러내던 자세에서 벗어나, 이제 그 대상의 가치를 통해서 인간이나 자신을 성찰하며 내면을 들추어내기도 한다. 나아가서 그는 이제 자신의 내면에 관심을 기울임으로써 또 다른 자아를 발견하고 있다. 그는 자신의 삶을 이끌어왔던 <나>를 벗어나 그 이면에 내재하는 진정한 자아를 확인하고 거기에 관심을 집중시킨다.

이러한 변모는 결국 인간의 불완전함이나 인간 사회 속에서 제도화되어진 현실 삶의 구속을 벗어나려는 데서 파생되었다고 볼 수 있다.

아이들이 허공에
종이비행기를 날려 보내듯
강가에 나와 내가 나를
떠나보낸다

이젠 가봐
이젠 나를 떠나도 좋아
떠나가서 풀밭에 가로눕는
초록의 바람이 되든지
벼랑 위에 뿌리내린 새빨간
단풍나무 이파리가 되든지
네 맘대로 해봐

그동안 힘들었지?
이젠 나를 떠나도 좋아
저것, 저 물고기
저녁햇살 받아 잠방대는
강물 위에 조그만 물고기들은
조금전에 나를 떠나간
또 하나의 나이다.

―「방생」 전문

    이 시는 불교적 세계관에 입각해 있는 듯하다. 제목 「방생」이 그러하고, 자신의 일부를 <물고기>로 비유하고 있는 데서도 그 점을 찾을 수 있다. 나태주는 이 시에서 자연과 인간 사이의 간극을 무화시키고 인간과 자연물이 서로 넘나드는 세계를 그려 보인다. 먼저 우리는 이 시에서 <강가에 나와 내가 나를 / 떠나보낸다>는 부분에 주목하게 된다. 이 시에는 <내>와 <나>라는 일인칭 표기가 드러나는데, 우리는 여기서 뚜렷한 機宜의 차별성을 발견할 수 있다. 이 시 구절에서 전자의 <내>는 주어로써 후자의 <나>는 목적어로써 작용하고 있다. 따라서 시인은 <나>의 두 국면을 인식하는 것이다. 그것은 현실적 삶의 주체가 되는 전자의 <나>와 그 이면에 잠재되어 있는 후자의 <나>다. 그리고 마지막 연에서 전자의 <나>는 후자인 <나>로 인식되는 <강물 위에 조그만 물고기들>을 바라보고 있다.

이 시에서 <나>는 현실 삶 속에서 부대끼며 살아가는 <나>와 그 이면에 잠재되어 있는 또 다른 <나>, 즉 참된 자아로 파악된다. 그것은 현실적 자아와 이상적 자아로 불러도 무방하리라. 그동안 그의 삶은 사회적 구속에 의해서 참된 자아를 망각해 왔던 것이다. 이는 시인 나태주의 삶이 그동안 바빴을 것이라는 물리적 측면으로 해석할 수도 있으나, 이전의 시에서는 그가 자아에 대한 탐색을 보여주지 않았다는 점으로도 판단된다. 이제 나태주 시인은 자신의 내면을 들여다보고 그곳에 잠재되어 있는 참된 자아를 찾고 있는 것이다. 그리고 그는 참된 자아나 이상적 자아를 현실적 자아의 구속으로부터 놓아주려 한다. 그는 <강물 위에 조그만 물고기들>을 자신의 참된 자아의 일부로 비유해봄으로써, 이제 자연 속으로 완전히 스며들고자 하는 것인지도 모른다. 이 점은 앞서 살핀 시 「오월 1」에서 <아, 나도 줄장미 한 송이를 골라 / 그 꽃 속으로 사라져버릴거나 / 이 징그러운 몸뚱아리 / 하나의 벌레가 되어 꿈틀꿈틀.>이라고 노래한 데서도 읽을 수 있다.

그렇다면 나태주 시인의 이러한 변모의 계기는 어디에서 비롯된 것일까. 그것은 시간이라는 의미와 연관을 갖는다. 그의 연령이 이제 50대 초반이며 이를 즈음하여 이러한 시들이 쓰였다는 점은 의미가 있다.

쑥부쟁이를 들국화라
믿던 때가 있었다
보랏빛 10대, 혼자서

구절초를 들국화라
우기던 시절이 있었다
순결한 20대, 둘이서

이제 쑥부쟁이도 구절초도
들국화가 아님을 안다
쓸쓸한 50대, 다시 혼자서

……<중략>……

그러나 아무러면 어떠랴
쑥부쟁이를 들국화라 믿으면
이미 들국화요
구절초를 들국화라 우기면
그 또한 들국화가 아니겠는가.

— 「다시 혼자서」 일부

　위 시는 나태주 시인이 50대에 접어든 자신의 내면을 잘 드러낸다. <그는 보랏빛 10대>와 <순결한 20대>를 되돌아보고 있다. 그의 10대와 20대는 <쑥부쟁이를 들국화>로 <구절초를 들국화>로 믿고 우기기도 하였다. 그것은 젊은 날 그가 가졌던 꿈과 이상, 정열과 낭만 등으로 가능했다. 그리고 그것은 당시 그 나름의 가치기준이었음을 알게 된다. 그는 이제 50대가 되어 그것이 잘못이었음을 깨닫는다. 그러나 그렇게 믿고 우길 수 있었던 것도 젊음 때문이었을 터인데, 그만큼 10대와

20대의 꿈과 이상은 도전적이며 부정적이었기에 가치 있게 여기는 것이다. 따라서 나태주는 그것을 그것대로 아름답게 바라보려는 자세를 취한다. 어찌 보면 10대에는 <쑥부쟁이를 들국화라>고 믿을 수밖에 없고, 20대에는 <구절초를 들국화라>고 우길 수밖에 없었을 것이다. 그리고 이제 나태주 시인은 50대가 되어서 그것들이 그릇된 것임도 알게 된다. 그러나 이제 그는 <쑥부쟁이를 들국화라 믿으면 / 이미 들국화요 / 구절초를 들국화라 우기면 / 그 또한 들국화 아니겠는가>라고 모든 것을 너그럽게 받아들일 수 있는 자세를 보여준다.

위 시는 나태주 시인이 지난 생을 돌아보면서 당시에 처했던 삶의 자세와 그것에 대한 의미를 되새긴다. 어쩌면 우리 인생에서 참된 의미를 깨달을 수 있는 것은 죽음 직전의 가장 마지막 단계일 것이다. 그렇다고 인생의 의미를 온전한 깨달음으로만 논한다면, 미숙한 단계의 삶이란 얼마나 무가치할 것인가. 또한 완전함이란 규정되어진 것으로 새로운 변모의 가능성을 배제한다. 따라서 그것은 생명이나 자연과는 대치될 수밖에 없다고 하겠다. 그러므로 그는 지나온 10대와 20대의 삶에서 그 미숙함까지도 수용하고 거기에 의미를 부여한다. 그것은 그가 쌓아온 연륜의 힘에 의해서 지난 삶을 수용하려는 자세인 것이다. 바로 이러한 점들은 이후 그의 시세계 변화의 한 지평으로 짐작해 볼 수도 있을 터이다.

나태주 시인은 50대라는 연령을 여러 면으로 소중하게 받아들이려한다. 그것은 '知天命'의 의미로도 해석해 볼 수 있을 것이다. 그는 이제까지 줄기차게 앞으로만 달려왔던 삶의 궤적을 돌아보면서 자신의 내면에 살아 숨 쉬는 또 다른 자아를 발견하고 있다. 그리고 그동안 주관적으로만 인식해 왔던 세계에 대한 집착을 버리고 운명이나 하늘의 뜻을 받아들이려는 태도를 보이기도 한다. 그리고 그것은 그가 관심 기울여온 자연 속에서 인생의 이치와 참된 의미를 깨달은 결과이기도 하다. 나태주 시인은 문단 데뷔 만 25년을 맞고 있으며, 개인 시집도 무려 19권이나 낸 바 있다. 그런 면에서 그는 이제 중견 시인으로 우뚝 서 있는 셈이다. 거기에 그의 연륜의 깊이가 더해지면서 50대의 인생론적인 안목이 서서히 그의 시에 배어나오고 있다. 그리고 그것은 그의 시적 열정이나 역량과 견주어 볼 때 여러모로 긍정적 의미를 시사해주고 있다.

4

그렇다면 시인의 연륜이 깊어진다는 것이 그의 시에서 어느 면으로나 긍정적으로 작용할 것인가.

햇빛 맑고 바람 고와서
마음 멀리 아주 멀리 떠나가
쉽사리 돌아오지 않는다

……<중략>……

사람들 버리고 떠난 집
담장 너머 꽃을 피운 다알리아
더러는 맨드라미

마음아, 너무 오래 떠돌지 말고
날 저물기 전에 서둘러
돌아오려문.

— 「가을 맑은 날」 일부

위 시의 시적 화자는 일인칭으로 생략되어 있다. 그리고 <마음>은 또 하나의 <나>이다. 이미 앞에서 언급한 두 개의 <나> 가운데 이 시의 화자는 전자이고, <마음>은 후자에 해당한다. 이 시 또한 자신의 내면에서 또 다른 자아를 인식한다. 그러나 시 마지막 연에서는 두 개의 <나> 사이에 긴장이 이완되고 있다. 다시 말하면, 인간은 누구나 두 개의 <나> 사이에서 갈등을 겪는다. 그래도 우리는 현실적 자아가 주체적으로 삶을 짐 지고 나아갈 수밖에 없다. 왜냐하면 이상적 자아란 우리가 추구하려는 목적이지 현실이 될 수는 없기 때문이다. 그런데 위 시에서는 현실적 자아가 견인력을 잃고 있는듯한 점이 엿보인다. 가령 <마음아, 너무 오래 떠돌지 말고 / 날 저물기 전에 서둘러 / 돌아오려무.>에서 시적 화자는 또 다른 <나>, 즉 <마음>이 돌아오지 않을까 우려하는 태도를 보이기 때문이다. 그것은 현실적 자아가 주체적인 삶의 중심에 서기보다는 <마음>에 종속되는듯한 느낌으로 읽히기도 하기 때문이다. 그리고 그것이 삶과 시에 대한 치열한 정신의 이완이 아닐까 염려되기도 하는 까닭이다. 그 점에서 우리는 그의 시 <바람 앞에 시린 가슴 열어놓고 / 흐느끼는 구절초 / 몇송이 만나기 위하여 / 억새풀꽃 숲길을 울면서 / 가고 또 갔다>(「구절초를 찾아서」 부분)에서처럼 다소의 심리적 나약함도 읽을 수 있다.

 그러나 우리는 그동안 나태주 시인이 보여준 힘찬 시적 보행 앞에서 안도감을 가져도 좋을 것이다. 왜냐하면 위에서 살핀 시 세계의 변모는 그의 시적 성실성과 치열성에 의해서 자연스럽게 도달한 귀결점이기에 이미 그 안에 또 다른 해결책을 동시에 지니고 있을 것이기 때문이다. 예를 들면 그의 시 「가을 맑은 날」에서 나태주는 동시에 <버벤 그루터기 새로 돋아나는 / 움벼를 보>고 읽는 까닭이다. 그리고 그 점은 이미 나태주 시인도 간파하고 있으리라 믿기 때문이다. 앞으로 나태주 시인의 시 세계 변화에 큰 기대를 걸어본다.

자연, 사물, 사람에 대한 사랑의 힘*

송기한
(문학평론가, 대전대 교수)

　나태주 시인의 시를 처음 접하는 이들은 그의 시 속에서 펼쳐지는 맑고 잔잔한 선율에 작은 개울물을 연상할 것이다. 내세우지 않고 졸졸 낮게 흐르는 개울물, 아니면 그 시원하고 청량(淸浪)한 시냇물을 떠올릴지도 모른다. 그러다 조금 더 그의 시 세계 속으로 빠져들어 가게 되면 30여 년간 그치지 않고 계속된 그의 작품들을 긴 강이라 여길 것이다. 그러나 그의 시에는 이러한 세월의 길이와는 달리 어떤 감출 수 없는 도도한 힘이 있다는 것도 알아차릴 수 있다. 그것은 그의 시가 주는 섬세한 인상과는 다른 남성적인 강한 힘과 같은 것이다. 흐르는 물로 치자면 용돌기치면서 휩쓸고 내려가는 거대한 물줄기이지만 그보다는 그것을 우람한 산이라 하고 싶다.
　그는 우뚝 서 있다. 작은 듯 섬세한 듯 낮은 듯 속삭이듯 그의 시는 말을 하고 있지만, 그 언어는 내면의 요동을 삼키고 다스린 자의 음성이다.

---
* 『시와 시학』, 2002 겨울호.

그 다스림은 워낙 견고하기 때문에 그저 변함도 없는 평온함으로 느껴질 따름이다. 사실 그가 구사하는 말의 적절하고도 둥글리는 감각이라든가 혹은 상상력의 굴곡을 따라가다 보면 그 평온함은 그만이 갖는 특유한 힘이 만들어낸 것임을 알 수 있다. 시인에게 있어 그 힘은 대상을 끌어안는 능력에서 나온다. 자연을, 사람을, 사물을 끌어안는 힘 말이다.

1.

우선, 나태주의 시에서 가장 두드러지는 것은 자연에 대한 열정이다. 그는 누구보다도 자연을 사랑한 시인으로 알려져 있다. 그의 시 대부분의 소재가 자연이라 해도 과언이 아닐 정도로 자연은 그의 시에서 보편화되어 있다. 그런데 그가 소위 자연에 다가가는 방식은 '바라보고' 놀라워하는, 흔히 말하는 자연 탐구의 그것과 같은 차원에 있지 않다는 것이다. 그에게 자연은 시각(視角)으로 조절되는 것이 아닌, 대상화되지 않는 사물이다. 그가 자연 속에 있을 때, 가령 풀과 벌레, 물과 나무, 숲과 구름, 꽃과 하늘 가운데 놓여 있을 때 그는 망각 속에 사로잡힌다. 시인 자신이 지워지고 시간이 정지하면서 시인은 그러한 자연물 가운데 하나로 용해되어 그들과 분리되지 않는 일부가 되는 것이다. '나'는 사물 속으로 몰입되고 대신 그들 생명의 양태가 세상의 전부가 된다. 그리고 동시에 '나'는 그들과 닮아간다.

또르르 / 이슬이 뒹구는 / 연 이파리 / 휘익 청개구리란 놈 / 한 마리 / 올라앉는다 / 사알짝 휘는 연 이파리 / 내 마음도 그 옆에서 / 따라서 / 휘어지는 게 보인다.

―「느낌 2」 전문

난초 화분의 휘어진 / 이파리 하나가 / 허공에 몸을 기댄다 // 허공도 따라서 휘어지면서 / 난초 이파리를 살그머니 / 보듬어 안는다 // 그들 사이에 사람인 내가 모르는 / 잔잔한 기쁨의 / 강물이 흐른다.
―「기쁨」 전문

극도의 정밀(靜謐)함이 아니고서는 사물과의 완전한 합일은 불가능하다. 특히 자연은 인간과 다른 언어, 다른 생명의 양식(樣式), 다른 시간을 살고 있기 때문에 그러하다. 자연에 다가가기 위해서 시인은 힘껏 몸을 낮추고 숨을 죽여야 한다. 가능한 최대한으로 귀를 기울였을 때 자연이 비로소 살아 있음으로 인식되어 나와의 호흡이 교류될 수 있다. <청개구리란 놈 / 한 마리>와 <연 이파리>, 그리고 시선의 움직임이 하나가 되는 상태, 난초 이파리의 휘어짐과 그러한 선(線)을 만들어내는 공간, 그 속에서 시인은 자아를 잃어버리게 된다.

자연의 숨결이 엮어내는 이러한 고요가 시인이라고 처음부터 익숙지는 않았을 것이다. 그리고 가와 같은 순연(純然)의 시간은 혹은 길기도 하고 혹은 짧기도 했을 것이다. 그러나 분명한 것은 그 시간이 시인으로 하여금 시를 쓰게 했고, 그들 쪽으로 침윤되어 세속의 도시로 떠나지 못하게 했을 것이다. 또한 그것이 시인을 살찌우게 했고 그의 감성을 길러냈을 것이라는 점이다. 그의 많은 '자연시'가 결코 지루하게 읽히지 않은 것은, 그가 열거하는 그 많은 꽃과 풀과 나무의 다른 모양새, 이름들 때문이 아니라 그러한 대상들을 직관하는 시인의 경험적 시간의 시차 때문이라 할 수 있다. 그것은 인위나 인공의 시간이 아닌 자연(自然)의 시간이다. 시인은 그러한 시간 속에 있는 자신을 일상으로부터의 '유예(猶豫)' 혹은 '실종(失踪)'이라 말한다.

햇빛 맑고 바람 고와서 / 마음 멀리 아주 멀리 떠나가 / 쉽사리 돌아오지 않는다 // 벼 벤 그루터기 새로 돋아나는 / 움벼를 보며 / 들머리밭 김장배추 청무우 이파리 / 길을 따라서 // 가다가 가다가 / 단풍의 골짜기 / 겨우겨우 찾아낸 / 감나무골 // 사람들 버리고 떠난 집 / 담장 너머 꽃을 피운 다알리아 / 더러는 맨드라미 // 마음아, 너무 오래 떠돌지 말고 / 날 저물기 전에 서둘러 / 돌아오려무나.
―「가을 맑은 날」 전문

잠시 / 실종 // 잠시 나는 / 실종 // 때로 / 일요일 // 열두 시에서 오후 / 세 시 사이 // 직장에도 / 나는 없고 // 술집에도 다방에도 / 나는 없고 // 그렇다고 교회에는 / 더욱 없고 // 풀잎과 / 풀잎 사이 // 구름과 / 구름 사이 // 햇살과 / 햇살 사이 // 그대는 / 물론 // 하느님도 찾지 / 못하는 곳에서 // 서성이며 / 망설이며 // 잠시 나는 / 실종.
―「실종」 전문

인용 시에서 알 수 있는 것처럼 <풀잎과 풀잎 사이>, <구름과 구름 사이>, <햇살과 햇살 사이>에 있음으로써 다가오는 황홀감이 시인만의 것이 아니라는 데에 나태주 시의 매력이 있다. 그는 <직장>과 <술집>과 <교회>를 제외함으로써 인간(人間) 관계 한가운데에 있는 <나>의 존재에 괄호를 친다. 사회적인 존재란 굴레와 같은 인간의 조건인데 시인은 그것을 전제하되 그것으로부터의 탈주(脫走)를 시도한다. 그리고 단지 도피 자체에서 만족하는 것이 아니라 그가 찾아온 새로운 공간에서 새로운 시간을 경험한다. <벼 벤 그루터기>에서 <새로 돋는 움벼>를 발견한다든가 <골짜기>를 따라가다 <감나무골>을 만나게 된 것, 사람 없는 빈 집을 둘러보는 일 등은 우리가 사는 일상의 시간과는 다른 속도로 이루어지는 것들이다. 아주 '느린' 시간인 것이다. 이러한 것들은 그야말로 <햇빛 맑고 바람 고운>, 기분 좋은 느낌으로 경험할 수 있는 것이다. 요컨대 그는 '내'가 만들어낸, '나'만의 새로운 시간을 즐기고 있다. 시인이 인간(人間)으로부터 완전히 '벗어난' 상태, 즉 고독의 상태를 즐길 수 있다는 것은 우리에게 가슴 뿌듯한 해방감을 준다. 그의 시를 읽고 나면 즐거워지는 것도 이 때문이다.

그에게 자연 혹은 사물은 인간과 맞먹는, 인간 이상의 생명력과 격(格)을 지닌 존재이다. 시인이 자신을 지우고 자연물을 응시할 수 있는 것도 그것에 대한 존중이 있기 때문에 가능하다. 실제로 그는 자연물을 심지어 생명이 없는 사물까지도 저마다 자신의 자리를 차지하고 있는 생명체로 본다. 그러면서 자연의 생존력을 인간의 생명력과 견주어보기도 한다. 시인의 시선에 의하면 자연과 인간, 인간과 사물 사이에는 마치 기(氣)가 흐르듯이 서로의 존재가 삼투되는 것이다.

> 일요일 오전 / 열한 시에서 열두 시 사이 / 그 한 시간은 나도 / 경배하러 떠난다 / (…) / 개울길을 따라 / 오솔길을 따라 / 찌찌찌 풀벌레 소리 옆에도 서 보고 / 이른 봄 알에서 깨어 살이 / 포동포동 오른 새내기 / 어린 물고기들 옆에도 서 보고 / 그렇지, 무엇보다도 / 시들어가는 가을풀들과 나무들 / 올여름같이 그 모진 가뭄과 더위 속에서도 / 어쩌면 저토록 씨앗과 / 열매를 쥐었던 손아귀 풀지 않고 / 이토록 깜냥껏 푸진 가을을 맞이할 수 있었는지 / (…) 나도 경배하러 가는 시간 / 풀벌레와 물고기들에게 / 무엇보다도 씨앗과 열매를 남기고 죽어가는 / 나무들에게 풀들에게.
> ―「경배의 시간」일부

> 사람들이 비우고 떠나간 / 빈집 // 대문간을 지켜 선 / 돌절구며 연자매 // (…) 바싹 마른 시래기 / 타래미에 아직도 매캐한 / 고랫재 내음 // 사람 없는 빈집인데 / 선뜻 들어서지 못하는 / 이유는 도대체 /

무엇 때문이었을까.

― 「빈 집」 일부

「빈 집」에서 시인이 머뭇거리며 들어서지 못하는 이유는 아마 집을 '지키듯' 있는 사물들 때문일 것이다. 그 집에는 사람이 살지 않고 있음에도 <돌절구>, <연자매>, <시래기>와 같은 사물들이 인격체로 승화되어 있는 까닭에 빈 집이 아닌 것처럼 여겨진다. 말하자면 사람이 떠난 자리를 사물이 대신하여 주인 노릇을 하고 있는 셈이다. 시인의 조심스러움은 이렇듯 사물을 인격체(人格體)와 동등시하는 데서 비롯된다.

게다가 시인은 자연에 존재하는 사물을 <경배>하는 데까지 나아간다. 저 자신은 시들어가더라도 생존을 위해 씨앗과 열매를 <꼭 쥐었던> 나무와 풀들에게 시인은 사람에게 느끼는 것 이상의 숭고함을 느끼는 것이다. <일요일 오전> 여느 사람들이 교회로 가 신(神)에게 예배를 올리는 대신 시인의 경배는 생존력 강한 자연에게 바쳐진다. 자연의 생명력은 <모진 가뭄과 더위>에도 <푸진 가을>을 맞이하는 힘을 지닌다는 것이다.

시인의 자연에 대한 이러한 애정은 인간 중심적인 것과 차이가 있다. 먼저 인간이 있고 인간의 시간에 포착되는 자연이 저만치 존재하는 것이 아니라 인간이 있되 역시 동등하게 자연이 있다는 관점인 것이다. 자연은 그의 독자적 세계를 가지고 존재하는 까닭에 시인이 그와 가까워지고자 한다면 자신을 낮추고 지워야 한다. 시인이 자연 한가운데에서 자신을 망각하는 일은 자신을 그 낯선 세계에 던짐으로써 가능하다. 그는 기꺼이 자신을 던지는데 그것은 나 아닌 타자에 대한 지극한 존중이 있기에 그럴 수 있다. 우리는 그러한 행위에서 시인의 강한 자유에의 의지를 읽게 된다.

2.

자연을 대하는 시인의 방식은 시기에 따라 약간의 변화를 보인다. 시인은 1971년 「대숲 아래서」로 신춘문예에 당선된 이후 역시 '시골시인'답게 풀냄새 그득한 시를 짓곤 했다. 그러나 나이 40을 거쳐 오늘에 이른 즈음의 시들과 젊은 때의 시들은 사뭇 다르다. 사실 시와 함께 살아온 시인이기에 아무리 한결같은 마음으로 자연을 가까이 했다 해도 그때그때마다 정서와 사유의 색체가 다르게 묻어날 수밖에 없었을 것이다. 그러한 매 시점에 따라 시인의 사유구조나 정서의 무늬를 섬세하게 읽어내는 일은 나태주 시인의 경우 매우 의미 있는 일이 될 것이다. 그만큼 그의 시는 자신의 삶과 밀착되어 있다. 아쉽게도 본고는 그와 같은 미시적이고 본격적인 시 읽기에는 도달하지 못하였다. 그것은 다양한 주제론과 정밀한 분석이 필요한 접근이기 때문이다. 대신 본고는 시인이 겪어낸 굵은 마디들을 더듬고자 할 뿐이다.

젊은 날의 시인이 수려한 문체와 유수와 같은 달변으로 감정이 이입된, 주로 이별의 슬픔과 사랑의 아픔이 주조음을 이루는 그러한 자연시를 썼다면, 원숙한 시점에 이르러서의 소위 '청산(靑山)'과 '나'의 관계는 멀고도 가깝고도 먼, 너와 내가 동등하게 존재하면서 함께 어우러지는 방법론 속에 놓인다.

1.
바람은 구름을 몰고 / 구름은 생각을 몰고 / 다시 생각은 대숲을 몰고 / 대숲 아래 내 마음은 낙엽을 몬다.

2.
밤새도록 댓잎에 별빛 어리듯 / 그슬린 등피에는 네 얼굴이 어리고 / 밤 깊어 대숲에는 후둑이다 가는 밤 소나기 소리. / 그리고도 간간이 사운대다 가는 밤바람 소리.

3.
어제는 보고 싶다 편지 쓰고 / 어젯밤 꿈엔 너를 만나 쓰러져 울었다. / 자고나니 눈두덩엔 메마른 눈물자죽. / 문을 여니 산골엔 실비단 안개.

4.
모두가 내 것만은 아닌 가을, / 해 지는 서녘구름만이 내 차지다. / 동구 밖에 떠드는 애들의 / 소리만이 내 차지다. / 또한 동구 밖에서부터 피어오르는 / 밤안개만이 내 차지다. // 하기는 모두가 내것만은 아닌 것도 아닌 / 이 가을, / 저녁밥 일찍이 먹고 / 우물가에 산보 나온 / 달님만이 내 차지다. / 물에 빠져 머리칼 헹구는 / 달님만이 내 차지다.

―「대숲 아래서」 전문

비린내 나는 / 젊은 시절엔 / 모르리 // 맹물맛 뒤에 숨어나는 / 씁쓰름한 / 삶의 향기 // 혼자라도 좋고 / 둘이라면 더욱 / 좋으리 // 갈 사람 가고 / 올 사람 온 / 하오의 한때 / 마른 입술 적셔주는 / 화사한 / 고독 // 차라리 / 색동옷 입혀 / 마주 앉히리 // 눈보라 스러지는 / 봄의 언덕 푸르름 속에 / 새로 움트는 안단테 아다지오 // 드디어 청산도 / 아는 체하고 흰구름도 / 같이 와 놀자 하네.

―「씁쓸한 삶의 향기」 전문

「대숲 아래서」와 「씁쓸한 삶의 향기」 사이에는 20년의 세월이 가로놓여 있다. 전자의 시가 상실감에서 비롯된 것으로 자연으로부터 위무를 받는 시기에 쓰였다면 후자의 시는 삶이 주는 감정의 부대낌을 담담히

견딜 수 있는, 말 그대로 원숙한 중년의 나이에 쓰인 것이다. <삶의 향기>가 단지 달콤하게만 여겨지지 않는 시점, 떠나갈 이 모두 떠나간 쓸쓸한 고독을 감내하는 길 외에 달리 방법이 없어 <고독>이 차라리 <화사하>다고 느끼는 역설적 마음이 생기는 시점, 그러한 때 시인은 자연을 새롭게 만난 것이다. 이때의 자연은 감정의 부침이 힘에 겨워 무작정 몸을 뉘고자 하는 의지(依支)의 그것과는 다르다고 할 수 있다. 중년의 시인은 여유와 삶에의 기교를 바탕으로 삶의 굴곡을 둥글게 넘어가고자 한다. 이럴 때 자연은 그와 벗해주는 친구이자 힘이 된다.

따라서 이때 만나는 <청산>과 <흰구름>은 쉽게 오는 것이 아니다. <비린내나는 / 젊은 시절>엔 힘들면 기대고 손 뻗으면 닿는 곳에 있던 것이지만 엄밀히 말해서 그러한 위로는 진정한 극복과는 거리가 있었던 것이다. 그가 자연에 함몰하면 할수록 그는 더 깊은 슬픔과 비애에 사로잡혀야 했었기에 말이다. 반면 '어렵게 만난' 그것은 삶의 어려움을 이겨낸 자와 겹치는 것이자 그러한 자가 비로소 당당히 마주할 수 있는 것이 된다.

> 오려거든 / 곱게 올 일이지, / 눈썹 그리고 / 곤지 찍고 / 가마 타고 올 일이지, / 벗은 몸 찬비로 얼리고 / 그것도 모자라 / 흙바람 먼지꽃으로 / 해를 가리고 / 산을 뭉개고 / 강을 흐리며 오는 / 봄이여, / 진문등이 눈썹으로 오는 / 봄이여, / 오려거든 예쁘게 / 꽃 족두리 받들어 쓰고 / 춤추며 올 일이지, / 노래 부르며 올 일이지, / 답답한 가슴 / 헛기침 하며 / 벙어리 마른 입술로 오는 / 봄이여, / 우리나라의 / 봄이여.
> ―「봄에게」 전문

시인이 중년의 시기에 이르면 '자연은' 다양한 내포를 지니며 다가온다. 결코 가깝기만 한 것도 그렇다고 멀리 있는 대상도 아닌 자리에 '자연'은 존재하고 있다. 위의 시 「봄에게」는 1980년대 중반에 쓰인 것으로 그 즈음 쓰였던 일련의 현실 지향적 시들 가운데 하나로 볼 수 있다. 이때 '봄'은 당시 민중들이 그토록 부르짖었던 민주화라든가 정의 사회를 상징하고 있다. 시인은 민주화 열풍이 불고 시의 사회참여를 부르짖던 당시에, 자신은 일개 직업인이었으므로 그러한 물결로부터 비껴갈 수 있었다고 회고하고 있지만 유독 1980년대 중반에 쓰인 그의 시에는 현실주의적인 경향이 강하게 나타난다. 그것은 그가 의식적으로 의도한 것이 아니었던 까닭에 더욱 우리의 시선을 끈다.

> 퍼렇게 얼어붙은 / 내 유년의 겨울 하늘 / 지리산 피아골에선지 / 철의 삼각지 백마고지에선지 / 날아와 뜨던 갈가마귀떼 / 맷방석만 한 맷방석만한 / 갈가마귀떼 / 바람이 불면 갈가마귀 날고 / 갈가마귀 날면 바람이 불고 / 그 바람 잔 지 30년도 훨씬 넘지만 / 갈가마귀들은 / 앉을 자리를 몰라 / 빙빙 돌고 있었다 / 어느 날 이산가족 찾기 / 텔레비전 화면 속 / 여전히 앉을 자리를 몰라 / 빙빙 돌고 있었다.
> ―「갈가마귀떼」 전문

시인의 시 가운데 <갈가마귀>처럼 음산하고 불안한 정조를 암시하는 자연물은 찾아보기 힘들다. 그것은 바로 전쟁의 공포와 불행을 상징하는 것이기 때문이다. 전쟁이 시인의 <유년>을 마치 굳은 시체처럼 <퍼렇게 얼어붙은> 것쯤으로 기억시킨다는 것은 쉽게 납득할 수 있다. 그런데 그러한 전쟁의 이미지가 1980년대 중반에 또다시 떠올랐다는 것은 주목을 요한다. 그것은 시인의 어두운 무의식이 당시의 불안정한 시대적 정황을 반영하고 있었던 것으로 판단된다. 여기서 시대를 외면하지 못하는, 지식인으로서 시인으로서의 책무를 보게 된다. 자연물이 현실의 정황을 암시하거나 현실과 관련된 의미망 속에 놓이는 시들이 1980년대에 집중적으로 나타나 있는 것도 이러한 이유 때문이다. 가령 「보리베기」

나「소에게」「대화」와 같은 시들이 그것이다.

3.

대부분의 독자들은 나태주 시인을 전형적인 자연시인, 생태시인으로 알고 있다. 그러한 이름들이 나태주 시인을 규정짓는 가장 적절한 명칭이 될 수도 있다. 그런데 시인이 자연과 더불어 있는 모양이 자연스러운 것처럼 사람과 더불어 있는 것 또한 그토록 정겨울 수가 없다. 그가 자연에 대하여 품는 애정, 관심, 살뜰함과 따스함이 사람에게도 똑같은 심정으로 다가가는 것이다. 젊은 초등학교 교사시절부터 만난 외진 시골의 아이들이나 소외된 사람들, 남루한 아낙들, 병든 아내와 아이들, 외할머니를 생각하는 마음은 그의 자연 사랑과 비견되는 것들이다. 이들을 감싸 안는 시인의 모습은 곧 자연 앞에서 자신을 망각하는 겸허함과 동일한 것이기 때문이다. 말하자면 시인에게 자연과 사람은 차별되지 않는, 똑같은 존재인 것이다.

'미친 여자'를 노래한 「굴뚝각시·1, 2, 3」(1982-83)라든가 술집여자 「미스 민·1, 2」(1990) 이야기, 가족에 관한 「비애집」(1982), 「병상일지」(1984) 등 그의 모든 후기 시에서 시인의 사람에 대한 깊고도 온화한 마음을 읽어내는 것은 그리 어려운 일이 아니다.

내게 노래가 있다면
환한 햇빛만으로도 / 얼마나 고마우냐 / 푸른 신록만으로도 / 얼마나 나는 부자냐 // 내게 만약 웃음이 있다면 / 만나는 사람마다 한 줌씩 / 나누어 주리 // 내게 만약 기쁨이 있다면 / 모르는 사람에게도 손 내밀어 / 악수를 청하리 // 참으로 내게 노래가 있다면 / 세상 모든 사람들에게 몇 소절씩 / 나의 노래를 들려주리.

눈물
바람에 / 산들바람에 / 눈물이 마르기를 기다립니다 // 아니꼬운 것도 그만 / 너그럽게 보아주고 // 용서 못한 것도 그만 / 용서해 주고 // 노여워 참지 못할 것도 그만 / 참아주고 / 달빛에 / 흐린 별빛에 / 눈물이 마르기를 기다립니다.

―「병상일지」일부

위의 시들은 병상에서 쓰인 다소 감상적인 시라 여길 수도 있을 것이다. 그러나 그의 시가 우리에게 보여주는 것은 대상을 대하는 태도의 일관성이다. <웃음, 기쁨, 노래>와 같은 소중한 감정을 그는 자연과 함께 했듯이 지금도 이웃과 함께 나누고자 한다. 내가 비록 가진 것은 없으나 내가 귀하게 여기는 것, 가령 <환한 햇빛>과 <푸른 신록>이 주는 기쁨과 행복을 시로써 나누겠다는 것이며, 사람이기에 갖게 되는 인간적 결함들을 <바람>과 <달빛, 별빛>이 우리를 그렇게 해주듯이 또한 너그러움으로 용서하고 인내하겠다는 것이다. 내가 자연을 대하는 방식으로 사람을 대하며 내가 자연으로부터 얻은 것을 사람과 더불어 공유하는 까닭에, 자연과 나와 이웃 사이의 경계는 무너지고 모두가 한울타리 안에 뒤섞여 사랑하고 아끼는 관계가 된다.

이러한 태도는 사람은 가해자인 까닭에 멸시의 대상이고 자연은 어머니와 같은 까닭에 안식의 공간이라는, 그러한 이분법적 태도와 얼마나 거리가 있는 것인가. 후자와 같은 자세야말로 자연을 도피의 장소로 간주하는 것이요, 사람을 멀리하고 천대하는 것이다. 이러한 태도에는 나와 나 아닌 것을 명백히 분리 경계시키고 대상을 타자화 하는 세계관이 반영되어 있다. 자연과 사람은 차등대우를 받게 되며 그 차이의 근거는 나와의 융합의 정도라 할 수 있다. 나에게 긍정적인 것은 수용하고 역시 나에게 부정적인 것은 거부하겠다는 것이다. 이러한 방식이 곧 나의 이익을 중심에 놓는 이기적이고 자기 본위적인 것임은 두말할 나위가 없다.

대상을 끌어안는 힘은 시인에게 특유한 능력이라고 했거니와 이와 같은 대상과 나의 경계를 허물고 함께 나누는 태도는 시인의 가난하고 넉넉한 마음에서 비롯된다. 그는 그 어느 것도 소유하고자 하지 않는다. 부나 명예와 같은 세속적인 것은 아예 관심 밖이고 심지어 인식욕이나 깨달음과 같은 지적 욕구도 멀리 비껴가고 있다. 기껏 해서 그가 바라는 것이 있다면 <흰구름>을 이고 있는 <조선소나무>(「내심(內心)」)와 같은 처지일 뿐이다.

> 언덕 위에 조선소나무 / 슬그머니 손을 뻗어 / 하늘의 흰구름을 / 끌어당기고 있다 // 흰구름도 내심 / 싫지만은 않았던지 / 웅덩이를 돌려대 주면서 / 마주 이끌리고 있다 // 그렇다! 나도 이젠 / 흰구름이나 공손히 / 받들고 서있는 한 그루 / 조선소나무였으면 싶다.
> ―「내심(內心)」 전문

그는 소유욕에 집착되어 몸도 마음도 어두워지는 현대인과는 너무도 다른 인간형을 지향하고 있다. 시인은 <흰구름이나 공손히 / 받들고> 싶다 했다. 어느 한 곳에 머물지 않는 무심한 <흰구름>만을 우러르며 살고 싶다 한다. 시인의 이러한 바람은 우연한 일이 아니다. 그는 차는 것이 있으면 버리는 것이 순리임을 생리로 받아들이고 있었다. 자연이 그에게 그토록 친숙하게 다가올 수 있었던 것도 여기서 연유한다. 자연의 존재 방식은 시인의 존재 방식과 너무 흡사한 삶의 잠언이었던 것이다. 시인은 그저 물 흐르듯 덤덤히 존재하며 즐기고, 또 즐기며 존재하고 있었다.

무엇이 아직도 그리 아깝고 / 무엇이 아직도 그리 부끄러웠으랴 / 헐어버려라 헐어버려 / 혼자서 중얼거리며 / 봄 여름 내내 땀흘려 쌓아올린 / 바람의 깃발을 내리고 / 잠들 채비를 서두는 / 저 나무를 좀 보세나 // 가렸던 하늘을 비워 / 구름에게 새들에게 길을 내주고 / 더러는 오락가락 눈발에게도 / 놀이마당을 깔아주는 / 저 늦가을의 나무 좀 보시게나 //

-「가을 산길의 명상」 일부

아이들이 허공에 / 종이 비행기를 날려 보내듯 / 강가에 나와 내가 나를 / 떠나 보낸다 / 이젠 가봐 / 이젠 나를 떠나도 좋아 / 떠나가서 풀밭에 가로눕는 / 초록의 바람이 되든지 / 벼랑 위에 뿌리내린 새빨간 / 단풍나무 이파리가 되든지 / 네 맘대로 해봐 // 그 동안 힘들었지? / 이젠 나를 떠나도 좋아 / 저것, 저 물고기 / 저녁 햇살 받아 잠방대는 / 강물 위에 조그만 물고기들은 / 조금 전에 나를 떠나간 / 또 하나의 나이다.

-「방생」 전문

보통의 인간이라면 자신이 가진 것을 죽는 그 순간까지 부여잡으려 할 것이다. 그러나 <나무>는 그와 다르다. <나무>는 그동안 <쌓아올린> 것을 허물어버리고 내가 가진 모든 것을 다른 것에게 나누어준다. 이와 같이 아까울 것도 없이 모두 벗어버리고 잠들 준비를 하는 나무의 모습은 소유에 미련을 두지 않는 시인의 모습을 자연스럽게 떠오르게 한다.

무언가에 집착하지 않는 시인의 그러한 태도는 '허공(虛空)에 나를 떠나보낸다'와 같은 '비인'[공(空)]의 상상력으로 나타난다. 이후 무엇이 되는가, 어떻게 살 것인가 하는 것은 시인의 관심 영역 밖에 있다. 무엇이건 옳은 것이요 좋은 것이되, 그 무엇은 바로 <허공>이 빚어내는 것들 뿐이다. 그것은 마치 「기쁨」에서 <난초><이파리 하나가 / 허공에 몸

을 기대>면 <허공>이 <난초 이파리를> <보듬어 안>는 것과 같은 것이다. <나>는 나를 버리고 그 가운데에서 또 다른 내가 되면서 기쁨을 얻는다. <허공>에 던져진 내가 무엇이 되고자 의도할 이치가 없다. 버려진 그대로, 순간의 허공의 흐름에 따라 그의 모습이 빚어진다. 이것은 완전한 무(無)의 삶의 방식이다. 이를 종교인에게서가 아니라 시인에게서 접할 수 있음은 우리로서는 또한 얼마나 풍요롭고 즐거운 일인가. 시인의 천진스러움도 이러한 존재 방식에서 기인하는 듯하다.

> 햇살 / 쪼아먹으려고 / 새들 모이고 // 바람 / 무등 타려고 / 새소리 모이는 // 나무 / 나무 수풀 / 어름에 // 나 / 나도 또한 / 어린 아이 // 햇살 / 햇살 만나면 / 햇살과 놀고 // 바람 / 바람 만나면 / 바람 무등 타는 // 하늘 / 알른알른 / 발가벗은 마음.
> ―「좋으신 봄」 전문

'나의 길'은 계획되지 않은 것이다. 바람이 가는 대로 빛이 있는 곳으로 발길이 가고 마음 가는 것으로 시인은 만족해한다. 그러한 <나>의 방식은 <새>의 그것과 같으며 어린 아이의 놀이법이기도 그러하기 때문에 시인의 마음은 <발가벗은 마음>이다. 보통의 사람이라면 끊임없이 계획하고 계산하고 가늠할 것이고, 따라서 그들은 순간순간 찰나의 시간을 즐기지 못할 것이다. 그러나 천진스런 시인의 마음은 무심하기 때문에 풍요롭고 가난하기 때문에 행복하다. 이처럼 내가 자연이 되고, 자연이 내가 되는, 그리하여 욕망이 거세되어 자연과 내가 끊임없이 순환되는 세계, 그것이 나태주 시의 요체가 된다고 하겠다.

겸허와 발견의 언어*

홍용희
(문학평론가, 경희사이버대 교수)

  법당에 들어서면 부처님 전에 수없이 절을 올리는 스님들을 목도하게 된다. 과연 자신과 우주의 본원적인 존재성과 가치를 찾아 속세를 버리고 산으로 들어온 스님들이 불길에 닿으면 순식간에 한 줌의 재만 남길 뿐인 나무 부처 앞에서 저렇게 수백수천 배를 거듭하는 까닭은 무엇일까? 저 허망한 한갓 나무 부처를 모시고 공경하는 것이 자신의 마음 공부와 무슨 관련이 있을까? 나는 아직 여기에 대한 정확한 해명이나 답변을 알지도 못하며 제대로 공부해 본 적도 없다. 그래서 오히려 나는 여기에 대한 나름대로의 생각을 자유롭게 개진해 볼 수도 있으리라.
  스님들의 부처에 대한 모심과 공경은 결국 자신의 마음가짐을 흐르는 물처럼 겸허하게 낮추는 것과 관련되지는 않을까. 아니, 이미 스님이 모시고 공경하는 대상은 나무 부처가 아니라 자신의 마음의 실체는 아닐

---

* 『시와 시학』, 2003 여름호.

까. 그래서 그것은 자신의 마음을 맑고 신성하게 다스려서 화엄의 바다에 도달하고자 하는 자기 수련의 행위가 아닐까? 자신의 마음을 겸허하게 낮추면서 맑게 다스릴 때 부처님은 우주의 비의를 여명처럼 환히 밝혀주시는 것이 아닐까. 이러한 원리는 우리의 일상에도 그대로 적용될 수 있지 않을까. 자신의 욕망과 허세와 자의식의 과잉으로부터 벗어나서 겸허한 삶의 자세를 견지할 때, 외부 세계의 진경을 발견할 수 있을 것일 터이다. 이번에 발표한 나태주 시인의 신작 시편은 이러한 거듭되는 문제의식 앞에 오롯이 비석처럼 서 있다.

낯선 고장 낯선 여관방에서
하루 밤 묵고 일어나
깨끗한 이부자리에서 감사하고
밤새도록 선잠 든 얼굴 비춰준
전등불에게 감사하고
푸석한 얼굴 씻어줄 맑은
수돗물에게도 마저 감사한다
이 새벽아침에도 따끈한 국물을 파는
밥집이 열려 있었구나
밥을 먹으면서도 감사하고
깍두기를 씹으면서도 감사한다
지끔껏 내가 사랑한 것은 오로지
나 자신이 아니었던가!
새삼스럽지 않은 깨달음에도 짐짓
소스라치며 진저리치며
어둠을 뚫고 가는 자동차에게 감사하고
운전기사에게도 감사해야지
나 오늘도 나 자신을 더욱 사랑하기 위해

나 자신을 찾기 위해 첫차로 떠난다
세상 속으로 서둘러 돌아간다.

―「첫차」 전문

 이 시를 생성·전개시키는 핵심체는 <감사>이다. <감사>의 마음이 이 시를 잉태시킨 씨눈이면서 동시에 시상의 자기 번식을 가능케한 생장점이다. 일반적으로 한 편의 시의 가능 조건이 되는 핵심은 시상의 배후에서 부재의 방식을 통해 현존한다. 그래서 시적 의미와 주제 의식은 시적 표층과 심층의 상호 긴장과 교직의 입체성 속에서 울려나오는 공명음을 통해 현존한다. 그래서 시적 의미와 주제 의식은 시적 표층과 심층의 상호 긴장과 교직의 입체성 속에서 울려나오는 공명음을 통해 현현한다. 일반적으로 이 공명음의 메아리가 깊고 웅혼할수록 미학적 완결성은 높아진다. 그러나 이 시에서는 시적 형성의 가능 조건이 되는 핵심이 직접 전면에 노출되어 있다. 그리하여 시상의 흐름은 평면적인 단순성을 벗어나지 못한다. 그러나 이러한 평면적인 단순성이 오히려 시인의 시적 의도와 주제의식을 더욱 선명하게 감각화 하는 순기능으로 작용하고 있다. 시상의 단조로운 평면성이, 너무도 사소하고 일상적인 것들이 <감사>의 대상이라는 점을 효과적으로 드러내는 역할을 하고 있기 때문이다.

 시인이 절실하게 <감사>를 느끼는 대상은 <깨끗한 이부자리 / 전등불 / 수돗물 / 깍두기 / 자동차> 등등의 모든 주변 일상의 총체이다. 이와 같이 주변의 모든 것이 공경할 <감사>의 대상이라는 점은 <내가 사랑한 것은 오로지 나 자신>이었던 시절에는 자각하지 못했던 사실이다. 자아 중심의 입각점에서 자신을 둘러싼 주변은 오직 대자적인 객체이며 여건일 뿐이다. 그러나 자신을 겸허하게 낮추면서부터 주변 일상의 모든 사물이 자신의 삶을 구성하는 주체라는 점을 깨닫는 형국이다. 그리고 이것은 결국 <나 자신을 더욱 사랑>하게 되는 결과로 귀착된다. 다시 말해, 자신이 주변 일상의 모든 생명의 원형 공동체의 구성원이며 산물이라는 점을 확인하면서 자신의 삶의 진정한 가치를 더욱 깊이 자각하게 되며, 아울러 주변 사물의 본질적인 의미를 재발견하게 되는 양상이다. 그리하여 시인은 결말에서 <나 오늘도 나 자신을 더욱 사랑하기 위해 / 나 자신을 찾기 위해 첫차로 떠난다>라고 전언한다. <첫차>를 타고 <세상 속으로> 부지런히 떠나는 그가 <자신을 찾>는 방법론은 무엇일까? 그것은 시상의 흐름으로 미루어 보아 세상사의 모든 대상에 대해 일일이 <감사>하는 것일 터이다. 이것은 겸허한 자세로 세상을 바라보면서 자신과 세상의 존재론적 본질과 상호 관계성을 깊이 인지하게 되는 원리이다.

 자아 중심의 입각점에서 내려오면서부터 모든 주변의 사물은 시인의 삶 속으로 들어오면서 의인화된다. 그래서 <낡은 괘종시계>는 이제 객체적인 사물이 아니라 주체적인 삶의 구성체이다.

> 우리 집 괘종시계가
> 밤 열 시를 울리고 열한 시를 울린다
> 그 조용한 울림 속에 잠이 든다
> 그렇게 30년이 하루같이 흘렀다
>
> 안방 침대 위에서 아내가
> 나직나직 코를 골며 자고 있다
> 아내의 코고는 소리에 이끌려
> 나는 더욱 깊은 잠의 골짜기로 빠진다
> 그렇게 30년이 한 시간같이 사라졌다

내일도 아침, 낡은 괘종시계가
또 다시 나직한 목소리로
일곱 시라고 속삭여줄 때
아내와 나는 잠에서
깨어날 것이다.

―「낡은 괘종시계」 전문

<낡은 괘종시계>가 의인화되고 있다. 시인은 괘종시계의 <밤 열 시를 울리고 열한 시를 울>리는 <조용한 울림>에 따라 잠이 들고, <일곱 시라고 속삭여줄 때> 잠에서 깨어난다. 괘종시계가 시인의 일정한 삶의 순환 리듬을 형성시키는 살아 있는 존재로서 새삼 깨어나고 있는 것이다. 이와 같은 괘종시계의 의인화는 <아내>의 경우와 대등한 자리에 놓이는 수준에 이른다. 시인이 잠을 들게 하는 요소로서 <괘종시계>의 <조용한 울림>과 <아내의 코고는 소리>가 같은 위상을 지니고 있는 점이 이를 뒷받침한다. 시인의 조용하고 나직한 삶의 태도와 어조가 주변 일상에 묻혀 있던 존재들의 내밀한 의미를 발견할 수 있게 한 것이다. 주변 일상의 사물의 곡진한 의미를 발견한다는 것은 곧 시인 자신의 눈과 귀가 뜨이고 열리는 것을 가리킨다. 그리하여 시인은 이제 점차 비가시적인 대상까지도 보고 듣고 교신하는 단계로 나아간다.

① 어디선가 숨어있는 꽃이
　　나 보고싶어 보내는 신호가,

　　꽃은 보이지 않는데 재채기만
　　연거푸 찾아온다

―「붉은 꽃」 일부

②　우리 식구들 마음도 따라와 쉴 집이 없어서 어쩌나
　　그 시절이 좋았는데, 암 그렇구말구
　　깊은 밤이면 헐려나간 집들이 모여
　　저희들기리 두런두런 이야기
　　주고받는 소리를 듣는다.
　　　　　　　　　　　　　　―「여기는 금학동」 일부

  위의 시편에 등장하는 대상은 공통적으로 비가시적이다. 그러나 시인은 이들 대상과 교통 교감하는 면모를 실감 있게 보여준다. 시 ①의 경우 <꽃은> 보이지 않지만, 그러나 꽃의 존재성은 분명하게 확인된다. <연거푸 찾아오는 재채기>가 그것을 증거한다. 그러나 이 시가 지닌 묘미는 이와 같이 재채기를 통해 감지하는 꽃의 존재성 자체에 있지만은 않다. 여기에 그친다면 이 시의 깊이와 형상력은 너무도 나약할 것이다. 이 시의 위의를 지켜주는 것은 <붉은 꽃>이라는 제목이 뿜어내는 선명도를 통해 가능해진다. 시인은 재채기를 통해 부재하는 꽃의 빛깔과 형상까지 감지해내고 있는 것이다. 이러한 정황에는 반대로 시인의 재채기가 꽃의 빛깔을 더욱 붉게 물들였다는 가설도 성립될 수 있을 것이다. 물론 이 시편에는 조금 더 내밀한 시적 밀도와 파장력의 결핍이 아쉬운 것이 사실이지만 꽃과 시인이 동기감응하는 근원 동일성의 면모를 만날 수 있다.
  한편, 시 ②의 경우는 시적 소재가 비가시적인 차원을 넘어서 이미 사라진 부재의 대상이라는 특이점을 지닌다. <10년 넘게 살던> 옛집 터에 온 시인이 <헐려나간 집들이 모여 저희들끼리 두런두런 이야기 / 주고받는 소리를> 듣고 있다. 이미 부재하지만 그 부재를 통해 현존하는 소리이다. 과연 <헐려나간 집들이> 나누는 부재의 여백을 떠도는 대화의 내용은 무엇일까? 그것은 시인의 간곡한 회억의 정감일 것이다. 따라서 이 시 역시 헐려나간 집들과 시인 자신이 동일화되는 점이지대를 보여 주고 있다.

이와 같이 나태주가 이번에 선보이는 신작 소시집은 자신의 삶을 둘러싼 모든 사물에 대한 겸허한 <감사>의 자세를 통해 궁극적으로는 <나 자신을 더욱 사랑하>고 <나 자신을 찾>)(「첫차」)게 되는 역정을 보여 준다. 그의 이번 신작 시편들을 관류하는 이와 같은 겸허한 마음가짐은 <자세히 보아야 / 예쁘다 // 오래 보아야 / 사랑스럽다>(「풀꽃」)는 시적 견성의 일깨움으로 해석되기도 한다. 이것은 자신의 욕망과 허세와 자의식의 과잉을 게워내고 정화시켜서 텅 빈 여백의 虛를 얻을 때만이 시적 대상의 신묘한 실체가 자신의 가슴 속으로 들어올 수 있기 때문이다. 이렇게 보면, 1971년 시단에 나온 이래 30여 년의 여정을 거치면서 23권의 시집을 상재한 그의 시력이 도달한 지점이 일상생활 속의 미소한 사물을 향해 공경하고 감사하는 모심[侍]의 경지로 정리된다. 이러한 정황은 나태주 시인이 오랫동안 용맹정진하는 시적 삶을 통해 번잡한 세속적 일상의 반복에서도 청정한 도량의 승려와 같이 자신의 마음 공부를 수행하는 수도자가 되어 있음을 보여 주는 것이라고도 표현할 수 있을 것이다.

하나님 다음가는 창조자*

이숭원
(문학평론가, 서울여대 명예교수)

　박용철(1904-1938)은 그가 남긴 마지막 시론 「시적 변용에 대하여」(『삼천리문학』, 1983. 1.)에서 시인을 "하나님의 다음가는 창조자"라고 지칭했다. 이 말은 낭만주의 시론의 영향을 받은 '시인천재론'에 해당하는 발언이기는 하지만 그렇게 과장된 것은 아니다. 시를 깊이 탐구하는 사람이면 누구나가 도달하게 되는 시 창작의 신비로운 과정을 비유한 말로 이해하면 될 것이다.
　나태주 시인은 나보다 10년 연상인데, 그분처럼 세심하고 다감한 사람은 지금까지 만난 적이 없다. 등단하여 무엇이 무언지 모르고 글을 쓰던 30대 시절 나태주 시인을 처음 만났다. 그는 내 글을 읽고 눈물을 흘렸다고 말했다. 말하려고 작정했다가 즉시로 토로한 것이 아니라 나를 보니 생각이 떠오른 듯 더듬거리며 말했다. 말을 몇 번이나 끊어가면서 간신히 전문을 이어갔다. 그는 눈물 흘리던 그때의 감정을 시로 써 두었

---
* 나태주, 『풀꽃-나태주시선집』, 2014.

다가 자신의 전집(2006)에 수록했다. 활판본 시집 『지상에서의 며칠』(시월, 2010. 4.)을 보내면서 표지에 서명과 함께 그 사연을 적어 보내서 알게 되었다. 거기 단정하고 고요한 풀꽃 그림이 들어 있었던 것은 물론이다.

언제부터인지는 알 수 없으나 그는 문학인 행사에 참여하면 본인의 행사가 아닌데도 사진을 찍는다. 사진을 찍는 사람은 많이 있지만 사진을 보내주는 사람은 드물다. 그는 반드시 사진을 보내준다. 사진에 단정하고 고요한 풀꽃 그림이 동봉되어 있을 때도 있고 그렇지 않을 때도 있지만, 사진을 보내주는 일은 한 번도 거른 적이 없다. 나 이외에도 많은 사람들이 사진을 받고 풀꽃 그림을 받았다고 한다. 사진을 받고 고맙다는 인사를 한 일이 거의 없으니, 다른 사람 역시 비슷할 것이다. 그런데도 그는 이 일을 계속하고 있다. 이 일을 계속하는 사람은 지구상에 그밖에 없다. 이것은 놀라운 일이다. 그것은 억지로 만들거나 꾸며서 되는 일이 아니다. 스스로 신명이 나야 할 수 있는 일이다. 사람을 진정으로 좋아해야 할 수 있는 일이다. 자신보다 타인에게 관심이 있어야 가능한 일이다. 그런 점에서 나와는 아주 다른 유형의 인물이다. 그러한 그가 최근 자신의 속내를 직접 드러내는 시를 발표했다.

나 이제 나이 들어 막가파식으로 살고
남발하면서 산다
풀꽃 시화 그려달라면 이 사람 저 사람 그려주고
사인해달라면 사람 가리지 않고 해준다
학생들이 사인해달라면 이름 적어 가지고 와
집에서 사인해서 우편으로 부쳐주기도 한다
강연해달라면 거리 불문 대상 불문 좋다 하고
강연료도 크게 따지지 않는다
사람들이 나 보자고 하지 않는가

더구나 어린 학생들이 오라고 하지 않는가
나 이제 나이 들어 세상을 남발하면서 살고
막가파식으로 살고 싶다
나 없는 세상에 그것들이라도 남아 서로 수군거리며
내 얘기 많이 하기를 바라는 마음에서다
민들레 홀씨처럼 어딘가에 뿌리내려
저들끼리 예쁘게 피어나기를 바라는 마음에서다.
―「민들레 홀씨처럼」(『시인수첩』, 2014. 가을호) 전문

오래된 우스갯소리에, 성불구를 주장한 사람은 '고자'고 성개방설을 주장한 사람은 '주자'라는 말이 있다. 나 시인은 '주자'로 나서겠다는 것이다. 누구에게나 막 주는 막가파로 살겠다는 것이다. 그러나 이것은 어제오늘의 일이 아니다. 그가 이 일을 실천한 지는 오래 되었다. 단정하고 고요한 풀꽃 그림 보내고, 자신의 모습이 들어 있지도 않은 사진 보내는 일을 30년 이상 하지 않았는가. 이 시에서 새롭게 파악한 것은 그가 이 일을 하는 이유다. 여기에는 뜻하지 않게 이기적인 욕심이 담겨 있는 듯하다. "나 없는 세상에 그것들이라도 남아 서로 수군거리며 / 내 얘기 많이 하기를 바라는 마음"에서 그리한다고 말했다. 독실한 기독교인이라 세상 뜨면 바로 하나님 나라에 갈 텐데, 그것도 모자라 자신의 분신들이 남아 자신에 대한 얘기를 많이 하기를 바란다니. 이승과 저승에 두루 넘치기를 바란단 말인가?

그 다음 구절을 읽으니 생각이 달라진다. 내 얘기를 하되 그것이 나를 높이는 데 쓰이는 것이 아니라, "저들끼리 예쁘게 피어나기를 바라는 마음"에서라고 했다. 이것은 개인의 추앙과는 다른 차원의 것이다. 예컨대 그가 「풀꽃 1」같은 시에서 짧고도 깊게 노래했던 세상 사랑의 정신이 여러 사람들 마음에 전달되어 더욱 예쁘게 피어나기를 바라는 소박한 소망

이다. 이것은 개인의 욕심과는 전적으로 다른 것이다. 아름답고 고운 생각이 만인에게 전파되고 재생산되기를 희망한 것이다. 이러한 일을 행하는 사람을 불교에서는 보살이라고 하고, 보살이 행하는 베풂을 무주상(無住相) 보시라고 한다. 베푼다는 생각 없이 그저 남을 이롭게 한다는 뜻이다. 그는 기독교인이니 조금 다른 관점에서, 좋은 생각을 무작정 많이 나누어 주어서 다른 사람들 마음에 예쁘게 피어났으면 좋겠다고 말한 것이다.

나태주 시인은 1971년 ≪서울신문≫ 신춘문예에 「대숲 아래서」로 등단했다. 초기의 시들은 이루지 못하는 사랑의 안타까움과 애틋한 그리움을 많이 표현했다. 그러나 그는 실연의 아픔을 자연의 서정으로 극복했다. <어젯밤 꿈엔 너를 만나 쓰러져 울었다>고 했지만 가을의 구름과 밤안개와 달님 등을 통해 자신의 아픔이 승화될 수 있음을 노래했다. 「가을 서한 1」은 빈 손, 빈 마음으로 남은 자신의 허전함을 노래하지만, 「삼월의 새」에 오면 실연의 슬픔을 생명의 과일로 전환시키고 있고, 「다시 산에 와서」는 '장설(壯雪)'의 이미지를 빌려 자연미의 발견을 통해 눈물과 이별의 날들을 졸업할 수 있음을 노래한다. 감정의 번민을 다 정리하고 나면 <싱그런 나무들 옆에 / 또 한 그루 나무로 서서 / 하늘의 천둥이며 번개들을 이웃하여 / 떼강물로 울음 우는 벌레들의 밤을 싫다하지 않으리 / 푸르디푸른 솔바람 소리나 외우고 있으리>라고 자신의 미래를 거의 정확하게 예언하고 있다. 이 시에서 노래한 대로 그의 삶과 시가 펼쳐졌으니 그의 도력이 보통 높은 것이 아니다.

1973년에 첫 시집을 내고 그해 10월에 결혼함으로써 그의 사랑 시는 두 번째 라운드에 들어간다. 자연과 교감하고 자연을 관조하는 천진한 사랑의 서정시들을 자발적으로 수십 년 동안 끊임없이 지어냈다. 그는 자연 속에 노니는 어린이가 되기도 하고 아예 자연의 일부가 되기도 하며 자연의 심부름꾼이 되기도 한다.

한밤중에 까닭 없이 잠이 깨어 화분을 보았더니 화분이 바짝 말라 있다. 그것을 보고 시인은 화분이 목말라 나를 깨웠다고 생각한다. 그는 자연과 한 식구가 되어 살고 있는 것이다. 난초의 모습을 가만히 들여다보니 남들이 보지 못하던 신비로운 장면까지 포착한다. 난초 이파리가 허공에 몸을 기대니 허공도 몸을 숙이면서 난초 이파리를 살그머니 보듬어 안는 것이다. 난초와 허공이 은밀한 사랑을 나누는 것인데 시인은 <그들 사이에 사람인 내가 모르는 / 잔잔한 기쁨의 / 강물이 흐른다>(「기쁨」)고 표현했다. 그것을 시인이 어떻게 본 것일까? '자세히 오래 본' 것이다. 그러면 자연의 정령이 되어 사람이 못 보는 신묘한 정경을 포착할 수 있다. 봄에 벚꽃이 지는 것을 본다. 벚꽃이 진다고 안타까워하는 것은 천박한 인간의 시각이다. 벚나무는 꽃잎을 붙들고 있는 것이 힘이 들어서 바람결에 꽃잎을 슬그머니 맡기는 것이다. 부처님의 <미소 사이로>(「미소 사이로」) 보면 이러한 자연의 신비경을 체험할 수 있다. 저녁 때 우연히 대문이 열리기도 하는데 그 이유가 무엇일까? <백합꽃 향기가 너무 진하여>(「산책」) 대문이 저절로 열리는 것이다. 이런 것들을 다 알아야 진정한 자연의 이웃이 되었다고 말할 수 있으리라. 그는 이런 마음의 홀씨가 여러 사람들의 마음에 심어졌다가 예쁘게 피어나기를 바라는 사람이다.

그는 자연의 아름다움이나 생명의 신비로움을 노래하는 것에 그치지 않고 생명의 힘을 노래한다. 거대한 생명체의 힘이 아니라 눈에도 잘 뜨이지 않는 미미한 생명체의 힘을, 천진한 어린이가 지닌 무한한 힘을 노래한다. 「웅?」은 어린 아기가 끌고 가는 엄마와 아빠를, 아이들이 끌고 가는 학교와 선생님을 이야기한다. 천진한 아가는 지구를 통째로 안고도 잘 놀 수 있을 것이라 상상한다. 아이들의 천진성이 무한한 힘을 지니고 있다는 믿음이다. 다음 시는 작은 생명의 내부에 도사리고 있는 놀라운 힘을 하나의 정경으로 포착하여 생생하게 보여준다.

무심히 지나치는
골목길

무겁고 단단한
아스팔트 각질을 비집고
솟아오르는
새싹의 촉을 본다

얼랄라
저 여리고
부드러운 것이!

한 개의 촉 끝에
지구를 들어올리는
힘이 숨어 있다.

—「촉」 전문

    이 시의 주제는 겉으로만 보면 단순해 보인다. 여리고 부드러운 식물의 싹이 무겁고 단단한 아스팔트 각질을 비집고 솟아오르는 장면을 나타낸 것이다. <한 개의 촉 끝에 / 지구를 들어올리는 / 힘이 숨어 있다>고 시인을 말했다. 이러한 생각은 나태주 시인이 아닌 다른 사람들도 얼마든지 할 수 있다. 이 시가 독창적인 것은 1연과 3연의 대비적 표현에 있다. 바로 이 부분이 나태주다운 시의 특성을 보여준다. 무심히 지나치는 골목길에서 생명의 신비로운 힘을 목격하고 그것에 의해 '무심함'이 <얼랄라>의 '경이감'으로 바뀌는 전환의 과정이 시적인 의미를 지닌다. 우리는 이러한 나태주의 시에서 시의 의미도 새롭게 깨닫게 된다. 시 역시 부드럽고 여린 존재지만 그 안에 우주를 들어 올리는 힘이 숨어 있다는 사실을 깨닫는다. 그는 생명에 대한 관심을 생태학적 관계로 확장하여 다음과 같은 놀라운 시를 창조했다.

누군가 죽어서
밥이다

더 많이 죽어서
반찬이다

잘 살아야겠다.

―「생명」 전문

이 짧은 시에 담긴 생태학적 사유는 만 권의 생태학 저술보다 더 강한 설득력과 전파력을 지닌다. 우리는 누구든 잘 먹고 잘 살기를 바란다. 이것은 요즘 유행하는 건강 프로의 중심 화두다. 그러나 잘 먹고 잘 살기 위해서는 무언가가 잘 죽어서 우리의 먹이가 되어야 한다. 이러한 의식을 갖고 음식을 먹는 것과 그렇지 않은 것은 하늘과 땅의 차이가 있다. 어찌 먹는 것만 그렇겠는가? 우리가 숨 쉬고 걸어 다닐 때 많은 생명체들이 죽어 넘어진다. 우리가 사는 것 자체가 남에게 죄를 짓는 일이다. 그러니 정말로 <잘 살아야겠다.>.

그는 2007년 췌장염으로 생명의 막판에 몰리는 병고를 겪었다. 가족들이 장례 준비까지 했다는데, 그는 죽음의 길목에서 기적처럼 살아났다. 죽음 가까이 갔을 때 어떤 느낌이었느냐고 내가 물었더니, 그리 기분이 나쁘지 않았고 고요하고 아늑한 어떤 곳으로 넘어가는 느낌이 들었다고 일러주었다. 그 대답이 참으로 담담하고 신비로웠다.

그 전까지 그는 건강했고 오히려 그의 아내가 병약했다. 아내의 건강을 걱정하며 쓴 시가 아주 많다. 그 중 「화이트 크리스마스」가 가슴을 울린다. 크리스마스이브 눈 내리는 밤거리에서 집으로 가는 택시를 기다린다. 집에는 네 번이나 수술을 한 늙은 아내가 기다리고 있다. 아내는 이십육 년 동안 고락을 나눈 동지다. 병약한 아내가 걱정이 되는데 택시는 빨리 오지 않는다. 그 불안감을 <눈은 땅에 내리자마자 / 녹아 물이 되고 만다 / 목덜미에 내려 섬뜩섬뜩한 / 혓바닥을 들이밀기도 한다>고 표현했다. 아내에 대한 사랑이 없으면 나올 수 없는 구절이다. 독실한 기독교인인 그가 하나님에게 아내에게 너무 심하게 하지 말라고 호소하는 시가 「너무 그러지 마시어요」다. 그는 아내를 일컬어 <그 어떤 사람보다도 죄를 안 만든 여자>라고 했고, <자기 이름으로 꽃밭 한 평, 채전 밭 한 귀퉁이 가지지 못한 여자>라고 했다. 사실 그대로일 것이다.

아주 오래 전 술자리에서 그의 아내가 자궁을 잃었다고 내게 말한 적이 있다. 아내를 어떻게 대하느냐고 물었다. 학교 일이 끝나면 교장 관사 둘레의 꽃길을 손을 꼭 잡고 걷고, 많은 대화를 나누며, 밤에는 반드시 꼭 끌어안고 잠에 든다고 했다. 성적 관능과는 거리가 멀어 보이는 그의 뜻밖의 말에 나는 당황했다. 정말 그러느냐고 하자 자궁을 잃은 아내가 안쓰러워서 더 사랑하게 되었다고 했다. 거짓말을 할 줄 모르는 그이니 사실 그대로일 것이다.

그런 아내를 두고 그가 저승 가까이 갔다가 다시 돌아온 것이다. 그는 자신의 죽음을 관조하는 시를 썼다. 죽을 고비를 넘겼으니 인생의 도사가 된 것이다. 「울던 자리」는 자신이 중환자실에 있을 때 가족들이 슬픔에 잠겨 있던 자리를 연상하고 쓴 시다. 그들의 막막함을 떠올리며 <여러 날 그들은 / 비를 맞아 날 수 없는 / 세 마리의 산비둘기였을 것이다>라고 했다. <산비둘기>라는 구절이 가슴을 친다. 자신의 죽음보다 가족들이 겪을 아픔과 슬픔을 걱정하는 시인의 자애로움에 가슴이 뭉클하다.「좋은 약」은 어떠한가? 중환자실에 널브러져 있을 때 시인의 부친께서 절룩거리는 다리로 지팡이를 짚고 면회를 왔다. 부친의 문병 말씀 중 <세상은 아직도 징글징글하도록 좋은 곳이란다>라는 말이 좋은 약이 되어 살아났다고 한다. 여기서도 세상의 모든 것을 긍정하는 그의 맑은 시선과 마음의 힘을 엿볼 수 있다. 세상이 징그럽도록 좋은 곳이라고 생각하면 저승 문턱에서도 살아 나오리라.

그날 이후 그의 시는 일상의 행복을 더 많이 노래하고 이 징글징글하도록 좋은 세상에 존재하는 기쁨을 더 진하게 노래한다. 그 시들은 참으로 아름답고 때로 숭엄하며 대부분 고귀하다. 그리고 모두 재밌다. 징글징글하도록 좋은 세상에 사는 즐거움을 흠씬 맛보게 해준다.「그날 이후」는 병원에서 퇴원하고 직장에서도 퇴직한 후 몸과 마음이 작아진 시인이 아내를 어린애처럼 따라 다니며 아내와 동행하는 즐거움을 이야기한다. 2천 5백 원짜리 잔치국수만 먹어도 배가 부르는 행복감을 어디서 얻을 수 있으랴.「몽당연필」을 정겹고 귀엽다. 근검절약이 생활화되어 있는 육이오 세대에게 볼펜 깍지에 끼워 쓰는 몽당연필은 많은 것을 생각하게 한다. 초등학교에 재직할 때 필통 가득 몽당연필을 모았다고 했다. 아내에게 내가 그런 몽당연필로 보였으면 좋겠다고 시인은 말한다. 나는 10년 연상인 나태주 시인. 나도 10년 후에는 몽당연필로 보일 수 있을까? 풀꽃 하나를 가만히 들여다보지 못하는 나이니 그건 어려울 것 같다. 심지어 그는 아내에게 <개처럼> 보이고 싶다고「개처럼」에서 말했다. 맛있는 것은 구석진 곳에 가서 먹는 습관 때문이다. 10년 후에는 나도 개처럼 먹게 될까? 그렇지 못할 것 같다.「완성」에서는 아내와 시인이 각각 반편으로 살다 보니 하나로 합쳐야 완전한 존재가 된다고 했다. 스스로 반편이 될 때 부부는 비로소 온전한 몸으로 완성된다니, 대단한 발견이다. 그 단정하고 고요한 시「완성」을 표구에 새겨 삶의 귀감으로 삼고, 행복의 시금석으로 삼으려 한다.

　　집에 밥이 있어도 나는
　　아내 없으면 밥을 먹지 않는 사람

　　내가 데려다주지 않으면 아내는
　　서울 딸네 집에도 가지 못하는 사람

　　우리는 이렇게 함께 살면서
　　반편이 인간으로 완성되고 말았다.
　　　　　　　　　　　　　　―「완성」전문

　타인에 대한 배려가 깊은 나태주 시인은 시인이라는 존재에 대해서도 누구보다 깊이 이해한다. 그 두 편의 작품이 「시인학교」와 「서정시인」이다. 시인을 대상으로 한 시를 무수히 많이 보았지만 이렇게 간명하게 시인을 표현한 작품은 보지 못했다. 시인은 꿈이 많고 욕심이 많고 그래서 자기밖에 모르고 그래서 어린애처럼 순수할 수 있다. 그렇게 순수한 어린애의 시각을 지녔기에 시인은 자연의 비밀스러운 아름다움을 발견할 수 있다. 우리들은 시인의 어느 일면만을 보는데 그는 시인의 전모를 파악했고 시인의 일상적 한계까지도 슬기롭게 이해하여 그것을 짧은 시로 압축해 표현했다. 참으로 놀라운 일이다.

　우리는 많은 것을 가졌는데도 늘 불행하다고 생각한다. 그러나 자연의 천진한 눈을 가진 시인은 아주 소박하고 편안하게 진정한 행복이 어떠한 것인가를 노래한다. 그의 시는 자세히 읽어야 예쁘고, 오래 읽어야 사랑스럽다. 인생의 진실, 우주의 진리는 거창한 이론이나 기묘한 논리에서 오는 것이 아니라, 단정하고 고요하게 세상을 바라볼 때 저절로 솟아나는 것임을 그의 시가 깨닫게 한다. 이러한 발견과 터득의 기법은 지구 역사상 어느 누구도 시도한 적이 없다. 나태주 시인만이 이렇게 했다. 이로써 그는 하나님 다음 자리의 창조가 되었다.

삼세(三世)의 세계관과 행복을 향한 삶의 기록*
― 나태주 시집 『꽃 장엄』에 관하여

권 온
(문학평론가)

1.

시집 『꽃 장엄』(2016)은 나태주 시인의 현황을 보여준다. 『꽃 장엄』은 1971년에 등단한 시인의 서른일곱 번째 시집이다. 시력(詩歷) 45년을 감안하더라도 엄청난 생산력이 아닐 수 없다. 나태주가 오랜 세월 동안 흔들림 없이 시의 길을 굳건하게 나아갈 수 있었던 원동력은 무엇인가. 어쩌면 우리는 이에 대한 대답을 시집 『꽃 장엄』의 도처에서 발견하게 될지도 모른다. 독자들은 시인을 소개하는 글에 제시된 부사 '현재'와 '잠시', 자서(自序)에 해당하는 '책머리에'의 제목인 '아직은 진행형', 그리고 시 「낙타가 운다」 등에 주목하는 게 좋겠다. 나태주는 이번 시집에서 과현미(過現未) 또는 과거, 현재, 미래로 구성되는 삼세(三世) 곧 전세(前世), 현세(現世), 내세(來世)의 세계관을 피력한다. 그는 여기에서 노래한다. 인간은 언제나 '현재'를 살

---
* 나태주, 『꽃 장엄』, 천년의시작, 2016.

아가지만, '현재'는 '과거'와 '미래'라는 두 갈래 길로 사라질 수밖에 없음을, '책머리에'에 따르면 나태주는 날마다 시집 원고를 다시 살피는 일로 하루를 마무리한다. "어쩌면 이것이 이 세상 마지막 날이지 싶어서 그렇게 한다."는 시인의 발언은 간절함과 경건함으로 가득하다. 우리는 이제부터 시적인 언어로 써내려간 한 겸손한 인간의 삶의 기록을 확인할 것이다.

2.

날마다 날마다
우리들 하루하루는
눈물과 한숨과 땀방울
절름발이의 언덕

언덕 너머 들판 넘어
강물을 건너
갑시다 갑시다
어서 갑시다

저 너머 흰 구름
꽃으로 피어나는 곳
꽃 보러 갑시다
미소 보러 갑시다
아닙니다 우리가
꽃이 되러 갑시다

미소 되러 갑시다
어서 같이 갑시다.

— 「아제아제」 전문

전 4연 16행으로 구성된 이 시에서 동사 '가다'에 종결어미 '—ㅂ시다'가 붙어서 조성된 서술어 '갑시다'는 매우 긴요한 위치를 점유한다. 8회 출현하는 '갑시다'는 작품의 제목인 '아제아제'와 동일한 의미로 파악될 수 있다. '아제아제'는 '아제아제 바라아제 바라승아제 모지사바하'에서 나온 말인데 이는 불교경전인 「마하반야바라밀다심경」 또는 「반야심경(般若心經)」의 진언(眞言)이다.

이 시의 1연은 인간사(人間事)를 축약한 표현이다. 나태주는 여기에서 <눈물>과 <한숨>과 <땀방울>로 이루어진 <하루하루>가 모이고 쌓여서 이루어진 것이 인간의 삶임을 밝힌다. 시인은 "한쪽 다리가 짧거나 다치거나 하여 걷거나 뛸 때에 몸이 한쪽으로 자꾸 거볍게 기우뚱거리는 사람을 낮잡아 이르는 말"인 '절름발이'를 도입하여 인간사의 우여곡절을 정확하게 표현한다. <절름발이의 언덕>은 '현재' 또는 '현세'의 힘겨운 삶이 펼쳐지는 공간이 된다.

2연부터 작품의 분위기가 전환되는데, 이는 <너머>와 <넘어>와 <건너>에 힘입은 바 크다. 시인은 유사하지만 미세한 차이가 있는 표현들을 연속적으로 배치하면서 어딘가로 가자고 이야기한다. 3회 출현하는 <갑시다>가 지향하는 곳은, <언덕>, <들판>, <강물>이 가리키는 '현재' 또는 '현세'의 삶이 아니다. 부사 '어서'에 담긴 곡진한 마음을 파악하려면 3연으로 이동해야 한다.

나태주는 3연에서 독자들에게 <흰 구름>, <꽃>, <미소>로 충만한 <꽃으로 피어나는 곳>으로 이동할 것을 권유하는데, 이 공간은 부처의 미소가 가득한 정토(淨土)를 연상시킨다. 나태주 시인의 시는 대개 간결한 형태를 이루고 쉽게 읽힌다. 하지만 그의 작품은 단순하지 않고 다양한 생각을 유도하는 특성이 있다.

이 시의 4연은 나태주 시의 이러한 장점을 잘 드러내는 대목이다. 시인은 3연에서 <꽃 보러 갑시다 / 미소 보러 갑시다>라고 이야기했으나, 4연에서는 <꽃이 되러 갑시다 / 미소 되러 갑시다>라는 발언으로 수정한다. 3연이 부처가 있는 곳으로 이동하는 것을 추구했다면 4연은 '나'를 포함한 '우리'가 스스로 부처가 되는 단계를 염원한다. 이 작품의 마지막 행은 <어서 같이 갑시다>인데 우리는 이를 가리켜 '같이'의 시학(詩學)으로 이름 붙일 수 있겠다. 또한 나태주의 '같이'의 시학은 삶과 시의 '가치'를 재발견한다는 점에서 '가치'의 시학이기도 하다.

꽃 장엄이란 말
가슴이 벅찹니다

꽃송이 하나하나가
세상이요 우주라지요

아, 아, 아,
그만 가슴이 열려

나도 한 송이 꽃으로 팡!
터지고 싶습니다.

　　　　　　　　　　　　　　　　-「화엄」 전문

앞의 작품의 경우에도 그러하지만, 이번 시 역시 불교적 색채가 그득하다. 작품의 제목이기도 한 <화엄(華嚴)>은 "만행(萬行)과 만덕(萬德)을 닦아 덕과(德果)를 장엄하게 함"이라는 심오한 뜻을 갖는다. 1연 1행의 <꽃 장엄>에서 '장엄(莊嚴)'은 "씩씩하고 웅장하며 위엄 있고 엄숙함"이라는 뜻과 더불어 "좋고 아름다운 것으로 국토를 꾸미고, 훌륭한 공덕을 쌓아 몸을 장식하고, 향이나 꽃 따위를 부처에게 올려 장식하는 일"을 가리킨다.

'화엄'이나 '장엄'이라는 말에 담겨 있듯이 이 시는 수행(修行)의 의미와 긴밀한 관련을 맺고 있는 작품이다. 나태주의 작품이 우리에게 유의미하게 다가올 수 있는 까닭은 그가 수행의 의미를 불교적인 범주 내에 국한하지 않고, 인간의 삶과 죽음이라는 본질적인 영역으로 확장시키고 있기 때문이다. 특히 1연의 <꽃 장엄이란 말>이라는 어구에서 직접적으로 노출되듯이, 그가 '말' 또는 '언어'에 집중하는 진정한 시인(詩人)이라는 사실이 더할 수 없이 눈부시다.

강 건너 저편 언덕
꽃이 새로 피어나는지

꽃나무 아래 누군가
이쪽을 생각하는지

도다시 구름이 술렁이네
바람에 향기가 묻어오네

그 실은 한 번도
만난 적 없는 당신.

—「피안」 전문

나태주의 시 「피안」은 앞서 고찰한 두 편의 시 곧 「아제아제」나 「화엄」과 동일한 계열을 형성하는 작품이다. '건너'나 '언덕' 또는 '꽃' 등의 어휘는 앞선 작품들에서도 공통적으로 출현하는 것으로, 이 시가 불교적인 세계관 속에서 탄생했음을 알려준다.
　　전 4연 8행으로 구성된 시 「피안」에서는 두 개의 대명사가 긴요하다. 곧 1연의 '저편'과 2연의 '이쪽'은 각각 '피안(彼岸)'과 '차안(此岸)'을 가리킨다. 나태주 시인은 이 작품에서 '저편' 또는 '피안'에 집중하고 있으니, 이는 '꽃'이나 '꽃나무' 또는 '향기' 등의 어휘로 구체화된다. 무엇보다도 4연의 <한 번도 / 만난 적 없는 당신>이라는 표현에 기대어 '피안'의 신비(神秘)를 적극적으로 개진하고 있다는 점이 탁월하다. 또한 나태주가 이번 시집에서 보여주는 일련의 불교적인 탐색은 추후 만해 한용운과의 계보학적인 관련성 점검으로 연결될 수 있다고 생각한다.

　　　　무심히 그냥 해질 무렵
　　　　모래 지평선을 바라보고 싶어서 왔다
　　　　서쪽으로 사라지는 황혼을 보며
　　　　울먹이고 싶어서 왔다

　　　　말없이 그냥 모래 바닥에
　　　　드러눕고 싶어서 왔다
　　　　해가 진 뒤에도 오래토록
　　　　따스한 모래 바닥의 온기
　　　　지구의 등허리가 이렇게
　　　　부드럽고도 따스할 줄이야!

　　　　하늘 가득한 하늘의 눈물
　　　　소름끼치도록 맑고도 깊고도 푸른 눈물

> 그렁그렁 쏟아질 듯 하늘의 눈망울이여
> 그 별들을 가슴에 품으러 왔다
> 비행기 타고 자동차 타고
> 낙타 등에 기대어왔다.
>
> —「그래서 왔다」 전문

    시집 『꽃 장엄』을 구성하는 시편 중에는 '낙타'와 관련된, '낙타'가 활동하는 '사막'과 관련된 것들이 적지 않다. 시 「그래서 왔다」 역시 그러한 작품 가운데 하나이다. '모래 지평선'이나 '모래 바닥' 또는 '낙타' 등의 어휘는 이 시의 배경에 '사막'이 위치한다는 사실을 알려준다.
    나태주의 시는 소박하고 소탈하며 꾸밈없다. 작품의 제목에서 눈에 띄는 표현인 '그래서'는 "앞의 내용이 뒤의 내용의 원인이나 근거, 조건 따위가 될 때 쓰는 접속부사"이다. 시인이 내세우는 '그래서'는 대단한 내용을 가리키지는 않는다. <해질 무렵 / 모래 지평선을 바라보고 싶어서>나 <서쪽으로 사라지는 황혼을 보며 / 울먹이고 싶어서>, <모래 바닥에 / 드러눕고 싶어서>나 <그 별들을 가슴에 품으러>가 '그래서'의 실상이다. 그는 사막에 <무심히 그냥>, <말없이 그냥> 왔을 따름이다.
    나태주 시의 초연함은 '황혼'을 대하는 시인의 태도에서도 고스란히 드러난다. 여기에서 '황혼'은 자연현상인 동시에 인생에 대한 비유이기도 하다. 삶을 정리해야 하는 시기에 바라본 '황혼'이 슬픔의 감정과 연결되는 일은 자연스럽다. 하지만 시인은 희망의 끈을 놓지 않는다. 그가 <따스한 모래 바닥의 온기>와 <소름끼치도록 맑고도 깊고도 푸른 눈물>인 '그 별들'을 포착하고 있다는 사실이 중요하다. 나태주 시인은 인간이 지구가 되고 더 나아가 우주와 합일하게 된다는 충일감의 정서를 독자들에게 전달하는 것이다.

　　마음속에 낙타 한 마리
　　살고 있었네
　　어리고도 순한 낙타
　　세상물정 모르고
　　오직 세상한테
　　사랑받기만을 꿈꾸던 낙타

　　쉽사리 세상한테
　　사랑받을 수 없었네
　　타박타박 걸으며 걸으며
　　어른 낙타가 되었고
　　늙은 낙타가 되었네

　　가도 가도 목마른 날들
　　팍팍한 발걸음
　　세상은 또 하나의 사막
　　어디에도 쉴 만한 그늘은 없고
　　주저앉을 의자 하나
　　마련되어 있지 않았네
　　오늘도 늙은 낙타 사막을 가네
　　물 없는 길 사랑 없는 길

　　세상한테 사랑받고 싶은 마음 하나
　　세상 속으로 길 떠나네
　　사막의 길 걷고 또 걷네.

　　　　　　　　　　　　—「어린 낙타·1」 전문

이것은 '낙타'에 관한 시이지만 동시에 '낙타'에 관한 시가 아니다. 그렇지 않다. 이것은 '낙타'를 다룬 시이면서 '인간'을 이야기하는 시이다. '사막'에서의 체험은 나태주 시인이 이 작품에 '낙타'를 도입하게 된 계기가 되었을 것이다. 하지만 우리는 1연 1행인 <마음속에 낙타 한 마리>에 주목해야 하겠다. '낙타'가 위치한 공간이 '마음'이라는 사실이 긴요하다.

이 시는 '어린 낙타'가 '어른 낙타'가 되고 마침내 '늙은 낙타'가 되는 낙타의 여정을 그리고 있다. 아니다. 이 시는 '아이'가 '어른'이 되고 마침내 '노인'이 되는 인간의 생애를 다룬다. 낙타가 걸어가는 '사막'은 인간이 걸어가는 '세상'과 같다. 사막의 '길'은 세상의 '길'을 가리키는 적확한 비유가 된다. 세상물정 모르던 '어린 낙타'가 '늙은 낙타'가 되는 과정은, '아이'가 쉴 수 있는 그늘과 의자를 찾아 헤매다 '노인'으로 변하는 과정과 포개진다.

낙타가 물을 찾아서 사막의 길을 걸어가듯이, 인간은 사랑을 찾아서 세상의 길로 나아간다. 나태주 시인은 목마름과 팍팍함을 견디면서 전진하는 사막의 낙타에게서 필멸의 존재로서의 인간의 숙명을 보았고, 이는 황혼기에 접어든 스스로의 인생을 되돌아보는 순간이기도 하다.

  처음엔 들판을 뛰어다니던 것들
  아침 이슬 속에 빛나는 웃음이었던 것들
  더구나 인간의 안쓰러운 사랑이었던 것들

  모두가 무너져 평등하게 누워 있다
  그럼,
  그럼,
  그럼,

고개 끄덕이고 있다.

―「사막·3」 전문

　주지하다시피 시의 사전적 의미는 "자연이나 인생에 대하여 일어나는 감흥과 사상 따위를 함축적이고 운율적인 언어로 표현한 글"이다. 그런 점에서 이 시는 시의 본질에 가까이 다가선 작품이다. 시에서 표면에 드러난 언어는 지극히 제한적이다. 시를 제대로 읽기 위해서는 흔히 여백이라는 말로 표현하기도 하는 드러나지 않은 언어에 주목해야 한다. 더불어 시는 음악에 가까운 언어가 되어야 한다. 시의 언어가 함축적이고 운율적이라는 말은 이러한 의미에서 이해할 수 있는 것이다.

　나태주는 이 시에서 많은 말을 하지 않는다. 시인은 한정된 언어를 노출하되 반복의 기법을 활용하여 리듬감을 살리는데 주력한다. 1연을 구성하는 세 개의 행은 '―(하)던 것들'이라는 동일한 구조를 형성한다. "앞말이 관형어 구실을 하게 하고 어떤 일이 과거에 완료되지 않고 중단되었다는 미완未完의 의미를 나타내는 어미"인 '―던'을 반복적으로 사용함으로써, 시인이 노리는 바는 인간이라는 존재의 근원적인 안쓰러움이다. 나태주는 우리에게 인간이란 누구나 언젠가 과거형이 되어야 하고, 미완의 상태에서 생을 끝내야 한다는 자명한 사실을 음악의 형식으로 알려주고 있다.

　2연 역시 <모두가 무너져 평등하게 누워 있다>와 <고개 끄덕이고 있다>라는 두 개의 시행을 앞뒤에 배치함으로써 곧 '―있다'를 반복함으로써 운율적인 언어를 내세운다. 중간에 삽입된 세 개의 행이 '그럼,'이라는 동일한 형태를 띤다는 점도 주목할 만하다. 그리하여 미당 서정주의 시 '내리는 눈발 속에서는'에 반복적으로 출현하는 '괜찮타,……' 또는 '괜, 찬, 타,……'를 연상시키는 나태주의 '그럼,'은 '사막'이라는 공간에서 궁극의 상태인 죽음에 놓인 모든 인간의 얼굴을 애도하고 위무하는 사랑의 읊조림이 된다.

> 오늘도 나의 걸음은
> 아장걸음
>
> 큰 가방 들고
> 큰 모자 쓰고
> 중학생처럼
> 세상 속으로 들어간다
>
> 초등학생처럼
> 유치원생처럼
> 세상 속으로 떠나간다
>
> 아니 아니다
> 세상의 온갖 꽃들
> 눈물을 만나러 간다.
>
> ―「문학 강연」 전문

　나태주 시인이 이번 시집에서 집중하는 시편 중에는 '문학'이나 '시'와 관련된 것들도 있다. 이 시는 제목에서 드러나듯이 '문학 강연'에 대해서 이야기한다. 45년 동안 37권의 시집을 간행한 시인이 시를 포함한 문학 강연을 하는 일은 자연스럽다. 당연한 말이지만 강연을 하기 위해서는 대개 어딘가로 이동해야 한다.
　이 작품에 등장하는 명사 '걸음'과 동사 '들어가다(들어간다)', '떠나가다(떠나간다)', '만나러 가다(만나러 간다)' 등은 '문학 강연'을 위한 이동

(移動)과 관련된다. 이는 앞서 살핀 나태주의 또 다른 시편들 가령 「아제아제」에서의 동사 '가다(갑시다)', 「그래서 왔다」의 동사 '오다(왔다)', 「어린 낙타·1」의 동사 '걷다(걸으며)'와 명사 '길' 등과 긴밀한 결속 관계에 놓인다.

시인이 제시하는 '이동' 관련 표현들은 단순히 '문학'의 범위에만 머무르지 않는다. 나태주가 취한 '걸음'은 '아장걸음'이고, 그는 '중학생처럼', '초등학생처럼', '유치원생처럼' 걷는다. 스스로를 차츰 낮추는 점강법에 기대어 그가 향하는 곳은 '세상'이다. 시인이 만나는 '꽃들'이나 '눈물들'은 '사람들'과 다른 말이 아니다. 그러므로 나태주 시인이 진행하는 '문학 강연'은 '인생 강연'이 되고 '삶' 강연이 된다.

> 물은 차갑고도 맑았다
> 그러나 내 가슴은 아직도 충분히 뜨겁고
> 나의 피는 혼탁할 뿐이다
> 나의 시 나의 사랑은 숭고함이나
> 희생과는 거리가 멀다
>
> 오직 이기적인 목숨과 사랑
> 그리고 나의 시
> 차라리 연어의 회향 의식을
> 확인하지 않았으면 좋았을 걸 그랬다
>
> ―「연어」 부분

시의 화자 '나' 또는 시인은 <비행기 타고 / 태평양 건너 캐나다의 개울가에서>, <살아 있는 연어를> 보았고 만났다. 인용한 대목은 '연어의 회향 의식'을 바라보면서 '나'의 가슴에 차오르는 솔직한 느낌을 다룬다. 연어의 결연한 죽음을 목도하면서 시인은 '나'의 가슴, 피, 목숨, 사랑,

시를 되돌아본다. 맑고 차가운 고향의 물에서 숭고함과 희생에 기대어 최후를 맞는 연어와는 달리 '나'는 뜨거운 가슴과 혼탁한 피와 이기적인 목숨을 고수한다. 형이상학적인 대상이라 생각했던 '나'의 사랑이나 시 역시 자신만을 위한 것이었다는 인식은 독자들의 마음에 잔잔한 감동을 전달할 수 있다. <나의 시가 맑고 / 향기로운 시라고 우기기는 어렵게 됐다>는 나태주의 성찰은 진정(眞情)으로 가득하다. 이런 까닭에 우리는 시인의 시를 사랑할 수밖에 없다.

    한 사람이 두 사람으로
    나뉘어져 걸어간다
    어머니와 딸
    어머니와 아들

    한 사람이 세 사람으로
    나뉘어져 걸어온다
    어머니와 두 딸
    어머니와 두 아들
    어머니와 아들과 딸

    어머니는 세상에서
    가장 크고도 아름다운 이름
    때로 우리는 우리가 한때
    어머니의 일부분이었다는 사실을
    잊고서 산다.
                               -「터미널·1」 전문

터미널(terminal) 또는 종점(終點)은 늘 많은 사람들로 붐빈다. 시인은 오가는 행인들 중에서 어머니와 딸, 어머니와 아들의 조합을 주목한다. 당연한 말이지만 모녀간이나 모자간은 닮은꼴일 확률이 높다. 시인은 평범함에서 비범함을 길어 올리는 자이기에 '어머니와 딸'이나 '어머니와 아들'의 조합을 <한 사람이 두 사람으로 나뉘어져 걸어간다>로 규정한다. 나태주의 놀라운 발견은 여기서 그치지 않는다. '어머니와 두 딸'이나 '어머니와 두 아들' 또는 '어머니와 아들과 딸'의 조합을 <한 사람이 세 사람으로 / 나뉘어져 걸어온다>로 기술하고 있기 때문이다.

모녀간이나 모자간의 조합에서 도출된 시인의 탁월한 통찰 앞에서 '우리'는 스스로를 반성한다. "<로 우리는 우리가 한때 / 어머니의 일부분이었다는 사실을 / 잊고서 산다.>라는 나태주의 발화(發話) 앞에서 우리는 얼마나 아픈 깨달음을 마주하는가. 인간은 모두 한때 어머니와 동체(同體)였음을, 우리는 모두 한때 어머니와 한 몸이었음을 기억하지 못한 채 살아간다. 나태주가 어머니께 선사하는 <세상에서 / 가장 크고도 아름다운 이름>은 결코 과장이 아니고, 허언이 아니다. 그러므로 우리는 우리들 각자를 세상에 내보낸 이가 다름 아닌 어머니임을 각별히 기억해야만 한다.

> 손을 들여다보면 볼수록
> 점점 내 손은 사라지고
> 아버지의 손이 거기 와 있다
> 어머니의 손도 와 있다
>
> 거울을 보면 볼수록
> 나날이 내 얼굴은 떠나가고
> 아버지의 얼굴이 나를 바라보고 있다
> 어머니의 얼굴도 나를 바라보고 있다

어려서 가끔은
도망치고 싶었던 얼굴들!
이제 더 이상 도망갈 수 없음을
안다.

− 「도망」 전문

나태주는 앞의 시에서 '어머니'에게 주목했는데, 이번에는 '어머니'와 더불어 '아버지'를 아우른다. 시인은 '부모'와 '자식'의 관계에 대해서 단계적으로 천착한다. 첫째, 관찰이다. 시의 화자 '나'는 자신의 '손'이나 거울 속에 비친 '얼굴'을 바라본다. 둘째, 발견이다. '나'의 손이 아닌 '아버지'의 손과 '어머니'의 손이 있음을, '나'의 얼굴이 아닌 '아버지'의 얼굴과 '어머니'의 얼굴이 그곳에 와 있음을 깨닫는다. 셋째, 통찰이다. '나'는 '부모'와 '자식'이 불가분리적(不可分離的) 관계에 놓여 있음을 수용한다.

시인이 '관찰'과 '발견'과 '통찰'의 단계를 거치면서 도달한 부모와 자식의 관계는 독자의 마음을 고양시키기에 부족함이 없다. 때로 부모에게서 도망치고 싶었지만, 끝내 도망칠 수 없다는 '나'의 자각은 '느낌표(!)'에 가득하다. 나태주 시인의 심오한 자각을 대하는 우리의 마음에는 '아아'라는 감탄사가 뒤따를 수밖에 없겠다.

3.

지금껏 우리는 나태주 시인의 서른일곱 번째 시집 『꽃 장엄』을 네 가지 관점에서 고찰했다. 첫째, 시 「아제아제」와 「화엄」과 「피안」에 드러나는 '불교' 또는 '부처'와의 관련성이다. 나태주의 시는 단순하지 않고 다양한 생각을 유도하는 특성이 있었다. 시인이 추구하는 '같이'의 시학 또는 '가치'의 시학은 삶과 시를 함께 아우른다. 나태주의 작품이 우리에게 유의미하게 다가올 수 있는 까닭은 그가 수행의 의미를 불교적인 범주 내에 국한하지 않고, 인간의 삶과 죽음이라는 본질적인 영역으로 확장시키고 있기 때문이다. 또한 나태주가 이번 시집에서 보여주는 일련의 불교적인 탐색은 추후 만해 한용운과의 계보학적인 관련성 점검으로 연결될 수 있다고 생각한다.

둘째, 시 「그래서 왔다」, 「어린 낙타 · 1」, 「사막 · 3」에 제시되는 '사막' 또는 '낙타'와의 관련성이다. 나태주는 인간이 지구가 되고 더 나아가 우주와 합일하게 된다는 충일감의 정서를 독자들에게 전달한다. 낙타가 물을 찾아서 사막의 길을 걸어가듯이, 인간은 사랑을 찾아서 세상의 길로 나아간다. 시인은 목마름과 팍팍함을 견디면서 전진하는 사막의 낙타에게서 필멸의 존재로서의 인간의 숙명을 보았고, 이는 황혼기에 접어든 스스로의 인생을 되돌아보는 순간이기도 하다. 미당 서정주의 시 「내리는 눈발 속에서는」에 반복적으로 출현하는 '괜찬타,……' 또는 '괜, 찬, 타,……'를 연상시키는 나태주의 '그럼,'은 '사막'이라는 공간에서 궁극의 상태인 죽음에 놓인 모든 인간의 얼굴을 애도하고 위무하는 사랑의 읊조림이 된다.

셋째, 시 「문학 강연」, 「연어」에 드러나는 '문학'이나 '시'와의 연관성이다. 나태주가 취한 '걸음'은 '아장걸음'이고, 그는 '중학생처럼', '초등학생처럼', '유치원생처럼' 걷는다. 스스로를 차츰 낮추는 점강법에 기대어 그가 향하는 곳은 '세상'이다. 시인이 만나는 '꽃들'이나 '눈물들'은 '사람들'과 다른 말이 아니다. 그러므로 나태주 시인이 진행하는 '문학 강연'은 '인생 강연'이 되고 '삶' 강연이 된다. 형이상학적인 대상이라 생각했던 '나'의 사랑이나 시 역시 자신만을 위한 것이었다는 인식은 독자들의 마음에 잔잔한 감동을 전달할 수 있다. "나의 시가 맑고 / 향기로운 시라고 우기기는 어렵게 됐다"는 나태주의 성찰은 진정(眞情)으로 가득하다. 이런 까닭에 우리는 시인의 시를 사랑할 수밖에 없다.

넷째, 시 「터미널·1」과 「도망」에 제시되는 '어머니'나 '아버지'와의 연관성이다. 인간은 모두 한때 어머니와 동체(同體)였음을, 우리는 모두 한때 어머니와 한 몸이었음을 기억하지 못한 채 살아간다. 나태주가 어머니께 선사하는 <세상에서 / 가장 크고도 아름다운 이름>은 결코 과장이 아니고, 허언이 아니다. 그러므로 우리는 우리들 각자를 세상에 내보낸 이가 다름 아닌 어머니임을 각별히 기억해야만 한다. 시인이 '관찰'과 '발견'과 '통찰'의 단계를 거치면서 도달한 부모와 자식의 관계는 독자의 마음을 고양시키기에 부족함이 없다. 때로 부모에게서 도망치고 싶었지만, 끝내 도망칠 수 없다는 '나'의 자각은 '느낌표(!)'에 가득하다. 나태주 시인의 심오한 자각을 대하는 우리의 마음에는 '아아'라는 감탄사가 뒤따를 수밖에 없겠다.

나태주에 따르면 시인은 <죽었지만 여전히 / 살아서 숨 쉬고 있는 사람>(「시인」)이다. 그는 <지금 내가 보고 있는 모든 것들이 / 천국의 세상 / 내 앞에서 웃고 있는 네가 / 천국의 사람이고 / 너의 목소리가 천국의 음성 / 천국의 음악>(「천국의 사람」)이라고 말한다. 시인에 의하면 지금 자신 앞에 앉아 웃으며 밥을 먹어주는 한 사람"(「아침 식탁」)이 가장 소중한 사람이다. 나태주 시인은 우리에게 스스로에게 주어진 삶을 소중하게 여기되 언젠가 다가올 죽음을 두려워하지 말 것을 주문한다. 그리하여 그가 어머니에게서 얻은, '행복'을 향한 다음과 같은 금언(金言)을 되새기는 일이 전연 무용한 일만은 아닐 것으로 믿는다.

당신의 행복은 어디에 있는가?
애당초 그것은 당신 안에 있었고

당신의 집에 있었고 당신의 가족, 당신의 직장 속에 있었다
이제부터 당신은 그것을 찾기만 하면 되는 일이다.
―「어머니 말씀의 본을 받아」 부분

자라나고 싶어지는 서정의 힘*
— 나태주 신작시 특집 해설

김효숙
(문학평론가)

　시인이 많아서 '시인공화국'이라는 말까지 들리지만, 대표 시 한 편조차 없는 시인이 많은 것 같다. 이 문장은 앞으로 수정되어야 할 것이다. 대표시가 없는 게 아니라 그것이 독자에게 아직 알려지지 않았을 뿐이라고. 그런 면에서 보면 나태주는 참 행복한 시인이다. 말을 바꾸면, 성공한 시인이다. 많은 사람들의 사랑을 받는 시가 그의 이름을 호명하는 순간 같이 떠오른다. 물론 나태주의 대표작은 그 시 외에도 많지만 유독 독자의 사랑을 받는 시가 있으니 시인은 마땅히 행복할 자격이 있다.
　한 편의 시는, 단 한 줄 때문에 독자에게 사랑을 받기도 하고, 낭송하거나 외우기 좋은 시는 다소 길더라도 선택된다. 이때 서정의 힘이 독자의 마음을 잡아당긴다. 위로하고, 다독여주고, 눈물을 닦아주고, 그리워하고, 사랑을 전하고, 이별을 너무 아파하지 않는 시들이 모두 서정 속에

---
* 『불교문예』, 2019 여름호.

서 우러난다. 세상과 짱짱하게 맞설 힘이 있던 시절에는 그러한 서정을 나약하게 보기도 한다. 그래서 서정을 해체하려고 시도하고, 서정을 낡은 것으로 몰아가기도 한다. 맞다. 서정은 진정 낡고 낡은 것이다. 우리 시의 기원도, 서양 시의 기원도, 가까운 나라 중국 시의 기원도 모두 서정시다. 이토록 두터운 토대에 서정시라는 자리 잡고 있다. 독자의 마음 속에 시가 있다면 서정시일 가능성이 크다. 서정시가 힘이 센 이유가 이것이다.

서정시를 즐겨 읽는 독자는 많은데, 서정시를 지원하는 이론이나 비평은 거의 보이지 않는다고들 말한다. 2000년대 들어 세대 분리가 더욱 거세지면서 세대간 혐오감이 커졌고, 서정은 과거의 소유물로 몰리면서 그것을 해체하려는 시도들로 우리 시단은 제법 시끄러웠다. 어느 시대든 새로움에 대한 요구는 거센 반발에 부딪히면서 더 강화되는 양상을 보인다. 보존하려는 자들과 기존의 것을 바꾸려는 자들이 서로 접합지점을 찾지 못하는 그곳에서 새로움은 기어이 터져 나온다. 그러므로 새로운 시의 근거지는 '화해'하지 못하는 바로 그곳일 가능성이 크다. 서정시도 한때는 새로움이었음을 상기해 볼 때 서정에 반발한 최근 시들을 '새로움의 새로움'으로 달리 불러 차세대성을 부여해봄직도 하다. 급변하는 시대 속 인간 정서를 단일한 목소리로 실어내기 어렵고, 그러한 복잡성 때문에 다중의 목소리들이 나타나 웅성거리는 해체 시대에도 서정시는 여전히 생존해 있었다. 편안한 입말로 '마음'의 깊이를 공감케 한 시들이다.

시인의 개인사를 모르고서도 우리는 시와 교감한다. 시 한 편이 깊은 공감을 자아낼 때, 독자는 언어가 직조한 세계를 현실로 받아들이지만 실상 그것은 시인이 재구성한 또 다른 현실이다. 서정을 파열하는 비동일자들의 목소리로 소란스런 현대시들 속에서도 꽃송이 하나의 아름다움으로 독자를 사로잡는 나태주 시인. 그 우뚝한 서정의 힘은 어디서 오는 것일까. 시에 담긴 뜻을 나의 것으로 받아 안으려고 긴장하지 않더라도 나태주 시는 어머니의 손처럼 다가들어 강퍅한 우리의 마음을 쓰다듬고 부드러운 바람처럼 흘러든다. 간결하고 담백하며, 그래서 더더욱 단순성의 미학이 돋보이는 언어를 구사하여 서정시를 신뢰하도록 만드는 시인 중 한 사람이다. 주해를 달지 않아도 되기에 독자는 마음 놓고 그의 시로 다가갈 수 있다.

미리 하는 작별

시에는 철학으로 감당할 수 없는 이야기와 정서와 감정이 흐른다. 철학은 죽음의 문제 속으로 깊이 들어가 말하려 하지 않는다. 그것을 종교나 문학 쪽으로 몰아준다. 극단적으로 말하면 문학은 삶과 죽음을, 조금 바꿔 말하면 사랑과 죽음의 이야기를 인류 끝 날까지 생산할 수 있을 만큼 에너지가 충만하다. 뭉뚱그려 사랑의 감정 안에 넣을 수 있을 애착·집착·그리움 등을 빼고서는 삶을 말할 수 없을 만큼 그것은 덩어리가 큰 에너지다. 그래서 사랑은 생명체로서 인간이 본능적으로 열망하는 생명보존 욕구이자 삶의 에너지로 인식되기도 한다. 그러므로 사랑이 아니면 죽음을 달라고 외치는 이가 있다면 생명 의지가 누구보다 강하기 때문이 아닐까.

그런데, 무슨 일인가. 나태주의 신작시 다섯 편에는 죽음 이미지가 고르게 깔려 있다. 부정어법을 되도록 쓰지 않고, 긍정 이미지로 독자를 감동시키는 시인의 관심이 이렇게 이동한 데에는 각별한 의도가 있어 보인다. 복수형으로 말할 수 있는 2014년 '죽음들'의 흔적은 아직도 우리에게 크나큰 아픔이다. 그 복수들이 빠져나간 흔적만큼 큰 구멍이 사회라는 실존 바탕에 생겼다. 슬픔이 슬픔을 번식시키며 불어나는 큰 슬픔을 동시대인으로서 겪었을 나태주는 어느 날 살붙이를 잃었나보다.

  어머니의 임종 전 마지막 며칠, 상중 기간, 장례일, 삼우 등을 시간 순서 없이 배치해놓고 어머니와 작별 의식을 치르는 심정을 담담하게 담아놓았다. 사랑하는 어머니의 마지막 시간을 그려 나가고 있으나 허무에 사로잡혀 우울한 비가를 부르지는 않는다. 이 시들이 제각각 독립적으로 에피소드를 갖고 있으면서 연속적으로 하나의 서사를 이룬다. 연작은 아니지만 시인이 시에다 '시1'부터 '시5'까지 번호를 매겨 놓았으므로 그 순서를 따라 읽어야 옳다. 그러나 여기서는 어머니의 시간을 따라가며 읽어본다. 시 다섯 편의 말이 모두 어머니에게로 향하고 있다.

> 오래 당신 옆에 있지도 못하고
> 또다시 고향 집 떠나올 때
> 마루에서 내려 토방에서 내려
> 휠체어 타고
> 대문간 지나 바깥마당까지 나와서
> 아들을 바로보시는 어머니
> 아들이 어른 같고 어머니가 아이만 같아
> 마음 아프다
> 어머니 다음에 또 오겠습니다
> 아들의 인사말에 문득 아들아 잘 가
> 한 번도 들어보지 못한 어머니의 인사말
> 아들아 잘 가
> 그 인사말에 가슴이 무너져 내린다
> 네 어머니 다시 또 오겠습니다.
> 어머니 뵈러 다시 오겠습니다
> … 이것이 영 이별이라도 되는 것일까
> ―「아들아 잘 가」

나태주 시에는 의미와 감정이 고르게 배합되어 있다. 고향집은 시적 화자가 누구인지 말해주는 곳. 그곳에 계신 어머니는 그에게 출생의 기원인 존재다. 그래서 고향집과 어머니는 화자에게 원형 상징으로써 기억이다. 집과 모성이 하나로 통합되어 그의 기억을 차지하고 있으므로 그에게 아직 어머니는 '있다'. 그런데 이날 생전 들어보지 못한 말을 어머니에게서 처음 듣는다. <아들아 잘 가.> 이별의 기운이, 그것도 영원한 작별의 기운이 이 말 한 마디에 응축되어 있다. 평소라면 '아들아 또 와'라며 환송했을 어머니의 말이 돌연 달라져 있다. 그 순간 아들은 이후 다시는 고향집에서 어머니를 뵐 수 없다는 생각으로 그만 아득해졌을 터. 문득 느낀 그러한 부재감으로 고향집을 떠나오면서 슬픔이라고 밖엔 표현할 수 없는 감정을 내내 껴안고 있었을 것이다.

살아서는 가지 못하는 곳, 죽어서야 가는 "하늘나라"는 누구에게나 예외 없이 궁극의 장소다. 아직 지상에 머무르고 있는 시적 화자에게는 그곳이 이후 그가 가야 할 잠재태다. 반면에 고향집은 두 사람에게 똑같이 실재태일 것이나, 이후 어머니가 부재함으로써 그 장소가 홀연 사라져버릴 것이라는 당혹감을 화자가 가졌을 법하다. 죽음을 예감한 어머니가 고향 집을 다녀가는 자식에게 작별의 말을 하는 데 이르러 우리는 콧날이 시큰해지고 저 아들처럼 "눈물이 솟"는다. 이 시의 끝 두 줄 <다시 돌아오겠습니다 / 어머니 뵈러 다시 돌아오겠습니다>라는 반복어법은 그래서 더욱 애잔하고, 얼마 남지 않은 어머니의 시간을 같이하지 못하는 아들의 목소리가 재회 불가능성을 암시하고 있어서 가혹하기까지 하다. 이제 시적 화자는 친상을 당했고, 문상 온 손님과 맞절을 하면서 어머니의 죽음이 가르쳐주는 것들을 마음 깊이 받아 안고 있다.

처음엔 머리를 바닥에 조아리긴 했지만
궁둥이를 조금 들고 큰절을 했다
자세도 불편하고 마음도 불편했다
보는 사람들도 그랬을 것이다

왜 사람은 절을 할까?
나는 당신의 적수가 아닙니다
나는 당신에게 이미 졌습니다
나는 온전히 나를 내려놓습니다
그런 뜻으로 절을 하는 것은 아닐까!

그러하다
절을 하는 동물은 인간밖에는 없다
생각 끝에 궁둥이를 더욱 내리고
납작 엎드려 절을 하기로 했다
마음이 점점 편해지기 시작했다

될수록 납작 엎드려 절을 드려라
그것이 사는 길이고 이기는 방법이란다
어머니가 가시는 마당에 한 수
가르쳐주고 가셨다.

―「납작 엎드리다」 부분

    그렇게 납작 엎드려 각성하지 않더라도 시인은 수십 년을 살아오면서 차곡차곡 배워 깨우친 게 많았을 것이다. 그러니 굳이 무언가를 새로 배우지 않아도 그간 살아온 습관의 관성을 유지하는 편이 한결 편하게 사는 방법일 수가 있다. 앞서 본 시에서 어머니가 아들에게 남겨준 것이 원형으로써 기억이라면, 여기서 어머니는 삶의 지혜를 일깨우는 존재로 아들을 찾아온다. 어머니의 무언의 가르침, 그것을 낮은 자세로 수용하는 아들에게서 우리는 물질이 아닌 정신, 외재화된 재산보다 내재화된 유산의 의미를 일깨우는 어머니를 만난다. 정신의 가치들을 물질로 바꾸지 못하면 그 모든 것이 헛것인 이 시대에 아들은 어머니가 물려주는 겸손을 낮은 자세로 배우고 있다. 치솟으려고 기회를 엿보는 교만을 그때마다 지그시 눌러 앉히는 어머니. 이제는 그러한 가르침을 성가신 간섭으로 받아들이지 않는 성숙한 아들이 서로 교감한다. 머리만 바닥에 갖다 대면 바른 인사법인 줄 알았던 아들이 머리와 엉덩이의 높낮이를 맞추려 애쓰는 모습을 형상화하면서 시인은 인간이 마땅히 지녀야 하지만 늘 망각하고 있는 미덕 하나를 일깨운다. 이 시는 우리에게 요청한다. 가장 낮은 곳까지 몸을 바짝 낮추라고.

지워지는 존재들

자신이 태어나는 시간을 기억할 수 없는 우리에게 그 출생은 기억 바깥의 사건이다. 안타깝게도 우리는 죽음의 시간도 기억할 수가 없다. 죽음 또한 기억 바깥의 사건이다. 탄생과 죽음을 타자만이 기억할 수 있기에 그의 확인을 거쳐야만 우리의 나타남과 사라짐이 인증된다. 때문에 자신의 태어남과 죽음은 결코 한 폭 사실화로 그려낼 수 없는 추상화에 가깝다. 생몰 순간을 타자가 기억하는 그곳에서는 환대 또는 애도의 감정이 공유된다. 우리는 처음부터 타자들이 기뻐해줬고 죽음의 날에도 그들이 슬퍼해줄 하나의 대상(타자)이다. 누구든 타자들의 삶 속으로 어느 날 던져져 그들에게 기억되고, '나' 또한 같은 경위로 그들을 그렇게 기억한다. 시적 화자는 누군가가 이 지상에서 사라지는 일에 "핸드폰"이 간여한다는 사실을 어느 날 알아챘다. 한 생명의 이름이 온데간데없이 지워지는 첨단 기기 앞에서 그는 "뺄셈"의 방식으로 빠져나가는 어떠한 손실감, 무엇으로 보충해야 할지 모를 망연함과 맞닥뜨린다.

> 시는 뺄셈이다, 라고 말한 적이 있다
> 지나고 보니 인생도 뺄셈이었다
> 핸드폰에서 지워지는 이름과 전화번호들
> 옆자리에 앉았다가 떠난 여러 명의 친구와 이웃들
>
> 오늘은 어머니를 땅에 묻고 아버지를 병원에
> 힘겹게 모셔다 드렸다
> 어금니 하나를 뽑은 셈이고
> 어금니 하나는 병원에 맡긴 셈이다
>
> 늦은 발치지만 많이 시립고 아프다
> 멀지 않아 또 하나 어금니가 뽑힐 때는
> 더 아프고 힘들 것이다
> 인생의 뺄셈은 언제까지 진행될 것인가?
>
> 나마저 지구에서
> 뺄셈으로 끝날 때
> 비로소 정답은 나올 것이다.
>
> ―「뺄셈」 전문

죽음은 이렇게 그 동안 잘 갈무리해 둔 기억에서 누군가가 빠져나가는 사건으로 화자에게 다가온다. 간간이 소식을 전해주던 이들의 이름이 어느 날 핸드폰에서 사라졌을 때 느끼는 당혹감을 뺄셈으로밖에는 표현할 길이 없다. 누구에게나 공평한 단 일회적 삶이란, 나이 들어서도 끝까지 잘 지켜내고 싶은 '어금니'처럼 소중한 것이다. 시인은 말년에 잃은 노부모를 어금니로 비유하면서, 어느 날 그것이 뽑혀 나간 뒤의 통증과 텅 빈 공동(空洞)을 절절히 육화한다. 채워졌던 자리가 비어 가고, 심지어 그 자리가 삭제되어 가는 매몰찬 죽음 이미지마저도 화자는 균형 잡힌 서정으로 감당해내려 한다. 그러므로 "뺄셈은 언제까지 진행될 것인가?"라는 이 물음은, 가감 없이 진행되는 삶의 공식은 불가능하다는 답을 화자가 이미 갖고 있다는 뜻을 내비친다. 자신이 <지구에서 뺄셈으로 끝날 때>까지 저 숱한 소멸 현상들을 지켜보면서, 지상에서 빠져나가 버린 사람들을 대신 자신의 기억 속으로 불러들여야 하지만, 이 모든 환대들도 정작 자신이 '뺄셈'의 장본인이 되는 날에는 모두가 무(無)가 되고 말 것이다. 내가 없는 날에는 기억도 집착도 끝날 것이므로. 이러한 묵시록이 나태주의 시를 자칫 어둡게 만들 수도 있지만 그는 결코 죽음을 심연 속으로 데려가지 않는다. 육신이 있고 없음으로 삶과 죽음을 이원화하지 않고 그것을 똑같은 무게로 담박하게 채색한다.

자라는 어머니

어머니는 병상에서 임종하셨고, 그 전 몇 달간 복지원에서 지내신 모양이다. 어머니가 죽음으로써 당신은 이제 가시성에서 비가시성으로 급격히 전환되었다. 그것이 어머니 '몸 없음'의 명백한 증거일 것이나 시적 화자는 그런 어머니를 '본다'. 기억이 화자를 "금매복지원"으로 이끌고, 어머니가 간절히 바랐건만 당신을 그 따뜻한 곳으로 데려다 드리지 못한 회한에 휩싸인다. 앞에 계신 어머니를 바라보며 말을 하듯 시의 말이 매듭 없이 흐른다. 또 다른 '몸'이었을 "휠체어"에 의지하여 그곳에 가고 싶었던 어머니. 그러나 안전을 위해 어머니를 병원에 모셔둬야 한다고 생각하는 아들의 입장은 크게 다르다.

> 어머니 마지막 며칠
> 비몽사몽 간 병상에서 하신 말씀
> 금매 가자 금매 가자
> 어떻게 억지 좀 해봐
> 억지로라도 휠체어 빌려 타고
> 금매복지원 마지막 몇 달 보내신 곳
> 따뜻하고 조용한 그 곳
> 데려가 달라는 소원 들어드리지 못해
> 미안합니다
> 많이 속상합니다
> 금매 가자 금매가자
> 휠체어 빌려 타고 금매 가자
> 그러세요 어머니
> 이제는 휠체어 타지 말고
> 새색시 때 입었던 것처럼
> 유똥 치마저고리
> 깨끼 치마저고리 곱게 차려입고
> 옷고름 산들바람에 날리며 가세요
> 하늘나라 먼저 가서 기다려 주세요.
> ―「휠체어 빌려 타고―어머니 삼우」 전문

어머니의 의지와 아들의 처지가 갈등으로 불거지지는 않았지만 그때 간절했을 어머니의 바람을 존중해드리지 못해 아들은 지금 괴롭기 짝이 없다. 멀리 있는 자녀들과 잠시 떨어져 있었지만 어머니가 한때 따뜻하게 지냈던 금매복지원. 그때 아름답게 구성되었을 시간을 어머니는 다시 누리고 싶었으리라. 어머니가 행복해했던 공간을 혼자 떠올리면서 아들은 속울음을 운다. 행복해하는 어머니의 모습을 그 공간에 살려내지 못하고 답답한 병실에서 살려내면서 애도의 속도를 지체시켜 본다. "지속의 아름다운 화석들을 발견하는 것은, 공간에 의해서, 공간 가운데서"(가스통 바슐라르, 곽광수 역『공간의 시학』,동문선, 84쪽) 이루어진다. 애도의 마음이 대체 어떤 것인지 슬픔을 통해 온전히 설명할 수 있다면, 애도는 그것을 보다 더 오래 지속시키려는 감정이 될 수 있다. 없는 어머니를 살려내려면 슬퍼지고, 그때 그 슬픔이 어머니에 대한 기억을 밀어 올려주니 말이다. 끝없는 슬픔과 회한 섞인 애도, 그리움이 동시에 솟구친다. 그때마다 어머니는 화자 앞에서 다시 살아나므로. 그러니 끝 없이 끝 없이 슬퍼하리라. 그렇게 어머니를 기억하리라.

『이방인』에서 '뫼르소'는, 죽은 어머니의 장례에 참여하지 않고 여인과 물놀이를 즐기는데, 이러한 불참여와 망실의 태도를 진정한 애도라고 할 수 있을까. 슬픔이 슬픔을 포만하게 섭취하여 그 슬픔이 세상의 넓이만큼 팽창하도록 죽은 자를 그리워해야 애도가 아닐까. 더군다나 사랑하는 어머니를 이제 더는 볼 수 없는 아들이라면. 그러므로 시적 화자가 <어머니를 땅에 묻>(「뺄셈」)은 것은 달리 말하면 당신을 빨리 잊지 않기 위해 무덤을 만들었다는 말과 다르지 않다. 무덤은 어머니가 계신 곳을 확증해 주는 분명한 표지, 어머니가 아들의 애도를 받아들이는 곳이다. 이제는 고향집에 없는 어머니를 그곳에서 뵐 수 있게 되었다.

태어나면서 모태에서 분리된 채 살아왔으나 그 상태를 영영 굳혀 놓은 일이 어머니의 죽음일지 모른다. 그렇다면 화자는 이제 비로소 '아이'를 벗고 어른이 된 것이 아닌가. 어머니의 시간에 매이지 않고 살아가게 되었으니 말이다. 하지만 그렇지 않다. 위 시에는 극적인 도약도 비약도 없지만 환상이 개입한다. 어머니는 휠체어에서 걸어 나오고(건강 회복), 곱게 차려 입었고(젊음 회복), 하늘나라로 먼저 가셨다(만남 기약). 하늘로 홀로 가시는 어머니가 외롭지 않도록 이후 만남을 기약하고, 바른 걸음으로 또박또박 걸으시도록 건강한 몸을 기원한다. 이제, 마지막 시를 읽는다.

> 어머니 돌아가시면 가슴속에
> 또 다른 어머니가 태어납니다
>
> 상가에 와서 어떤 시인이
> 위로해 주고 간 말이다
>
> 어머니, 어머니, 살아계실 때
> 잘해드리지 못해 죄송해요
>
> 부디 제 마음속에 다시 태어나
> 어리신 어머니로 자라 주세요
>
> 저와 함께 웃고 얘기하고
> 먼 나라 여행도 다니고 그래 주세요.
> ―「어리신 어머니」 전문

세상에서 유일한 이름 '어머니' / 그 무엇으로도 대체할 수 없는 유일성 때문에 우리는 당신의 죽음을 크나큰 상실로 받아들인다. 그러나 화자는 기어이 어머니의 결여를 인정하지 않을 태세다. 그의 마음속에서 조그만 무엇이 꿈틀거린다. 어머니의 몸은 여기에 없으나 화자의 마음이 서서히 슬픔을 벗어나기 시작한다. 돌아가셨기에 당신이 결여된 그곳,

<가슴속에 / 또 다른 어머니가 태어>나고 있기 때문이다. 기억에서만 존재하게 될 어머니를 <어떤 시인>이 그건 그렇지 않다고 말해주고 간 것이다. 슬퍼하지만 말고 마음 좀 추스르라고 해준 그 말이 화자의 마음을 일으켜 세운다. 어머니의 시간과 더불어 연속되려는 열망, 공존하면서 기쁨을 나누려는 소망이 그렇게 화자의 마음에 심어진다. 그 시인의 말대로만 따르면 어머니에게 "미안"하고 "죄송"하고 "많이 시립고" 아픈 마음을 씻어낼 수 있을까.

그것이 가능하다면 '어떤 시인'은 진정, 슬픔 많은 자의 가슴에 한 줄의 말로 찾아와 그를 일으켜 세워준 기쁨의 사도일 것이다. 어머니를 대체할 사람을 이 세상에서는 찾을 수 없고, 어머니는 오로지 그 어머니 본인으로서만 어머니일 수 있다. 그런 점을 잘 아는 그 시인의 말은 화자에게 너무나 선명한 아포리즘이다. 어머니를 애착하는 마음이 쉬 단절되지 않을 것임을 잘 아는 그가 처방해 주고 간 소중한 말을 시적 화자는 마음으로 받아 안는다. 그러므로 죽은 자를 영원히 기억하는 것이 진정한 애도다. 그렇다 화자의 마음을 어머니가 거주할 집으로 내드리면 어머니를 언제까지고, 아니 자신이 죽는 날까지는 심장 가까이 두고 보살 필 수 있을 것이다.

연인들은 상대방을 점유하여 그 속으로 자신을 연속시키려 한다. 이것이 지배적 사랑의 속성이라면, 어머니의 사랑은 자녀 속으로 침투하는 것으로 나타나기보다 어떤 지점, 불특정한 장소에 영속적으로 실재한다. 고향집을 떠올릴 때도, 어머니가 계시던 금매복지원을 떠올릴 때도 당신은 거기에 계신다. 어머니-타자는 그렇게 화자의 영혼에 작용한다. 거대하게 절대화된 어머니가 아닌 "작은어머니"이기에 아들이 초라해져도 그 모습 그대로 아들 안에 거주하실 것이다. 화자의 마음이 이제 한결 차분하게 안정되었다. 어머니의 몸으로부터 자신이 이 세상에 나온 시간을 기억하지 못한 듯, 어린 시절의 어머니도 뵌 적이 없지만 <어리신 어머니>를 이제부터 자신 안에서 키우는 일, 영영 이별 없는 삶을 위해 따뜻한 자리에 어머니를 잘 모셔 들이는 일, 이 세상과 저세상에 갈라선 자신과 어머니 몸의 분할선을 지우는 일을 화자는 이제 하려 한다. 어머니를 작은 사람으로 만들어 영원히 함께 살아가려 한다. 어머니와 자신을 연결해줄 '기억'이라는 탯줄이 있기에 그 일을 늦출 이유가 없다.

"어리신 어머니로 자라주세요"
내 안에서요, 어머니!

너에게 기울어지다 나는 꽃이 되었네*

정실비
(문학평론가)

1. 쉼 없이 뻗어 나가는 서정의 가지

어떤 숫자들은 나를 경건하게 만든다. 나태주 시인의 이력(履歷)과 시력(詩歷)에 새겨진 숫자들이 그렇다. 나태주는 1945년에 태어나 1971년에 시인이 되었다. 43년 동안 교단에 섰고, 50년 동안 시를 써오고 있으며, 40권이 넘는 시집을 펴냈다. 이 숫자들이 쌓이는 동안 시인의 손은 수없이 시를 쓰고 지우고 다시 썼을 것이다. 기억해야 할 것은, 그의 손이 사랑에 관해 쓰는 일을 멈추지 않았다는 사실이다.

나태주의 등단작 「대숲 아래서」(1971)을 잠시 읽어보자. 그는 이 시에서 '댓잎에 별빛 어리듯 / 그슬린 등피에는 네 얼굴이 어리고'라고 썼다. 사랑이라는 감정에서 파생되는 그리움과 슬픔을 시시각각 변화하는 자연의 풍경에 빗대어 노래한 것이 나태주 시의 출발이었다. 1970년대에 사랑을 노래한다는 것은 어떤 의미였을까. 1970년대에는 급격한 산업화

* 나태주, 『너와 함께라면 인생도 여행이다』, 열림원, 2019.

에 따른 빈부격차의 문제가 사회적 이슈로 부상했고, 문단에서는 계급투쟁을 노래하는 민중시가 주목받았다. 이런 시기에 나태주는 서정 시인으로서 활동을 시작했던 것이다. 1980년대에 접어들면서 민중시는 한층 더 강한 기세로 시의 흐름을 주도했고, 그러한 흐름 속에서 서정시는 사회적인 문제를 외면하는 시라고 폄하되기도 했다. 그러나 나태주는 계속 묵묵히 그의 시를 쓰며 그 시기를 지나왔다. 시인의 신작 시「가을날」과「시 2」를 읽어보면 그가 어떤 마음으로 시를 써왔는지 조금은 짐작할 수 있다. 시인은 "연애편지 쓰는 마음으로 / 시를 쓰면서 견디"어 왔다고 말한다. 그 연애편지가 중단되지 않고 오히려 "많은 사람을 위해서 쓰는" 연애편지로 진화할 수 있었던 것은, 그가 굳건히도 서정시의 힘을 믿었기 때문이리라.

  후일 나태주는 서정시가 사회적으로 힘이 없다는 인식에 반대하며 '민중'의 범주를 다시 생각해볼 것을 제안하기도 했다(에세이「민중시에 대하여」). 그는 '민중'을 '행복을 바라고 마음의 평안을 꿈꾸는 일반 대중'으로 다시 정의한다. 그렇다면 시는 일반 대중과 어떤 관계를 맺는가. 나태주는 시가 민중을 위해서 울어주고 위로해주고 축복해주는 역할을 할 수 있다고 말한다. 그는 <우렁차고 커다란 소리를 내는 악기보다는 조그맣고 고운 소리를 내는 악기>(「유언시」)가 되기를 자처하며, 조그맣고 고운 소리로 일반 대중에게 위로를 건넨다. 나태주는 자신이 무슨 소리를 가장 잘 내는지 정확히 알고 있는 노련한 악기다. 그래서 다음 시는 사랑하는 사람과의 약속처럼 들리기도 하고, 그의 창작방법론처럼 들리기도 한다.

    덩치 큰 이야기, 무거운 이야기는 하지 않기로 해요
    조그만 이야기, 가벼운 이야기만 하기로 해요

아침에 일어나 낯선 새 한마리가 날아가는 것을 보았다든지
길을 가다 담장 너머 아이들 떠들며 노는 소리가 들려 잠시 발을 멈췄다든지
매미 소리가 하늘 속으로 강물을 만들며 흘러가는 것을 문득 느꼈다든지
그런 이야기들만 하기로 해요

남의 이야기, 세상 이야기는 하지 않기로 해요
우리들의 이야기, 서로의 이야기만 하기로 해요
지나간 밤 쉽게 잠이 오지 않아 애를 먹었다든지
하루 종일 보고픈 마음이 떠나지 않아 가슴이 뻐근했다든지
모처럼 개인 밤하늘 사이로 별 하나 찾아내어 숨겨놓은 소원을 빌었다든지
그런 이야기들만 하기로 해요

실은 우리들 이야기만 하기에도 시간이 많지 않은 걸 우리는 잘 알아요
그래요, 우리 멀리 떨어져 살면서도
오래 헤어져 살면서도 스스로
행복해지기로 해요
그게 오늘의 약속이에요.

—「오늘의 약속」 전문

첫 번째 연과 두 번째 연을 읽었을 때 시적 화자는 천진난만하게 조그맣고 가벼운 이야기만 하자고 속삭이는 것 같다. 그러나 세 번째 연에서 이 시는 반전한다. 우리가 우리의 이야기에 집중해야 하는 이유가 등장하기 때문이다. 시적 화자는 시간이 많지 않기 때문에, 우리는 '오늘' 우리의 이야기에 집중해야 한다고 말한다. 나태주의 시는 천진난만한 낙관

주의에서 나오는 것이 아니다. 나태주의 시는 헤어질 시간을 알면서도 현재를 충실하게 살아가려는 태도에서 나온다. 이 시집에서 외로움과 헤어짐과 질병과 죽음에 관한 이야기를 찾아보기 어렵지 않은 것은 그 때문이다.

그중에서도 「살아줘서 고맙습니다」, 「잠들기 전 기도」, 「누워서 생각했을 때」와 같은 시는 질병과 힘겹게 싸우며 소중한 '오늘'을 잃어버릴지도 모른다는 두려움에 휩싸였던 사람만이 쓸 수 있는 시다. 열두 해 전 시인은 췌장에 문제가 생겨 긴 투병 생활을 했다. 나는 그가 병원에서 쓴 글과 인터뷰를 읽으며 고통스러운 투병 생활과 기적 같은 회복과정을 알게 되었다. 아마 내가 쓰는 어떠한 문장도 그가 실제로 경험한 고통의 깊이와 회복의 환희를 제대로 해설할 수 없을 것이다. 다만 애가 말할 수 있는 것은 나태주 시에서 자주 사용되는 '인생', '감사', '기쁨' 같은 시어들이 추상적으로 읽혀서는 안 된다는 것뿐이다. 그 시어들은 죽음과 좌절과 슬픔 곁에서 탄생했고, 실감할 수 있는 무게를 가지고 있다. 시인은 차갑고 어두운 '끝'이 자명하게 저기 어딘가에 있는 것을 강하게 의식하면서 시를 쓴다. 그렇기에 그가 들려주는 작고 가벼운 이야기는 결코 작고 가볍지만은 않다.

시인은 <얘야, 작은 일이 큰일이다 / 얘야, 네 둘레에 있는 것들은 아끼고 사랑해라 / 작은 것들 버려진 것들 오래된 것들을 / 부디 함부로 여기지 말아라>(「어머니 말씀의 본을 받아」)라는 어머니 말씀을 삶의 실천 강령이자 시의 창작 강령으로 삼은 듯이, 작은 일의 위대함을 말하고 버려진 것들을 시로 길어 올린다. 작고 버려지고 오래된 것들을 포착하는 일에 단련된 시인의 눈은 발밑의 가여운 앉은뱅이 꽃(「앉은뱅이꽃」)과 <우리 동네 제일로 착하고 거짓 없는 사나이>인 <수돌이 아버지의 튼튼한> 마음(「튼튼한 믿음」)을 알아볼 수 있다.

「시인이 쓴」시에 대한 시」들을 좀 더 읽어보자. 나태주 특유의 작고 고운 시가 창작되는 과정을 살며시 엿볼 수 있다. 나태주는 시를 고립된 예술가의 신비로운 창작과정 속에 놓아두지 않는다. 그에게 시는 <버려진 채 빛나는 / 마음의 보서들>을 <그냥 줍는 것이다>(「시」). 그는 <자전거 타고 가다가 멈춰서 / 천천히 길을 걸으며 / 버스 타고 가거나 기차 타고 가면서> 시를 쓰는 시인의 모습을 제시한다(「움직이며 시 쓰기」). 그렇게 창작된 시는 <훨씬 세상과 가까워>지고, <사람들하고도 친해>진다. 시인은 자신을 <세상 사람들 / 힘들고 고달픈 마음 / 쓰다듬어주는 / 감정의 서비스 맨>(「시인」)이라고 부르기를 주저하지 않는다. 나태주의 시는 전통적인 순수서정시의 계보에 놓여 있지만, 그 계보 속에 엄숙하게 앉아 있는 것이 아니라 여전히 살아 움직이며 매일 새로운 독자와 만나고 있다.

2. 너에게로 기울어지는 줄기

나태주의 서정시는 힘이 세다. 그의 시가 기꺼이 읽는 이를 위로하고자 하기 때문이다. 시인은 순하고 고운 말들로 '너'에게 말을 걸며 마음의 무장을 해제시킨다. 나태주의 시는 '나'에게로 함몰되지 않고 '너'에게로 한껏 기울어진다. 그의 시 「묘비명」을 인용해본다.

많이 보고 싶겠지만
조금만 참자.

―「묘비명」전문

열세 글자가 단정히 박혀 있는 이 짧은 묘비명 앞에 나는 오래 앉아 있었다. 묘비명에는 통상적으로 죽은 자의 삶이 기록된다. 그러나 이 시의 '나'는 '나'의 삶을 기록하는 데에는 관심이 없다. 그저 '나'의 죽음으로 인해 힘들어할 '너'를 달래는 일에 몰두한다. 그 따뜻한 마음이 슬프고 고마워서 나는 이 시를 금방 떠날 수 없었다.

나태주의 시 세계는 이렇게 '너'에게 건네는 말들로 가득하다. 시인은 자라나는 아이에게 '밥 잘 먹고 잠 잘 자고 더 건강 씩씩해야만 된다'고 말을 건네고(「아이와 작별」), 자신을 찾아온 가족들에게는 '애썼다'라고 말을 건넨다(「추석 2」). 구어체의 단순한 안부 인사들이 시인의 시 속으로 들어와 특별한 힘을 획득한 뒤 다시 독자의 마음으로 들어가 선명하게 각인된다. 이렇게 '너'에게 말을 건네는 시인의 시 중에서 가장 독자들에게 깊이 각인된 시가 「풀꽃 1」일 것이다.

>
> 자세히 보아야
> 예쁘다
>
> 오래 보아야
> 사랑스럽다
>
> 너도 그렇다.
>
> ―「풀꽃 1」 전문

시의 힘 따위는 믿지 않는 사람도 이런 시에 마음이 움직이지 않기란 힘든 일이다. 이 시를 읽는 짧은 시간 동안, 읽는 이는 우선 '너'로 호명되는 듯한 느낌에 사로잡힌다. 언뜻 보기엔 보잘것없는 '나'지만, 시인은 허리를 수그리고 한참 동안 들여다본 뒤 예쁘다고 사랑스럽다고 어루만져

준다. 우리는 가만히 '너'가 되어 시인의 위로에 마음을 맡길 수도 있고, 위로의 주체가 되어 가만히 보듬어주고 싶든 각자의 '너'를 떠올릴 수도 있다.

이 시는 2012년 광화문 교보문고 글판에 걸려 많은 이들의 사랑을 받았다. 그래서인지 나는 이 시를 읽으면 각자의 삶의 무게를 짊어지고 광화문 글판 앞을 오갔을 사람들의 어깨가 떠오른다. 아무렇지 않은 표정으로 지나가다가 글판 앞에서 불현듯 가벼워지고 따뜻해졌을 마음들이 떠오른다. 나도 그 앞을 지나가던 사람 중 하나였다. 2012년, 나는 마침 서른이었고, 서울 북쪽의 어느 대학에 시간강사로 강의를 나가기 시작했고, 평론이란 걸 쓰기 시작했고, 배 속에서는 어린 생명이 자라고 있었다. 많은 것이 시작되었지만 모든 것에 서툴러, 채 익지 못했는데 가을이 와버려 땅으로 떨어지고 있는 열매 같은 기분에 사로잡히는 날이 많았다. 그러니 미숙한 채로도 괜찮다고 말해주는 이 시를 마음에 꼭 쥐고 다닐 수밖에 없었다.

나는 지금 이 시가 지닌 위로의 힘에 대해 말하기 위해 많은 말을 했으나, 이 시가 즉각적인 위로의 힘만 지니고 있는 것은 아니다. 이 시는 좀 더 오래도록 곱씹어보아야 한다. 이 시가 불완전한 존재인 인간이 다른 불완전한 존재를 사랑하는 데에 필요한 자세를 알려주고 있기 때문이다. 완전무결한 신은 인간에 대한 완전한 사랑을 이렇게 들려준다. "나의 사랑, 너는 어여쁘고 아무 흠이 없구나."(아가서 4장 7절) 그러나 시인은 신처럼 말하지 않는다. 아무 흠이 없는 사람은 없고, 우리는 서로를 자세히 오랫동안 바라보는 시간을 통과해야만 비로소 서로를 사랑할 수 있다.

나태주는 이 길고 지난한 시간을 아까워하지 않는다. 그리하여 우리가 이 시집에서 만날 수 있는 것은 '나'와 '너'가 하나가 되는 순간의 황홀함을 노래하는 시가 아니라 너에게 마음을 기울이는 시간의 기쁨을 노래하는 시들이다. 그는 '너'의 절대성을 노래하면서 '나'를 사라지게 하지 않는다. 그의 시에서 '나'는 '너'를 사랑하는 동안 좀 더 나은 사람이 되어간다. 바라보고 생각하고 그리워하는 마음이 <너의 이름 부를수록 / 조금씩 착한 사람이 될 것만 같아서>(「너의 이름」) '나'는 '너'의 이름을 부르고 또 부른다. '너'가 함께 있어준다면 시시때때로 고행처럼 느껴지는 '나'의 생도 견디어볼 만한 여행이 될 수 있을지도 모른다. 그래서 시인은 "인생은 여행이다"라고 확정형으로 말하지 않고 "너와 함께라면 인생도 여행이다"라고 가정형으로 말한다.

    시인이 '나'와 '너' 중 어느 한쪽도 소멸시키지 않으므로, '우리'의 사랑은 완성을 향해가지 않고 생성을 지속한다. 시인은 '나'와 '너' 각각의 의미를 소중하게 다룸으로써 생성의 과정이 지속되도록 한다.

    어딘가 내가 모르는 곳에
    보이지 않는 꽃처럼 웃고 있는
    너 한 사람으로 하여 세상은
    다시 한번 눈부신 아침이 되고

    어딘가 네가 모르는 곳에
    보이지 않는 풀잎처럼 숨 쉬고 있는
    나 한 사람으로 하여 세상은
    다시 한번 고요한 저녁이 온다

    가을이다, 부디 아프지 마라.
                                  ―「멀리서 빈다」 전문

    시인은 너로 인해 아침이 오고, 나로 인해 저녁이 온다고 말한다. 범박하게 요약하면 '우리는 서로 멀리 떨어져 있어도 각각 존재 그 자체로 의미가 있다'라는 이야기를 시인은 고운 말과 따뜻한 눈길로 여과하여 이렇게 시로 만들어냈다. 나태주의 시에서는 모든 것이 의미를 지니고 있어서 심지어 '죽음'마저도 무의미하지 않다. 그에게 죽음은 무언가를 남기고 가는 일이다. <씨앗과 열매를 남기고 죽어가는 나무들에게 풀들에게> 경배를 울리는 시인의 모습을 보라. (「경배의 시간」) 시인의 세계에서 의미 없는 존재란 없고 의미 없는 행위도 없다. 이 의미로 충만한 세계에 염세주의는 좀처럼 발을 디딜 수가 없다.

3. 나에게로 깊어지는 뿌리

나태주의 시에서 사랑의 주체들은 사랑의 대상을 향해 아낌없이 기울어지지만, 그 대상을 껴안아버리지는 않는다. 꽃과 꽃 사이에 거리가 있듯이, 나무와 나무 사이에 거리가 있듯이, 나태주 시의 '나'와 '너' 사이에는 언제나 거리가 있다. <말하지 않아도 네가 / 내 마음 알아줄 때까지 // 내 마음이 저 나무 / 저 흰 구름에 스밀 때까지 // 나는 아무래도 이렇게 / 서 있을 수밖엔 없다>(「말하고 보면 벌써」)라고 말하는 시적 화자의 태도를 눈여겨보자. 그는 서둘러 달려가거나 섣불리 말을 쏟아내지 않고, 다만 서 있다. 나는 나태주의 시 세계에서 신중하게 유지되는 이 거리를 '윤리적인 거리'라고 부르고 싶다. 다음과 같은 시가 있기 때문이다.

저기 꽃이 있구나
예쁜 꽃이 있구나
그렇게 바라보면서

>   나도 꽃이 되고
>   예쁜 사람이
>   되기만 하면 된다
>   (……)
>   그것들을 굳이
>   내 품 안으로
>   끌어들일 일은 없다
>
>   ─「주유천하」 중에서

　이 시에서 '나'는 꽃을 함부로 소유하지 않고 그냥 꽃이 된다. 우리는 이 시집에서 이렇게 꽃이 되거나 몸에서 꽃을 피워내는 사람들을 자주 발견할 수 있다. 사람이 꽃이 되어버리는 나태주의 시를 읽다 보면 여린 꽃 아래의 보이지 않는 단단한 뿌리를 상상하게 된다. 식물에게는 저마다 뿌리가 있다. 저마다의 뿌리에서 자라나, 싹을 틔우고, 꽃을 피우고, 때로는 열매를 맺는다. 그들은 서로의 향기로 뒤섞일 뿐, 각자의 자리를 벗어나지 않는다. 시인은 식물의 존재 방식에서 사람의 바람직한 존재 방식을 찾아낸다. 사람이 꽃처럼 존재할 수 있다면, 서로의 영역을 침범하지 않는 채로도 서로의 향기를 만끽할 수 있으리라는 희망이 이 시집 곳곳에 놓여 있다. 다음 시는 '나'와 '너' 사이의 윤리적인 거리가 성공적으로 확보되었을 때 각자의 몸에서 꽃이 피는 희열의 순간을 보여준다.

>   당신 앞에서는
>   나도 온몸이 근지러워
>   꽃 피우는 나무
>
>   지금 내 앞에 당신 마주 있고
>   당신과 나 사이 가득

　　　　음악의 강물이 일렁입니다

　　　　　　　　　　－「꽃 피우는 나무」 중에서

　이 시에서 '나'와 '너'는 마주 보고 있다. 그들이 서로를 침범하려 하지 않기 때문에 그들 사이에는 음악의 강물이 일렁일 수 있다. 그들이 서로를 장악하려 하지 않기 때문에 그들은 각자 자신의 꽃을 피울 수 있다.
　'나'와 '너' 사이의 윤리적인 거리를 지켜내기 위해 나태주의 시에서는 '보다'라는 동사가 빈번하게 사용된다. 시인은 자주 이런 식으로 말한다. <애기 보듯 너를 본다, 꽃을 보듯 너를 본다.>(「한 사람 건너」) 시인은 '너'를 바라보는 일을 즐기지만 좀처럼 '너'를 가지려 하지는 않는다. 소유가 목적이 아니므로 설령 '너'가 멀어진다 해도 '너'의 의미는 빛바래지 않는다. 시의 화자는 담담하게 '나 여기 있다 / 너도 거기 잘 있어라'라고 안부를 물으며 멀리 있는 너에게 마음을 보낸다(「너에게 보낸다」). 또는 <어딘가 내가 모르는 곳에 / 보이지 않는 꽃처럼 웃고 있는 / 너 한 사람>의 기미를 감지하기도 한다.(「멀리서 빈다」)
　거리를 감당해내는 사람에게 사랑하는 일과 기도하는 일은 다르지 않다. 시인은 이렇게 '너'에게 묻고 대답한다.

　　　　우리는 서로가
　　　　꽃이고 기도다

　　　　나 없을 때 너
　　　　보고 싶었지?
　　　　생각 많이 났지?

　　　　나 아플 때 너

걱정됐지?
기도하고 싶었지?

그건 나도 그래
우리는 서로가
기도이고 꽃이다.

—「서로가 꽃」전문

  나의 힘만으로 온전히 '너'를 돌보는 일이 불가능하다는 것을 깨달을 때, 우리는 신에게 의탁하고 싶어진다. 나의 무력함을 승인하면서도 너를 아끼는 마음을 멈출 수 없는 손이라도 간절히 모아보는 것이다. 시인은 이런 마음을 가진 사람들을 아낀다.
  이 시가 유독 다정하게 들리는 이유는 <그건 나도 그래>라는 구절이 시의 전체적인 분위기를 나긋하게 만들어주고 있기 때문일지도 모르겠다. 나태주의 시를 읽는 동안 우리는 '도'라는 보조사로 부드럽고 동등하게 연결되는 경험을 한다. 시인이 "나도 그래"라고 말하거나 "너도 그렇다"라고 말하기 때문에, 우리는 각자의 뿌리로 힘겹게 서 있을 때도 아주 외롭지만은 않다고 생각할 수 있다.

4. 시인의 꽃밭으로

  나태주의 시집에 핀 꽃들은 물에 비친 자기의 얼굴에 입을 맞추던 나르키소스가 피워낸 수선화와 사뭇 다르게 생겼다. 시인의 꽃은 자기를 향해 기울어지지 않고 사랑하는 대상을 향해 기울어진다. 그러나 그 꽃은 기울어지되 쓰러져버리지 않으며, 기울어지던 그 힘으로 자기의 뿌리를 더 단단하게 만든다.

이렇게 타자에 대한 사랑과 자기에 대한 사랑의 선순환이 나태주의 시 세계에서 부지런히 일어나고 있다. 시인의 시를 읽는 동안 우리는 '너'에게로 몸을 기울이면서도 '나'의 뿌리를 튼튼하게 길러내는 마음의 운동을 할 수 있다. 우리는 시집을 펼쳤고, 시인의 꽃밭에는 오늘도 문지기가 없다.

시를 읽는 마음*
— 나태주 시인을 위하여

권영민
(문학평론가, 서울대 명예교수)

 나태주 시인의 『제비꽃 연정』을 펼쳐 본다. 편편이 곱고 밝아서 내 가슴 속 깊이 그윽해진 느낌이다. 시가 주는 감동이라는 것이 바로 이런 느낌이어야 한다는 것을 오랫동안 잊고 있었던 것 같다. 시는 인간의 심성 그 자체를 내용과 형식으로 해서 만들어진다. 마음속 깊이에서 우러나오는 말이 시가 된다는 뜻이다. 이런 생각은 동서고금에 두루 통한다. 나태주 시인의 시는 그 언어가 수다스럽지 않고 간결하다. 머릿속으로 짜내는 언어와는 그 결이 다르다. 이 언어의 간결함 속에서 삶의 다양한 경험과 느낌이 그대로 오롯하게 담긴다. 시적 형식의 균형을 부여하는 힘도 이 언어의 간결함에서 비롯된다.

---

* 나태주, 『제비꽃 연정』, 문학사상사, 2020.

1.

나태주 선생의 시는 읽기 쉽다. 짤막한 형식에 그 언어 표현도 단순하다. 여기서 형식의 간결성은 잘 짜인 어떤 고정된 틀과는 상관없다. 오히려 일상적으로 사용하는 쉬운 말이 스스로 형식의 간결성을 추구한다고 말하는 것이 옳다. 읽기 '쉽다'는 말은 읽기 편하다는 뜻으로 보아도 된다. 시적 공감의 영역이 그만큼 넓고 그 감응력이 깊다는 뜻이다.

멀리서 바라보고
있기만 해도 좋아
가끔 목소리
듣기만 해도 좋아

그치만 아이야
너무 가까이는
오려고 애쓰지는 말아라
오늘은 바람이 많이 불고
하늘까지 높은 날

봄날이라도 눈물
글썽이는 저녁 무렵
나는 여기 잠시
너 보다가 날 저물면
돌아갈 사람이란다.

　　　　　　　　　　　—「제비꽃 연정1」

앞의 시는 자연스럽게 읽힌다. 숨겨진 의미의 어떤 곡절이 있는 것처럼 보이지도 않는다. 하지만 시적 화자는 대상과의 거리를 조정하는 데에 관심을 기울인다. 대상과의 거리 문제는 시적 진술에서 의미의 긴장을 살려내기 위한 중요한 요건이다. 거리가 무너지면 긴장이 깨지고 의미의 응축을 이루기 어렵다. 대상과의 거리 두기는 대상을 바라보는 화자의 태도와 그 보는 각도에 따라 속성이 달라진다.

나태주 시인은 '가까이' 들여다보기와 '멀리서' 바라다보기를 적절하게 선택하면서 대상의 느낌을 조정한다. 이 시에서 화자는 '멀리서'라는 부사어를 활용한다. <너무 가까이는 / 오려고 애쓰지는 말아라>라는 표현도 이와 서로 의미가 통한다. 삶을 살아가는 데에 모든 것들과 적절한 거리를 유지하는 일이야말로 쉬운 일 같으면서도 까다롭다. 모든 사물은 가까이 보면 각각의 생김새와 성질이 뚜렷하게 드러난다. 그러나 가까이에서만 보면 그 사물이 존재하는 위상을 제대로 알아채기 어렵다. 다른 것들과 어떠한 관계를 맺고 있는지 어떻게 서로 어울리고 있는지를 알려면 조금 거리를 두고 바라보아야만 한다. 그래야만 전체 속에서의 개체의 모습이 드러난다. 이렇게 본다면 이 시는 일종의 미학적 거리두기를 통해 대상에 대한 시적 형상화에 성공하고 있는 셈이다.

이 시의 제목에 등장하는 '제비꽃'은 우리 주변에서 흔히 볼 수 있는 들꽃이다. 이른 봄이면 뿌리에서 잎이 돋아나는데, 내가 어렸을 때 어른들은 이걸 '종지나물'이라고 불렀던 생각이 난다. 잎 사이에서 자라난 긴 꽃줄기 끝에 자줏빛의 꽃이 피어난다. 흰 꽃도 더러 볼 수 있다. 노란색도 있다고 하는데 노랗게 꽃이 피는 제비꽃을 나는 본 적이 없다. 너무 흔하니까 언제나 무심히 지나쳐 온 작은 꽃이다. 그런데 제비꽃의 꽃말이 겸양(謙讓)이라고 식물도감에 표시되어 있다. 이 작은 꽃이 사랑과 성실과 정결을 상징한단다. 아마도 시인은 이런 뜻을 살려내려고 했는지도 모르겠다.

나태주 시인의 '쉬운 시'는 일상적 소재를 대상으로 한다. 생활 속에서 발견하고 느끼는 것들이 시의 내용을 구성한다. 이 풍부한 일상성은 독자들에게 친근감을 주는 만큼 시적 경험의 진실성에 다가간다. 여기에 시의 깊이가 담긴다.

일찍 찾아온
붉은 모란

여러 날
머뭇거리는 봄날

하얀 모란꽃
그 옆에 다시 피어

봄날이 더욱
길었습니다.

—「긴 봄날」

앞의 시는 아주 단순하다. 일상 속에서 흔히 볼 수 있는 것처럼 봄날 피어나는 모란꽃을 노래하고 있다. 그런데 문제는 이 시가 담아내는 서정의 깊이가 만만치 않다는 점이다. 시인은 '붉은 모란꽃'과 '하얀 모란꽃'이 각각 피어나는 시기가 이르고 늦은 미묘한 차이를 발견한다. 그리고 이 미묘한 차이를 '봄날'과 연결시켜 놓으면서 시적 상상력의 폭을 넓힌다. 시인에게는 '붉은 모란꽃'이 피어나는 순간부터 '봄날'의 아름다움과 기쁨이 충만하다. 물론 그 기쁨은 '하얀 모란꽃'이 피어나는 때까지 이어진다.

이 시에서 모란꽃과 함께 하는 봄날의 환희 속에 시인 자신도 묻혀 있다는 사실을 발견할 수 있게 되는 것은 어려운 일이 아니다. 시적 자아의 대상을 교묘하게 정서적으로 합치시키는 이른바 서정시에서의 '동일성의 미학'이 완벽하게 구현되고 있기 때문이다. 그러므로 이 시를 읽는 독자들도 그 오묘한 합일의 경지에 끼어들 수 있게 된다. 시는 그것을 애써 찾아 읽는 사람에게만 충만한 기쁨을 준다는 말이 있다. 이 시를 읽으면서 느끼는 봄날의 기쁨이 바로 그런 것이다.

2.

나태주 시인의 시는 대화체의 말투로 시적 진술을 끌어가는 경우가 많다. 시인이 자신이 발견한 대상을 향해 자꾸만 말을 건다. 여기서 '말을 건다'는 것은 대상에 대한 시인의 관심을 표현하는 방법과 같은 것이라고 할 수 있다. 일상생활 속에서 우리는 누군가에게 자꾸만 서로 말을 건다. 말을 건네는 것은 그만큼 친숙하다는 뜻이지만 정서적 공감대를 함께 유지하고자 하는 소통의 방법이라고 할 수 있다.

여린 몸을
통째로 주셨군요

연둣빛 향을
함께 주셨군요

미안해요
고마워요

입안에 오래
머물다 가는 여정

― 「첫물차」

　앞의 시에서 시인은 언어의 대화적 속성을 시적 진술 속에서 그대로 살려낸다. 이 시의 서정적 특징을 이해하기 위해서는 제목이 되고 있는 '첫물차'의 의미를 바르게 알아야 한다. 첫물차는 새봄에 처음 피어나는 찻잎을 따서 만든 차를 말한다. 양력으로 4월 20일경이 절기상으로 곡우(穀雨)인데 이 시기 전후에 수확한 차라는 뜻으로 '우전(雨煎)'이라고 부른다. 봄에 처음에 나온 어린 찻잎으로 만든 것이니 맛과 향이 으뜸이다.
　첫물차를 받아들고 시인은 어린 첫 잎에서 우러나오는 맛과 향에 감동한다. '연둣빛 향'이라는 공감각적 표현이 이채롭다. 차의 그윽한 향기에 연둣빛 색깔을 입히고 있는 시인의 뛰어난 감각이 돋보인다. 자연이 주는 최상의 선물 앞에서 시인은 차를 마시는 것조차 그저 미안하고 고마울 뿐이다. 그 맛의 여운이 '연정'으로 느껴지는 것도 그런 까닭이다.
　여기서 주목해야 할 것이 시인의 말투로 이어지는 시적 진술이다. 하나의 목소리로 모든 사물을 포섭하는 방식과는 달리 상대를 향해 말을 하면서 내적 대화의 공간을 열어간다. 그러므로 시적 진술 자체가 발화되는 순간의 소리를 그대로 담아낸다. 말의 살아 있는 숨결이 느껴진다는 뜻이다. 말이란 언제나 그 상대의 말을 불러내고 상대로부터 듣게 되는 대답을 지향한다. 나태주 시인의 시는 이와 같은 시적 대화가 하나의 시 형식으로 발전하고 있다.

거기서 잘 계시나요?
네, 나도 여기서 잘 있어요

당분간은 숨도 쉬고
밥도 먹고 이야기도
할 것 같아요
그러나 언제 무엇이
어떻게 될지는
나도 모르겠어요
당신도 거기서
잘 계시나요?
거기 사람들 만나
더러 이야기도 나누고
차도 마시고
그러시나요?
네, 그러시기 바래요
나도 여기서 그럴게요.

—「그럴게요」

  앞의 시의 진술은 '나'라는 화자가 하는 혼잣말처럼 보이기도 한다. 그러나 '당신'과 서로 나누는 말을 그대로 옮겨 놓은 것이라고 볼 수도 있다. 그러므로 '거기서 잘 계시나요?'라는 질문은 '나'의 물음일 수도 있고 '당신'이 '나'에게 던지는 말일 수도 있는 것이다. 이 질문에 이어지는 말은 하나의 어조로 통일된 듯하지만 두 개의 목소리가 함께 공존하는 시적 공간을 만들어 낸다. 그리고 여기서 드러나는 목소리가 그 속삭임을 통해 하나의 극적인 상황을 연출한다.

  이 시의 내적 공간은 '여기'와 '거기'로 구획되고 있으며, 이 두 개의 공간에 '나'와 '당신'이 서로 떨어져 있다. 이러한 구분법은 '나'를 중심으로 하여 삶의 현실 자체를 구획할 때 쉽게 행할 수 있는 구분법이다. '나'는 '여기'에 있고, '당신'은 '거기'에 있다. 그런데 이와 같은 이분법의 구분에도 불구하고 시인이 보여 주는 '나'와 '당신'의 존재법은 동일하다. 시의 제목으로 사용하고 있는 <그럴게요>라는 짤막한 대답이 이를 말해 준다. 더구나 이 시의 진술을 자세히 들여다보면 '거기' 있는 것이 '당신'이 아니라 '나'일 수도 있다. 시의 언어에서 발화와 진술의 주체는 자신이 서 있는 곳을 언제나 '여기'라고 한정하며, 상대방이 서 있는 곳을 '거기'라고 한다. '당신'이 '여기'에 있고 '거기'에 있는 것이 '나'라고 한다고 해도 시적 의미가 달라지지 않는다. 결국 삶이란 것은 누구든지 어디서든지 마찬가지임을 말하는 셈이다. 모든 사람은 다 그렇게 그런 모습으로 살아가고 있기 때문이다.

3.

나태주 시인의 시는 삶의 한복판에서 대상으로서의 자연을 소중한 생명으로 다룬다. 일상적인 삶을 노래하면서도 인간과 자연이 조화롭게 살아야 한다는 생태적 상상력을 발휘한다. 도시적 문물을 중심으로 하는 일상만이 아니라 자연 속의 작은 생명력을 예찬하고 그 아름다움을 추구하는 것이 시인의 꿈이다.

안아보자
안아보자
너를 좀 안아 보자
그 마음이 하늘을 안게 하고
땅을 안게 하고
바다를 안게 한다

네 안아 보세요

안아 보세요
안아 보셔도 돼요
그 마음이
산을 안게 하고
강물을 안게 하고
나무를 안게 한다

이제 너는 나에게
하늘이고 땅이고 바다
이제 나는 너에게
산이고 강물이고 나무
끝내 너는 꽃이 되고
나도 꽃이 되고 싶어 한다.
―「꽃이 되다」

앞의 시에서 시인이 생명의 순정함을 드러내기 위해 찾아낸 시어가 '꽃'이다. 시인은 이 시에서도 대상을 향해 말을 걸고 있다. 시적 진술 속에 여러 번 반복적으로 등장하는 '안다'라는 동사는 모든 것을 품고자 하는 너그러운 포용력을 뜻한다. 모든 것을 끌어안을 때에 그 속이 강물처럼 넓어지고 산처럼 높아지고 나무처럼 바르게 선다. 그리고 드디어 그 너그러움 속에서 새로운 생명의 '꽃'이 피어난다. 시인은 모든 존재의 고귀한 가치와 그 의미를 '꽃'이라는 시어로 바꾼다. 서로가 서로에게 '꽃'이 되어 안기는 순간이야말로 시인이 꿈꾸는 삶의 정정의 순간이다. 이 시는 인간의 삶과 그 포용력의 힘을 감동적으로 그려낸다. 그리고 인간의 삶의 의미를 '꽃'으로 형상화함으로써 생태적 상상력의 시적 가능성을 구현하고 있다.

그 골목에 처음 들어섰을 때
갓 피어난 라일락
우리말로는 수수꽃다리

여러 그루가
허리 굽혀
피어 있었다

어서 오세요
마치 나를 향해
절을 하는 듯 피어 있었다

고마워요 반가워요
이 골목 나올 때에도
그렇게 나오도록 해주세요

— 「그 골목」

    시인 나태주는 서정성의 본질을 자기 정서에 대한 충실성에서 찾고자 한다. 소박하면서도 솔직하게 대상에 대한 자신의 감정을 노래할 때, 거기서 시적 상상의 자유를 누릴 수 있다는 생각이다. 그러므로 그는 모든 사물에 내재하는 생명의 힘을 찾아내고 그 존재의 참뜻을 확인하는 셈이다.

    앞의 시에서도 일상적인 말투가 살아난다. 말투가 살아난다는 것은 단순한 발화 자체를 뜻하는 것이 아니다. 이 시는 마지막 연에서 구어체의 말투를 직접적으로 드러내고 있는데, 이 말투는 혼자서 속으로 하는 말이라고 해야 옳다. 하지만 골목길에 갓 피어난 라일락꽃을 향해 시인이 하고 싶은 말이다. 시인의 마음속에서는 라일락꽃도 함께 인사를 해 올 것이기 때문에 시인의 목소리와 꽃이 들려주는 대답이 한데 어울려 대화의 공간을 만들어 낸다. 이 환상적인 대화의 공간이야말로 시인이 창조해 내고 있는 새로운 생명의 공간이다.

4.

나태주 시인의 신작들을 넘겨보면서 시를 읽는 마음을 다시 생각했다. 시는 자신의 삶을 보다 높은 존재의 차원으로 끌어올리고자 하는 사람에게만 그 감동의 힘을 발휘한다. 시적 생활이라는 것은 시를 통해 정서의 풍요를 누리며 살아가는 것이다. 나태주 시인은 스스로 시가 인간의 아름다운 심성으로부터 빚어지고 있음을 보여준다. 그의 시는 마음의 흐름을 용케도 잘 따른다. 시가 마음을 말한 것 詩言志이라는 평범한 진리를 여기서 확인할 수 있다.

나태주 시인은 쉽고 간결하게 언어를 다듬어 낸다. 언어를 갈고 닦는 일은 심성을 가다듬는 일과 서로 통한다. 거칠어진 언어를 가다듬어 가면서 시인은 자신의 시 세계를 높여 간다. 그의 시가 보여 주는 대중적 감응력은 모두 그 언어로부터 비롯된다. 그의 시는 곧 그 잘 다듬어진 언어의 꽃이라고 할 수 있다.

시는 그것을 찾는 사람의 곁으로만 가까이한다. 나태주 시인은 언제나 모든 사람의 곁으로 다가선다. 그리고 그 사람들에게 나지막한 목소리로 말을 건넨다. 그 목소리의 작은 울림에 모두가 감동한다. 자기 내부의 잠자는 시혼을 불러일으켜 놓고 있기 때문이다.

나태주 시의 은유 기반과 함의*

박종덕
(전북대학교 국어국문학과 강사)

1. 서론

"은유란 유(類)에서 종으로, 혹은 종에서 유로, 혹은 종에서 종으로, 혹은 유추에 의하여 어떤 사물에다 다른 사물에 속하는 이름을 전용(轉用) 하는 것이다.1)"라는 아리스토텔레스의 언급 이후 은유는 여러 이론가들에 의해 정교하게 논의되어 왔다. 은유란 언어 작용의 한 특이한 조합으로써 이에 의하여 한 사물의 양상이 다른 하나의 사물로 '넘겨 가져가'지거나 옮겨져서 두 번째의 사물이 마치 첫 번째 사물처럼 서술되는 것을 가리킨다.2)

---

*『어문연구』 105, 어문연구학회, 247-267쪽.
1) 아리스토텔레스, 천병희 옮김, 『시학』, 문예출판사, 2006, 124쪽.
2) Terence Hawkes, 심명호 역, 『은유』, 서울대학교 출판부, 1986, 1쪽. Hawkes는 은유가 변형된 하위 범주에 직유와 제유, 그리고 환유를 포함시키고 있다. Hawkes는 은유와 제유와 환유늬 범주들의 목록을 크게 확대시키거나 복잡하게 만들 수 있을 것이나, 그러한 범주들을 문학작품에 실제적으로 '적용'할 때 우리가 큰 도움을 받을 수 있을 것인지에 대한 의구심을 피력한다(Terence Hawkes, 심명호 역, 『은유』, 서

극단적으로 언어는 은유를 떠나서는 존재할 수 없다.3) 은유는 단순한 수사적 장식의 차원이 아니라 새로운 세계 인식의 지표4)이다. 은유의 토대를 이해하는 것은 은유가 내포하는 세계를 통찰하고 해석할 수 있는 실마리를 얻는 것이다. 은유의 기반은 추상적인 것에 뿌리를 두고 있다. 문화, 역사, 철학, 언어 등 은유의 기반이 다른 세계에서 은유는 그 본질과 정체를 쉽게 드러내지 않는다. 다시 말하면 텍스트에 구축된 은유의 기반을 이해한다는 것은 작가가 구축한 세계를 꿰뚫어 설명할 수 있다는 의미이다.

본고는 이러한 은유의 속성을 바탕으로 나태주의 텍스트를 대상으로 하여 형상화 원리로서의 은유를 살피고, 은유의 함의가 무엇인가를 구명하고자 한다. 나태주는 1971년 서울신문 신춘문예에 시가 당선되어 등단하였고, 첫 시집 『대숲 아래서』를 출간한 이래 현재까지 왕성한 창작 활동을 하고 있다.5) 한국 현대문학사에서 나태주는 '전통적 감수성을 보

울대학교 출판부, 1986, 3-7쪽). Hawkes의 고민은 수사학 또는 수사 기법 자체가 그것을 논의하는 이에 따라 매우 상이하게 나타날 수 있음을 전제한 것으로 보인다. 그런 의미에서 본고의 "은유"는 원관념과 보조관념이 직접 연결되는 경우나, 원관념이 소거된 채 보조관념만으로 이루어진 명사 은유만을 다룰 것이다. 은유에 대한 상술은 김욱동, 『은유와 환유』, 민음사, 2007; 은유와 환유에 대한 상세한 설명은 레이먼드 W. 깁스, 나익주 역, 『마음의 시학』, 한국문화사, 2003. 참조.
3) 김욱동, 위의 책, 92쪽.
4) 이형권, 『현대시와 비평정신』, 국학자료원, 1999, 142쪽.
5) 나태주 시전집 1권에는 『대숲 아래서』, 『누님의 가을』, 『막동리 소묘』, 『변방』, 『드라이플라워』, 『사랑이여 조그만 사랑이여』, 『구름이여 꿈꾸는 구름이여』, 『굴뚝각시』 등이 수록되어 있다. 시전집 2권에는 『그대 지키는 나의 등불』, 『앉은뱅이꽃』, 『추억을 빌려드립니다』, 『하오의 한 시간』, 『나는 파리에 가서도 향수를 사지 않았다』, 『천지여 천지여』, 『풀잎 속 작은 길』 등이 수록되어 있다. 시전집 3권에 수록된 시집에는 『쪼끔은 보랏빛으로 물들 때』, 『물고기와 만나다』 등이다. 나태주 후기 시전집은 모두 3권이다. 1권에는 『꽃이 되어 새가 되어』, 『눈부신 속살』, 『시인들 나라』, 『별이 있었네』, 『너를 보았다』, 『돌아오는 길』, 『한들한들』, 『꽃 장엄』, 『틀렸다』 등의 시집이 묶였으며, 3권에는 『그 길에 네가 먼저 있었다』, 『낙수시집』 등의 시집이 묶였다. 따라서 나태주 시전집은 총 6권(전기 3권, 후기 3권)이고 여기에 수

여주는 새로운 세대의 시인'으로 기록되어 있다.6) 그러나 방대한 분량의 텍스트에 비하여 학술적 연구는 매우 빈약한 실정이다.7) 본고는 우선 나태주의 시 전집 중에서 소위 '전기시'8)에 해당하는 전집 3권만을 대상으로 하여 은유의 구성 원리와 함의를 고찰할 것이다. 이는 학술 논문의 분량상 한계를 고려한 것이며 지나치게 많은 텍스트를 대상으로 할 경우 논거가 엉성해지는 위험을 방지하기 위함이다.

2. 풀꽃의 이름으로 부른다는 것

스스로를 '전근대적 시인'으로 규정하는 나태주는 시인과 시를 "그저 세상에 꽃 한 송이가 피어 있듯이 그냥 존재할 뿐"인 것으로 인지한다.9) 이 말은 꽃이라는 존

록된 시집의 권수는 모두 35권이다. 여기에 산문집이 1권 있다. 서지자료는 다음과 같다. 나태주,『나태주 시전집 1·2·3』, 고요아침, 2006; 나태주,『나태주 후기 시전집 1·2·3』, 고요아침, 2018. 본고에서 인용한 텍스트는 나태주 시전집 1권부터 3권이다. 본문에서 인용한 텍스트는 「인용시 제목」(전문 혹은 부분), 전집 일련번호, 인용페이지의 순서로 명기할 것이다.

6) 이승훈,「1970년대의 한국시」, 김윤식 외,『한국현대문학사』, 현대문학, 2017, 497쪽; 같은 책 499-500쪽; 이형권,『한국시의 현대성과 탈식민성』, 푸른사상, 2009, 400-401쪽 참조.

7) 나태주 시에 대한 선행 연구 성과 중 학위논문으로는 다음과 같은 것이 있다. 서기룡,「나태주 시 연구」, 한국교원대 석사논문, 2019; 정지은,「나태주 초기시의 리듬양상 연구」, 동국대 석사논문, 2017; 송영호,「나태주의 서정시 연구: 이미지와 상징을 중심으로」, 경희대 석사논문, 2005, 학술논문은 다음과 같다. 배한봉,「고향의 장소성과 공간연구: 이성선·나태주·송수권의 첫 시집을 중심으로」,『비교한국학』27, 국제비교한국학회, 2019, 175-215쪽.; 안현심,「나태주 시의 원형비평적 고찰: '외갓집' 혹은 '외할머니'를 중심으로」,『한국문예비평연구』37, 창조문학사, 2012, 61-81쪽.

8) 전기시와 후기시의 구분은 논자가 임의로 한 것이 아니다. 시 전집의 편찬 과정에서 '후기시'(2018년 발행된 3권의 시전집)이라는 용어를 승인한 것으로 보아 이는 나태주의 구분으로 보아야 한다. 이 구분이 단순한 시기적 구분인지, 아니면 시 세계의 변화와 연동하여 구분된 것인지는 매우 정치한 연구가 필요할 것이다.

재를 통하여 시인과 시, 즉 인간과 삶에 대하여 말할 수 있다는 의미이다. 이 선언 안에서 이미 꽃의 은유는 시작된다. 실제로 나태주의 방대한 텍스트에서 가장 빈번하게 발견되는 소재는 풀(꽃) 또는 나무를 포함한 식물이다.10) 문제는 이 식물 계열체 중 풀(꽃)이 이중으로 소외된 타자라는 점이다. 환언하면 식물 계열체인 풀(꽃)은 인간의 타자인 동시에, 특히 이름난 꽃의 타자라는 의미이다. 인간과 이름난 꽃으로부터 소외된 타자가 바로 풀(꽃)이다. 이 지점에서 독자는 자연스럽게 나태주가 왜 이중으로 소외된 타자인 풀(꽃)을 호명하는가 하는 의문을 가지게 된다.

> 다북쑥, 끄시렁꾸, 논나시, 쪼꼬실, 시계풀, / 너는 그런 풀 이름을 알지 못한다. / 너는 그런 풀 이름들 속에 담겨진 / 냄새와 빛깔을 알지 못한다.
>
> ―「딸을 위하여」 부분, 1, 433

언어로 호명한다는 것은 사물을 '불러내기'의 차원에 국한시키지 않고, 그 언어에 내재된 이데올로기를 타자에 주입하는 행위와 같다.11) 이름을 부른다는 것, 즉 호명하는 행위는 대상의 본질을 불러내어 궁극적으로 대상의 함의를 세계에 선포한다는 의미를 갖는다. 그러므로 텍스트 내에서 화자가 <다북쑥, 끄시렁꾸, 논나시, 쪼꼬실, 시계풀> 등 들풀의 고유한 이름을 부르는 것은 풀이름 속에 담긴 의미를 공적으로 선포하는

---

9) 남기택, 『지역, 로컬, 로컬리티』, 심지, 2015, 217쪽.
10) 나태주의 시적 소재가 들풀, 풀꽃, 식물, 자연이라는 점에서 생태학적 상상력으로 읽을 수 있는 가능성이 다분하다. 나태주의 시적 담론이 환경 문학에 해당하는지, 생태문학에 해당하는지, 혹은 녹색문학에 해당하는지에 대해서는 매우 정치한 논의가 필요하다(김욱동, 『생태학적 상상력』, 나무심는사람, 2003, 17-69쪽 참조). 본고에서 나태주의 시적 담론을 생태학적 상상력으로 확장하지 않는 이유는 나태주가 호명하는 들풀이나 풀꽃의 이름이 환경파괴의 방어기제로 활용되지 않기 때문이다.
11) 박종덕, 『백석, 흰 바람벽의 근대를 투시하다』, 충남대학교출판문화원, 2015, 137쪽.

행위가 된다.

여기서 문제가 되는 것은 <너>는 <풀이름을 알지 못한다>는 사실이다. 뿐만 아니라 <풀이름들 속에 담겨진> <냄새와 빛깔을 알지 못한다>는 점이다. 이름을 알지 못하기 때문에 냄새와 빛깔을 알지 못한다는 것은 결국 풀의 본질, 풀의 공적 의미, 나아가 사물의 본질을 알기 위해서는 이름을 알아야 한다는 의미와 같다. 그런데 풀이름을 모르는 것은 "딸"만이 아니다. 도회의 삶에 익숙한 근대인의 사유에서 인간의 타자이자 이름난 꽃의 타자인 풀은 제 고유의 이름으로 인식되고 호명되기는커녕 '잡초'로 취급되기 일쑤이다. '전근대적'인 풀의 이름을 아는 것이 근대적 삶에 어떤 도움을 주는가. <풀이름들 속>에 담긴 <냄새와 빛깔>을 아는 것은 근대적 인간에게 어떤 의미가 있는 것인가.

> 방가지똥풀꽃 / 애기똥풀꽃 / 가만히 이름을 불러 보면 / 가슴이 따뜻해진다 / 입술이 정다워진다 / 어떻게들 살아왔니? / 어떻게들 이름이나마 간직하며 / 견뎌왔니? / 못났기에 정다워지는 이름 / 방가지똥풀꽃 / 애기똥풀꽃 / 혹은 쥐똥나무, / 가만히 이름을 불러 보면 / 떨려 오는 가슴 / 안쓰러움은 밀물의 / 어깨.
> —「똥풀꽃」 전문, 1, 302

이 텍스트에서 대상을 호명하는 화자의 행위는 꽃을 노래한 여타의 텍스트[12]와는 그 질감이나 의미가 다르다. "방가지똥풀꽃", "애기똥풀꽃", "쥐똥나무" 등에 공통적으로 들어가는 낱말은 '똥'이다. 더러운 것의 은

---

12) 이를테면 김춘수의 「꽃」에서 화자가 '꽃'을 호명하는 것은 존재론적 문제와 직접적으로 연관되어 있는 행위이다. 「꽃」은 타인과의 상호주관적 관계를 통해 개화하는 '인간 존재'를 그리고 있다. 정한모·김재홍 편저, 『한국 대표시 평설』, 문학세계사, 1990, 373-379; 한계전, 『한계전의 명시 읽기』, 문학동네, 2003, 178-180쪽 참조.

유, 건강하고 문화적이며 근대적인 삶을 위해서는 반드시 멀리해야만 하는 인류의 적이라는 은유의 대척점에서 화자는 이 똥의 의미를 발견한다. <살아왔니?> <견뎌왔니?>라는 질문은 똥이라는 이름을 가진 하위의 타자에게 던지는 것이 아니라 실상은 작가나 화자 자신에게 던지는 질문으로 읽는 것이 더 타당하다. 다양한 똥풀꽃을 호명하면서 화자는 타자로 전락한 자신을 발견하고 있기 때문이다.

작가의 전기적 사실을 근거로 보면 작가는 도시 공간을 지향하지 않고 끈질기게 '지방'의 삶을 지속해 왔다.[13] 그러므로 호명된 '똥풀'은 화자를 은유한 것이기도 하다. 지방의 삶을 살아오고 견뎌온 화자가 정겨움을 넘어 안쓰러움의 감정으로 이 똥풀들과 합일되는 것은 당연한 일이다.

> 도시의 좁은 골목 / 허름한 나무 상자에 심겨져 / 꽃을 피운 일년초를 보면 / 나는 문득 / 그 꽃을 심어 가꾼 / 꽃의 주인을 만나보고 싶어집니다 / 아니, 꽃의 주인의 마음과 / 마주 서고 싶어집니다 / 봉숭아, 분꽃, 사루비아, 왕관초…… / 하잘것없는 풀꽃이나마 / 소중히 알고 다독거리며 / 살아갈 줄 아는 사람들 / 봄부터 꽃씨를 심어 가꾸고 물을 주고 / 그리하여 가난한 대로 그윽한 가을을 / 맞이할 줄 아는 사람들 / 그들이야말로 얼마나 너그러운 사람이겠습니까 / 요즘같이 마른 바람 먼지만 날리는 세상에 / 그들의 손길이야말로 얼마나 / 부드럽고 어진 손길이겠습니까 / 그들의 마음 쓰임이야말

---

[13] 나태주는 "눈초리 반짝이며 가슴 두근거리며 만나볼 계집애 하나 없고" "말벗할 사내들 하나" 남지 않은 "시골"을 "가을제비 비우고 떠나간 처마 밑 제비집", "아이들 등쌀에 비우고 떠나간 마루나무 위 빈 까치집"으로 비유한다. "이제 시골은 늙고 병든 사람만 모여 사는 곳"이고 "못 배우고 가난한 젊은이들만 한숨 쉬며 사는 곳"인 "어둠의 연못"이라는 비유에서 나태주가 인지하는 시골이 매우 절망적 공간임을 알 수 있다. 그럼에도 불구하고 나태주는 "시골에 남아" "못난 촌놈이 되어 서럽고 외롭게 살겠다"라고 다짐한다. "겨울밤의 대숲에 싸락눈과 바람이 서걱이는 소리를 나는 갖겠다"라는 선언은 시골이 삶의 방향을 결정하는 공간임을 확인할 수 있다. 인용한 시는 「그래도 나는 시골에 살겠다」(1, 430-431)이다.

로 얼마나 또 / 따뜻한 마음이겠습니까.

— 「일년초」 전문, 1, 321

"일년초"는 관목류와 다르게 한해살이 풀이다. 이것은 삶의 지속 시간이 명확하게 제한되어 있다는 의미이다. 그런 점에서 일년초는 자연의 이치, 우주의 섭리를 가장 명백하게 보여주지만 세계의 관심을 그리 받지 못하는 존재들이다. 일년초는 세계의 <하잘것없는> 구성물을 은유한다. 존재하지만 주목받지 못하는 존재, 심지어는 존재하는지조차도 알지 못하는 대상이 바로 일년초이다.

텍스트의 화자는 <봉숭아, 분꽃, 사루비아, 왕관초> 등 "일년초"의 이름을 부르는 과정에서 일년초를 키우는 '사람'을 발견한다. <하잘것없는 풀꽃>의 이름을 부르면서 화자는 일년초를 기른 사람을 연민하며, 일년초를 기른 사람의 마음을 긍정한다. 이것이 나태주 시의 힘이다. 은유화된 대상, 즉 풀에 대한 사랑과 연민을 노래하는 것에서 멈추지 않고 그들의 이름을 부르면서 풀을 가꾸고 받아들인 인간의 마음을 투시한다. 이러한 통찰력, 즉 인간에 대한 애정을 휴머니즘이라 칭한다면 나태주의 시는 휴머니즘의 핵심에 정확히 닿아 있다.

앞에서 풀의 이름을 아는 것이 근대적 삶에 어떤 도움을 주는가, <풀 이름들 속>에 담긴 <냄새와 빛깔>을 아는 것은 근대적 인간에게 어떤 의미가 있는 것인가 하는 질문을 하였다. 이 질문에 대한 나태주의 대답은 아래와 같다.

무릎걸음으로 / 앉은뱅이 걸음으로 / 애기똥풀들이 처마 밑 / 물받이 홈통 가까이까지 와 / 피어 있다 // 풀꽃 이름 / 많이 아는 것이 / 국어 사랑이고 / 국어 사랑이 나라 / 사랑이란다

— 「애기똥풀 2」 부분, 3, 317

<풀꽃 이름>을 <많이 아는 것>이 <국어 사랑>이고 <나라 사랑>이라는 진술은 다소 교조적이고 비시적(非詩的)이다. 다만 이것은 나태주가 오랜 기간 교직을 수행했다는 전기적 사실을 통해 해석의 실마리를 얻을 수 있다. <애기똥풀들>이 <무릎걸음으로> <앉은뱅이 걸음으로> <처마 밑 / 물받이 홈통 가까이까지 와 / 피어있다>는 것은 현상적으로는 작은 풀꽃이 번져나가는 모습을 시각적으로 형상화한 것이다.

그러나 이보다 중요한 것은 이 애기똥풀을 보기 위해서 인간이 <무릎걸음>을 걷고 <앉은뱅이 걸음>을 걸어야 한다는 사실이다. 환언하면 무릎을 꿇어 시선을 낮추고 속도를 같게 하여 애기똥풀을 바라볼 때 비로소 애기똥풀의 온전한 전체를 알 수 있다는 의미이다. 시선과 속도의 일치, 이것을 나태주는 사랑이라고 인식한 것이다. 그러므로 이 텍스트에서 생경하게 돌출되는 <국어사랑>이나 <나라사랑> 등에 매몰될 필요는 없다. 애기똥풀의 이름을 부르는 행위, 애기똥풀에 가까이 가는 과정 안에 함의된 타자에 대한 사랑과 연민이 이 텍스트의 본질이기 때문이다.

나태주는 미학적 관점에서 <풀꽃 이름을 많이 아는 것>의 의미를 다음과 같이 형상화 하고 있다.

> 사람을 믿기보담은 / 나무를 더 믿고 살기로 했다. // 겨우내 죽었는가 싶었다가도 / 봄 되면 어김없이 꽃도 피워주고 / 잎새도 내밀어주는. // 나무를 믿기보담은 / 보다 더 많이 풀을 믿고 살기로 했다. / 숙근초나 구근류의 쑥, 보리, 마늘, 수선, 작약, / 붓꽃 따위. // 아니면, 야산에 제멋대로 피었다 지는 / 보리밥풀꽃, 민들레, 패랭이, / 그저 그런 것들처럼.
>
> —「처세」 전문, 1, 125

식물은 인간의 대척점에 서 있으면서 화자에게 삶의 방향 혹은 목표가 된다. <사람>에서 <나무>, 나무에서 <그저 그런 것>으로의 변화는 점강법(漸降法)적이다.14) 사람은 나무나 그저 그런 것들의 대척점에 서 있는 것으로 화자에게 결코 긍정적으로 인지되지 않는다. 그래서 제목은 매우 반어적이다. 사실 "처세"를 잘 하려면 사람을 잘 다루어야 하기 때문이다. 이것이 인간의 논리이고, 인간 세계의 작동원리이다.

그러나 화자는 사람을 믿지 않고 나무를, 나무보다 더 작은 식물을 호명하고 이들을 믿고 살기로 다짐한다. 권력을 쥐고 있거나 권력자가 되기를 욕망하는 인간의 시선에서 <보리밥풀꽃>, <민들레>, <패랭이>는 <따위>로 취급되는, 미미하고 미약한 존재이다. 이것들은 단순히 작은 것에 머무는 것이 아니라 사람인 화자가 몸을 수그리고 낮춰야 관찰할 수 있는 의미체이다. 그러므로 텍스트에서 호명된 이 구체적인 식물의 이름은 수그림을 두려워하지 않는 화자의 태도, 타자와 겸손하게 합일하고자 하는 화자의 자세를 명백하게 보여주는 구성물이다. 나태주가 이들의 이름을 부르는 의미도 여기서 찾을 수 있다.

자세히 보아야 / 예쁘다 // 오래 보아야 / 사랑스럽다 // 너도 그렇다.
―「풀꽃」전문, 3, 507

---

14) '사람'의 시선에서 '보리밥풀꽃, 민들레, 패랭이' 등 '그저 그런 것들'로 시선이 이동하는 것은 일종의 방향도식이다. 이것은 위에서 아래로 초점이 이동하는 것이기 때문이다. 방향도식은 일종의 지향적 은유라 할 수 있다. 이것은 위―아래, 안―밖, 앞―뒤, 접촉―분리, 깊음―얕음, 중심―주변 등의 공간적 지향성과 관련이 있다. 이러한 은유적 지향성은 자의적인 것이 아니라, 우리의 물리적·문화적 경험에 뿌리를 두고 있다. 일반적으로 '안'은 내면이나 정신적인 것을, '밖'은 외면이나 물질적인 것을 은유한다(G. 레이코프·M 존스, 노양진·나익주 역, 『삶으로서의 은유』, 박이정, 2006, 37―57쪽 참조).

<자세히> 보고 오래 보기 위해서는 인간의 위치가 변화해야 한다. <풀꽃>을 보는 눈의 위치를 서 있는 인간의 자리에서 풀꽃의 자리로 이동해야 한다. 그러기 위해서 인간은 몸을 수그려야 한다. 수그린다는 것은 풀꽃을 자세히 보기 위한 행위이다. 이렇게 몸을 낮출 때 비로소 인간은 풀꽃이 <예쁘다>, <사랑스럽다>라는 인식에 이를 수 있다. 화자가 호명하는 <너>는 우주 만유의 은유이다. 수그려 눈을 맞추어 관찰할 때 작고 보잘것없는 것의 가치를 발견할 수 있듯이 인간에게서 긍정적인 가치를 발견하기 위해서는 적대적 시선을 거두고 몸을 낮추어 <자세히> 그리고 <오래> 보아야 한다는 의미이다.

나태주가 식물의 계열체로 풀이나 풀꽃을 호명하는 의도는 매우 명백하다. 나태주는 이중으로 소외된 타자인 풀꽃을 호명하는 과정에서 타자로 전락한 자신을 발견한다. 타자에 대한 사랑과 연민은 이들과 겸손하게 합일하고자 하는 욕망으로 나타나기도 한다. 뿐만 아니라 풀꽃의 이름을 부르면서 이들을 가꾸고 기른 사람을 긍정하는 휴머니즘의 정신을 드러내기도 한다. 결론적으로 나태주는 풀꽃을 호명하는 행위를 통해서 세계에 대한 애정을 노래한다.

나태주가 이 계열체를 호명하고 있다는 사실보다 더 중요한 것은 이들을 응시하는 나태주의 시선이다. 나태주는 자신의 몸을 중심으로 이 계열체를 응시하지 않는다. 즉 풀꽃을 끌어당겨 응시하는 것이 아니라 풀꽃의 위치로 자신이 이동하고 몸을 수그리어 꽃을 바라보고 있다. 이는 풀꽃으로 은유화된 타자의 위치로 자신의 위치 이동을 시도하고 있다는 점에서 매우 탈근대적이라 할 수 있다. 그런 점에서 나태주가 구축한 풀꽃의 은유를 '수그림의 미학'이라 명명할 수 있을 것이다.

3. 풀꽃이 형성하는 은유의 의미망

나태주 전집에는 식물도감을 방불케 할 만큼 다채로운 식물의 이름이 호명되고 있다. 그 중에는 소재의 차원에서 호명된 것도 있다. 그러나 많은 경우 식물의 계열체는 은유의 방식으로 텍스트의 의미를 형성하는 데 기여하고 있다. 우선 식물 계열체의 은유가 가족 서사를 형상화하는 사례이다.

> 너를 생각하면 지금도 가들가들 턱 떨려라, / 따슨 봄인가 빠끔히 창문 열고 나왔다가 / 된서리에 얼어 짓무른 손톱끝 발톱끝. // 여덟 식구 밥시중 옷시중 설거지까지 마치고 / 손에 묻은 물기조차 씻을 새 없이 / 종종걸음쳐 가던 등굣길의 언 손 아이 내 누이야. / 그렇지만 매양 지각하여 / 얼음 백힌 손을 쳐들고 벌을 서야만 했던 내 누이야.
> ―「개나리」 부분, 1, 201

인용한 텍스트의 서사는 가사 노동에 시달리는 <누이>의 삶이다. 이 누이의 서글픈 삶을 은유화한 것은 <개나리>이다. 개나리의 여린 꽃잎은 누이의 몸, 특히 애처로운 손을 은유하기 때문이다. <여덟 식구 밥시중 옷시중 설거지>를 마친 후 <손에 묻은 물기조차 씻을 새 없이> <종종걸음 쳐 가던 등굣길의 언 손 아이>가 화자가 기억하는 누이의 모습이다. 학교에 늦을까 종종걸음을 쳤지만 결국 <지각하여> <얼음 백힌 손을 쳐들고 벌을 서야만 했던> 누이에 대한 기억은 화자에게 고통으로 남아 있다.

<얼음 백힌>이라는 표현에 내재한 누이의 고통은 얼마나 큰 것인가. 대개 겨울철 찬물에 오랫동안 손을 담그고 빨래나 설거지 등 가사 노동을 한 경우 걸리는 이 질병15)에서 어린 누이의 현실과 노동의 강도를 짐작할 수 있다. <된서리에 얼어 짓무른 손톱끝 발톱끝>은 개화하지 못

한 채 얼어버린 개나리꽃의 봉오리를 묘사한 것이지만 이것이 <얼음 백힌> 누이의 <손>을 은유함으로써 누이에 대한 연민과 안쓰러움의 정서를 극적으로 형상화 할 수 있게 된다.

> 헐어진 헛간채 / 누이가 마중나와 / 울고 있다 / 초록 저고리 다홍 치마 // 시집갔다 쫓겨온 / 그날의 차림새 그대로 / 집 나간 오래비 기다려 / 쪼그려 앉아 울고 있다.
> ―「봉숭아」 전문, 3, 275

인용한 텍스트에서 <봉숭아>는 <누이>의 은유이다. <헐어진>, <울고 있다>, <쫓겨온>, <쪼그려 앉아> 등으로 형상화된 봉숭아는 '시집갔다가 쫓겨 온 가엾은 누이'라는 이미지를 형성하는 의미망이다. 그 의미망은 대단히 성글고 거칠어서 자칫 사은유처럼 느껴질 위험성이 매우 다분하지만 다행히 봉숭아라는 객관적 상관물을 통해 거리를 설정하는 데 성공하여 감정의 과잉을 피해나가고 있다. 이렇듯 꽃을 통하여 사람을 은유하는 방식은 매우 빈번하게 발견할 수 있다.

> 꽃 속에 보리밥도 없어 / 끼니를 거르고 돌아앉아 / 한숨쉬던 젊으신 어머니 / 둥그스름한 어깨 / 어린 누이들의 야윈 볼따구가 / 숨었고 // 꽃 속에 갓난애기 / 포대기에 싸안아 업고 / 지아비 마중나선 / 해 저물녘의 한 지어미가 / 살고 있다
> ―「꽃」 부분, 3, 170―171

---

15) 레이노 증후군. 레노 증후군. 레이노병(Raynaud's Phenomenon). 추운 곳에 나가거나 찬물에 손, 발 등을 담글 때, 과도한 스트레스 등에 의해 발작적으로 손가락, 발가락, 코나 귀 등의 끝부분에 혈관이 수축하여 혈액순환장애를 일으키는 병이다 (https:// 100.daum.net / encyclopedia / view / 35XXXH003634#8215).

화자는 꽃에서 끼니를 거르던 "어머니"를 발견한다. 굶주림에 볼이 야 윈 "누이들"을 발견한다. 이들은 모두 가난한 민중이다. 결코 역사의 전면에 돌출되지 않는 보잘것없는 이들이다. 가난하고 작지만 묵묵히 제 삶을 살아가는 사람들은 졌다가 다시 피는 꽃의 끈질긴 속성과 닮아 있다. 그런 점에서 꽃은 어머니와 누이와 지어미를 발견하는 공간 혹은 계기의 차원을 넘어 어머니와 누이와 지어미의 삶을 은유하는 것으로 보아야 타당하다.

쑥죽 먹고 짜는 / 남의 집 샀베의 / 울어머니 어질머리. // 토담집 골방의 / 숯불 화로 어질머리. // 수저로 건데도 쌀알은 없어 // 뻐꾸기 울음 소리 핑그르르 빠지던 / 때깔만은 고운 사기대접에 / 퍼어런 쑥죽물. // 꽃이라도 벼랑에 / 근심으로 허리 휘는 / 하이얀 아카시아 꽃 피었네.
—「아카시아 꽃」전문, 1, 426

가난한 어머니, 특히 여성의 은유로 사용된 꽃은 인용한 텍스트와 같이 더욱 구체적이고 내밀하게 형상화된다. '쑥죽—퍼어런 쑥죽물'과 '(삿)베—사기대접—하이얀 아카시아꽃'의 대응관계는 강렬한 시각적 이미지로 어머니의 고달픈 삶을 직조한다. 그러나 '쑥빛'을 압도하는 '흰 빛'은 어머니의 삶이 매우 고달팠음에도 불구하고 삶의 무게에 짓눌리지 않은 고결한 어머니, 숭고한 어머니를 떠올리게 한다. 즉 '아카시아 꽃'은 어머니에 대한 감정을 감상(感傷)으로 전이시키지 않은 은유로 그 역할을 다하고 있다. 꽃은 누이와 어머니의 은유를 넘어 이웃 '사람'으로 확장된다.

개울가에 외딴집 / 분꽃들이 피었다 / 하양 빨강 어쩌다 노랑 / 혼자 사는 아낙네 / 빨래 걷는 저녁때 / 아직은 가슴속에 / 입 벌린 소망과 슬픔 / 보고 가라 이른다.

―「분꽃」전문, 3, 17

<외딴집>과 <혼자 사는 아낙네>가 그리는 풍경의 질감은 고독함이다. 이 고독은 <저녁>이라는 시간과 결합하여 아낙네의 슬픔으로 확장된다. 이때 분꽃은 풍경이 함의하는 고독을 심화하고 나아가 아낙네와 그녀의 슬픔을 구체적으로 형상화하는 은유로 작동한다.

왕관초라 부르기보다는 / 쪽도리꽃이라 불러야 / 더욱 쪽도리꽃 다워지는 / 쪽도리꽃 / 씨 뿌린 사람 없이 / 올해도 두 그루 실하게 / 싹이 터서 / 소낙비 속에 새 / 치마저고리 갈아입고 / 쪽도리 하나씩 받쳐 쓰고 / 사립도 없는 오두막집 / 지켜 서 있네 / 미장이 막일꾼으로 / 밥 벌어먹고 사는 / 젊은 내외 / 검은 눈 별빛 초롱초롱 / 아들 형제 / 낳아 기르며 사는 / 오두막집 / 개구리 울음 소리 곁에 / 물소리 또 그 곁에,

―「쪽도리꽃」, 전문, 3, 26

텍스트 내에서 호명하는 <쪽도리꽃> 역시 일상적인 사물로서의 꽃에 머물지 않는다. 화자가 족두리꽃을 호명한 것은 이것의 이명(異名)을 알리려는 의도가 아니며 이것의 생태를 설명하려는 의도가 아니다. 족두리꽃이 피어 있는 <사립도 없는 오두막집>은 이 공간이 매우 가난하고 궁핍한 이의 집이라는 사실을 독자에게 알린다. 그 집에는 <미장의 막일꾼>으로 생계를 유지하는 <젊은 내외>가 <아들 형제>를 기르며 살고 있는데, 그 가난한 공간에 족두리꽃이 함께 있다는 사실이 중요하다. 가난한 가족의 파수꾼 같은 존재가 바로 족두리꽃이라는 점은 족두리꽃이 연민을 넘어 휴머니즘의 은유로 작동하고 있다는 사실을 의미한다.

십 리 길 우체국에 / 편지 부치러 갔다오던 식전의 언덕길에서 /
몇 그루의 소나무를 만났다. // 항상 무심하게 지나쳐 보던 그들이지
만 / 허기진 내가 보아 그런지 / 그들은 모두 배고파 허기진 사람들
모양이었다. // 내가 도회가 싫은 시골 촌놈이라 그런지 / 그들도 먼
불빛의 도회에서 / 밀려온 사람들 같았다. // 아니면 / 흉년 든 어느
해 겨울 / 굶고 얼어 죽은 사람들의 원귀들일까? / 부황난 사람들의
머리칼일까?

―「겨울 소나무」부분, 1, 378

 소나무는 자칫 사은유(死隱喩)로 형상화될 위험성이 다분하다. 실제로 나태주의 경우에도 소나무의 사은유를 발견할 수 있다. 이를테면 <내 작은 뜨락에 한 그루 소나무를 심음은><조선 선비의 푸른 비수의 기개와 정신>을 배우게 하고, <오로지 곧고 외진 지조>를 가르치려는 듯임을 노래한「소나무를 심으며」(1, 128-129)가 그러하다. 뿐만 아니라 나무에서 인간을 유추하는 텍스트도 드물지 않다는 점으로 미루어 볼 때16) 나무가 사은유로 형상화될 위험성은 매우 크다.
 인용한 텍스트의 <소나무>는 다행히 사은유의 의혹을 벗고 있다. 시적 화자는 <우체국>에 <편지 부치러 갔다 오던 식전의 언덕길>에서 <몇 그루의 소나무>를 만난다. 소나무는 <배고파 허기진 사람들 모양>이거나 <흉년 든 어느 해 겨울> <굶고 얼어 죽은 사람들의 원귀들>이거나 <부황난 사람들의 머리칼> 모양을 하고 서 있다. 평소에는 무심하게 지나쳤던 소나무를 화자가 '굶주린 존재'로 인지한 계기는 <식전>의 <허기진> 화자가 보았기 때문이라고 추측할 수 있다.
 자신의 처지에 따라 소나무의 처지가 달라진다는 것은 인식의 문제이

---

16) "나무"에서 "修道僧", "어설픈 過客", "하늘門을 지키는 把守兵" 등을 발견하는 박목월의「나무」가 대표적이다(이남호,『박목월 시전집』, 민음사, 2003, 225쪽).

다. 주체의 인식에 따라 세계에 대한 인식 태도가 달라진다는 것을 의미한다. 화자가 <촌놈>이기 때문에 평소와 다를 바 없던 소나무가 <먼 불빛의 도회>에서 <밀려온 사람들> 같이 느껴진다는 것은 화자의 인식에 따라 대상의 의미가 다르게 파악될 수 있음을 말한다. 물론 나태주가 그 의식의 불완전성을 주제로 형상화하기 위하여 이 텍스트를 생산하였다고 볼 수는 없다. 다만 식물, 즉 소나무를 통해 동질감, 연대의식, 연민의 정서가 생성되었다는 점이 중요하다.

식물은 소외된 인간에 대한 연민과 애정의 은유에서 삶을 성찰하는 인간의 은유로 확장된다.

> 이 나무는 아무데서나 / 뿌리 내려서 자라는 / 이름까지도 천하고도 흔한 / 개가죽나무다, 나 오늘 / 개가죽나무보다 나은 게 뭐냐?
> ―「개가죽나무」부분, 3, 290-291

인간의 대척점에 서 있는 <나무>는 <물과 공기만 마시고> <햇빛만 쪼이고서도 하늘 향해> <흰구름을 찬양하고> <바람을 불러 더불어 놀 줄> 아는 존재이다. 그러나 인간은 <아침에 밥 먹고 생선을 먹고> <점심엔 술과 고기를 먹고서도> <나무보다 잘한 게 하나>도 없는 존재이다. 근대적 관점에서 인간은 자연을 타자로 전락시키지만 실상 자연보다 나을 것이 하나도 없다는 인식의 형상화이다. <그런데 나는 뭐냐?>라는 자조적 질문에서 화자의 성찰이 잘 드러난다.

> 우주의 한 모서리 // 스님들 비우고 떠나간 암자 / 늙은 무당이 흘러, 흘러들어와 / 궁둥이 붙이고 사는 조그만 암자 / 지네 발 달린 햇빛들 / 모이는 마당 가 장독대 / 깨어진 사금파리 비집고 / 민들레는 또 한 차례의 생애를 / 서둘러 완성하고 / 바람결에 울음을 멀리 / 멀

리까지 날려보내고 있었다 // 따스한 봄날 하루.
―「민들레」 전문, 3, 57

    화자가 식물의 은유를 통해 형상화하는 성찰은 더 큰 깨달음으로 이어지기도 한다. 작은 풀꽃을 통하여 불교적 진리를 형상화하는 텍스트를 그 예로 들 수 있다. 이와 같은 텍스트들이 지속적으로 발견이 된다면 나태주의 시를 관통하는 한 흐름을 불교 사상으로 확장할 수 있을 것이다. 그러나 연구 초기에 섣부르게 단정을 짓는 것은 나태주의 시를 왜곡할 우려가 다분하다. 다만 이 텍스트는 나태주가 보여주는 사유의 진폭이 무애(無碍)하다는 것을 구현한 하나의 사례로 볼 수 있을 것이다.
    <스님들>이 <암자>를 떠난 것이 공(空)이라면 암자에 <늙은 무당>이 흘러 들어온 것은 색(色)이다. 다시 늙은 무당이 암자를 떠나는 것이 공이라면 '새로운 무엇'이 들어오는 것은 색이다. 공과 색의 순환을 은유하는 것은 바로 <민들레>이다. <깨어진 사금파리를 비집고> 피어난 민들레는 색이었다가 <한 차례의 생애를> <서둘러 완성하고> 떠나는 민들레는 공이 되는 까닭이다. 그래서 민들레는 공즉시색(空卽是色), 색즉시공(色卽是空)[17])의 부처의 가르침을 체현하는 존재이며 우주적 섭리를 일깨우는 선지자의 은유로 작동한다. 말하자면 민들레는 진리의 은유인 셈이다.
    반복되는 이미지와 시어 구성 방식을 나태주 시의 한계로 지적하는 견해도 있지만,[18])지금까지 살펴본 바와 같이 나태주의 시에서 풀꽃, 식물

---

[17]) 일체법(一切法)이 공(空)한 것을 가장 잘 보여주는 경전은 『반야심경』이다. 『반야심경』의 끝머리에 나오는 게(偈)의 원문은 다음과 같다. "일체유위법(一切有爲法) 여몽환포영(如夢幻泡影) 여로역여전(如露亦如電) 응작여시관(應作如是觀)" 동국대학교 불교문화대학 불교교재 편찬위원회. 『불교 사상의 이해』, 불교시대사, 2014, 159-162쪽; 만해 한용운 편찬, 이원섭 역주, 『불교대전』, 현암사, 2013, 319쪽.
[18]) 남기택, 앞의 책, 222쪽.

은 상상력의 근원으로 다채롭게 변주되고 있다. 특히 풀꽃은 작고 보잘 것없는 만유의 은유로 수렴된다. 인간의 시선에서 풀꽃과 눈을 맞추기 위해서는 "무릎걸음"이나 "앉은뱅이 걸음"을 걸어야 한다는 권고는 인간중심적 사유에서 벗어나 풀꽃의 위치로 공간 이동을 해야 한다는 사실을 함의한다. 인간을 중심으로 풀꽃을 끌어들이는 것이 아니라 풀꽃의 위치로 인간의 위치를 낮추는 '걸음'은 나태주가 보여주는 새로운 휴머니즘의 상상력이다.

4. 결론

스스로를 전근대적 시인이라고 규정하는 나태주의 텍스트에서 가장 빈번하게 발견되는 것은 나태주가 호명하는 식물의 계열체이다. 그것은 구체적으로 풀, 풀꽃, 나무 등이다. 이중으로 소외된 타자인 식물의 계열체를 호명하면서 나태주는 타자로 전락한 자신을 발견한다. 또 인간에 대한 애정, 타자에 대한 사랑과 연민의 마음, 겸손한 합일 등을 찾아낸다. 이것들을 한마디로 휴머니즘의 시정신이라 말할 수 있다.

나태주가 이 계열체를 호명하고 있다는 사실보다 더 중요한 것은 이들을 응시하는 나태주의 위치이다. 나태주는 고착된 자신의 몸을 중심으로 이 계열체, 즉 풀꽃을 끌어당겨 응시하지 않는다. 도리어 나태주는 자신의 몸을 수그리어 풀꽃의 위치와 공간 안으로 적극적으로 이동하면서 풀꽃을 바라보고 있다. 나태주가 보여주는 적극적인 공간 이동은 풀꽃으로 은유화된 타자의 위치로 인간이 위치 이동을 시도하고 있다는 점에서 매우 탈근대적이라 할 수 있다. 그런 점에서 나태주가 구축한 풀꽃의 은유를 '수그림의 미학'이라 명명할 수 있을 것이다.

나태주가 호명하는 식물의 계열체는 다양한 은유로 형상화된다. 식물의 계열체는 우선 누이와 어머니, 즉 가족에 대한 연민의 은유로 형상화된다. 또한 가까운 이웃에 대한 은유를 형성하는 기반이 되기도 한다. 이 계열체는 세계에 대한 연민의 은유로 확장되는 양상을 볼 수 있다. 식물의 은유는 삶에 대한 성찰을 형상화하는 데 기여한다. 뿐만 아니라 올바른 삶의 방향을 설정하는 데 하나의 지표 역할을 하는 은유로 형상된다. 빈번하지는 않으나 식물의 계열체가 무애(無碍)의 진리를 형상화하는 기반이 되고 있음을 확인하였다.

나태주(羅泰柱)*

문혜원
(문학평론가)

나태주(羅泰柱)

1945년 충남 서천 출생. 공주사범학교 졸업. 현재 충남 공주 장기초등학교 교장, 『불교문예』『시를 사랑하는 사람들』 주간. 1971년 서울신문 신춘문예로 등단. 흙의문학상, 충청남도문화상, 현대불교문학상, 박용래문학상, 시와시학상, 편운문학상 등 수상. 시집 『대숲 아래서』(예문관, 1973), 『누님의 가을』(창학사, 1977), 『막동리 소묘』(일지사, 1980), 『사랑이여 조그만 사랑이여』(일지사, 1981), 『구름이여 꿈꾸는 구름이여』(일지사, 1983), 『변방』(신문학사, 1983), 『굴뚝각시』(오상사, 1985), 『풀잎 속 작은 길』(고려원, 1996), 『슬픔에 손목 잡혀』(시와시학사, 2000), 『산촌 엽서』(문학사상사, 2002), 『쪼끔은 보랏빛으로 물들 때』(시학, 2005) 등 24권 출간. 그

---

* 최동호, 신범순, 정과리, 이광호 엮음, 『문학과 지성사 한국문학선집 1900—2000 시』, 문학과지성사, 2007.

외에 산문집 『시골사람 시골선생님』(동학사, 2002), 동화집 『외톨이』 (계수나무, 2004) 등이 있음.

작품세계

나태주 시의 화자는 복잡다단한 도시의 현실과는 동떨어진 자리에서 자연과 더불어 살아가며, 그 생활에 만족하고 감사할 줄 아는 겸손한 인간이다. 자연과 인간의 교감은 그의 대부분의 시에서 발견되는 특징이다. 별, 구름, 나무, 풀, 벌레 등 자연의 모든 생물들은 시인에게 반성과 성찰의 계기를 제공하고, 시인은 그것들에서 자신의 마음 속 풍경과 일치하는 특징들을 발견해낸다. 예를 들어 시인은 여름날 피어난 나팔꽃을 보며 가난하고 힘들게 보낸 자신의 아버지의 목소리를 떠올리고(「나팔꽃」, 『슬픔에 손목 잡혀』), 밤하늘의 별을 보며 죽어서 하늘로 올라간 그 누군가를 상상해본다(「초록별」, 『산촌 엽서』).

그가 자연적인 대상과 교감할 수 있는 것은, 스스로 인간이라는 우월한 권리를 포기한 덕분이다. 그는 인간이 자연보다 우위에 있거나 자연을 이용하는 존재가 아니라, 풀이나 나무, 벌레와 같이 자연을 형성하는, 자연과 더불어 살아가는 공동 생명체라고 생각한다. 인간과 자연 사이에 우열은 있을 수 없다. 자연이 자연 그대로의 본성을 잃지 않고 인간 역시 천성대로 살아간다면, 지구상에서 일어나는 크고 작은 갈등들은 절반 이상으로 줄어들 것이다. 시인은 자연을 자신의 마음대로 이용하거나 소유하려 하지 않고, 그 리듬을 따라갈 뿐이다. 그의 시가 편안함을 주는 것은 시적인 대상과 시인이 교감하면서도 대등한 관계를 유지하고 있기 때문이다.

그의 시는 이따금 맑고 천진난만하게만 여겨질 때도 있는데, 이것은 시인이 일부러 순진무구한 시선을 간직하고자 하기 때문이다. 순진무구함은 도시적인 현실에서 유발된 욕망과 상대 되는 자연의 덕목이다. 그가 자연이라는 시적 소재를 고수하고 있는 이유는, 이러한 순진함을 잃지 않기 위해서이다.

그의 시의 주제를 이루는 하나는 시인과 그 주변인의 일상생활의 모습이다. 그는 평범하기 그지없는 일상인인 자신 혹은 주변인의 모습을 시로 표현하고 있다. 이제 늙어서 초라해진 배낭을 멘 사내(「빈주먹」, 『산촌엽서』), 죽은 시인(「지상의 나뭇잎」, 『산촌 엽서』) 팔과 다리 어느 하나가 없는 사람(「채워지지 않는 잔」, 『슬픔에 손목 잡혀』) 등 특별하지 않은 사람들의 삶이 중요한 소재를 이루고 있는 것이다. 시인은 평범한 소재들을 평범한 말을 이용해서 시로 옮긴다. 그는 시적인 소재를 새로운 시선으로 재발견한다기보다는 익숙한 소재들을 익숙하게 말하는 것에 능하다.

이처럼 솔직하고 꾸밈이 없는 것은 그의 시의 강점이자 한계라고 평가된다. 그는 시가 일상생활보다 위에 있어야 한다는 생각을 부정한다. 그의 입장에서 본다면, 시는 편안하고, 이해하기 쉽고, 친근한 것이다. 쉽고 평범해 보이는 그의 시에는 소재와의 교감을 통해 얻어지는 기쁨과 풍성함이 있다. 이러한 특징들은 그의 시가 단순한 자연예찬시로 떨어지지 않게 하는 힘이다.

수록 작품 해설

「대숲 아래서」는 자연에 몰입함으로써 자연의 리듬을 타는 나태주의 시적인 특징이 잘 구현되어 있다. 1에서 바람은 구름을, 구름은 생각을, 생각은 대숲을 몰고 오고, 그 아래서 내 마음은 낙엽을 몰고 온다. 가을날, 대숲 아래서 누군가를 그리는 정회를 표현하기 위해 분위기를 조성하는 부분이다. 이어 2와 3에서는 인간의 정회가 두드러지다가 4, 5로 가면 다시 자연과 인간이 균형을 이룬다. 인간적인 정회에만 젖어 서글퍼하다 보면 나에게 주어진 것은 거의 없지만, 마음을 활짝 열면 모든 것이 다 내 것일 수도 있는 것이다. 자연과의 교감을 통해 얻어지는 위안이다.

「막동리 소묘」에는 어린 날의 기억이 자연의 풍경과 어우러져 있다. 복숭아나무, 앵두, 속잎 등은 열여섯 살짜리 소녀의 싱그러운 관능미를 상징하는 단어들이다. 막동리는 시인의 결 고운 기억이 머무르는 원형이며, 그곳에서 모든 것은 충만하고 자족적이다. 시인은 그러한 원형을 간직함으로써 각박한 현실의 자신의 삶을 다스리고 있다.

「하늘의 서쪽」은 노을이 지는 모양을 개짐 풀어헤친 것에 비유하고 있다. 노을은 시각적으로만 붉은 것이 아니라 비린내로 후각화된다. 시인은 어둠을 하늘과 땅의 교접의 시간으로 표현하고 있다. 이처럼 건강하고 싱그러운 관능미는 나태주 시의 또 하나의 특징이기도 하다.

「멀리까지 보이는 날」에서 자연과 시인은 아예 하나가 되어 있다. 숨을 들이쉬면 미루나무와 햇빛과 물결 소리까지가 끌려 들어오고, 내쉬면 뻐꾸기 울음소리가 나가고 마을과 수풀이 나아가며 산이 다가온다. 그 산 위에 떠있는 구름을 '내 몸 안에서 뛰놀던 그 숨결'이라고 표현한 대목은, 자연과 인간의 교감이 절정을 이루는 아름답고 절묘한 부분이다.

주요 참고 문헌

나태주의 시는 시골의 풍경과 자연을 서정적인 필치로 노래한다고 평가되어왔다. 엄경희의 「담백한 시혼의 향기」(『현대시학』, 2000. 11.)는 나태주의 시가 가지고 있는 인간과 자연과의 조화와 무위적인 태도를 중요한 요소로 꼽고 있다. 김신정의 「근원을 노래하는 세 개의 풍경」(『시와시학』, 2002년 가을호)은 이러한 내용적인 특징을 짧고 압축된 형식과 대응시켜 설명하고, 그것이 서정시의 기본적인 원리에 충실한 것임을 지적하고 있다. 이기철의 「어른이 된 동심」(『산촌엽서』, 문학사상사, 2002)은 나태주의 시가 전통적인 서정을 보존하고, 자연과의 소박한 동화를 보여준다고 설명하고 있다. 홍용희의 「겸허와 발견의 언어」(『시와 시학』, 2003년 여름호)는 나태주 시에 드러나는 겸허한 자세와 감사의 마음가짐을 중점적으로 설명하고 있다.

행복의 시학과 감응력*
── 나태주 시집, 『어리신 어머니』를 중심으로

홍용희
(문학평론가, 경희대 교수)

    나태주의 시 세계를 읽으면 어느새 어린아이처럼 행복해진다. 그의 시적 언어들은 이해하기 이전에 이미 귀와 눈과 마음을 순화시키는 감응을 불러일으킨다. 그의 시편들은 독자들에게 행복을 추구하기 위해 노력하고 행동하기를 요구하지 않는다. 그에게 행복은 추구하는 것이 아니라 발견하고 자각하고 향유하는 것이다. 그에 따르면, 이미 우리는 아름다운 우주와 자연의 시민이기 때문이다. 그래서 그의 시편들은 너무도 익숙하면서 새삼 낯설다. 너무도 익숙한 것은 가장 근원적인 삶의 원상을 거울처럼 반사시켜 주기 때문이고 새삼 낯선 것은 대부분의 시민들의 경우처럼 불안, 갈등, 절망을 시적 밑그림으로 사용하지 않는다는 것이다. 그의 시 세계는 타인이 가진 것에서 고통을 찾아내기보다 자신이 가진 것에서 기쁨을 찾는 데 몰두한다. 그래서 그의 시편에서는 자기 연민이나 피해의식이 스며들 여지가 없다. 행복은 상대적인 비교 대상이 아니

---

* 『서정시학』, 2020 여름호.

라 자기만의 절대적인 대상이라는 인식이다.

　물론 그의 시 세계가 처음부터 이와 같았던 것만은 아니다. 지금부터 꼭 50여 년 전 그는 등단작 「대숲 아래서」에서 <모두가 내 것만은 아닌 가을, / 해 지는 서녘구름만이 내 차지다. / 동구 밖에 떠드는 애들의 / 소리만이 내 차지다. / 또한 동구 밖에서부터 피어오르는 / 밤안개만이 내 차지다. // 하기는 모두가 내 것만은 아닌 것도 아닌 / 이 가을>이라고 대숲 같은 청신한 감각으로 노래한 바 있다. <모두가 내 것만은 아니>라는 것과 <모두가 내 것만은 아닌 것도 아>니라는 두 가지 가치축의 기우뚱한 균형점이 그의 시적 인식이 놓인 자리였다. 그러나 점차 그의 시 세계는 후자 쪽으로 집중된다. 그의 국민 시의 반열에 오른 다음 시편은 이러한 면모를 극명하게 보여주는 대표적 작품이다.

> 자세히 보아야 예쁘다
> 오래 보아야 사랑스럽다
> 너도 그렇다.
>
> 　　　　　　　　　　—나태주, 「풀꽃」 전문

　모든 존재는 <예쁘>고 <사랑스럽다>는 선언적 명제이다. 설령 <예쁘>지 않아 보일지라도 <자세히 보>면 <예쁘>다는 것을 알게 된다. 마찬가지로 <오래> 본다면 모두 <사랑스>러운 존재임을 발견하게 된다. 시적 화자는 이러한 사실에 대해 <너도 그렇다>고 강조한다. 이 시가 국민적 치유의 시가 될 수 있는 대목을 일깨워 주고 있다. 피해 의식과 열등감에 주눅 든 현대인들에게 어느새 자존감을 회복시켜주는 은총이 된다. 자기 위안과 구원이 초월적 대상이 아니라 자신의 내면 세계에서부터 성취되고 있다.

자신이 예쁘고 사랑스러운 존재라는 자각은 세상을 또한 예쁘고 사랑스러운 시선으로 보게 한다. 질투는 천 개의 눈으로 하나도 보지 못하지만 사랑은 한 개의 눈으로 천 가지를 볼 수 있다(버트런트 러셀). 그래서 사랑의 시선을 가질 때, <우리는 서로가 / 꽃이고 기도>(「서로가 꽃」)인 세상을 만날 수 있게 된다. 행복의 기술은 스스로 자신과 세계가 모두 예쁘고 사랑스럽다는 인식의 눈뜸에서 출발한다.

특히 나태주의 시집 『어리신 어머니』에는 <서로가 / 꽃이고 기도>인 세계를 향유할 수 있는 행복의 기술이 드러나고 있다. 그의 행복론에서 가장 앞에 놓이는 것은 "오늘"에 대한 재발견이다. 그에게 가장 중요한 시간은 지금, 여기의 살아있는 "오늘"이다.

> 오늘도 나는 살아있다
> 오늘도 나는 어딘가를 간다
> 오늘도 나는 누군가를 만난다
> 오늘도 나는 무슨 일인가를 한다
> 오늘 하루 이보다 좋은 일은 없다.
>
> ─나태주, 「좋은 일」 전문

<오늘 하루 이보다 좋은 일은 없다.> 무엇이 이렇게 좋은가? 그것은 <살아있>어서 <어딘가를> 가고 <누군가를 만>나고 <무슨 일인가를 한다>는 점이다. 너무도 평이한 일상에서 절대적 가치와 경이감을 느끼고 있다. <오늘>은 살아있음의 증거를 스스로 느끼고 실현하는 구체적인 날이다. 살아있음의 증거의 구체적인 일정을 밝히면 다음과 같다.

> 택시 타고 버스 타고
> 때로는 KTX도 타고

> 한 번도 가보지 않은 고장
> 한 번도 만나지 못한 사람들
> 만나고 온다
> (중략)
> 오늘도 하루 아등바등
> 힘들게 잘 살았음에 감사
> 하나님! 감사합니다
> 내일도 오늘처럼 살게 하소서.
>
> ─나태주, 「한 날의 감사」 부분

<택시 타고 버스 타고 / KTX 타고> <한 번도 가보지 않은 고장 / 한 번도 만나지 못한 사람들 / 만나고 온다>. 이러한 평범한 일과가 기적처럼 <감사>하다. <하나님>의 은총이고 축복으로 여겨진다. 평범한 일과의 극적 재발견이다. <내일도 오늘처럼 살게 하소서>라고 기도한다. <오늘> 속에 <내일>이 <내일> 속에 <오늘>이 있는 형국이다. "오늘"은 어제도 "오늘"로 존재했고 내일도 "오늘"로 존재할 것이다. <오늘은 / 내 생애의 남은 모든 날 / 가운데에서 첫날 // 내일도 / 내 생애의 남은 모든 날 가운데에서 첫날>이다 / <그러므로 당신과 나는 / 오늘도 내일도 / 첫사람이고 새사람>(「새해 인사」)이다. "오늘"을 충실하게 산다는 것은 영원을 충실하게 산다는 것이 된다. "오늘" 속에 어제와 내일이 수렴되는 영원이 있고 영원 속에 "오늘"이 있다. 시적 화자는 영원을 안으로 품고 있는 영원의 주체이다. 이렇게 보면, 시적 화자의 <오늘처럼 살게 하소서>는 <날마다> 영원의 절대적 의미와 가치를 향유하고 실천하며 살게 하소서라는 기원이기도 하다.

그렇다면 나태주의 시적 행복론에서 가장 중요한 시간으로서 "오늘"에 이어 가장 중요한 대상은 누구일까? 그것은 가장 가까이 있는 "너"이다.

나에게는 이제
네가 선물이다
네가 사는 세상조차
선물이다.

—나태주, 「선물」 부분

한 사람이 없다
아무리 둘러봐도
그 한 사람이 내게 없다

아니다, 있다
내게는 네가 그 한 사람
제발 그랬으면 좋겠다.

—나태주, 「소망」 전문

여기 좀 앉아라
너도 좀 가까이 보자
나도 좀 가까이 보아다오.

—나태주, 「마루」 부분

 2인칭 대명사인 "너"란 3인칭의 그와 달리 지금, 여기에서 직접 마주하는 대상이다. <제발 그랬으면 좋겠다>고 바라는 <그 한 사람>이 <내게는> <너>이다. 그래서 너는 나에게 절대적 <선물>이다. 나에겐 <네가 사는 세상조차> <선물>로 생각된다. 따라서 <여기 좀 앉아라 / 너도 좀 가까이 보자>고 하는 순간 가장 소중한 일생의 "선물"을 얻는 환희를 느끼게 된다. 또한 시적 화자는 "선물" 같은 세상의 주인공이 된다.

나태주 시인에게 행복은 이처럼 가장 가까이에서 가장 구체적으로 함께하는 대상이다. 이를테면, 그는 <눈앞에서 웃고 있는 / 네 눈에 눈이 멀어서 / 멀리 산 위에 있는 눈>을 <보지 못>(「만년설」)한다. 그에게 가장 소중한 것은 추상적이고 관념적인 먼 거리의 거대한 존재자가 아니라 바로 앞에 살아 있는 "너"이다. 추구하는 절대적 가치가 멀리 있지 않고 바로 앞의 근거리에 있다.

그렇다면 자기 앞에 가장 소중한 존재가 있음을 온전히 느끼고 감각하고 소통할 수 있는 방법은 무엇일까? 이에 대해 시적 화자는 "겸손하고도 따스한 마음"임을 가만히 전언한다.

왜 사람은 절을 할까?
나는 당신의 적수가 아닙니다
나는 당신에게 이미 졌습니다
나는 온전히 나를 내려놓습니다
그런 뜻으로 절을 하는 것은 아닐까?

그러하다
절을 하는 동물은 인간 밖에는 없다
생각 끝에 궁둥이를 더욱 내리고
납작 엎드려 절을 하기로 했다
마음이 점점 편해지기 시작했다

될수록 납작 엎드려 절을 드려라
그것이 사는 길이고 이기는 방법이란다
어머니 가시는 마당에 한 수
가르쳐주고 가셨다
　　　　　　　　　　　―나태주, 「납작 엎드리다」 부분

그래야만 꽃이 말을 걸어주고
풀들이 귀를 기울여주고
하늘 구름이며 바람이며 새들이
눈길을 줄 것이다
먼 곳에 있는 별들은
더욱 말할 것도 없다
이쪽에서 서럽고도
겸손하고도 따스한 마음을 가질 때
겨우 조그만 음성을 허락할 것이다.
　　　　　　―나태주,「시인의 마음」부분

　"겸손"이란 <온전히 나를 내려놓>는 것이다. 그래서 "절"을 하는 것은 <나는 당신의 적수가 아닙니다 / 나는 당신에게 이미 졌습니다>는 선언이다. 이것은 경쟁, 질투, 대결 등의 구도로부터 스스로 벗어나는 것을 가리킨다. 그래서 <납작 엎드려 절을 하>면서 <마음이 점점 편해지기 시작>한다. 다시 말해, 절을 하는 것은 상대방에 대한 굴복이 아니라 자신의 본모습을 찾고 들어 올리는 과정이다. 그래서 절을 하는 것은 궁극적으로 상대를 높이는 것이 아니라 자신을 높이는 것이 된다. <어머니 친상을 당>한 시적 화자는 <어머니 가시는 마당에 한 수> 가르침을 얻고 있다.
　"겸손"으로 <온전히 나를 내려놓>으면 그 자리에는 <꽃이 말을 걸어주고 / 풀들이 귀를 기울여주고 / 하늘 구름이며 바람이며 새들이 / 눈길을> 준다. <먼 곳에 있는 별들>도 <조그만 음성을 허락>(「시인의 마음」)한다. 이때 <나도 / 발그스름 따스한 / 등불 같은 사람이 / 되고> <어여쁜 초록의 / 나무 같은 사람이>(「너의 신비」) 된다. <나를 내려놓>으면서 더 큰 자연과 우주의 "나"로 태어나는 형국이다.

한편 위의 시편에서 보듯 나태주의 시적 언어와 어조는 맑고 투명하고 고운 동심의 감각 속에서 전개된다. 이것은 <세상에 와서 / 내가 하는 말 가운데서 / 가장 고운 말을 / 너에게 들려주고 싶>고 <가장 예쁜 생각을 / 너에게 주고 싶>(「너를 두고」)어 하기 때문이다. <가장 예쁜 생각>은 <가장 고운 말을> 통해서만 제대로 전달된다. 다시 말해, 행복은 행복의 언어와 어법을 통해 표현될 수 있는 것이다. 이것은 또한 행복의 언어와 어법만이 행복을 생성하고 활성화시키고 감응시키라는 기제라는 것이다. 나태주의 시를 따라 읽으면 이미 삶의 환희와 행복감에 젖어들게 되는 배경이 여기에 있다.

여기에 이르면, 나태주 시인이 "가장 고운" "말"과 "표정"으로 노래하는 행복론에서 가장 중요한 시간은 "오늘"이고 가장 중요한 대상은 "너"임을 알 수 있다. 그렇다면 가장 중요한 "일"은 무엇일까? 그것은 이타적인 "우정"이고 "사랑"이다.

    그 바람 속에
    그들은 서 있었다
    가슴을 드러내놓은 채

    언덕이 몸부림칠 때
    그들도 몸부림치면서
    스스로 언덕이 되었다.

—나태주, 「우정」 전문

    풍경이 좋아
    그곳에 사는 사람조차 좋았다

사람이 좋아
그 사람 사는 풍경까지 그리웠다

그런 마음을 때로 우리는
사랑이라 이름 짓기도 한다.

―나태주,「때로 사랑」전문

<언덕이 몸부림칠 때 / 그들도 몸부림치면서 / 스스로 언덕이> 된다. 아픔을 아픔으로 함께하는 "우정"이다. <마음 아플 때 / 그 마음 알아주고 / 배고플 때 / 그 배 채워주는 게 / 형제 아닌가!>(「심복」)라는 생각이다. <늘 / 조막손 // 받아주시는 / 따스한 손.>(「행복」)을 가지는 것이 "행복"의 기술의 관건이다. 우정과 사랑이란 받으면서 기다리는 것이 아니라 주면서 그리워하는 것이다. 그래서 <그곳에 사는 사람을 좋아>하고 <사람이 좋아 / 그 사람 사는 풍경까지 그리>워 하는 것에 대해 <때로 우리는 사랑이라 이름 짓>(「때로 사랑」)는다. 그는 그리움과 포용의 이타적인 사랑을 행복의 방법론으로 강조하고 있는 것이다.

이렇게 보면 나태주의 행복론은 "오늘" 속에서 "너"를 가장 소중하게 경외하면서 이타적 사랑을 실천하고 나아가 겸허한 자세를 견지하며 삶의 원상의 기쁨과 환희를 구가하며 살아가는 것이다. 그렇다면 새삼 묻게 된다. 인간사에는 반드시 고통이 수반되는데 어떻게 지속적인 행복의 환희가 가능할까? 특히 질병은 삶을 얼마나 직접적으로 불행하게 하는가? 이러한 질문 앞에 다음 시편이 놓인다.

아픔이 잠을 깨운다
아픔이 살아 있는 목숨이게 한다
아픔이 하루를 열어준다

오늘 아침에도 배가 아파서
잠에서 깨어났다
아픔이 하루의 삶을 선물한 셈이다

아픔은 이웃
아픔은 길동무
아픔은 스승

가는 데까지는 함께 가볼 일이다.

—나태주, 「통증」 전문

  시적 화자는 몸에 "아픔"이 없기를 바라지 않는다. 오히려 "아픔"이 있어 <잠을 깨>고 <살아있는 목숨>임을 느끼고 <하루를 열어>간다고 전언한다. 그래서 "통증" 또한 그에게 불행의 요소가 되지 않는다. 오히려 "통증"으로 <하루를 열어가면서> <날마다 / 이 세상 첫날처럼 마지막 날처럼 // 날마다 욕 안 얻어먹기와 밥 안 얻어먹기 // 날마다 요구하지 않기와 거절하지 않기>(「삶의 목표」)라는 "삶의 목표"를 더욱 완벽하게 실천하는 힘을 얻게 되는 것이다. 그래서 <아픔>이 <이웃>이며 <길동무>이고 더 나아가 <스승>이라고 생각한다. <아픔>을 <온전히 나를 내려놓>(「납작 엎드리다」)고 <겸손하고 따스한 마음을>(「시인의 마음」) 가지도록 만드는 동력으로 삼는 것이다.

  다시 말해 나태주 시인에게 "아픔"은 그의 행복론을 더욱 밀도 높게 견인하는 바탕이고 힘으로 작용하는 것이다. 그가 60대 초반에 치명적인 질병의 고비를 넘긴 이후 더욱 밝고 환한 축복의 언어를 노래하는 것도 이와 연관되는 것으로 보인다. <마치 돈을 탕진하고 난 다음에야 / 돈의 소중함을> 더욱 깨닫는 것처럼 <시간을 어디에 이렇게 써>(「아침의 명상」)야 하는가를 더욱 절실하게 깨닫게 된 것으로 보인다. 이것은 또한 그에게 <꽃이 말을 걸어주고 / 풀들이 귀를 기울여주고 / 하늘 구름이며 바람이며 새들이 / 눈길을> 주는 삶의 원상의 근원적 가치를 더욱 강렬하게 느끼고 향유하게 했을 것으로 이해된다. 특히 그의 자연의 찬연함과 소통하고 공명하는 언어는 어린아이처럼 천진무구한 동요의 리듬과 화법을 타고 흐르면서 정서적 감응력을 배가시킨다. 순연한 자연의 세계를 투영하는 순연한 리듬과 언어를 구사하고 있는 것이다. 그래서 그의 시편들은 독자들에게 마치 자연을 마주하는 것처럼 정겹고 맑고 투명하게 느껴진다. 그의 시 세계가 이해하기 이전에 어느새 <서로가 꽃이고 기도>(「서로가 꽃」)가 되는 행복의 주술적 공감으로 다가오는 까닭이 여기에 있다.

나태주 깊이 읽기

초판 1쇄 인쇄일	| 2022년 2월 20일
초판 1쇄 발행일	| 2022년 2월 28일

지은이	| 홍용희 편
펴낸이	| 한선희
편집/디자인	| 우정민 우민지 김보선
마케팅	| 정찬용 정구형
영업관리	| 정진이 최정연
책임편집	| 김보선
인쇄처	| 으뜸사
펴낸곳	| 국학자료원 새미(주)
	등록일 2005 03 15 제25100-2005-000008호
	경기도 고양시 일산동구 중앙로 1261번길 79 하이베라스 405호
	Tel 442-4623 Fax 6499-3082
	www.kookhak.co.kr
	kookhak2001@hanmail.net

ISBN	| 979-11-6797-042-8 *93810
가격	| 29,000원

* 저자와의 협의하에 인지는 생략합니다.
잘못된 책은 구입하신 곳에서 교환하여 드립니다.
국학자료원·새미·북치는마을·LIE는 국학자료원 새미(주)의 브랜드입니다.